近世利根川水運史の研究

渡辺英夫著

吉川弘文館

目次

第一章　利根川、江戸川の航法

挿図・挿表目次

第一章　利根川、江戸川の航法

はじめに

ここに分析する史料は、幕末の嘉永六年（一八五三）、水戸藩召し抱えの船頭誉田嘉之助が藩船を任されて、藩の諸物資を北浦北岸の串挽河岸から江戸小梅の同藩蔵屋敷に廻漕した際の航行日誌である。(1) 表紙共全一九丁、袋綴じの竪帳で、右側上下二ヶ所ずつを紙縒で綴じた簡単な仕立てになっている。表紙右上には「嘉永六癸丑年二月六日」の日付、中央左寄りに大きく「川條風雨泊り日記」と題名をつけ、その左下に誉田嘉之助と記されており、文字は本文に同筆で、この題名が嘉之助自身の命名によることを示している。

第一丁の書き出し「二月六日御積立被仰付御荷物」から始まって、第一七丁の表まで、八月一八日に串挽に帰着するまでに江戸に四往復して川筋を航行した内容が実務的に淡々と記されている。だが、題名が示す通り、利根川・江戸川の川筋を航行していく過程で、風向きや天候に応じて帆・竿・綱あるいは伝馬船などを使い分けて走行していた様子が克明に描かれており、川船の運航内容を具体的に窺い知ることができる貴重な記述になっている。管見の限り川船のこのような航行日誌は他に例を見ない。(2) かつて茨城県立歴史館に寄託された誉田家文書の中にも同様の日記を見いだすことはできない。そこでここに、四回にわたる航行の内容を詳しく分析し、利根川・江戸川水系の河川水運に関るいくつかの論点を提示してみたい。

分析に入る前に、次の点を確認しておこう。本史料には一三丁目以降の袋の小口に近い部分に虫食いが一ヶ所あり、それが原因となって、第一七丁とその次の裏表紙の小口に小さな破損を生じている。しかしそれも、判読の妨げになるほどではない。表紙に比して裏表紙のやや日焼けした感じや虫食いの跡から、長期間、表紙を下に向けた状態で保管されていたらしい。このように保存状態は決して悪いものではないが、判読困難な箇所がいくつかある。毎日繰返される当然の日常業務を綴ったためか、他人に見せることを前提にしなかったためか、非常に難解なくずしで走り書きに記されており、読みづらい。一日分の航程が大体は一行か二行にまとめられ、一気に筆を走らせた跡が窺える。折り皺の跡もなく、懐に携行されてその都度書き留められたようではないが、個性的なくずし故に難解である。いくつかの解読困難な文字については、今後の研究に俟つことにした。

ここでは、第一航行から第四航行までの各回をそれぞれⅠ、Ⅱ、Ⅲ、Ⅳと略記し、旧暦の日付を太陽暦に換算した場合、嘉永六年（一八五三）二月六日（3・15）のように、算用数字で表した。(3) 記述の概略は、日付の後に天気・曇り・雨など空模様を記し、続いて風向きを書いてから航行内容を記録し、最後に停泊地を示して「何々泊り」と結ぶのが、基本的なパターンになっている。随所に墨消しによる訂正の跡があり、大体は線引きして消した行の右側に小さめの文字で訂正文を書いているが、もとの行に続けて同じ調子で書き継いでいる所もある。また、一度書いた本文に△などの記号を使って文章を挿入したり、「何々泊り」と文章を結んだ後に、「是日飯嶋ニて与三郎ニ逢申候」などと追記している所もある。このように「是朝」、「是日」、「是夜」何々した、という記述がいくつも見られ、一度書いた本文に後日補筆訂正していたらしい様子が窺える。「今日」ではなく「是日」という言いまわしや、文章として完成している本文全体を墨消しして書き直している点などから考えて、嘉之助は日によっては記帳を怠るときもあったらしい。記憶に頼りながら二、三日分をまとめて書いたとき、誤った内容を文章化してしまうことがあったのではないか。毎日記帳していれば、その日の行動内容を書き間違えることもないだろう。IIの利根川登りで艀下船を雇用したらしい時や、III、IVの江戸滞在中の記事に全文に関わる文章訂正が多いことから、職務に追われて忙しい時には数日分をまとめて記帳することがあったのかもしれない。

しかし、以下に検討する通り記載の内容は的確で、運行の実態がここに正確に反映されていると考えて誤りない。ただ次の二点については、疑問としなければならない。その一つは、IIの復路、関宿番所を通過する前後の記述である。四月二九日に「御番所相廻り、境前江働出し、常陸川下り」としながら、翌晦日にも「御番所相廻り、境前江働出し」と重複し、更にその翌五月一日に「早々ゟ常陸川下り」とあって、内容が混乱している。この直前、二八日の末尾には「セキ宿着仕候所、舟込ニて御番所相廻り兼、見合とまり」との旨、追記されているので、関宿番所を通過するのに船が込み合って混雑し、それが原因となってこのような記述の混乱を招いたのではなかろうか。本稿では仮に、晦日までを江戸川登りの航程と数えておくが、整合性のないまま嘉之助が訂正もしなかったのは何故であろうか。この点解明できない。そしてもう一ヶ所、同じくIIで利根川を遡上する四月九日の記述である。高野から船形に向かう部分で「曇、雨催、北風、帆行竿働登船」と読めるのだが、この区間を遡上するのに北風でも帆行が可能であったのだろうか。この点も疑問とし、後考に俟ちたい。

史料の解読に当たっては、墨消しされて訂正される以前の文章についてもできる限り判読し、より多くの情報を引き出そうと務めた。しかし、他に類例もなく、用語も特殊で、個性あふれる字体故、解読の誤りを犯しているのではないかと恐れる。

第一節　上り船と下り船、滞船

表1、表2にⅠ〜Ⅳの各航程について、その概略を整理した。串挽で積立命令を受けてから江戸藩邸への廻漕を終え、帰着するまでの日数を比較すると、ⅠとⅡが三五日、Ⅲが二五日、Ⅳが五五日で、最短と最長では倍以上の差が生じている。天候や河川の自然条件に対応すべく走航には様々な方法が採られており、表には風力で帆走できた「帆乗り」を○、竿で船を操った「竿働き」を●、帆と竿を併用した「帆行竿働き」を◎、綱で船を曳いた「綱曳き」を■、伝馬艀下を利用した「伝馬積み」を▲、そして、艀下船の利用を△、というように各記号で表示した。

最初に、表2により各航程ごとの所要日数についてみてみよう。串挽を出帆してから利根川を遡上し、境前まで着くのに要した日数はⅠの場合、実働七日間と二日間の滞船で計九日間となる。これを滞船理由も含めて七・二（逆風一、雨一）計九と表すと、Ⅱでは六・二（逆風二）計八、Ⅲは四・二（雨二）計六、Ⅳは七・一五（水待ち、雨、台風などで一五）計二二となる。Ⅲは特に速く、猿ケ納屋で雨のため二日間滞船したとはいえ三航程日で利根川を遡上している。この三日間は竿働きと綱曳きや伝馬積みの航法によりながらも連日帆を張って走行しており、登りの航程では、どれだけ風に恵まれるかが遅速を決定づける最大の要因であったことが窺える。

逆に境から牛堀・潮来で帰り荷を下ろすまでの利根川下りの航程では、Ⅰの場合のみ三・二（雨二）計五と、雨による二日間の滞船を強いられたものの、残り三回では滞船日はなく、それぞれ五、三、四日で下っている。ただ、Ⅱの場合、第四航行日に当たる五月四日の航程を見ると、雨があがるのを待った遅い出発と、途中の大時雨のために航行を中断したのであって、雨さえ降らなければ、この日の内に十分に牛堀まで着く条件にあった。したがって、境か

表１　誉田嘉之助船航程表

左岸	右岸	I	II	III	IV
前回帰帆後積立命令までの日数			20(3.12〜4.1)	6(5.7〜5.12)	12(6.10〜6.21)
下吉影滞在日数		0	0	1(5.13)	1(6.22)
(鉾田で出帆準備日数)		5(2.6〜2.10)	3(4.2〜4.4)	3(5.14〜5.16)	2(6.23〜6.24)

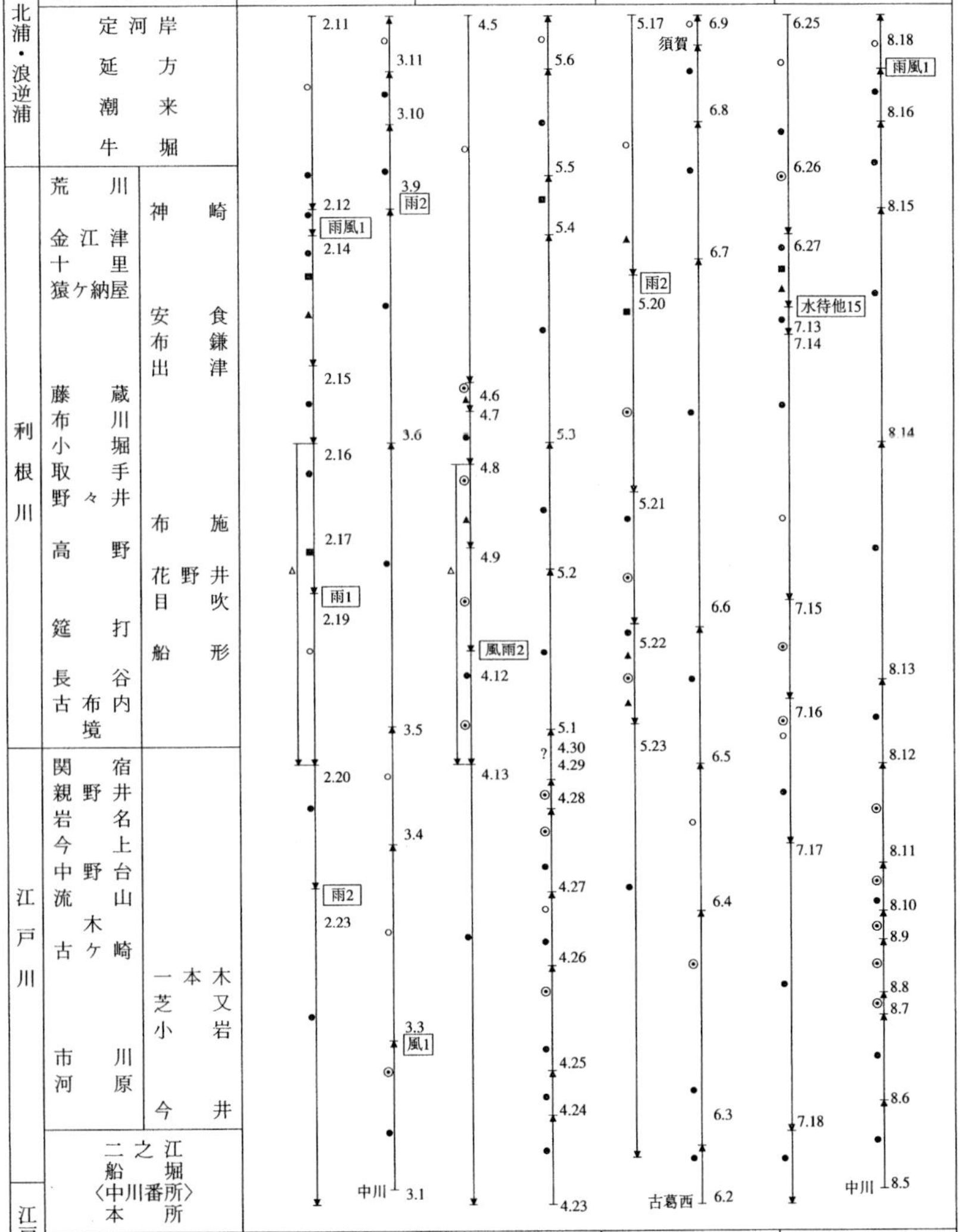

	I	II	III	IV
(江戸滞在日数)	6(2.24〜2.29)	9(4.14〜4.22)	7(5.24〜6.1)	15(7.19〜8.4)

註　日付は日記記載の通り，旧暦.

表2　誉田嘉之助船航行日数表

			Ⅰ		Ⅱ		Ⅲ		Ⅳ	
出帆準備			5		3		3		2	
往路	出帆～江戸着	浦渡・利根川登り	13(9•4)	9(7•2)	9(7•2)	8(6•2)	7(5•2)	6(4•2)	24(9•15)	22(7•15)
		江戸川下り		4(2•2)		1(1•0)		1(1•0)		2(2•0)
江戸滞在			6		9		7		15	
復路	江戸出船～牛堀・潮来	江戸川登り	9(6•3)	4(3•1)	13(13•0)	8(8•0)	6(6•0)	3(3•0)	11(11•0)	7(7•0)
		利根川下り		5(3•2)		5(5•0)		3(3•0)		4(4•0)
	牛堀・潮来～串挽帰帆		2(2•0)		1(1•0)		2(2•0)		3(2•1)	
出帆～帰帆			30		32		22		53	
積立～帰帆			35		35		25		55	
帰帆後次回積立命令までの日数			20		6		12			

ら牛堀までの下りには三日ないし四日の航行日と考えてよいだろう。つまり、利根川の航路では、滞船日を除くと登りには四日から七日、下りは三日ないし四日であり、下り船は登り船に対しておおよそ二倍程度の速さで航行していたらしい様子が明らかとなる。

関宿から江戸川の下りでは、Ⅰが二・二（雨二）計四、他は滞船なしでⅡ、Ⅲが一日、Ⅳが二日で江戸に着いている。もっともⅠは雨降りによる航行の中断であり、また、Ⅳの場合、その第一日目は利根川の古布内からの出発であったし、翌日は訂正が多く判断に迷うところだが、二之江に着いて中川番所を通過しようとしたところ、その先で船が込み合って渋滞しており、止むなくここに停泊したのであった。したがって、江戸川を下る航程は一日あれば十分であったと考えられる。こうした下り船のスピードからは、境河岸発江戸行き夜行便の運航が十分に理解できるし、銚子や土浦の醤油醸造業に対して一日で江戸市場に送り出せた野田醤油の優位性も歴然と思い知らされる。逆に江戸川を関宿まで遡上する航程では、Ⅰのみ三・一（烈風二）計四と滞船日があり、他は滞船もせずに順に八、三、七日という日数を要している。この違いを表1の走行方法から見ると、江戸川を登るには利根川を登る以上に風を利用できるか否かが重要な用件になっていたことが判明する。日記記載のこの季節でさえ南よりの風をつかむのでこれほどの差が生じるのであれば、北西よりの風が連日吹き付ける冬季には、より一層の困難が付きまとったに違いない。そして、船の速さを考えると、登り船と下り船とでは利根川部分以上に、かなり大きな速度差が生じていたことも明らかとなる。

積立命令を受けてから実際に北浦を出帆するまでには、藩荷やそれ以外の上荷類を積み込むための時間が必要で、Ⅰから順に、五、三、三、二日の日数を串挽で費やしている。この準備日数を除いた出帆から帰帆までの日数はⅠの場合、往路に実働九日、滞船四日の計一三日、江戸滞在六日、復路は実働八日、滞船三日の計一一日で合計三〇日となる。続いてⅡ以降の分も整理してみると表2のようになる。江戸滞在日数の数え方も難しいが、嘉之助は中川番所を境界にそれより西側、江戸城寄りを「江戸」と呼んでいるので、ここでは基本的に江戸川を下ってきて中川番所を通過した翌日から、江戸の本所を「出舟」して帰りの航路につく前日までを数えている。ただし、Ⅲの五月二三日には、境を出発して二之江、船堀まで到着したものの、後述するように潮時が悪く江戸に入ることができなかった。そして翌日、中川番所を通過したその日の内に小梅に船を移して「御手形納」など、江戸での作業に入っているので、この二四日からを江戸滞在日に数えている。そこで今度は、出帆から帰帆までの平均航行日数を算出してみると、往路が七・五日、復路が一〇・七五日となる。これには風雨で滞船を余儀なくされた日数は含まれていない。船が動いている日数だけを数えたものである。この数字からは、利根川から江戸川に就航した船についていだく直感的な印象とは大分異なった姿が浮かび上がってくる。

一般的にまず思い起こされる光景は、荷物を満載した船が利根川を遡上するのに苦労している様子で、江戸からの帰り船は、相対的に積み荷も軽く、比較的順調に走行できたという印象が強くあるのではないだろうか。ところが、滞船日を除いた航行日数だけを見ると、平均値は復路の方が多いのである。しかも平均ではない実日数においても、

Ｉだけが一日差で復路の方が少なかったものの、他はすべて三日間から七日間もの幅を持って復路の方が多いのである。その差が、江戸川の登りをどれだけ円滑に航行できたか、この点にかかっていたことは間違いない。江戸川の登りでうまい風に乗れない場合、想像以上に労力と時間を費やさなければならなかったのである。嘉之助日記はそうした事実を伝えている。旧暦二月より八月までのわずか四回きりの航行事例から、この川筋を航行した船の全体像を推論するには慎重でなければならないだろう。しかし、嘉之助の日記から天候や川筋の条件が平年と著しく異なっていた様子も窺われず、彼の乗船した船が水戸藩の藩船であった点、すなわち他の船に優先して川筋を通行したであろうことを割り引いておけば、ここに標準的な川船の運航が示されていると考えてよいのではないだろうか。

運行には、船を動かせない滞船日や航行を中断しなければならない状況についても、考慮すべき重要な要件であった。まず表2から滞船日数を見てみると、Ⅳの利根川登りで一五日間とあるのが最も長く、しかもこれは安食一ヶ所への連続係留であった。雷雨による滞船から始まって連日水待ちし、最後には台風に見舞われて「宵越大時化」となり大いに難渋している。水待ちを始めた六月二九日（8・3）は前日に雷雨があった以外、積立命令を受けた同二二日（7・26）以来の好天続きで、水量が減っていたらしい。その後もまとまった雨がなく、滞船を余儀なくされており、綱曳きも伝馬艀下も困難と判断されるほどの渇水だった。水待ちの場合、上流に雨が降らない限り流水量の増加は見込めないので、ある程度の予測はついたのであろう。おそらく明日も動けそうにないと考えたからであろうか、「是夜松屋行」とか、また別の日にも「夜清見屋行」と、嘉之助は夜間、安食の松屋や清見屋へ出かけている。これがどのような店なのかはわからない。夜間の外出は、Ｉの二月一三日にも見られ、停泊地に碇を下ろした後の数時間、水主に留守を任せて船を離れることもあったらしい。ただし、積み荷の安全と翌日の出帆に備えて、船頭・水主が陸上に外泊することは許されなかった。

安食で水待ちを続けた七月七日には「手前勝門宗行」と、嘉之助はついに日中外出し、船を離れている。この勝門宗が何を指すのか不明だが、嘉之助と一緒に滞船していた水戸藩の同僚船頭の彦三郎がその翌々日に「是日彦三郎成田ニ行候由」と成田に行っているので、成田山新勝寺への参詣であったのかもしれない。伝馬船を使って印旛沼を行けば、そう遠い距離ではなかった。この時は、彦三郎船の他に蔵之介船も安食に滞船しており、同僚藩船が三艘一緒になったので、その安心感から日中でも交互に船を離れられたのではないだろうか。この点は、水戸藩藩船の特殊事例で、民間の船の場合、輸送の責任者である船頭が積み荷を預かったまま、船を離れる事態はまず考え難いように思われる。

さて、このような長期滞船に対して、嘉之助の日記から例年にない異常事態で困ったという緊迫感は伝わってこない。この航行を終えたところに「〆日数五十五日」として、その内訳を「一、六月廿七日ゟ七月十一日迄安食川口水待」とし、「積立ゟ四十日也」と記しているのも、減水と台風で運行が長引いたことへの言い訳のように読み取れる。したがって、江戸への長距離航路に就航する船にとって、ある程度の期間、連続して滞船を余儀なくされることも、そう珍しくはなかったと考えておきたい。そしてまた、大型船が滞船しているとき、川筋の通行がすべてストップした訳でもなかった。嘉之助が安食に滞船していた最中の七月六日、小堀の新五郎が新庄亀五郎手船より預かった「そメ手拭」三本を携えて来、嘉之助に届けているのである。新庄亀五郎は水戸藩潮来飛地領に隣接する麻生藩新庄氏の関係者であろうか。水戸藩船頭へ何らかの挨拶の意味を込めて贈り物をしたものと思われる。水戸藩と小堀河岸が年来の関係を築いていたことは後述するが、新庄亀五郎手船もその点を熟知した上で、小堀の新五郎にこれを託しておいたのであろう。ここで、江戸へ向かうべく安食に滞船していた嘉之助の存在を、上流の小堀側でどうして知ることができたのかという疑問が生じる。それはおそらく、滞船を余儀なくされた船を尻目に登り下りできる小船もあって、そうした船の情報から、このとき嘉之助も含めて何艘もの大型船が安食に滞留していることを知ったのではないかと想像される。船種による航行条件の違いが想定されて興味深い。

長期滞船以外に一日、二日の滞船はよくあることで、表1からは合計一二日を数えることができる。その理由を見ると、内訳は七日間が雨によるもので、風雨両方によるものが四日間、そして、順風だが強風すぎて航行を見合わせたIの三月二日の一例があって、雨による滞船が多いことに気付く。実は、雨は風に劣らずかなりの難敵で、川船の航行にとって大きな障害になっていたのである。前夜来の雨が降り続いた「宵越雨天」では必ず出発を見合わせているし、走航の途中で雨が降り出せば登り下りにかかわらず、その時点で航行を中断している。日記から雨に関する記述を拾うと、完全に雨が降っている状況では「雨」、「雨天」、「雨降」などと記し、今にも降り出しそうな場合には「雨催」と「催」の字を当てている。この状態や小雨ならば航行を続けたが、本降りになると航行をあきらめて停船した。IIIの六月六日（7・11）前後は梅雨時であろうか、「曇気甚敷」と、いつ降り出してもおかしくない空模様に運行を見合わせている。また、風まじりの雨降りが「時化」で、この「時化もやふ（模様）」や突然の「時雨」でも一時航行を見合わせなければならなかった。雨があがって日没までに間があれば、再出発することもあったが、大方はそのまま降り続いて夜をむかえるのが多かったようである。雨中の航行は衝突や座礁の危険を増大させたから、船頭たちは、その危険を避けて、登り下りにかかわらず川岸に船を寄せて一旦止まり、荷物を濡らさないよう積み荷に苫をかけるなどの作業に取りかかったのであった。ただし、後述するように江戸の内川部分では小雨降る中を竿働きで航行することもあったらしい。日記の記述は淡々としているが、読み込むほどに航行の内実を豊かに想像することができて、史料的価値の大きさも了解されよう。

第二節　帆走と夜間航行

嘉之助が乗船した船は、船頭一人、水主三人の計四人乗り込みで、川船としては当時の大型船に属していた。積み荷や水主については後掲の表3にまとめ、詳しくは第六節で検討する。船種は誉田家文書に残された藩船の建造記録などから利根川水系で用いられた高瀬船と考えられ、「世事」または「世事の間」と呼ばれる畳敷きの船室も備えた長期間の継続航行が可能な船であった。動力源は風力による帆走を主にしながらも、「竿働き」と称して、状況に応じて川底に竿を突き刺して船を進ませる航法も採られていた。また、江戸の内川でいくつもの橋下をくぐるため、帆柱は倒せる構造になっていた。(4) 日記には走行方法を明示せずに「働出」、「働不相成」、「下り働」、「相働」などと「働」の文言を多用した表現が使われている。当初これを、水主三名の労力で足りない場合、船頭嘉之助自らも何らかの操船労働に参加したことを意味するのではないかと考えた。しかし、日記を読み進むにつれて、竿を使って船を操る「竿働き」の意味と解釈するのが妥当であると判断した。日記から水主たちの役割分担まではわからない。

串挽を出帆した船は、北浦を南下し、浪逆浦で向きを変え、その日の内に利根川を遡上する航程に入っており、この初日の航程でかなりの長距離を一気に航行した点に注目される。Iから順に串挽出帆後の到着地点をあげてみると、神崎、藤蔵、猿ケ納屋、金江津となる。この内、猿ケ納屋については現在その地名を確認できないが、藤蔵の二、三キロメートルほど下流に猿島があり、また藤蔵河岸を納屋河岸と呼ぶこともあったので、藤蔵〜猿島間のどこかと推定しておきたい。神崎は右岸・下総側で、他は左岸・常陸側、現在の茨城県稲敷郡河内村に位置している。藤蔵が最も上流で、IIでは串挽出帆から竿働きもせずに帆走のみでここまで達している。風力と風向きを読む嘉之助の判断力の鋭さが窺えよう。

串挽からの出帆には西、南方向からの風は逆風となって不向きで、毎回、「ならい風」「丑寅東風」「丑寅風」を待って出帆している。日記から読み取れる風向きの表現は、東西南北の風の他に東北方を指す「丑寅風」、西北からの「ならい風」、東南風を指す「いなさ風」、そして西南風を指す「ふし南風」などがある。この「ふし南風」については、最初「尓」のくずしから「にし南風」と解読した。しかし、他に方角を示して西北風や東南風、または東北風などと表記する例が見られないことから、「不」をくずした「ふし南」と読み、富士山の方角からの南風、つまり西南風と解釈した。「ふし」は「不時」にも通じて、不意の、突然の、という意味にもなるが、その時には「不時成大西風吹立」のように、漢字を当てているので、これは「富士」で間違いないだろう。串挽出帆には東風での出帆は見られないものの、「ならい」から「丑寅東」までの幅広い範囲の風が利用できたのであった。ちなみに、江戸を発って帰途につく際には「出船」「出舟」の語を用い、帆を張って乗り出す「出帆」とは明確に区別している。

ここで、北浦を航行することを「浦渡り」、浪逆浦の航行を「沖廻り」と称している。また、利根川は別に常陸川とも呼んでいた。風の強さについては、強風を「大風」と記し、やや強めの風には「何々風吹立」と風が吹き立てると言い、強めの風が向きを変える様子を「何々風吹廻し」と表現している。また、「何々風様」と「様」の文字を当てているのは弱風か、方角を明確に言い切れないような程度の風を指しているらしい。進行方向から吹いてくる風を「逆風」とは言うが、順風の表現はない。風力を主動力とした川船にとって逆風下での航行は主に竿働きに頼るしかなく、時として「骨折」、「難渋」の文言が添えられている。

Ｉの串挽出帆では、利根川に入って結佐まで来た所で風向きが東風から南風の逆風になって帆が使えなくなり、竿働きで「骨折」りして、ようやく神崎まで達している。利根川の流れは、関東平野全体としては西北の倉賀野方面から東南の銚子方面に向かうという印象があるため、遡上するのに南風で逆風になる点には一見奇異な感じを抱く。だが、木下《きおろし》付近から佐原付近にかけての区間では、流路が西南西から東北東を向いているために、ここの遡上には東よりの北風で順風、南風は逆風となるのであった。Ⅲの場合、利根川左岸の十里まで来て風は東風の順風であったが、水深二尺七、八寸ばかりの浅瀬があって、そのままでの航行が不可能となり、積み荷を「伝馬積」みして通っている。利根川に就航した大型の高瀬船は、空荷の小船を曳いており、浅瀬の場所に出くわすと積み荷の一部をこれに積み移し、自船の喫水を小さくして浅瀬を通り抜けたのであった。この小船を「伝馬船」「伝馬艀下《はしけ》」と呼び、これを利用することを「伝馬積」み、あるいは「伝馬はしけ」致すなどと言っていた。江戸からの帰りなど、自船の積み荷が少ないときには、この伝馬船を積み込んでしまうこともあったようである[5]。

Ⅳの場合、当初、東風のため出帆できなかったが「日暮ゟならい風吹、出帆浦渡り」と、日が暮れてから出帆している。出帆は朝とは限らず、順風を待って時には「日暮」からでも出発している点を確認しておきたい。したがって、当日は「夜明ニ鹿嶋着」と記されるよう、夜間の航行となっている。この日は下弦の月を過ぎた六月の二五日であったから、月の出は遅く、午前零時を過ぎていた筈で、日暮れ時に月明かりはなく星明かりを頼りに出帆したのであろうか[6]。この時は、鹿島に着いた所で風が凪いでしまい、竿働きで沖廻りをしている。幸い、竿の届く水深、潮位であったのだろう。この日は「とまりなし」と夜通しの運行で、翌朝、凪のまま「竿働常陸川登船」し、津之宮を過ぎた付近で東風が吹き出したために「帆乗竿働」ができるようになって金江津まで到達したのであった。

このように、北浦北岸を出帆した船が浪逆浦で向きを変え、そのまま利根川登りの航程に入っている点は、継続航行距離の長さ、風力の利用という両側面からここに正しく認識しておく必要があるだろう。その意味で、同じく広い湖面に向かって出帆できた霞ヶ浦からの利根川遡上はどのようなものであったのだろうか、関心が持たれる。浪逆浦まで下って向きを変えたのか、それとも牛堀から横利根川に入ったのか。いずれにしても、土浦など霞ヶ浦西部より出帆した場合、利根川登りに連続して行くには、全く逆向きの風が順風になった筈で、この日記に見られるような形で、出帆の日に神崎や藤蔵まで到着できたとは考えがたい。より一層の困難があったのではないかと想像される。

夜間の航行はこの他にも見られる。この後の七月一四日にも利根川を遡上している途中、野木崎で夜になってしまったが、「夜風吹帆乗登船」と夜風を利用して帆走している。この日、日中の風向きは「いなさ風様」から「南風様」に訂正されており、逆風ではなかったものの風力だけでは遡上できない「帆行竿働」の登船であった。そこに、日が暮れたあと、帆走可能なより有利な風が吹き出したのでこれを利用して航行を続けたものと思われる。晴れて満月に近い月明かりにも助けられたに違いない。

Ⅲの五月二一日、前日停泊した野々井から鎚打まで利根川を遡上する航程でも次のように記されている。「朝もや後雨催、竿働登船出水ニて早敢不取、夜ニ入東風吹、帆行竿働、鎚内とまり」すなわち、出水のために水嵩が増し、川底に竿を突きさして進もうとしても思うようには捗らなかった。ところが、夜になって東風が吹き出したために帆が使えるようになり、鎚打まで到着できたのだという。下弦の月は日暮れにはまだ出ていない筈だし、翌日の天候も「朝もや後曇」とあるので、おそらくこの晩は曇り空で星明かりさえ望めなかったのではないか。どのような明かりで航行できたのかは不明だが、これらの夜間航行に共通して言えることは、みな風力を利用して帆走、遡上している点である。したがって、大概は「夜ニ入、何々とまり」と記されるように、基本的に夜間は停泊するのを原則としつつも遡上の航程で帆走できる場合には夜間でも走行することがあった、と考えておきたい。ただし、江戸川での夜間遡上は見られない。それは嘉之助の四回の航行中に、ここで適当な南風が夜間吹かなかっただけのことかもしれない。しかしそれよりも、ここには境発江戸行きの夜行便が運航していたので、それとの衝突を避ける意味でも夜間の遡上は控えられたのではないだろうか。

利根川でも江戸川でも下り船は流れに乗ってさえいれば前進できたので、竿働きの航法が主で「帆行」も「帆乗」りもその例は見られない。利根川では遡上するのに二日、三日とかかる区間をわずか一日で下っており、江戸川に至っては、概ね一日で関宿から江戸に到着している。したがって、下りの航路では日中の航行だけで十分な距離を進むことができたので、特別の場合を除いて夜間航行する必要はなかったと思われる。また、ブレーキ制動の難しい船にとって、下り船に帆を張るのは極めて危険な行為で、おそらくは日中でも帆柱も倒した状態で、重心を下げて走行していたのではないだろうか。

第三節　出帆と停泊地

江戸からの帰りの航路には浪逆浦を通らない別ルートが採られていた。佐原の上流、飯島を過ぎた所で対岸の荒川から現在の横利根川に入り、これに沿って牛堀、潮来に達するコースである。牛堀や潮来は水戸藩の飛地領で嘉之助たちの藩船もここで江戸からの帰り荷を陸揚げしている。航行技術上の問題ではなく、荷物陸揚げという経済的な要因からこのコースが選ばれたことに疑問の余地はない。ここで荷を下ろした後、北浦を「浦渡」りして串挽に帰る訳だが、その出帆地点は延方の「明州」であった。

Ⅰでは、ここから昼過ぎの南風を利用して出帆し、Ⅳでは最初北風の逆風で見合わせ、「いなさ東風」に風向きが変わってから出帆し、共にその日の内に串挽に廻着している。Ⅲでは牛堀から東風の中、竿働きで延方明州まで着いた所で丑寅の風に変わって出帆できず、夕方になって風が凪いだ所で仕方なく竿働きで浦渡りを始めている。曇ってはいなかったらしく、六月八日の上弦の月は夕方に南中し、月明かりは十分であった。ところが、夜になってもやが出て視界が遮られたため、航行を断念し対岸の須賀に停泊した。なお、翌日「天気東風、□帆ニてくし引着舟」とあって、東風という条件がよくない中、帆を使って串挽に帰着しているが、□部分が判読できない。巻帆、略帆などの文字が想定されるが確証がなく、横風を利用した帆乗り航法を示して重要なので、今後の考察に俟つことにした。また、IIの場合延方明州の記載はないが、延方の曲松から竿働きで動き出した後、南風を利用して一気に帆乗りを始めている。ここでもやはりIII同様、延方明州を経由して北浦に出帆したのであろう。この延方明州が現在のどこに当るのかわからない。たぶん延方の東方、北浦に面した地点にあって、出帆準備を終えた船が、南よりの風が吹き出し次第いつでも出発できるよう待機した場所ではなかったかと思われる。

串挽からの出帆に際しても、積み込みを終えた船は「定河岸」に竿で移動して風を待ち、必ずここから出帆したのであった。これは、離陸許可を待つ飛行機にも似ている。船頭はここで風向きとその強さ、その風がどれくらい持続するのかを見極め、水主たちに出帆の号令を下したのである。それは陸地から少し離れた所に棒杭を突き刺した程度の簡単な施設であったかもしれない。それによって利用できる風向きの幅が広がると同時に、スタート時の船首の向かう方角にも自由度が増し、走り出すのがより容易になった筈である。この点は、霞ヶ浦沿岸の場合でも、広い湖面に向かって出帆できたので、同様であったろう。ところが、利根川や江戸川の停泊地から出帆する場合には、川幅の制約もあるし、流れもあり、さらには下り船が対向して来るかもしれず、かなりな困難があったと推測される。一体どのような技術的条件下にあったのであろうか。

この点を船の停泊地の面から考えてみたい。嘉之助の日記には表1に見られる停泊地の他に多くの地名が登場する。(7)中には現在の地名表記と異なっているものがいくつか存在する。たとえば、利根川左岸では下流から順に金江津を金井津、立崎を辰崎、野木崎を野毛崎、筵打を筵内と記し、右岸では出津を出須または出ス、布鎌を古鎌、船形を船方、木間ケ瀬を木間ノセと記しているし、江戸川の左岸では岩名を岩那、古ケ崎を子ケ崎、行徳の河原を川原と表記している。当て字や「い」と「え」の混同は止むを得ないとしても、漢字の発音が違う「出須」と「古鎌」については、前後の文脈から判断して右のように比定してみた。その上で、四航行の停泊地について見てみると、往路復路共に必ず停泊しなければならないような場所は確認できない。強いて言えば、江戸からの帰り荷を下ろすために牛堀・潮来方面では必ず停泊しているが、関宿番所を通過するために境や関宿に停泊するのを常とした訳でもなかった。

串挽の定河岸は例外として、一般的な意味で「河岸」を、船積みや荷揚げを行なって場で陸上輸送と水運輸送を結節する地点と規定した場合、彼が荷を下ろした牛堀や潮来は勿論、布川、取手、境、流山などは紛れもなく河岸そのものであった。しかし、彼の日記から「河岸」の文字を拾ってみると、串挽の定河岸と関宿内河岸、藤蔵河岸、金江津の源太河岸、そして稲荷河岸を数えるのみで、嘉之助は停泊地に関してはこれ以外に「何々河岸とまり」とは記していない。彼は一体どのような場所に船を停泊させたのだろうか。

歴史地理的観点から河岸の立地について考えると、河岸問屋を兼ねた伊能忠敬家で有名な佐原河岸のように、利根川の本流に流れ込む小さな支流、小野川の合流点近くに船の発着場が設けられ、その両側が流通拠点として賑わう形態に一つの典型を見出すことができる。そしてもう一つの型、赤松宗旦が『利根川図志』に描いた布川河岸や木下河岸のように、船の通行を妨げないよう配慮しつつ利根川の本流部分に荷の積み下ろし場を設ける形があった。(8) してみると、彼は河岸とは記していないものの、布川や取手あるいは流山の河岸場部分に船を停泊させていた可能性は十分に考えられる。ただし、境河岸については、「境前着、とまり」などと記されるように一貫して「前」の文字が添えられており、分脈からは境河岸の川港が眼前に見えるような場所を「境前」と呼び、そこに碇をおろしたように読み取れるのであった。そしてまた、表1に見られる多くの停泊地は「河岸」の存在さえ不確かな場所であって、そうしたいくつもの村名をあげて「何々とまり」と記述しているのである。ここからは、嘉之助が川筋の河岸に執着して停泊地を探していた気配は窺えない。彼は河岸の施設にとらわれることなく、川岸に船を寄せて停泊し、その地を何々村のはずれという意味で、たとえば「野々井とまり」のように書き留めたのではないだろうか。嘉之助の日記からは、できるだけ前に進もうと航行を続け、夜になったり雨が降り出したりすると航行をあきらめ、河岸場にこだわることなく適宜その場所に停泊した、という基本的な航行のパターンが浮かび上がってくるのである。

それが左岸だったのか、右岸だったのか考えてみよう。表1に示したように、利根川部分では両岸に散らばって一定していない。ところが、江戸川登りの航程で停泊する場所は、古ケ崎（千葉県松戸市）・一本木（埼玉県三郷市）より下流では両岸に見られるが、それより関宿に至る区間ではすべてが左岸・東側に偏在しているのであった。流山の他に、今上には河岸の存在が確認できるにしても、それ以外の親野井、岩名、中野台、木、古ケ崎などは決して河岸の賑わいを見せるような場所ではなかった。にもかかわらず、ここで東側に集中しているのである。これは何か意味があると考えるのが自然だろう。この点を船が出帆する際の技術的条件からは理解できないだろうか。

江戸川でも利根川でも登りには、できるだけ風力を利用して帆走しようとしていたことは既に確認した。停船状態から流れに逆らって船を動かし始めるときには相当なエネルギーが必要で、ここで帆が使えるか否かは決定的に重要であった。とすると、停泊地の選定にあたっては、通行の邪魔にならない場所を選ぶのは当然だとしても、その季節、翌日の朝方に吹き出しそうな風を想定し、それを利用できる場所を選ぶ、そのような観点から停泊地が決められたとは考えられないだろうか。広い湖面に乗り出すのとは違って、幅も狭く、流れもあり、下り船が対向して来るかもしれない川筋では、帆を張って碇をあげればそのまま走り出せる地点が最良の停泊地であったに違いない。日記から江戸川の遡上に帆を使った風向きを拾ってみると、南風やいなさ風ばかりでなく、流山から関宿の区間では江戸川が北北西から南南東を向いて南流しているために、東風でも帆を張ることができたことが読み取れる。したがって、春から夏、初秋の季節、嘉之助はここで吹く東よりの風を想定し、船を東岸に寄せて停泊したのではないだろうか。そして、江戸川の下流域や利根川部分で左右を選ばず停泊したのは、川幅や流速、流路の方向など左右どちらでも出帆の条件に大きな差が生じなかったからではないか。推測の域を出ないが、この点を一つの仮説として提示しておきたい。

ここでもう一つ、登り下りの船の速度差についても考慮しておく必要があるだろう。江戸川の下りには関宿を出て大体一日で江戸に到着したのであった。利根川部分でも遡上するのに二日、三日かかる距離を一日で下ってしまう点は、先に見た通りである。ただし、利根川の下りには江戸からの帰り荷で比較的軽荷であったのに、江戸川の下り船は江戸市場を目指して荷物を満載させていた。この点は決定的に違っている。速度が同じでも船の重量が大きくなれば、その分当然、制動力が落ちる。ブレーキ性能が低下した重くて速い下り船と、速度はゆっくりだが風力に頼って操縦性能の劣る登り船が対面通行していたのである。まして江戸川は利根川に比して川幅が一段と狭まっている。もしここで衝突事故が起こったなら、相当な損害を出したに違いない。それを避ける意味で、登り下り左右別通行という暗黙の了解が働いていたのではないだろうか。この季節、松戸・流山付近より上流の江戸川登りに、嘉之助が東側を選んで停泊していたのは、こうした点も関係していたのではないだろうか。

河川水運史研究の中で、研究蓄積の手薄な領域に難船事故とその事後処理をめぐる問題がある。それとの関わりで左右別通行の原則があったのか、それも区間や季節による違いがあって、船乗り社会では常識として慣例化していたのか、興味ある問題だが、嘉之助の日記からこの点を読み取ることはできない。勿論、嘉之助船のような水戸藩の藩船に対しては、なるべく問題の起きないよう諸船こぞって遠慮し、先を譲ったに違いない。しかし、川筋には藩船ばかりでなく沿岸の百姓船も絶えず行き交っていたのであり、それらの主な難船事例を見ると、水面下に沈んだ流木や杭に船底をひっかけて破損したり、老朽化に伴う船底への漏水で積み荷を濡らしてしまう事故が多く、登り下りの衝突事故が頻発していた訳ではなかった。少なくとも輸送を依頼した河岸問屋の史料から、衝突の事故時例を簡単に拾い出せるというものではなかった。それは何か事故を未然に防ぐための暗黙のルールができあがっていたからではないだろうか。左右別通行とか、追い越し禁止とかが考えられるが、この点も今後の課題としておきたい。

第四節　綱曳きと伝馬船

以上、主に帆と竿を用いた走行方法について検討した。しかし、嘉之助の日記には、利根川の部分で高瀬船を綱曳きするという注目すべき内容が記されている。この点は、これまでほとんど知られてこなかった。次にあげる記事は、Iの二月一四日（3・23）の条である。

天気西風、竿働登船いなり着。風烈敷相成り、骨折、竿綱ニて働、十里着。浅セ弐尺四五寸通事、荷物伝馬はしけいたし、骨折、浅セ通り相働、夜ニ入出須とまり。

同月一一日に串挽を発した嘉之助船は、第一日目の航行で神崎まで遡上し、翌一二日には金江津まで約五キロメートルほど竿働きで登船した。ところが、ここで「ふし南風」へと風向きが変わった上に、強風となり雨も降り出したため、仕方なく航行をあきらめて停泊した。その翌日は午前中も雨で、昼過ぎにはその雨も止んだが、「大西風」の逆風だったため出発を見合わせた。右はそれに続く出帆四日目、第三航行日のものである。晴れたが西風のため帆は使えず、止むなく竿働きで動き出し、約二キロメートル程であろうか源太河岸を過ぎた稲荷河岸まで遡上した。ところが、この逆風が「烈敷」と強風になって骨折れ、「竿綱ニて働」いてようやく十里まで着いたのだという。これはあまりの強風で竿働きだけでは船が押し戻されそうになったため、嘉之助の船に乗り込んでいた三名の水主の誰かが河原に下りて綱で船を曳きあげたのである。この時は、その後にも浅瀬ができていて伝馬艀下を使わなければならず、またまた苦労し、出津まで溯上したところで夜になり、そこに停泊したのであった。

この三日後の同月一七日、布施を出発して目吹まで至る航程でも「南風、同所浅セ弐尺壱弐寸、洩川ニて隙取、骨折通り登船」と記されている。布施からの南風ならば決して逆風ではない筈だった。しかし、随所に浅瀬ができていて帆を張れる状態ではなかったらしい。ここで「洩川ニて隙取」とあるのは、綱で船を曳き登せたために手間取ってしまった、と解釈して間違いないだろう。「洩川」は「曳川」の書き誤りと考えるほかない。そして、こうした「綱働き」は登りの時ばかりとは限らなかった。IIの五月四日、金江津から荒川への下りの航程でも「宵越雨天、五ツ時ゟ晴、下り、東風吹立骨折、綱竿ニて働、荒川着」とある。夜来の雨も午前八時頃にはあがって晴れてきたので、下船し始めたところ、東風つまり逆風がきつくなって骨が折れ、竿に加えて綱曳きして船を進ませたというのである。利根川もここまで下ると、逆風下では流れに乗ったままでは船が進まないほどの緩やかな流れになっていたのだろう。

この他に綱曳船の例を探してみると、IIIの五月二〇日、猿ケ納屋から藤蔵までの登りで「綱働」とあり、またIVの六月二七日、田川からの登りでも「浅セ弐尺七八寸、洩川ニて骨折隙取り、十里着」とある。そして同じIVの七月一三日、長らく滞船させられた安食からの出発に「綱竿」で布鎌まで登せている。四回の航行に毎回、登り五回、下り一回計六回の事例が確認できるのであり、綱曳きの航法は決して特異なものでなかったことが判明する。ただ、必ず綱曳きを必要とする区間があった訳でもなく、止むを得ない場合の臨時の方策であったことも確かである。また、日記の記述からは、綱曳きの労働力を他船の水主や沿岸の村人に求めたとは考えがたい。やはり、乗船していた水主の

誰かがこれにあたったのであろう。こうした点、上利根川方面に向かって遡上する場合とは異なっていた。(9)

七月一三日のように、帆が使えない上に連日の雨で水嵩が増し、竿を操るのが困難な時にも綱曳きが行なわれているが、基本的には次のような事態に綱曳きの航法が採用されたと考えられる。つまり、帆が使えない竿働きの状況で、逆風が甚だしくなって船が押し戻されたり、風の影響は受けないものの浅瀬で船がスムーズに動けない場合の対処法として採られたのではないだろうか。したがって、連日北西よりの風が吹き付ける冬季であれば、利根川の遡上により多く綱曳きの航法が採用されたかもしれないし、江戸川の登りで行なわれても不思議はない。水深の問題ならば、浅瀬には伝馬艀下の使用も検討されたであろう。しかし、川面で本船から伝馬船に荷物を積み移す労力と時間、それに伝馬船の操船に水主労力が割かれることを勘案すれば、取り敢えず綱曳きで通り抜けられそうな場合にはまずそれが試みられたのではないだろうか。

ここで、これ以外に伝馬積みの事例を日記から拾ってみると、IIの四月六日、藤蔵河岸から布川まで帆行竿働きする途中で立崎から伝馬積みしており、その翌々日も帆乗り竿働きの過程で利用したと思われる。また、IIIの五月一七日、定河岸を出帆した後、利根川の登りで東風を受けて帆走、十里に着いた所で浅瀬のため、これより伝馬積みしていた点は、先に述べた。そしてその五日後の二二日には、鐙打から出発するのに「いなさ風甚」だしく、と順風だが強風すぎて帆を張るには危険だったため竿働きで登船し始めた。ほぼ対岸とも言える船形には浅瀬ができており、帆走してこれに乗り上げる座礁の危険を恐れたためであろう。ここを伝馬積みで乗り切った所で、東風を利用して帆行竿働きができるようになり、その後また桐ケ作で浅瀬になって伝馬船を使い、ようやく境前まで達している。以上のように、基本的に風力を利用できる航程で伝馬艀下が利用されていることに気付く。これはつまり、伝馬船も小さいながら帆柱を立てられる構造になっており、帆走が可能だったからではないだろうか。伝馬船の船体構造については、

図1　銚子漁港潮汐推算グラフ

地点：銚子漁港
緯度＝35′44′N　経度＝140′52′E　ZO＝90cm　標準時＝－9h
1853年8月1日

7h 52m	36cm
15h 46m	117cm
19h 41m	106cm

0h	1h	2h	3h	4h	5h	6h	7h	8h	9h	10h	11h	12h
cm 124	cm 121	cm 113	cm 99	cm 83	cm 65	cm 49	cm 39	cm 36	cm 41	cm 52	cm 67	cm 83

13h	14h	15h	16h	17h	18h	19h	20h	21h	22h	23h	24h
cm 98	cm 109	cm 115	cm 117	cm 114	cm 110	cm 106	cm 106	cm 109	cm 114	cm 120	cm 126

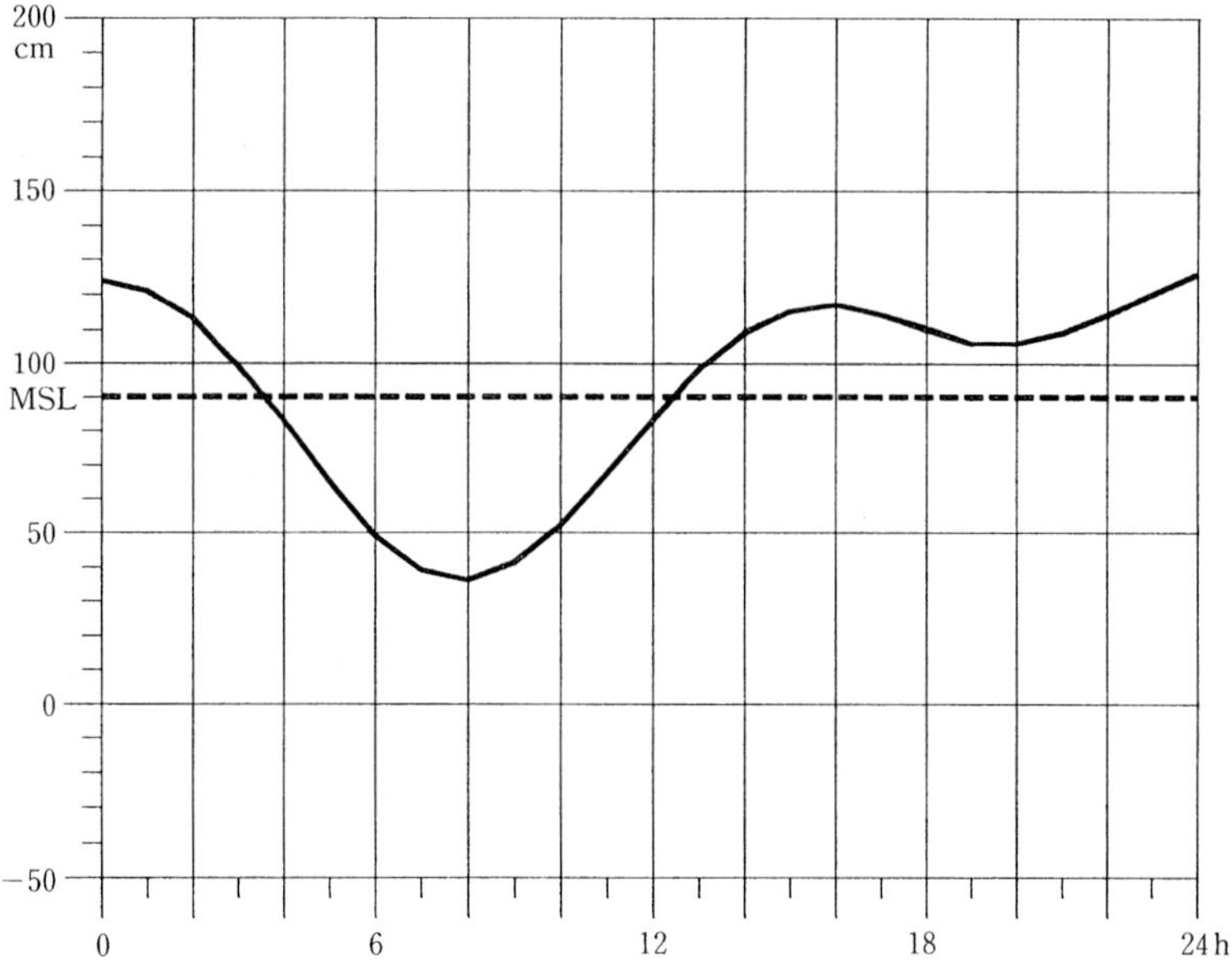

これまでの研究でも解明されていない。だが、以上より考えて、遡上の過程で浅瀬の場所に出くわしたとき、そこで風力が利用できるのであれば労をいとわず伝馬船への積み移し作業に取りかかった、と捉えてよいであろう。

ここでもう一つ興味ある記事に気付く。次にあげるのは、先に綱曳きの航法についてみた六月二七日の条文に続く部分である。

十里着。浅セ壱尺八寸、汐時見合居、東風吹立吹込ニて弐寸程水丈増、八ツ過汐待弐尺三寸、上荷御米等伝馬はしけ骨折隙取《数所取行》通り、安食着。

この日、金江津を発った嘉之助は田川まで竿働きで登船し、それより浅瀬のため約二キロメートルほど上流の十里まで綱で曳き登ぼせたのであった。ところがここで、水深は一層小さくなって綱曳きを中断し「汐時」を見合わせているのである。ここは、現在の茨城県稲敷郡河内村にあたり、水郷地帯に続く佐原から計っても約二〇キロメートルは利根川を遡った所に位置している。太陽暦に換算すれば8月1日の夏の最中、ここで水深が二尺にも満たない浅瀬ができていることに驚かされ、同時にここで、「汐時見合居」とは何を意味するのかと一瞬の疑問に包まれる。日記は続けて、そこに東風が吹き込んで二寸ほど水深が増し、午後二時を過ぎる頃まで潮待ちしたところ、水深が二尺三寸にまでなったので、伝馬艀下を利用してようやくの思いで安食に到着できた、と述べている。東からの追い風で伝馬船を使っているのは、先の推測にも合致するところだが、この流域で潮の満ち干があって、しかもその満潮が東風に押し上げられるように増幅してきたことがここに記されている。

佐原から牛堀・潮来に至る一帯は現在でも水郷の面影を伝え、浪逆浦の地名に示されるように、ここが利根川下流域と言うよりは、むしろ銚子からの入り江の海の様相を呈していたことはある程度見当がつく。しかし、そこからかなり遡った十里村付近でも潮の満ち干が見られたのだろうか。図1は、現在の潮汐観測データを基に、一八五三年のこの日の銚子漁港での潮汐を推算したものである。(10) それによれば、午前八時頃に干潮を向かえた後、午後三時四六分に満潮となるグラフが描き出されるのであった。この推算値は嘉之助日記の記述を裏付けるかのようである。夏の「八ツ過」が、午後三時に近いことは言うまでもなく、銚子の河口で上げ潮に向かう水位は水郷地帯にも連動し、それが折からの東風に押し上げられるかのように十里村付近にまで達していると考えられるのである。河口堰を始め、近代的河川改修を受けた後の利根川しか知らない我々の視点からは、なかなか思い至らない事態であろう。銚子・北浦・霞ヶ浦方面からこの一帯を行き来した当時の船乗りたちは、天候や風向きだけでなく潮の満ち干についても豊富な経験的知識を持ち、それらを計算に入れて航行していたのであった。嘉之助が十里村で「汐時見合居」たのも、そうした判断力が働いたからに違いない。自然を相手に航行した船頭たちの判断力の鋭さに驚かされる。

第五節　艀下船と引付水主

伝馬船は、江戸からの帰りには本船に積み込まれてしまう程の大きさで、大型船が常備すべき船具類の一つと言っても間違いなかった。嘉之助日記にはこれとよく似た名前の「はしけ船」が登場する。次は、Iの二月一五日の記述である。「天気西風、後大南風ニ成り、逆風骨折登船、小堀着。はしけ舟無之、見合とまり。」この日は出津を出発するときに西風の逆風であったが、その後さらに「大南風」となって難渋しながら、ようやくの思いで小堀《おおぼり》に着いた。ところが、ここで期待していた艀下船が出払っており、止むなくその到着を待って見合わせていたがついに現れず、仕方なくここに停泊したのであった。そしてその翌一六日には、次のように記されている。「四ツ時はしけ参、大ツ百俵、板弐百八拾束内松六拾弐束積立、大南風骨折登船、布施着。北風ニて働相成兼、見合泊り。」すなわち、午前一〇時頃、ようやく艀下船が到着し、嘉之助船から大豆一〇〇俵と松板類二八〇束を積み移すと、南風の強風下、骨折りしつつ嘉之助船と共に小堀を出発したのである。この日は、布施まで遡上した所で、北風の逆風となり竿働きも困難となってここに停泊したが、艀下船はその後も嘉之助船に従って伴走し、小堀出発から数えて四日後の同一九日、「御番所相廻りセき宿内川岸着。はしけ荷物御船江積移し、内かし泊り」とあるように、積み荷の大豆・板荷類を関宿で嘉之助船に積み戻したのであった。

現在の茨城県取手市付近より境町に至る区間には浅瀬の難所があちこちにできて、下利根川を遡上する船に大きな障害となっていた。好天が続く冬季間は水量も減り、年貢米の江戸廻漕の時期とも重なって、その弊害は一層大きくなった。そこでここには、右に見られるように本船の喫水が小さくなるよう積み荷の一部を分載し、一定区間の補助輸送に従事する船が稼働した。この船をその機能面から艀下船と呼んだのである。この艀下船は右の例では小堀から関宿まで四日間の航程を本船と共に航行している。この間、嘉之助船から荷物を預かっている以上、艀下船の船頭・水主たちが食事や就寝のため船を離れて陸に上がることは許されなかった。また、そうした施設が沿岸のどこかしこの村々にあった訳でもない。したがって、天候次第では関宿まで着くのに四日どころか五日、六日とかかる事態も予測されたので、艀下船にはその間の航行に耐えるだけの設備が求められた。つまり、艀下船はその機能面からの呼び名であって、構造面から言うと本船同様、江戸へ就航することさえ可能な高瀬船であったのである。

冬季を中心に艀下船の需要は高まり、その求めに応じて艀下船を調達し差し向ける専門の業者が現れ、同時に艀下稼ぎをしようとする船もそこに集中した。小堀河岸がその拠点であった。ここには周辺の船は勿論、上利根川や鬼怒川方面からも艀下稼ぎを目的にした船が冬季参集し、小堀河岸問屋差配のもと関宿まで、場合により松戸まで、江戸に就航する本船に伴走して補助輸送に従事したのである。そして、関宿または松戸の河岸問屋から間違いなく元船に積み荷を戻した旨の証明書を受け取ると、再び小堀河岸に戻って別の船の艀下船となって艀下賃を稼いだのであった。水戸藩では霞ヶ浦に面した飛地領からの年貢米は百姓役による江戸納めを原則としていたので、江戸に就航する農民船が多く、それらが円滑に艀下船を調達できるよう支配領域を越えて小堀・関宿・松戸の三ヶ所河岸問屋を藩の指定業者に任命し、その体制を整えていたのであった(11)。

旧暦二月は艀下船も手薄になる時期にさしかかっていたのであろうか。それともまだ需要が多く、出払ってしまっていたのであろうか。この時、小堀で艀下船を用意するのにまる一日を費やしている。そして、日記の記事に訂正が多く、判断に迷う所だが、Ⅱの四月八日にも取手に艀下船を呼びつけ、大豆二五〇俵を分載させたと見られる。小堀の河岸問屋に艀下船を手配するよう命じたのであろう。Ⅲの五月二〇日、猿ケ納屋から野々井まで遡上する途中で、「小堀清蔵ゟ玉子廿貫」と見られるのも、こうした水戸藩と小堀河岸との間に築かれた年来の関係によるものであった。

艀下船の輸送は、元船が別船に補助輸送を依頼したもので、乗り込みの水主労力でどうにもならない場合の一種の支援体制であったと言える。そして実は、江戸へ就航する船にはもう一つの支援が不可欠であった。それは、境〜関宿間の逆川《さかさがわ》の操船を任せる引付《ひきつけ》水主たちである。ここは近世初期に人工的に計画された河川で、関宿番所付近で権現堂川と逆川が合流して江戸川となり、逆川はその水深を一定に保つ目的から、その名に示される通り流水量に応じて流れの向きが逆になる構造になっていた。関宿番所前には棒出しと呼ばれて流路を急に狭めた場所があり、逆川が境方面に向かって北流し、江戸川に流れ落ちる流量が少ない場合には問題なかったが、逆に南流して江戸川にたくさん流入する時には、この棒出し部分の水面に段差が生じる程で、流速も速く、極めて危険な地点であった。ここの登り下りには特別に高度な操船技術が求められ、その操船を専門に請け負う船乗り集団が生み出された。彼らを引付水主と呼んでいる。

嘉之助も往路には境前に着いた時点で必ず彼らを雇い、復路には関宿でこれを雇用している。Ⅲの復路、六月五日の記述からは、その数が二名であったことも明らかとなる。おそらく彼ら二名が船首と船尾、あるいは船の左右両側に立ち、嘉之助船乗り込みの三名の水主たちを指揮してこの危険な場所を乗り切ったものと思われる。こうした状況から、引付水主の人数は船の大小には厳密には左右されず、一定規模以上の船には二名を必要としたのであろう。彼らは、狭く速い流れの中、長年の経験から的確に竿を操り、船を進ませた。したがって、棒出し部分の通行は必ず一艘ずつが原則で、それが原因となって、Ⅱの復路のように船が滞留し混雑することもあったが、関宿番所の船改めにとっては好都合であった。

嘉之助日記に記述はないが、この狭窄部の走行に帆を使うのは極めて危険であったと思われる。風の影響を受けないよう帆をたたみ、竿を使って操船性能を高めなければならなかったと考えられる。利根川でも江戸川でも下りには帆を張らず、流れに乗ったまま竿働きで走行したらしいことは前述した。してみると、ここで引付水主を雇う時が、帆を下ろして竿働きを始める起点になったのではないか。すなわち、利根川を遡上してきた船であれば、境前に着いた所で一旦碇を下ろし、帆をたたむと同時に引付水主の手配に取りかかったものと思われる。日記から、この引付水主が関宿で下船した後、再び帆を張った様子は読み取れず、そのまま江戸に乗り入れたらしい。復路も同様で、今度は関宿で帆を下ろすと、そのまま利根川を下り、北浦に乗り出す延方明州で再度帆を張ったのであろう。嘉之助日記の記述は単調だが、引付水主の記述から、関宿番所前の混雑や操船の難しさ、そして川筋の走行方法までも推測させてくれて、史料的価値の高さを証明して十分である。

第六節　上荷と帰り荷

続いて江戸での嘉之助船の動きについて見てみよう。次の条文は、Ⅰの二月二三日（4・1）、雨で滞船していた流山から江戸川を下って来た日の記録である。

曇り、下り働下り二之江着。汐時能川口入相働き、中川御番所相廻り江戸入、本所四ツめとまり。夜入小雨。

嘉之助にとって、中川番所を通過することが「江戸入」りであったことは前述した。中川番所は中川と小名木川が交差する北西の角にあって、現在の江東区大島九丁目に位置している。[12] 日記から、中川番所及び関宿番所を通行する上での諸手続について知ることはできない。水戸藩では領内の船すべてに㊌の焼印を打って独自に統制しており、幕府川船役所の極印支配を受けることはなかった。おそらく、嘉之助船が水戸の藩船であることは、船印からすぐに確認できた筈で、諸船同様、通船の順番を守って通常の行動をとってさえいれば、番所役人がそう難しいことを言うこともなかったと思われる。Ⅱの帰途、関宿番所を通るのに、たくさんの船が滞留しており、嘉之助もその順番を待って日数を費やしたらしいことは前に見た。中川番所の通過には、それともう一つ、潮汐の問題が絡んでいた。右の場合、番所の東方手前、二之江で一旦停船し、「汐時能川口入相働」と潮時を見計らってから、竿働きで川口に入り、番所前を通っている。この川口とは、中川が江戸湾に流れ込む河口で、潮の満ち干があった。図2は、東京芝浦で観測されている潮汐データを基に、嘉之助船が中川番所を通った一八五三年のこの日の芝浦の潮汐を推算してグラフに表したものである。芝浦と中川の河口とで、その微妙な差はほとんど考えなくてもよいだろう。グラフからは、この日流山から下って来た嘉之助が夕方の干潮時を見計らって江戸入りした様子が浮かび上がってくる。つまり、「汐時

図2　東京芝浦潮汐推算グラフ

地点：芝浦(東京)

緯度＝35′38′N　経度＝139′45′E　ZO＝120cm　標準時＝－9h

1853年4月1日

3h 16m	123cm
8h 21m	153cm
16h 54m	48cm

0h	1h	2h	3h	4h	5h	6h	7h	8h	9h	10h	11h	12h
cm 134	cm 130	cm 126	cm 123	cm 124	cm 129	cm 138	cm 147	cm 153	cm 151	cm 143	cm 128	cm 109

13h	14h	15h	16h	17h	18h	19h	20h	21h	22h	23h	24h
cm 90	cm 73	cm 60	cm 51	cm 48	cm 52	cm 63	cm 78	cm 94	cm 109	cm 122	cm 132

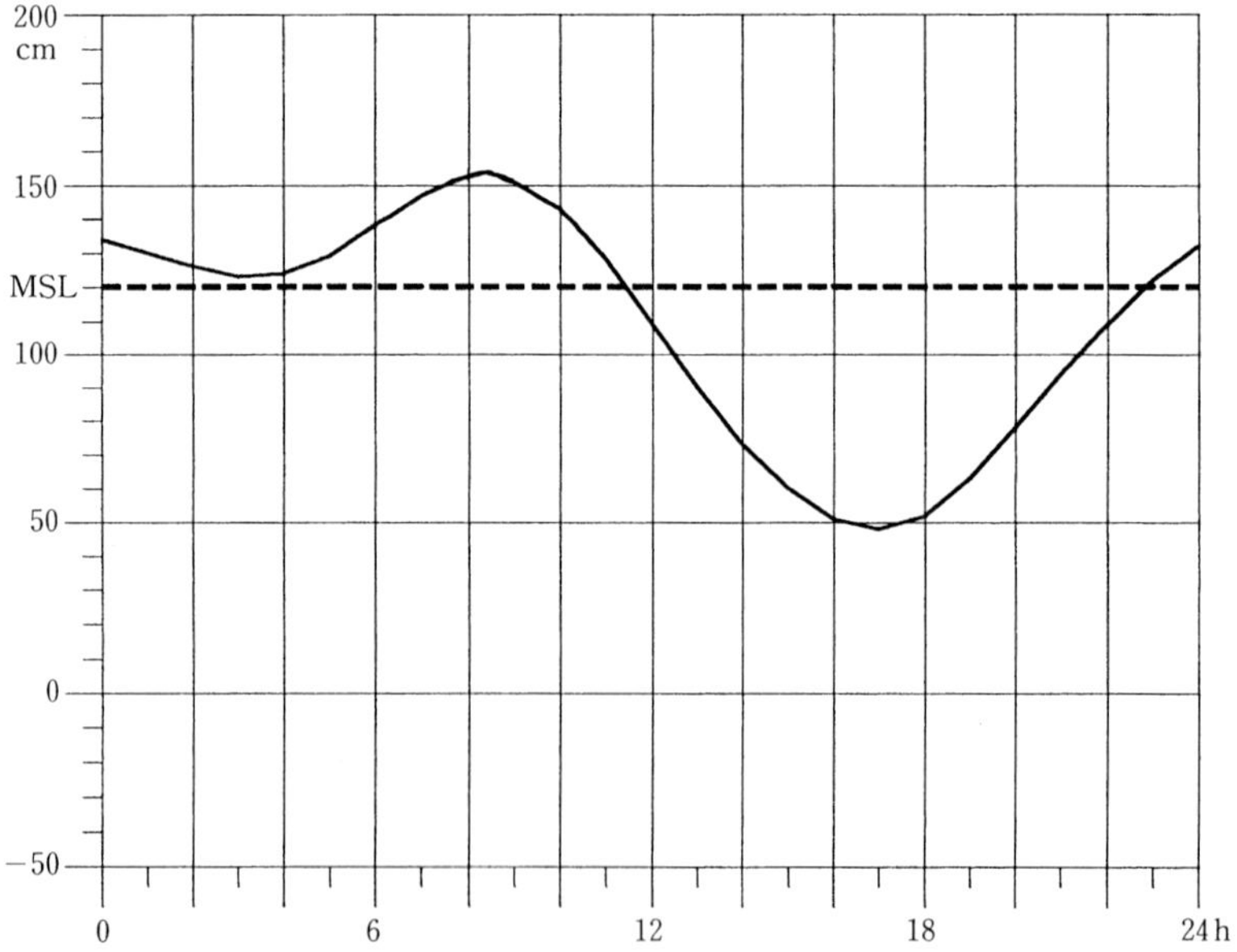

能」とは干潮時を指すに他ならず、江戸で帆を張れない川船が竿働きするには、満潮時を避けて水深が浅くなる時間を見はからって航行していた状況が明らかになる。

IIの江戸入りでも、四月一三日（5・20）、二之江に着いてから「汐時ニて川口入働、中川御番所相廻り江戸入り、本所四ツめ着。」とあるように、やはり潮時を気にしながら番所前を通っている。同様に、この日の潮汐を推算してみると、グラフは三時半頃の満潮を挟んで午前九時頃と午後九時頃の二度、干潮時をむかえる典型的な曲線を描き出す。したがってこの日、関宿を発した嘉之助は夜の引き潮を利用して江戸入りしたことが明らかとなる。十三夜の月は行徳を過ぎたあたりで降り出した小雨に隠れていた筈で、中川番所付近には常夜灯など何か航行上の安全施設が存在したのではないかと推測される。降り出した雨は本所に着く頃には大雨になっており、江戸の本所を目前にした嘉之助は、潮時を勘案しつつ小雨降る中、夜間の江戸入りを強行したのであった。

IIIの五月二三日（6・29）の場合、境からの出発だった上に、松戸付近で逆風が激しくなって手間取り、二之江着が遅くなったらしい。この日は、午後五時頃が干潮と推算され、二之江着が遅れた嘉之助船は上げ潮で具合が悪かった。「夜半汐待、川口入相働、船堀とまり」とあって、潮が引くのを待って川口に入ったものの、結局は船堀で夜を明かしている。中川番所の通過は、翌早朝になったのであろう。IVの七月一七日（8・21）の場合、昼の一二時半が干潮で、午後七時頃に満潮になると推算されるので、江戸川の今上を発って二之江に着く頃には満ち潮にさしかかり、嘉之助にとって決してよい条件ではなかった。訂正が多く、判断に迷う所だが、やはり江戸入り本所着は翌朝になったようである。この日については、二之江に着いた所で「汐時悪、夕方汐待川口入相働、中川御番所相廻り江戸入、本所四ツめとまり」という全文が墨で消されている。これはおそらく、数日後、記憶を頼りに書いたための書き誤りではなかったかと思われる。この日の午後、二之江に着いたことを覚えていた嘉之助は、その後の引き潮を利用してその日の内に本所に着いたように錯覚していたらしい。ところが、現実には上げ潮であったし、本所着も翌日のことであった。誤りに気付いてこれを抹消した嘉之助は、続けて「先々舟込合候ニ付、同所見合泊り」と訂正している。このときは安食に一五日間も水待ちさせられた航行で、同僚の藩船も同じように滞船していたものが関宿を通過する頃にはみな一同になり、江戸入りも同時になって諸船込み合っていたことも確かであった。

江戸に入った嘉之助には、決まった行動のパターンが認められる。まず最初の目的地は、前の引用史料でもわかるように本所四ツ目であった。①彼は必ずここで上荷を水揚げし、その後で②船を小梅の水戸藩下屋敷に廻し、「御手形納」めをする。そして、この送り状を先に提出した後で、③「御荷役」すなわち藩荷の蔵屋敷への船揚げ搬入が行なわれたのであった。本務を終えると、④「手形受取」り、と受領書を受け取って、今度は船を本所一ツ目へ廻し、⑤ここで帰り荷を積み込んで、江戸での一連の作業を完了させたのである。そしてたぶん、個人的な江戸買い物もこの⑤の時に行なっていたようである。

表3に嘉之助船が四回の航行で廻漕した物資と、各回に乗り込んだ水主についてまとめてみた。Ⅰでは、本所四ツ目に着いた翌日の二月二四日、曇り空の下「上荷板水揚仕、御船小梅江相廻し御手形納、とまり」と、朝から上荷板の水揚げに取りかかり、それを終えるとすぐに小梅に移動して「御手形納」めを済ませている。このように①、②の作業を一日で完了させたのはⅡ、Ⅲの場合も同様で、Ⅳのみが②を翌日にまわしている。藩荷を小梅の蔵屋敷に送り届ける③「御荷役」こそが彼らの本務であったから、それに向けた作業が手際よく処理されたのも当然であった。

藩荷は表3にまとめたように、米、籾、大豆、炭、薪などで、日記でも各航行の最初、冒頭部分に必ず書き上げられており、その重要性が記載の形式にも示されている。これらの藩荷を積み込んだ後、その上に覆いかぶせるように積み載せた荷物が上荷であった。したがって当然、荷揚げ作業はこれが先になる。甲板を持たない和船にとって上荷

表3　誉田嘉之助船の積荷・水主

	藩　　荷	船頭自分荷物			水　　主
		上　　荷	帰り荷	江戸買物	
Ⅰ	炭　153俵 薪　1,456束	板　280束 豆　100俵	（記載なし）	（記載なし）	妓重 万五郎 近次郎（松戸ゟ欠落）
Ⅱ	大豆　330俵 籾　200俵	板　300束	酒空樽　50本鉾田 赤穂塩　100俵鉾田 小間物　20箱牛堀	目鏡（眼鏡） 花瓶・戸張 毛抜など	妓十・万五郎 近次郎（江戸ゟ暇） 勝蔵（帰船・木野崎）
Ⅲ	米　450俵	板　（不明）	「下り荷少々積入」	絹糸・脇差 蠟燭・下緒草 花瓶など	妓十 万五郎 勝蔵
Ⅳ	米　450俵	板　450束	酒空樽　50本潮来 赤穂塩　100俵潮来 小間物大小20個鉾田	蠟燭・脇差 草履・山本山 （海苔か）など	妓十 万五郎 勝蔵（江戸で欠落）

は波飛沫や風雨に曝されやすい位置に積み置かれることを意味していた。嘉之助日記には、毎回、串挽滞船中に「上荷板積切」の旨、記載されており、上荷として板を積み込んでいたことが明らかである。だが、その数量については必ずしも明確ではない。

ⅡとⅣの航行を終えた所に、板、酒の空樽、赤穂塩、小間物など四品目の商品リストがメモされている。これは何を意味するのであろうか。ここに添えられた地名を見ると、Ⅱでは空樽と塩が鉾田で、小間物が牛堀とあり、Ⅳでは逆に空樽と塩の方が「いたこ上」、小間物が「鉾田上ケ」とあって、これら三品目が同地で陸揚げされたことが明らかとなる。したがって、酒の空樽、赤穂塩、小間物の三種類は江戸から廻漕されてきた帰り荷物と見て間違いないだろう。それはⅡで、本所一ツ目に滞在中の四月一九日、二〇日の両日「下り荷塩少々」「小間物少々」を積み入れたり、Ⅳの七月二九日と八月一日の両日やはり「下り荷少々」「下り荷塩樽」を積み入れている事実に符合するのである。そしてまた、Ⅰでは記述が見られないもののⅢの五月二九日にも「天気南風、下り荷少々積入、壱ツめとまり」と、やはり一ツ目で帰り荷を仕入れているのであった。

Ⅱ、Ⅳとも、酒の空樽が五〇本、赤穂塩一〇〇俵、小間物二〇箱と同じ量で、船の規模からすると嘉之助が「少々」と言う通り僅かな量だが、持ち帰れば必ず売れる一定の需要が見込まれる商品であった点に注意したい。嘉之助はこれらを水戸領の牛堀や潮来だけでなく鉾田にも運び船揚げしていたのである。嘉之助が出帆を始める起点となった串挽は、北浦北端に北西方から流れ込む巴川河口の南西岸に位置し、その対岸が塔ケ崎で、鉾田はさらにその東隣りに位置していた。このような至近距離にあって、串挽は水戸藩支藩の石岡藩領で、塔ケ崎と鉾田は共に旗本の相給支配地であったが、経済的には同一の商業圏を形成していた(13)。

ここで、IIの末尾に空樽などに並んで「一、板、三百束、当ケサキ」と記されている点を考えてみよう。これを空樽や塩荷と同じように、江戸から持ち帰った帰り荷と理解してよいのだろうか。板三〇〇束を塔ケ崎で荷揚げしたのであろうか。もしそうならば、IVで「板、四百五十束」とあるのも江戸から持ち帰ったことになる。そこで、薪と同じように束を単位に数える板材で、国許で一定の需要を見込める商品とは一体何であろうか。どうも適当な板荷物が思い浮かばないのである。そこでこれを、帰り荷ではなく江戸へ送られた商品と見てはどうだろうか。毎回、串挽で藩荷を積み込んだ後に「上荷板積切」と記された上荷の板がこれだったのではないか。内容を明確にできないが、江戸の土木建設現場などで使われた材木類と考えておきたい。それは常陸地方の平地林から伐り出された建築資材ではなかったか。束を単位に数えて藩荷の上に三〇〇束も四五〇束も積み重ねられるような上荷の板は、一つひとつが小振りで、価格も低位で巨大都市江戸市場には欠かせない需要の大きい商品であったと思われる。また、藩荷の米や大豆などが風雨や波飛沫に曝されるのを防ぐ上でも格好の上荷になったに違いない。

ここで重要なのは、この上荷板や酒の空樽、塩、小間物などの荷主は誰か、という点である。まず、上荷板については、これが藩荷の一部でなかったことは日記の記載例から見ても明らかであろう。Iの場合、串挽で藩荷を積み込んだ後、「上荷一切無之」と、積むべき上荷を求めてここで三日間を費やしている。藩が関与しているのであれば、このとき積み込んだ「御仕法炭」や「御薪」と同様に上荷が用意されていてしかるべきであろう。また、藩船を用いた藩荷輸送に商人荷物を混載させたとも考えにくい。帰り船の場合、藩が藩船の有効活用を計って商人荷物の輸送を請け負わせた、と考えても積み荷が少なすぎて納得し難い。それに、江戸に向う時に牛堀や潮来へ立ち寄りもせずに、帰路、江戸からの荷物をここで陸揚げしている点をどう理解したらよいのだろう。牛堀や潮来で注文を取って江戸から荷物を仕入れてきたとは考えられないのである。これはつまり、船頭嘉之助にその裁量を任された商品輸送、嘉之助が仕入れた自分荷物の輸送ではなかったか。

水戸藩は常時一〇艘前後の藩船を、江戸航路に就航させており、それらの船頭・水主集団を「御扶持人」と「御雇」に分けて編成していた。すなわち、嘉之助のように扶持支給を受けて藩に召し抱えられた船頭と、給金制で雇用される船頭の別があった。また、水主についても常雇いの者と航行毎に契約雇用される者がいて、嘉之助船を見ると、この船の癖まで知り尽くしたような妓十と万五郎の両名が常雇いで、残る一名が契約雇用の水主であったらしい。Ⅳで積立命令を受けた六月二一日に、水主「万次郎」と記されているが、この航行で江戸に着いた七月二七日の条文には「万五郎不束有」と見えるので、万次郎は嘉之助の書き誤りで、万五郎が全四回の航行に乗船したと考えてよいだろう。そして、最初に乗り込んでいた近次郎は常雇いではなかったらしく、Ⅰで「松戸ゟ欠落」、Ⅱで「江戸ゟ暇」とあって混乱しているが、Ⅱの復路には木野崎の勝蔵がこれに代わって雇われたようで、その後、Ⅲ、Ⅳと続けて嘉之助船に乗船したが、その勝蔵も最後に江戸から帰る所で「欠落」している。木野崎村は利根川の右岸、現在の千葉県野田市にあって、目吹村の下手に位置していた。彼ら船頭・水主の編成方式については、別に詳しい検討を予定しているが、船頭に対しては、藩が支給する扶持・給金とは別に藩船を用いた自個荷輸送を認めていたと考えられるのであった。

つまり、嘉之助がⅠの串挽で上荷を待って三日間滞留したのは、まさに「帆待ち稼ぎ」をしていたのであった。本務として藩荷輸送に従事する傍ら、藩船にできる空きスペースを利用して、船頭が自分荷物を輸送・販売し、収入を得ていたのである。それが上荷として藩荷の保護に役立ったが故に、多すぎたり、上荷待ちの日数が長引かない限り、藩側と船頭側に対立する要因はなかった。江戸からの帰り荷物が、船の規模の割に少なかったのは、藩船を用いた船頭個人の営利活動に一定の歯止めをかけたものであり、有利な仕入れを待って長期間滞留する事態を制限したからに他ならなかった。上荷・帰り荷ともに、注文を取るまでもなく運んで行けば必ず売れる需要の見込める商品が選ばれたのであり、それも、このような藩船船頭の「帆待ち稼ぎ」であってみれば、当然のこととして、了解できるであろう。(14)

ただし、状況によっては、右のような諸物資以外の商品を仕入れることもあったらしい。Ⅰの二月一六日、小堀で雇った艀下船に大豆一〇〇俵と松板類二八〇束を積み移している点については前述した。この松板類が串挽で三日間帆待ちして積み込んだ上荷であることは間違いないだろう。ところが、大豆については他のどこにも船積みした記載が見られないのである。藩荷であれば、「御仕法炭」や「御薪」同様、出発の最初の部分に書き上げられる筈だが、その記載もない。これもやはり板同様、嘉之助が仕入れた上荷の一部であったのではないだろうか。上荷板を積み込んだ同九日の条を見ると、最初に書いた「上荷板夕方迄ニ積切」を「上荷板相下り積入」と訂正し、その翌日の条に「上荷積切」と上荷の積み込みが完了した旨を記している。つまり、九日の夕方までに上荷板二八〇束を仕入れて上荷の積み込みが終了したと思っていた所に、翌日になって更に大豆一〇〇俵を仕入れることができたので、九日の記述を「積切」から「積入」に訂正したものと考えられる。このときの上荷板の仕入れ量はⅢ、Ⅳの場合に比べて少なく、積載量にはまだ余裕があった筈だし、江戸での販売商品として大豆ならば問題なかった。出発にあたって、限られた日数以内で、必ず売れそうな商品を仕入れようとした嘉之助たちの活動が浮かびあがってくる。問題になるのは、艀下船を利用する際に、その運賃支払いの関係から藩荷を積み移すのか、上荷なのか、それとも区別はなかったのか、という点である。IIでは上荷板三〇〇束を積み込んでいたにもかかわらず藩荷としての大豆二五〇俵を艀下船に積み移している。この点も、今後解明しなければならない課題である。

第七節　江戸の配送と集荷機能

次に、上荷や帰り荷が船頭の自分荷物であったとき、それの江戸での荷揚げ地と仕入れ地について押さえておくことが重要となる。先にも見たように、嘉之助船の行動パターンは決まっており、中川番所を通過すると必ず本所四ツ目に着船し、ここで上荷を水揚げしている。その後、小梅の藩邸で本務を済ませると、今度は本所一ツ目に移動し、ここで帰り荷を積み込むのであった。本所は小名木川の北側約一キロメートル程を平行して流れる竪川沿いにあって、隅田川（大川）と合流する所から順に一ツ目橋、二ツ目橋と橋がかけられていた。現在は、この上を首都高速小松川線が走っている。江戸の運河網は隅田川の東側では、南北方向に横川と南十間川とがあって、これに直交して小名木川と竪川が東西を向いて延びている。竪川と横川が交差する地点の竪川には新辻橋があり、これより一つ西側、隅田川寄りにあるのが三ツ目橋、東側が四ツ目橋であった。この四ツ目橋付近が嘉之助が上荷を水揚げした本所四ツ目ではなかったかと思われる。その南側には、南十間川に西接して幕府の猿江材木蔵が位置していた。嘉之助が、上荷の板をここで水揚げしたのも首肯けよう。(15)

ここで、嘉之助船の江戸での航路を辿ってみると、中川番所から小名木川を西に進み、南十間川か横川を北上して竪川に入り、本所四ツ目に着岸したと考えられる。そして、横川を北進し突き当たって左に折れた北側、隅田川とに挟まれた一帯が小梅の水戸藩下屋敷であった。それより本所一ツ目へ移動するのに隅田川を下ったのか、横川を戻って竪川を西進したのかはわからない。ただここでもやはり、Ⅰの二月二五日、小梅から「夕汐御舟壱ツめ江相廻し、御石場江罷出」とあったり、Ⅳでは七月二一日の墨消しされた部分に「汐時ニて小梅江相廻し」とあるので、潮位を気にしながら竿で操船したのは確かであった。一ツ目は隅田川を少し下れば日本橋界隈にも近く、上方下りの赤穂塩を始め、小間物、酒の空樽を取り扱うには格好の場所に位置していたと言える。また、竪川と隅田川が交差する東南の角には水戸藩の石場が設けられていた。川船でも空荷で帆走すると船の重心が高く転覆する危険があり、江戸からの帰り船には一定量の石を積み込んで重心を下げる必要があった。藩船との関係からすれば、本所一ツ目の立地はその意味でも符合している(16)。

また、嘉之助はここで江戸でしか手に入らないいくつかの商品を入手している。走り書きに記された難解なくずし故、すべてを判読することはできないが、「ろうそく弐百本、木村氏」「脇指一本、貞二分」などと記されており、国許から購入を依頼されてきたらしい。木村氏とは下吉影で嘉之助が定宿とした問屋木村東介であり、二〇〇本の蠟燭が、彼の個人消費であったのか、小売を目的にしたものかはわからない。ただ、両者の関係を見ると、嘉之助が江戸で安く仕入れて東介から利益を得るというような関係ではなかったと思われる。東介の依頼を受けて江戸に出向いた際に個人的に買い調えた商品と見てよいのではないだろうか。判読可能ないくつかの商品を表3にまとめておいたが、貞二から頼まれて江戸で脇差を一本買ってきたことのメモ、というように理解するのが妥当なように思える。したがって、帰り荷が利益を求めた仕入れ、販売活動であったのに対し、ここでの買い物は嘉之助の個人的な購入活動と捉えておきたい。

以上のように江戸での活動ルートを見ると、四ツ目、小梅、一ツ目の順路は、嘉之助に限らず水戸藩の藩船に共通した指定の航路であったと考えることができる。藩は船頭たちに「帆待ち稼ぎ」の副収入獲得を容認したが、それには藩船が一ヶ所に滞留することなく国許と江戸の間を効率よく運航することが絶対的な条件であった。右の順路にそれを指向した様子が明確に示されている。すなわち、本所四ツ目の問屋商人は水戸藩船頭がもたらす常陸産の材木類や大豆などを買い付け、また一ツ目では彼ら船頭たちのために江戸帰り荷物を準備する商人がいて、年来の取り引き関係を結んでいたと思われる。藩船の円滑な運航を第一条件とすれば、船頭たちが「帆待ち稼ぎ」の自分荷物をより有利な条件で仕入れ、販売するために余計な時間を費やすことは許される事態ではなかった。

そして、江戸内川での船の係留地を考えれば、四ツ目と一ツ目には水戸藩の藩船用に係留地が確保されていたのではないだろうか。狭い運河網を諸船が行き交う状況下で、係留地の確保は非常に重要な意味を持っていた。Ⅰの二月二七日「壱ツめ逗留仕候、亀割（亀有）御成」[17]とあったり、Ⅱの四月二一日にも「田安・一ツ橋両卿本所竪川ゟ小石川御成、深川還御御通舟ニて江戸出舟相成兼」とあって、将軍や三卿を乗せた船の通行に嘉之助は船を動かせずにいた。田安中納言慶頼の下屋敷が隅田川と横川の中程で小名木川の北岸にあって、一橋刑部卿慶喜が横川の東側、小名木川の南方に広大な深川下屋敷を抱えていたので、ここから小石川の水戸藩邸に往復したのであろう。おそらく他の船もみな動きを止めていたに違いない。そのような特別の日を考えるまでもなく、江戸内川の交通量を考えれば、駐船禁止、停泊禁止の制限がきつくあったことは容易に想像できよう。岸に平行に二艘並べて留め、川幅を狭くする船が後を絶たず、幕府から繰り返し禁止令が出されていた。また、中川番所で船改めを受けるとはいえ、治安対策の面から言っても江戸の町内に自由に係留、停泊できたとは考えにくい。そうした意味で、四ツ目、一ツ目と毎回同じ場所に藩船を着岸させていたことは重要で、契約関係のある問屋商人の存在と、係留地の確保を予測するのに十分であろう。

こうした点から、民間の百姓船が江戸に就航する際の問題点も見えてくる。関東在方から江戸に乗り入れるには、長期間の連続航行に耐える船の構造と、それに見合う船の規模とが求められた。したがって、そうした船に見合う輸送の方式は、年貢廻米や、たとえば醸造業者配下の船が酒や醬油など特定の商品を廻漕する場合などを除いて、通常の商品輸送の場合、諸品混載が普通であったと思われる。その際に、荷揚げ地、係留地、帰り荷の仕入れ地を考えれば、諸船とも必ず目当ての場所と相手が予め決まっていたのであり、その目処もなく闇雲に江戸に乗り入れることなどできる筈もなかった。荷揚げ地点の船宿からは目的地ごとに商品が振り分けられて小船で配送されたであろうし、逆に帰り荷を仕入れる時にも、その要望を満たして様々な商品を必要なだけ取り揃えてくれる江戸の商人がいたのであろう。こうした、関東在方からの出荷と江戸内川での配送システムに関連して、第八章でも若干の考察を試みているが、いまだ未解明な点も少なくない。少なくとも、船さえ手に入ればいつでも江戸航路の輸送業に参入できるという世界ではなかったことが、以上より明らかとなるであろう。

第八節　小之字船と藩船

分析の最後に、嘉之助たちの本務、小梅蔵屋敷での荷揚げ作業につて考察し本章を終えたい。小梅での作業は、まず国許からの送り状を提出し、次いで藩荷の陸揚げ蔵納めを行ない、その受領書を受け取るという三段階に分けられる。嘉之助日記には、IIで藩荷の大豆と籾を廻漕した際の受領書の写し二通が収められている。串挽で積み込んだ時点では大豆三三〇俵の筈であったが、中に小豆一俵が含まれていて三二九俵の受け取りとなっている。国許の誤りなのか、送り状を確認したいところだが、この航行日記には書き留められていない。おそらく、嘉之助は「御用留」など別の帳面に諸証文の写しを記録していたものと思われる。二通の受領書写しをこの航行日誌に書き込むことの方がむしろ例外的であったのかもしれない。受領書の作成者は二通とも瀬谷龍左衛門と川上三郎衛門の両名で、宛名は大豆受け取りの方が、谷佐之衛門と鯉淵軽太郎の両名、籾の方が「水戸御蔵方」であった。水戸藩士の系図や経歴を書き上げた「水府系纂」によれば、瀬谷・川上の両名が江戸の蔵奉行、谷・鯉淵の両名が国許の勘定奉行であったことが明らかとなる。(18) 同じ藩荷物でも大豆と籾とで受領書の宛名が違っているのは、荷物の出所、管理のされ方が異なっていたからと考えられるが、この点も送り状などこれ以外の史料とつき合わせてみないと詳細はわからない。そして、大豆も籾も徒目付の四宮蔵三郎が立ち会って升日改めを行なっている。

ここで、江戸の徒目付、小梅の蔵奉行、国許の勘定奉行、そして「水戸御蔵方」など、いくつかの役人・役所が登場するが、嘉之助たち船乗り集団を統率したのは、そのいずれでもなかった。前述したように水戸藩では、牛堀・潮来方面の飛地領と、小川を中心にした霞ヶ浦北岸に面する地域からの年貢諸物資は、百姓の江戸納めが原則とされて、江戸藩邸の維持に充てられていた。そしてそれとは別に、水戸の城付領から江戸藩邸に諸物資を廻漕する体制が組まれ、藩船とそれを操る船乗り集団が編成されていた。そのための機関として運送方役所が設けられ、運送奉行が元締と数名の手代たちを率いてこれを指揮したのであった。当初、小川に設置されたこの役所は元和年間に遡って確認でき、享和年間に牛堀村の上戸に移転された後、天保の初年、北浦に流れ込む細流、巴川沿いの下吉影に移転されたのであった。(19) 水戸の城付領から那珂川、涸沼川を経て水上輸送された諸物資は、主に涸沼南西岸の海老沢に水揚げされて、霞ヶ浦の小川に、そして後期には下吉影に向けて陸送されたのである。運送奉行は海老沢の津役奉行（後に津役改役と改称）と共に勘定奉行の配下にあって、これら藩荷の廻漕業務を担当したが、役所移転の理由や詳しい経緯はわかっていない。ここに分析する嘉之助船の航行内容が、何某かの手懸かりを提供できればと期待している。日記の中に運送奉行が登場するのは一ヶ所けで、Ⅲの五月一四日、藩荷の積み込みに際して「是節御頭様城下行」とあるのが、その部分である。「水府系纂」によれば、このとき運送奉行を勤めていたのは三村与七郎敏慎で、弘化三年（一八四六）一〇月二四日「運送奉行トナリ下吉影役屋ニ移ル」と確認できる。つまり運送奉行は水戸の城下に勤務したのではなく、下吉影の役屋に常駐し、必要に応じて城下に出向いていたのであった。船頭たちは江戸で蔵奉行を「小梅御頭様」と呼んだのと同じように、運送奉行を「御頭様」と呼んでいた。Ⅲ、Ⅳの藩荷積み込みに際しては、横須賀清蔵、立合押・高野直蔵、同立原甚之助などの名前が認められるが、「水府系纂」に確認できない。運送奉行配下の手代たちではなかったかと推測される。

これにより、藩荷輸送の手順について考えてみよう。藩荷には年貢米のように毎年経常的に送られていくものと、同じ藩米でも江戸詰め藩士への扶持支給のため急遽廻漕されるような、江戸藩邸の求めに応じて送られるものとがあった。後者の場合、江戸藩邸、厳密に言えば蔵奉行であろうが、これより藩荷の廻漕要求が国許に送り着けられる所から一連の作業が動き出す。廻漕依頼を受けた国許では、早速その準備に取りかかり、まず水戸より下吉影の運送方役所に藩荷を送り出すと共に、運送奉行宛に藩船の用意を命じたものと思われる。海老沢にも下吉影にも江戸向け諸物資を常時蓄えて置くような大規模な倉庫施設はなかった。

藩船は串挽でいつでも出帆できるよう準備を整えていた。Ⅲの五月一六日には上荷板を積み終えて定河岸まで移動していたが、「逆風旁尚亦御修覆、日暮迄ニ出来上り、定かし泊り」とあって、串挽で藩船の修覆が行われていた様子が窺える。誉田家文書によれば、藩船の建造も含めて、この時期、串挽は水戸藩藩船のドックの役割を果たしていたと考えられる。串挽と下吉影は巴川の水脈でつながっていたが、大型の藩船は通行できず、下吉影から小船で串挽まで川下げした。当地では巴川に就航したこの小船を艀下船と呼んでいる。[20]運送奉行から藩船への積立命令を受けた船頭は、下吉影へ出向いて藩荷を受け取り、数艘の小船を率いて串挽に待機する藩船まで積み下した。この場合にも、表1にまとめたように、Ⅲでは雨のため、またⅣでは水不足で巴川を下れないことがあった。このように海老沢から駄送されてきた藩荷を下吉影で管理し、巴川の小船に積み込むのも運送方役所の任務で、その実務に密接に関わったのが当地の問屋木村東介であった。嘉之助も積立命令を受けて下吉影へ出向いた際には木村方に止宿しており、彼の求めに応じて江戸でいくつかの品物を買い込むなど緊密な関係にあった点は先に見た通りである。日記に見える石田氏も居所は不明だが、木村氏同様の者であろうか。なお、嘉之助たち船頭の責務は、串挽で藩船に積み込んだ日から帰帆するまでの期間に限られていたらしく、下吉影から巴川を下すのに費やした日数は航行日数から除外されている。

このような手順を踏んでいよいよ出帆となる訳だが、国許から江戸藩邸への物資輸送が決して水上輸送だけでは成り立っていないことも明らかとなる。江戸から水戸への廻漕要求、それを受けた藩庁から下吉影の運送奉行への指示、さらに運送奉行から串挽に待機する船頭への積立命令など、一連の指示はみな陸上の飛脚便によるものであった。そしてまた、水戸の藩庁では運送奉行へ指示を送るのと同時に、江戸藩邸に宛てて早速、廻漕業務に取りかかったことを知らせる返書を送っていたものと思われる。嘉之助たちは小梅の蔵屋敷で荷揚げ作業に取りかかるとき、必ずそれに先だって送り状の提出を行なっていた。これは、小梅の蔵奉行にとって、あらかじめ国許から知らされていた内容と送られてきた荷物を照合し、依頼してあった荷物のどの部分が廻着してきたのかを確かめるためにも欠かせない手続きであった。そして一連の廻漕作業が完了したことを証明して発行された江戸蔵奉行の受領書は、嘉之助たち船頭によって運送方役所に届けられ、それより水戸の藩庁に提出されたのであった。Ⅰで荷役が終了した二月二五日「手形願候所、駒込御扶持渡りニ付、小梅御頭様御留守ニて手形不相済」と、小梅の蔵奉行が不在のため受領書の発行が遅れることもあったらしい。ここで、駒込の同藩中屋敷で扶持を受け取るために蔵奉行が不在になったとは何を意味するのか。自らの扶持受給なのか、それとも嘉之助たちお抱え船頭の扶持支給に関わるのか、興味ある点だが、不明である。

嘉之助船が運んだのは、Ⅲ、Ⅳでは共に米四五〇俵、Ⅱでは大豆・籾を合わせて俵数は五三〇俵にもなる。しかも水戸藩の米俵は一俵に四斗二升入りの大俵で、この荷役には相当な労力を必要とした。串挽で藩船に積み込むときには、下吉影から下ってきた小船の水主たちがいたので、その労力に頼ることができたが、小梅で荷揚げするときにはどうしたのであろうか。乗り込みの水主三名だけでは負担が大き過ぎた。そこで実は、ある特別な方法で労働力の確保が目指されていたのであった。日記に見るⅣの七月二二日、墨消しされた所だが「与三郎荷役、自分御用水主人足雇ニさし出申候」とあるのが読み取れる。これは訂正されて、この日、嘉之助は小梅に船を移動して送り状を提出、翌二三日に同僚で先番の与三郎船が荷揚げ、嘉之助船の荷揚げ作業はその翌二四日であった。与三郎船の荷揚げ作業にあたり、嘉之助は妓十・万五郎の両名であろう「自分御用水主」を差し向けて荷揚げ人足の調達に当たらせている。与三郎船の水主たちも当然、荷揚げ人足の確保に当たったに違いない。

ここで調達の対象に目されたのが、水戸領内から江戸に乗り入れていた船乗りたちであった。水戸藩では幕府川船役所とは別に領内の船に丸の中に水の字を印した㊌の極印を打って独自に統制し、藩有物資の江戸廻漕には㊋の船印を立てさせていたので、その極印と船印から水戸領の農民船は江戸に出ていてもすぐに見つけ出すことができた。この船を水戸藩では、その船印にちなんで「小之字船」と呼んでいた。また、嘉之助日記に見られる「小川船」とあるのもこれを指すと思われる。小之字船の船乗りたちには江戸藩邸で藩船の荷物を荷揚げし、蔵納めする作業が課せられていたのである。彼らは無賃、食事の支給のみでこれに当たらなければならなかった。実際には、荷役の当日ではなくその前日に、小梅の蔵屋敷前に集合するよう藩船の水主たちが人足集めに走り回っていたのである。送り状の提出と、荷揚げ作業の日程がずれていたのも実はこの点に深く関わっていたものと思われる。小之字船の中にはその命令に従わない者もいたらしく、必要な人数より多めに声をかけて廻ったという。これらの点については、第六章を参照されたい。小之字船にとって無賃働きのこの強制労働は、実は別の側面で藩の保護を受けるための必要条件にもなっていたのである。

その問題を考える前に、小之字船がその極印からすぐにそれとわかったとしても、わずか数名の御用水主がどうして広い江戸の内川からこれを探し出すことができたのか、この点を考えておきたい。水戸領からは常時数十艘の小之字船が江戸に乗り入れていたにしても、広い江戸の町でこれを見つけ出すのは、そう簡単なことではなかったろう。これはおそらく、水戸藩の藩船が本所四ツ目に上荷を陸揚げし、同一ツ目で帰り荷を積み込んだように、小之字船も船ごとに一定の係留地、取引の江戸問屋があらかじめ決まっていたのではないだろうか。御用水主が人足調達に向かうとき、どこに行くべきか、ある程度の目算はあったに違いない。(21) この点は、水戸領の川船に限らず、先にも述べたように江戸での配送・集荷という観点から見て、関東在方より江戸に乗り入れた船にとっても同様な筈だが、なお解明されていない点もあって、残された課題となっている。(22)

次にあげる史料は、嘉之助日記の表紙裏に書き留められたもので、藩船と小之字船の関係を考える上で重要な示唆を与えてくれる。

安喰九介、鍋屋三蔵へ乗居去子年、十里□舟後給分之義ニ付ひま暇取、当丑年二月十五日、木下ニて丹後守殿手船・安喰勘介ニ乗ニ居、右三蔵へ給金之外月弐朱宛□□貰度由、九介世話人布川新三郎と申す者之由、是者同道ニ九介ニ行、三蔵義急荷物積入、才料乗急候由ニ付、舟為下ケ候事。

内容にやや理解しにくいところもあるが、概略はおおよそ次のようであろう。安食村の水主九介がこの年二月一五日、木下で鍋屋三蔵の船に行き会って「給金之外月弐朱宛」の支払いを要求したことから事件が起っている。この金が如何なるものか定かでないが、この前年、九介は三蔵船に乗り込んで水主働きをしていたとあるので、それに関わることは間違いない。その後、何かのトラブルがあって、九介は三蔵の船から暇を取り、この時は「丹後守殿手船」の水主働きをしていた。その船は同じ安食村の勘介が船頭を勤めていたので、その伝を頼ったのであろう。こうした九介の動きからは、先に見た嘉之助船の雇い水主、近次郎や木野崎村の勝蔵の例もあわせて、諸船を渡り歩いた水主のあり方が知られて興味深い。

この日、九介が水主として乗り込んでいた「丹後守殿手船」が木下でたまたま通りがかった三蔵船を見つけ、右を要求したのであった。ここは安食村に近く九介は地の利を活かし、木下対岸に近い布川から新三郎なる者を世話人に頼んで乗り込んできた。この「丹後守」については確認できないが、おそらく九介には大名または旗本の手船に雇われているという、ある種の優越感、権威を笠に着た意識が働いていたものと思われる。困った鍋屋三蔵が、ここで頼りの綱としたのが水戸藩船頭誉田嘉之助であった。この時、三蔵船は江戸への航程にあったのか急ぎの荷物を積み込んで宰領まで同乗させていた。嘉之助はそのことを理由に、九介側の要求を受理せず、「舟為下ケ候事」と、勘介・九介船に下船するよう命じている。九介乗り込みの「丹後守殿手船」も水戸の藩船の前に屈せざるを得なかった。日記の本文によれば、この日嘉之助は出津から小堀に向かう登りの航程にあって、木下はその途中に位置したので、内容的にはこの表紙裏に記された記事と矛盾していない。

問題は鍋屋の屋号を持つ三蔵が何者かという点である。これを考えるヒントが、Ⅳの七月一三日の条に窺える。そこには「是夕、小川舟弥兵衛ゟ鍋屋嘉兵衛死去承り」と記されて、同じ「鍋屋」が登場する。江戸へ向かう途中、利根川の古鎌（布鎌か）で、小川船の弥兵衛に会って鍋屋嘉兵衛が亡くなった旨を聞かされている。「小川船」はこの他にも見られ、Iの三月八日、利根川下りで雨のため神崎で滞船中に「小川も七登り」とあるし、IIで江戸滞在中の四月一八日にも「小川屋庄介来り泊り」と記されている。この小川が霞ヶ浦北岸の水戸藩領小川を指していることは間違いないだろう。ここにはかつて長い間、運送方役所が設置されていた所で、小之字船の㊄の旗印もこの小川の地名からきていると考えられ、水戸藩の水運にとって枢要な地位を占めていた。その小川船の弥兵衛から死去を知らされた鍋屋嘉兵衛もやはり小川の者と考えるのが自然で、それと同じ屋号をもつ鍋屋三蔵もまた水戸領の百姓船頭であったからこそ、嘉之助に助けを求めたのではないだろうか。日記にはこれ以外に嘉之助と小之字船をつなぐ記述は見当たらない。しかし、次章で検討する小堀河岸の問屋寺田重兵衛家の文書によれば、同家は水戸藩穀宿の指定を受けて難船処理を始めとして川筋で発生した様々な事件や事故に対処したが、小之字船が近くにあった水藩藩船に庇護を求めた事例をいくつも確認できるのであった。

嘉之助の日記によれば、庄兵衛、与三郎、彦三郎、卯八、多兵衛、甚四郎、忠衛門、蔵之介など同僚船頭の名前が見え、この年、水戸藩では九艘ほどの藩船を江戸航路に投入していたと考えられる。この間、大山多兵衛が病気により藤吉に代わったらしく、忠衛門は休んでおり実際には庄介または与吉がその代役を務めていたらしい。またこの他にも、「長谷川荷役」とか、「長谷川串挽入津」と記されて、長谷川なる人物が登場するが、詳しくは不明である。嘉之助は登り下りで同僚藩船に会ったとき、船頭名をあげて「何々ニ逢」と記し、同じ方向に進む過程で追いついたときには「何々一同ニ成」と書き留めている。表1に整理したように嘉之助の江戸滞在と串挽待機日数がわかるので、かれら九艘の藩船が川筋を行き交った様子を列車運行図のようにダイヤグラムにまとめることができる。

それによれば、水戸藩の藩船には廻漕業務に当たる順番が決まっており、串挽滞船中の修理などで順番が代わることがあっても、航行の過程、および江戸での荷役に当たってはその順番が守られた。Ⅳの利根川登りの時には嘉之助船に限らず、同僚藩船があちこちで水待ち滞船を余儀なくされたために、結果として江戸到着が一緒になり、江戸で込み合い荷揚げ作業に手間取っていた。嘉之助がこの時、通常の倍近い一五日間も江戸に滞在したのもそのためであった。そのような事態がない限り、水戸藩の九艘前後の藩船は利根川・江戸川の登り下りどこかに一艘ずつ散らばって順次航行していたのである。ダイヤグラムはそうした様子を描き出してくれる。そしてこの運航形態は、藩船の順番制という藩船船頭の服務規程に関わる問題であったばかりではなく、実は同じ川筋を航行していた小之字船にとっても非常に重要な意味を持つものであった。小之字船は藩領域を越えた水域で、何らかの事件や事故に遭遇しても、必ず付近のどこかを水戸藩の藩船が航行していたので、その藩船に頼ることができたのである。その安心を考えれば、江戸小梅での無賃労働は決して無償であったのではなく、十分過ぎる保証体制の一環であったことが納得されるであろう。

おわりに

最後に、本史料の作成過程を帳面の書式や字配りなどから考察し、同一史料の存否について推定し、むすびとしたい。各丁の行数は最初の書き出しに当たる第一丁表のみ八行で、以下は大体一〇行から一三行の間で一定していない。第四航行、Ⅳの帰着に関わる記述は一七丁表に二行を記して終わるが、その右側一六丁の裏にも七行しか記述がなく、この日記最後の航行を終えるに当たって、一七丁表を空白にしないよう、この見開きに余裕を持って行を配列しようとした嘉之助の意図が読み取れる。そしてその次、最後の見開きに当たる一七丁裏と一八丁表の部分には、川筋の航行に関わる記述は見られない。裏表紙裏に相当する一八丁表部分の上段には、「四月二日積立買物」とあり、下段には「五月十四日積立買物」として、それぞれII、IIIの江戸就航時に江戸で個人的に購入した物品がメモされている。この右側一七丁裏上段部分には、「六月廿三日積立分」として、IVの江戸買い物が四行ほど書き留められているが、Iの江戸買い物についての記述は見当たらない。また、裏表紙には、船の航法には直接関係しないいくつもの雑記事が書き留められている。それは表紙裏についても同様で、必ずしも右端から順に書き始めた訳でもないらしく、日記の航行内容に直接関係しないような事項や、関係したとしても本文に追記するだけの余白がない場合、表紙裏と裏表紙部分を利用して備忘録として書き留めていたらしい。いくつもメモされた記事相互の前後関係や本文との関係が判然とせず、また、江戸買い物については、解読が困難なこともあって、判読できる範囲内で表3にまとめておいた。

したがって、本日記の記述の順序は次のようになるであろう。嘉之助はまず、全一九丁仕立ての竪丁を用意した。表題が予め決まっていて最初にこれを書いたのか、それとも日記の本文を書き進める過程で表題をつけたのかはわからない。毎日の航行内容を書き進める過程で、走航には直接関係しない事柄は、裏表紙と表紙裏を利用し、適宜書き留め備忘録とした。四回の航行のうちIの江戸滞在日数が一番短いとはいえ、四回の内三回は江戸で買い物をしているところから、Iで何も買わなかったとは考えがたい。にもかかわらずここに記録されていないのは、彼が買い物の内容を忘れてしまったからではないだろう。おそらくIの時には、ここに記帳しようという考えがなく、四月二日発のIIで買い物をした際に、その内容をこの帳面に書き留めようと思い立って、裏表紙裏の上段に書き留めたのであり、続くIIIの江戸買物をその下段に記録したのであろう。そしてその時点では、IVの江戸買物をどこに書くかも決めていなかったのではないか。たぶん、IVの航行を続け、江戸で買い物をする頃になって、毎日を追う日記の記述も一七丁裏迄は達しないことがおおよそ判明し、ここを利用しようと決めたのではないだろうか。そこでこの上段部分にこれを記載したのであり、一六丁裏に収まってしまいそうなⅣの帰着記事も、あえて七行だけ余裕を持ってそこに記し、残り二行を次の一七丁表に配して、この帳面を書き終えたのであった。

このように、本帳面の大枠は表紙をめくった第一丁から一七丁表までの日記形式の本文記事と、その次の見開きを利用して書かれた江戸買物記録、そして、裏表紙と表紙裏への備忘録、という三部門から成り立っているのである。この竪帳には、紙縒をほどいて後から丁を足したり、逆に取り除いたりした形跡は認められず、おそらく以上に推測したような順序で逐次書き連ねていったものと考えて誤りない。つまり、嘉之助がこの帳面に航行日誌を付けようと思い立ったとき、果たしてここに何回分の江戸往復を記録できるのか明確な予測を持たないままに書き始めたのではないかと考えられるのである。

命名の通りこの日記は航行途中の「川條」日記であって、串挽河岸に待機している間の記載は一切ない。しかし、積立命令が出されて以降は毎日、日付に続けて天気、風向きが記録され、雨や風待ち水待ちで滞船し、航行できない日でも必ず一行が割かれている。江戸往復の日数が増えれば、その分だけ行数も増える訳で、一往復に何丁分を要するのか予測するのも難しかったに違いない。三往復分で終わってしまうのか、五往復分まで書けるのかわからないが、とりあえず書き始めてみようとした嘉之助の気持ちが窺える。続きは別の帳面に書き継げばよかったのである。したがって、これに続く第二、第三の航行日誌が存在しても不思議ではない。

藩船を任されて江戸藩邸に諸物資を廻漕した彼らにとって難船事故や、川筋で何らかの事件に巻き込まれるなど、不測の事態は避けられなかった。その時に、藩当局に対して適切に返答し、自らの行動を証明するためにも運行の記録は不可欠だったと思われる。そしてそれは、藩船に限らず船主から船を預かり、荷主から荷物の輸送を委ねられた船頭たち一般に言える点であったろう。にもかかわらず、この種の航行記録が他に見いだし難いのは何故だろうか。

それはまず、河川水運に関わる史料の大半が河岸問屋など、船や荷物を差配した陸上の商人資本の側に多く残され、実際の廻漕業務に従事した側の史料がほとんど残されていないという事態に大きく関わっている。そしてもう一つ考えられるとすれば、船頭は輸送業務に必要な内容を「御用留」や「万覚帳」といった帳面に他の記事と一緒に書き留めており、あえて日記形式の航行日誌は付けていなかったのかもしれない。新史料の発見に待つより他はない。

嘉之助について言えば、航行日誌を付けるのはこれが初めてではなかったかと思われる節がある。先に推測したように記録を始めた時点では、この帳面にどれくらい書けるのか目算はなく、もしかするとどのように書くかさえ明確な書式は念頭になかったのではないか、と思われる。Ｉの江戸買い物を書き落としているし、最初の丁が八行で、それ以降が一〇行から一三行と行を詰めて書いているのは、記載例が予め存在していなかったことを予測させる。表紙の記載からして、もしこれ以前に同種の日記を付けていたならば、それとの混同を避ける意味で何か別の表現をとる必要があったのではないか。また、嘉之助がこの航行日誌のみの記帳で日々の業務を済ませたとは考えられない。串挽で待機中に藩命を書き留めておくことも必要だし、国許から江戸藩邸への送り状の写しもここには記録されていないのである。この日記と同時にもう一冊、おそらく「御用留」を付けていたに違いない。誉田家文書の中には、時期は異なるが表紙共四九丁からなる横半帳型の「御用留」が残されている。問題は、嘉之助が「御用留」とは別に、このように詳細な航行日誌を書き始めようと思い立った背景は何だったのか、その点についてである。それはおそらく、同僚船頭たちの編成方式など水戸藩運送方役所の機構上の問題に密接に関わる事柄であったのであろうが、詳しくは今後の課題とせざるを得ない。

嘉之助日記には、天候を気にしながら航行を続けた船頭にとって当然の如く、七月一六日、「是夜ゟ蜂起星出ル」とこの年の二等彗星出現の記述が見られる反面、ペリー来航という世間を震撼させた重大事件については一切触れられていない。このことや、Ⅳの八月三日、江戸滞在中に「湊ゟ御廻しニ相成り候米舟江戸着ニ相成申候」とある記述、また、Ⅰの二月一七日、利根川の目吹村に滞船して「日帳壱尺八九寸」とある「日帳」とは流水量調査とどう関わるのか。そして、Ⅰの関宿で起きた大名手船同士の刃傷沙汰に二月二〇日、嘉之助が調停役を果たしていると見られる点、あるいは、毎回江戸滞在中に多様な人物と交流している嘉之助の姿からは何らかの経済活動に携わっていた様子が想像されるのである。検討しなければならない課題は多いが、すべて後の考察に譲りたい。

註

(1) 千葉県柏市　誉田守氏所蔵。同家文書は一九九三年一〇月に返還されるまで茨城県立歴史館に寄託されており、ここに分析の対象とした「川條風雨泊り日記」は、その時の目録では第一六番に当たる。同家文書の存在については茨城県の地域史研究を進めておられる池上和子さんよりご丁寧にご教示いただいた。記してお礼申し上げたい。なお、同日記については拙稿「幕末川船船頭の航行日記から」(丸山雍成編『近世交通の史的研究』文献出版、一九九八年)に翻刻紹介しているので併せて参照されたい。

(2) 若狭国三方郡久々子村の出身で、幕末期、北前船の船頭として日本海に乗り出した川渡甚太夫の海上日記は、師岡佑行・師岡笑子編著『北前船頭の幕末自叙伝―川渡甚太夫一代記―』(柏書房、一九八一年)に収められて、よく知られている。しかし、これも含めて水運従事者自らの手になる航行日記は、いまだ発見・紹介例の少ない史料と言える。

(3) 換算に当たっては、野島寿三郎編『日本暦西暦月日対照表』(日本アソシエーツ株式会社発行、一九八七年)を利用した。

(4) 利根川水系で活躍した高瀬船の航行技術や船体構造については、拙稿「舟運路の開発と舟運技術」(大熊孝編　叢書近代日本の技術と社会　第四巻『川を制した近代技術』所収、平凡社、一九九四年)を参照されたい。そこでは、特に船側の棚板構造に焦点を当て、銚子や霞ヶ浦・北浦方面から江戸に就航した高瀬船には海上廻船との関係において造船技術史上の接点が予測されること、および、それに関連して近世初期の利根川改修工事には水深の確保のみならず、帆走をより有利にするための川幅拡幅の志向性があったこと、この二点について指摘した。なお、渡辺貢二『利根川高瀬船』(崙書房、一九九〇年)には、実際に明治・大正期の舟運業に従事した船乗りたちからの聞き取り調査に基づいた細密な研究があり、あわせて参照されたい。

(5) 大型の川船に備えられた伝馬船については、ほとんど解明されておらず、いくつかの博物館などに利根川水系の高瀬船の復元模型が残され、また作成もされている中で、伝馬船をセットにした例を知らない。そうした中で、東京都江戸川区郷土資料室には、小船二艘を積み込んだ川船の復元模型が所蔵されている。同資料室学芸員の樋口政則氏によれば、復元に当たっての関係文書が残されておらず、モデルにされた元の船を史料的に押さえることはできないが、模型の受け入れに際しては、その所蔵者より荷足船がべカ船二艘を積み込んだものである旨の説明があったという。船種名の伝聞は異なるものの、嘉之助日記の記述内容を理解する上で参考になろう。

(6) 月の運行、および、この年の彗星出現については、国立天文台広報普及室よりご教示いただいた。

(7) 藤蔵河岸を別に稲荷河岸と呼ぶなど、茨城県側の地名については、平凡社『日本歴史地名大系8 茨城県の地名』を参考にした。

(8) 『利根川図志』は岩波文庫版(一九三八年)の他に、『茨城県史料 近世地誌編』(茨城県史編纂近世史第1部会編、一九六八年)にも収録されている。後者には他に茨城県関係の地誌三編も収められており、本稿執筆の参考にした。

(9) 本書第七章参照。

(10) 財団法人日本水路協会海洋情報室より、太陽暦に換算して8月1日の銚子漁港、および、4月1日、3日、5月20日、24日、6月29日、8月21日、25日の東京芝浦での潮汐について推算していただきデータの提供を受けた。

(11) 本書第二章〜第六章参照。

(12) 川名登『近世日本水運史の研究』(雄山閣、一九八四年)第四章第四節「中川番所の研究」に詳しい。

(13) 『旧高旧領取調帳』(近藤出版社、一九六九年)によれば、行方郡串挽村は七〇七石余、鹿島郡塔ケ崎村は旗本二給支配で三二二石余、同郡鉾田村は旗本の四給支配地で七二五石余であった。

(14) 川船ではないが、日本海海運における北前船船頭の「帆待ち稼ぎ」について、牧野隆信『北前船の研究』(法政大学出版局、一九八九年)が参考になる。また、拙稿「常陸国潮来経由仙台向け荷物の海上輸送について」(東北近世史研究会編『東北近世史』一七号、一九九二年)でも、元禄年間、東廻海運により潮来の仙台藩蔵屋敷に廻着した同藩石巻廻船が、仙台への帰路に際し、江戸から利根川水運によって潮来にもたらされた木綿の古手類を船頭独自の判断で石巻に持ち帰っている例を確認した。なお、この点に関しては拙稿「一八世紀初頭の東廻海運と遠隔地商業の展開—潮来「関戸家文書」の分析から—」(『常総の歴史』二五号、二〇〇〇年)において、江戸市場と仙台城下町商業を媒介する視点から再検討している。

(15) 江戸の地理については、安政三年(一八五六)の江戸図を基に六五〇〇分の一の縮尺で、三六面の分割地図に構成した『復元江戸情報地図』（朝日新聞社、一九九四年）に依った。
（16）前掲註（4）の拙稿参照。
（17）『続徳川実紀　第二篇（慎徳院殿御実紀　巻一七）』（吉川弘文館版）七〇六頁、嘉永六年二月二七日の条に、「亀有のほとりへ成らせられ御放鷹あり」とある。また、『同　第三篇（温恭院殿御実紀）』一〇頁、同年八月四日の条には「一今午上刻　御出棺。増上寺江　御葬送」とあって、この点でも嘉之助日記の正確さが裏付けられている。
（18）彰考館所蔵の「水府系纂」は、茨城県史編纂室によりマイクロフィルムに撮影され、その写真版を茨城県立歴史館で、また、フィルムを茨城県立図書館で閲覧することができる。なお、嘉之助日記に鯉淵軽太郎とあるのは、「水府系纂」で嘉永四年一一月四日、東扱郡奉行より勘定奉行となった鯉淵恒太郎明善を指すと考えられる。
（19）天保期以降の水戸藩流通政策や国産会所については、長野ひろ子『幕藩制国家の経済構造』（吉川弘文館、一九八七年）において、本章で註（16）を付けた部分の本所石場会所や、串挽・小川両河岸との関係から分析されている。嘉之助たち藩船頭を組織編成した運送方役所の移転問題も、このような同藩の経済政策と密接に関係していたと考えられる。また、串挽・塔ケ崎・鉾田を抱える茨城県の鉾田町史編纂室には幕末水戸藩の国産会所に関わる史料が集積されつつあって、こうした点については、稿を改めて別に詳しく検討したい。
（20）『小川町史　上・下巻』（茨城県小川町史編纂委員会編、一九八二年、八八年）。
（21）享和元年八月、水戸藩お抱え船頭の記録（本史料と同じく千葉県柏市、誉田守氏所蔵）によれば「御手船御米・御軽荷共ニ江戸入津御蔵揚之節ハ、宵日御舟御用水主差出シ、本所・深川・箱崎辺走廻セ、御領内小之字舟多分居合候得者、壱艘ゟ壱人ツヽ相雇」と見えて、小之字船は本所・深川・箱崎辺に多くが係留されていたという。詳しくは本書第六章参照。
（22）このような中央市場の集荷と配送の問題に関して、佐原市史編纂委員会編『佐原市史　資料編　別編一　部冊帳　前巻』（伊能忠敬記念館所蔵・伊能家文書、一九九六年）により、下総佐原村の江戸船宿佐原屋の業務をある程度解明できる。また、「難波丸」（筑波大学図書館所蔵、ネ三二〇―一三三）が、元禄年間の大坂の状況を詳細に描いて貴重な情報を提供してくれており、これによっても一つの参考例を見ることができる。

第二章　利根川中流域の艀下輸送

はじめに

本章の目的は、利根川水運の輸送機構を解明することにある。近世の河川水運が年貢米の廻漕を目的に領主権力によって形成・編成されたものであることは間違いない。やがてそれは、領主荷物に限らない様々な商品流通の手段として広く利用されるようになり、近世を通じて発展したのであり、明治期に至るまで最も主要な輸送手段として機能したのであった。しかしながら、その運輸機構については未だ不明な点が少なからず存在する。

これまでの関東河川水運史に関する研究は、主に農民的商品流通の展開に関する問題と、それに対応した幕府政策という観点から進められてきた。すなわち、河岸問屋の経営分析、新たな商品流通の展開による船持と問屋の対立、あるいは新道新河岸論争の展開といった問題が前者の視点に立って進められ、後者では主に幕府川船役所による川船の極印統制の問題、あるいは明和・安永期における河岸問屋株の設定をめぐる問題などが論じられてきた(1)。また、初期・成立期の利根川水運形成過程に関する研究として、年貢米積み出し河岸の権力的な創設と、それら船積み河岸の構造分析が行なわれてきた(2)。そこには、船積み地点から江戸に至る川筋に形成された一連の輸送機構を系統的に把握しようとする視点は見られなかった。しかし、個別河岸の構造分析や幕府による船や河岸の統制策の解明からは水系全体の運輸機構は見えてこないのではないだろうか。

表4　利根川水系の藩船就航状況

(A) 寛政2 (1790) 年

整理番号	大　名
1	水戸藩
2	⎧守山藩
3	⎨宍戸藩
4	⎩府中藩
5	土屋但馬守 (土浦藩)
6	松平肥後守 (会津藩)
7	榊原式部大輔 (越後高田藩)
8	藤堂和泉守 (津藩)
9	松平陸奥守 (仙台藩)
10	土井大炊守 (古河藩)
11	松平右近将監 (館林藩)
12	井伊掃部頭 (彦根藩)
13	細川玄蕃 (谷田部藩)
14	大関伊予守 (黒羽藩)
15	久世大和守 (関宿藩)

註 『小川町史』より作成.

(B) 文化～安政期 (但し安政4年には藩船を所持しない分のみを示す)

整理番号	大　名		期　間
1	仙台		文化年中 1艘
2	対馬	宗　義質	文政年中 1〃
3	館林	⎧松平右近将監	⎧～天保7年 1〃
		⎩井上河内守	⎩天保7年～ 1〃
4	新田	(上州新田郡)	1〃
5	清水家	清水権中将	(佐原に定御雇船) 1〃
6	浜村	水野越前守	天保13年～弘化元年 1〃
7	上州伊勢崎	酒井下野守	嘉永 3年～安政 3年 1〃

註 『結城市史』史料編第二巻所収「御船印鑑」より作成.

(C) 安政4 (1857) 年

整理番号	藩　名	藩船	定御雇船	藩船配置河岸等
1	輪王寺	1艘		
2	水戸藩	10〃		
3	⎧守山		1艘	(陣屋) 常陸松川
4	⎨宍戸	1〃		
5	⎩府中	2〃		
6	田安家		10〃	⎧下総国埴生郡8艘 ⎩〃　相馬郡2艘
7	津	1〃		(陣屋) 香取郡大貫
8	彦根	6〃		(陣屋) 下野国佐野
9	会津	5〃		鬼怒川・久保田
			3〃	北浦塔ヶ崎
10	忍	1〃		
11	淀	2〃	2〃	(陣屋) 印旛郡大森
12	二本松	2〃		鬼怒川・久保田
13	土浦	1〃		
14	古河	2〃		
15	笠間	1〃		
16	関宿	1〃		
17	結城	1〃		
18	上田	1〃		
19	黒羽	1〃		
20	安中	1〃		
21	麻生	3〃		
22	同分家	1〃		
23	(旗本)	1〃		小笠原順三郎

註 『結城市史』史料編第二巻所収「御船印鑑」より作成.

年貢米の船積み河岸が領主権力によって設定され、そこに問屋・船持が配置されたとしても、それだけで国許と江戸をつなぐ物資輸送が円滑に保証された訳ではなかった。表4は、諸藩が利根川水系に藩船を就航させた状況をまとめたものである。関東に領知を持たない仙台藩や会津藩・二本松藩などでも藩船を所持していた状況が明らかとなる。このように諸藩は船積み河岸を設定したり、藩船を配備したりして領主荷物の江戸廻漕を実現していたのであったが、実はこれだけでは不完全であった。減水時、江戸へ至る中間に発生した浅瀬のため、船の円滑な運航が阻害されたのである。この浅瀬の障害を克服するために、特別な補助輸送船が必要とされたのであり、それを統制する特定の河岸が設定されなければならなかった。利根川水運は、そうした中間の河岸と船とが密接に連係し合って初めて十分な機能を発揮できたのであった。本章は、この補助輸送を担当した艀下船と、その出動基地となった拠点河岸を取り上げることによって、関東在方から江戸に至る水運輸送の支援機構を解明しようとするものである。

第一節　利根川水運の交通量と浅瀬の障害

利根川流域には相当数の川船が就航し、江戸と関東在方、さらには東北地方や信州方面とを結ぶ物資輸送に従事していた。しかし、その運航には浅瀬の障害が実に甚大な影響を及ぼしていた。江戸へ就航した船の中心は高瀬船や艜《ひらた》船で、少ない水深にも対応できるように改良されたものではあったが、近世初頭の漕ぎ船に比較すれば格段に大型化されていたことも確かであった。下流域からは五〇〇俵積み、一〇〇〇俵積みもの大型船が就航していたのである。しかも江戸へ向かう場合には荷物を満載して航行するのが普通であったので、どうしても浅瀬の影響を受けざるを得なかった。

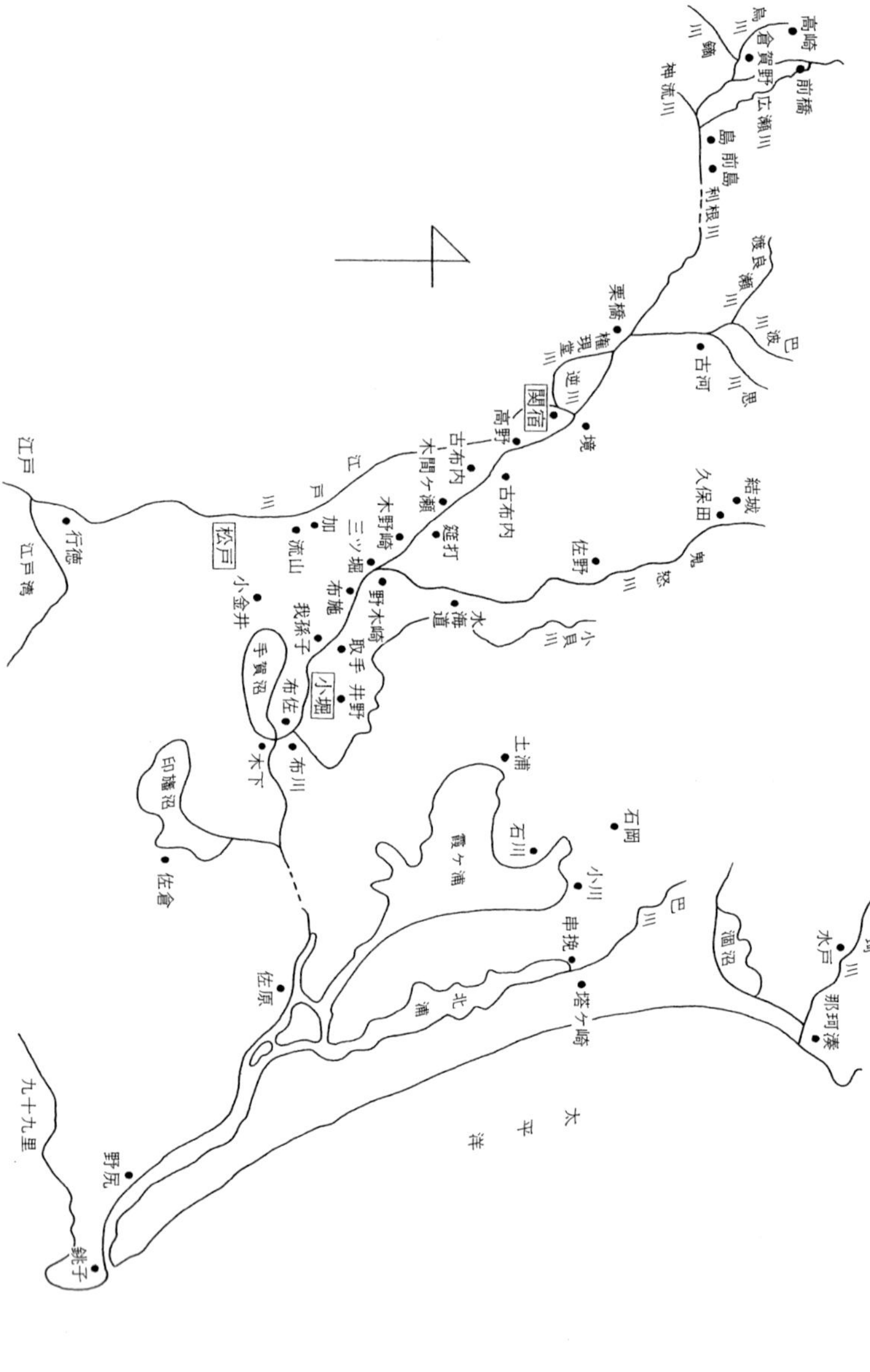

図3　利根川水運の中継基地

浅瀬の障害がひどくなったのは、鬼怒川を小貝川から分離して利根川へ直流させた寛永六年（一六二九）の工事や、承応三年（一六五四）に最終的な完成をみた利根川の東遷工事などに根本的な原因があると思われる。これら一連の改修工事は、渡良瀬川や利根川上流域の流水を銚子方面へ流下させることによって下流域の流水量を増し、それによって船の運航をより容易にしようとした運河開削計画であったと考えられている。(3) 確かにこの工事の成功は、利根川水運全体に大きく寄与するものであた。しかし、一連の改修工事による流水量の増大は、時代を経るにつれて次第に流域の土砂堆積量を増大させたことも間違いなかった。つまり、改修工事の成功により帆走主体の船の大型化が進められる一方で、徐々に土砂の堆積が進行していくという相反する皮肉な事態が進展していくのであった。最初は、局部的に浅瀬の場所ができる程度であったろう。やがてそれは、土砂の堆積量が増大するのに伴って、一端渇水になると浅瀬の部分が延々と連続し、もはや通船不能となる事態にまで進展してしまうのであった。しかもこのような状態が一時的な渇水時に止まらず、関東地方特有の晴天が続いて降水量が減る冬期には恒常的に出現するようになった。そこで船頭たちは、もう一艘の空船を雇い、それに積み荷の一部を分載輸送させ、自船の喫水を小さくすることによって、この浅瀬の区間を乗り切ったのである。これが、利根川水運特有の補助輸送船で、当時これを「長艀下」あるいは単に「艀下船」と呼んでいた。

浅瀬の障害は、利根川が江戸川と分岐する地点から下流域に向う中利根川を中心に大きな被害をもたらしたが、その上流域、上利根川方面でも発生したので、そこでも似たような艀下輸送の方式が採られていた。そうした上流域の問題については第七章に譲り、ここではまず、中流域の艀下輸送について分析してみたい。中流域では、境・関宿付近を基点に利根川が小貝川と合流するまでの区間と、江戸川の松戸河岸に至る区間とに浅瀬の障害が冬期、断続的に現れたようである。次にあげる史料は、利根川中流域で艀下輸送の基地となった下総国相馬郡井野村内小堀《おおぼり》の河岸問屋寺田重兵衛家のものである。

渇水五十ヶ年ニも無覚（マヽ）無之義ニ御座候。依之諸大名様御米・商物ニ至迄舟セ話仕候。川通拾里程之間凡百艘余も十日廿日計つゝ差支罷在申候。(4)
（宝暦八年一二月）

宝暦八年（一七五八）の一二月は、この五〇年来経験したこともない大渇水だという。それまでの伝聞も踏まえた実感であろうか。年貢米や「商物」を積み込んだ船から艀下船を差し向けてくれるよう依頼を受けて「舟セ話仕候」と、その要求に応えていたのであった。しかし、この付近に多くの船が滞船し、それが一〇日も二〇日も動けずにいる状態が続いたという。渇水で浅瀬の影響を受けるのは珍しいことではなかったが、それが一〇日も二〇日も続いたために障害が大きくなり、円滑に艀下船を派遣できない事態に陥ってしまったのである。異常渇水による利根川水運の機能麻痺といえよう。このとき重兵衛は付近の情報を収集し、滞船している船の数を「川通拾里程之間凡百艘余」と伝えている。これは約一キロメートルほどに二、三艘ずつの割合になろうが、実際には浅瀬の場所ごとに五艘、六艘とまとまって滞船していたと思われる。この数字がいくぶんの誇張を含んでいるにしても、浅瀬で立ち往生している大型船の交通量を知る一つの参考になるだろう。また、次のような史料も確認できる。

此度南領御米当着仕候所、川筋近年無覚御座大渇水、別而関宿札場殊外浅瀬ニ而通船茂行留り凡三四百艘も差支罷有申候故、一向艀下船も行留ニ罷成着船無御座候。(5)
（安永七年一二月）

これもやはり冬期一二月のことであった。「関宿札場」と見える幕府川船改番所の付近がことのほか浅瀬となって船の通行が差し支え、ここに三〇〇艘から四〇〇艘ほども滞船しているという。そのために、小堀河岸から差し向けた艀下船もここで身動きがとれなくなって戻ってこれず、小堀では艀下船の需要に応えられず困っているというのである。この「凡三四百艘も差支罷有申候」という数字にもやはり誇張はあるだろう。しかし、寛政五年（一七九三）

七月に水戸藩御船頭が認めた記録によれば、浅瀬の影響が少ない夏期であっても川船改番所を通過するのに五六艘ほどが順番待ちしていることが知られるので(6)、冬期減水時には、相当数の川船がここに滞船させられたと考えて誤りないだろう。利根川水運の交通量の多さと、それ故の減水障害の大きさを物語っている。

利根川の流域に浅瀬の障害が増えていく傾向は一向に止まることはなかった。それは特に「砂押以来凶年打続、其上川筋殊之外浅瀬ニ罷成、艀下賃多相懸り申候」(7)と言われるように、天明三年(一七八三)七月の「砂押」、すなわち浅間山の噴火が決定的な影響を及ぼしていたと考えられる。噴火により大量の土砂が一挙に押し流され、土砂の堆積量を増大させたから、その後浅瀬による障害が一段と進行したのであった。

ここで、この付近を通過する船全体の交通量についてもう一度考えてみよう。およそ一河岸に所属する船のみならず、利根川流域全般を就航する船の総数について、それを確実に示す史料は見あたらない。そうした中、安政三年(一八五六)八月の台風の後、被害状況を記した次のような記録を見い出すことができる。

当八月中稀成大風雨ニ而、右重兵衛居宅其餘同川岸船持共居宅・物置小屋等皆潰半潰等ニ相成、加之江戸川・下利根川・常陸川通凡五百餘艘之破船、(8)

これによれば、近年にない大暴風雨で重兵衛の居宅は勿論、小堀河岸の船持たちの居宅・物置小屋までが全潰・半潰の被害を受け、江戸川、下利根川筋にあった川船がおよそ五〇〇艘余も破船になったというのである。この数値が正確な調査に基づいたものではなく、伝聞の域を出るものではないことも確かだろう。しかし、下総香取郡佐原村の一河岸だけでも享保期には漁船を除いて四四艘の船が運航していたし(9)、また天明期の水戸藩領内には二〇〇艘近い川船が就航していた事実も確認できるので(10)、江戸川や下利根川の流域に総数五〇〇艘余の川船が就航し物資輸送にあたっていたとしても、それほど不自然な数値ではないだろう。あるいはそれを上回る数の川船がこの区間を運航していたのではないだろうか。

これらの船が一年間にどれくらいの江戸往復を繰り返していたかというと、水戸領内の川船を例にとれば、「上之御船壱ヶ年ニ江戸表往来八九度也、商船拾五六度也」[11]と見える。水戸藩では領内の川船に幕府川船役所の支配を受けることなく独自に㊌の極印を打って統制していた。「上之御船」とあるのは藩船を指し、民間の農民船には㊌の焼印の他に㊊の船印を立てさせて区別していたのである。[12]同藩ではこの民間の船を「小之字船」、㊊船、あるいは「商船」などと呼んでおり、天明八年（一七八八）の記録によれば藩船が一二艘、商船が約二〇〇艘ほどもあったという。そのうち、藩船は特に大型であったから船足が遅く、年間八〜九回の江戸上下であったが、商船の方は年間一五、六回もの割合で江戸に通船していたというのである。[13]これによれば、水戸領内の川船だけを取ってみても一年間に利根川を上下する船の総数は延一〇〇〇艘をはるかに越えてしまう。また、佐原河岸の場合にも、先にあげた合計四四艘の船が平均して年間六・六回の割で江戸に往復しているので、通算すると年間約三〇〇艘近い船の交通量となる。

これらより、近世中期以降、利根川下流域から江戸へ就航した船の総数は莫大な数に及んだことが理解されよう。それらの内、浅瀬による障害を受けやすかった大型船が主に艀下船を利用したとしても、それは決して少ない数ではなかった筈である。これら大量の川船が、渇水のたびごとに浅瀬で滞船を余儀なくされたとすれば、そこを通過するために利用された艀下船と、それを差配した艀下河岸が利根川水運全体にとって如何に重要な機能を果していたかも了解されるであろう。

第二節　艀下船の運航形態

下総国相馬郡井野村内小堀は幕府へ河岸問屋株運上永二貫一〇〇文を上納する河岸場であった。ここは現在、利根川の右岸、千葉県側に位置しておりながら行政的には茨城県取手市域に属している。それは、明治期の河川改修工事により利根川の蛇行部分が付け替えられたためで、かつては利根川の左岸にあって利根川が大きく湾曲する地点に位置していた。船溜まりの地として適していた反面、風をつかんで遡上していく船にとっては帆の操作に苦労する場所であったと思われる。その名残の旧河道が三日月状の沼となって今も残っている。この小堀河岸が、利根川水運全体の中できわめて重要な役割を担っていたのであった。

問屋共銘々稼方之儀者、下利根川縁ニ而最寄村々御米積出者勿論、并艀下場ニ而鬼怒川落合ゟ川下ハ当所之差配場ニ在之、地船八拾艘余、鬼怒川・上利根川・江戸川夫々ゟ船々百艘余も、年々秋九月上旬ゟ頼抱置、奥羽弐ヶ国銚子入・鹿島内川・霞ヶ浦辺都而利根川筋河岸〳〵ゟ積出候御米其外諸荷物、干川渇水之砌ハ松戸・関宿両川岸迄艀下船差出、且又前書差配場之内難破船ハ勿論、故障出来候節ハ船附之問屋共罷出取扱候。(14)

（年不詳、安永三年以降）

これは小堀河岸の問屋寺田重兵衛家文書からの一節である。同河岸にはこの重兵衛家を含めて時期により最大七軒の河岸問屋(15)があって、右によれば小堀は次の二つの河岸機能を果していたという。その一つはまず、「最寄村々御米積出」とある如く、年貢米を船積みして江戸へ廻漕する機能であり、そしてもう一つが「艀下場」とあって、この地域に特有な艀下船を差配してその出動基地となる役割であった。利根川水系の関東各河川に展開した河岸には、この他に一般的な機能として、後背地農村から江戸市場へ向けて送り出される諸種の農産加工品を船積みし、逆に江戸からは木綿太物・古手などの衣料品を初めとする様々な生活必需物資を後背地農村に向けて陸揚げするという、いわゆる農民的商品流通を媒介する役割があった。しかし、ここで依拠する河岸問屋寺田重兵衛家の文書による限り、小堀河岸にはそのような後背地農村と江戸市場とを結んで商品流通を媒介する側面については、ほとんど確認することができない。

小堀河岸のすぐ上流には河岸問屋株運上永二貫文を上納する幕府公認の取手河岸があった。この運上永は小堀河岸よりも少ない額ではあったが、ここは同時に水戸街道の宿場町でもあり、利根川を横切る渡船場で、六斎市の開催が許されていた。したがって、この地域の在方農村と水運を結びつけて農民的商品流通を媒介する役割は取手河岸によって担われていたのではないだろうか。つまり、年貢米を船積みするのは、どこの河岸にも見られる一般的な河岸機能だとしても、取手河岸と小堀河岸との間には、農民的商品流通に関しては主に取手河岸が担当し、小堀河岸はむしろ艀下船の出動基地に特化するという相互の役割分担が成り立っていたのではないか、と考えられる。

そして実は、取手河岸に限らずこの地域で艀下船を取り扱うことができたのは唯一小堀河岸だけであって、「艀下場」は小堀河岸の独占する機能であった。そうしたこの地域内で河岸ごとに機能が分化し特化していく問題については次の第三章で触れるので、ここではまず、現在一般的に理解されている概念では捉えきれない艀下船の特異な運航形態について考えてみたい。右の史料によれば、利根川が減水して諸船の通行が差し支える場合には、小堀河岸から艀下船を差し向けてこれを助け、「松戸・関宿両川岸迄」運航したという。そして、鬼怒川と利根川が合流する地点より下流域が小堀河岸の担当する区域で、ここでの艀下船派遣に備えて同河岸では「地船」は勿論、鬼怒川・上利根川・江戸川方面の船持にも働きかけ、例年減水の影響が出始める旧暦九月上旬より小堀河岸の艀下稼ぎに従事するよう頼んでおいたのであった。そしてこの区域では、艀下船の取り扱いに限らず、難船事故や様々な事件が勃発した場合にも、小堀河岸が責任を持って対処したと述べられている。小堀河岸が艀下場として利根川水運全体の中で特殊かつ極めて重要な役割を果たしていた様子がここに示されている。仮に、寺田重兵衛家以外の河岸問屋が後背地農村と河川水運をつないで、農民的商品流通を媒介する役割を果たしていたとしても、小堀河岸を利根川水運全体の中に位置づけて考えたならば、艀下河岸としての特殊機能にこそ目を向けるべきであろう。次にあげる史料も、そのような側面を伝えている。

奥州・羽州・常州御米総州銚子湊入、高瀬船江御積立之御米積船、内川通り干水之節ハ当河岸ゟ関宿并松戸迄当所艀下船差出し、瀬取賃時々之相場を以請取、於当河岸ニ無滞艀下船差出し積送り来申候。[16]　（元文三年九月）

利根川下流域の常陸・下総方面は勿論のこと、東廻海運を介して東北地方の「奥州・羽州」方面から幕領や諸藩の年貢米が利根川水運の高瀬船によって積み登せられたことは言うまでもない。これを当時「内川通り」と称し、他方、房総半島を迂回して海上を直接、江戸に向かう方法を「大廻り」と呼んでいた。右の史料によれば「内川通り」の利根川ルートが「干水」で高瀬船の運航に十分な水量が得られない場合には、小堀河岸から関宿あるいは松戸河岸まで艀下船を差し向けて高瀬船の運航を助けた、というのである。そして、「瀬取賃」と見える艀下船の運賃を高瀬船から受け取って艀下船に支払う役割を小堀の河岸問屋たちが請け負い、それによって艀下船を統率し、また高瀬船からの依頼にも支障なく応えることができるよう河岸の体制を整えていたのであった。そうした小堀河岸の内部構造については第四章で分析している。

大型船が水深の関係で港なり河岸場なりの荷揚げ地点に接岸できない場合、この本船と陸地との間を往復して荷の積み下しにあたる小船、これが現在一般的に考えられている艀下船の概念であろう。しかし、小堀河岸から差し向けられた艀下船は「内川通り干水之節ハ当河岸ゟ関宿并松戸迄当所艀下船差出し」と述べられているように、小堀の河岸場内で利用されたのではなく、利根川を遡上して関宿または松戸までの長距離を運航したのである。ここの艀下船は、本船の高瀬船に伴走して関宿あるいは松戸に至るまでの区間を運航し、その補助輸送船として活躍したのであった。長艀下と呼ばれた所以がここにある。この点を、史料に則してより具体的に考えてみよう。

此度南御領御米四百五拾六俵、即石川村清左衛門船吉平次乗りニ積登、小堀重兵衛方ゟ雇船高嶋七三郎船へ右之御米弐百四拾弐俵長艀下取立積登申候。(17)　（宝暦五年一二月）

ここで「南御領」とあるのは、水戸藩領で霞ヶ浦に面した飛地領を指し、前節の引用史料にも「南領」と見えている。同藩は初期以来、この地域からの年貢米については水戸城下の藩庫に納めるのではなく、百姓役による江戸藩邸への納入を義務づけていた。右によれば、この飛地領で霞ヶ浦北岸に位置した石川村の清左衛門が、吉平次を船頭に雇って操船を任せ、江戸廻米四五六俵を積み込ませたのである。吉平次船は利根川を遡上し、小堀河岸の近くまで上って来た所で浅瀬に遭遇し、そこから先へ進むことができなくなってしまった。そこで彼は、小堀河岸の寺田重兵衛に艀下船を差し向けてくれるよう依頼したのである。知らせを受けた重兵衛は早速、高島村の七三郎船に指示し、浅瀬で立ち往生している吉平次のもとへ差し向けた。七三郎船は指定の場所へ急行し、すぐさま吉平次船から二四二俵を積み移し、吉平次船の残り荷を二一四俵に減した上で二艘は共に浅瀬の区間を通過したのであった。このように小堀付近にできる利根川の浅瀬に対しては、一艘当りの積載量を米二〇〇俵から二五〇俵程度に減らし、船の喫水を小さくすることによって水深が少ない部分でも通行できるよう対処したのである。

この場合、下流域から江戸廻米を積み登せてきた吉平次船を元船、その積み荷を分載し元船と共に浅瀬を乗り越えた七三郎の船を「長艀下」と呼んでいる。史料的には元船には「本船」の文字が当てられ、また、「長艀下」は単に艀下、艀下船と呼ばれることもあった。艀下船となった七三郎の船は、元船の吉平次船に従って利根川を遡上し、おそらく関宿河岸に着いた時点で分載を請けた二四二俵を元船の吉平次船に積み戻し、吉平次より間違いない旨の証文を受け取って小堀に戻った。そして、同河岸にこの証明書を提出し、再び別の元船の艀下船となって稼ぎに出たのである。この時に、先の証文が信用証明として重要な意味をもち、これなしには再び小堀河岸で艀下船の稼ぎに従事することは難しかった。また、元船に従って関宿に着いた時点で、江戸川の部分にも浅瀬の障害があると判断された場合には、元船を助けてさらに松戸河岸まで下り、そこで同様の操作が行なわれたものと思われる。そしてその時には、関宿〜松戸間の艀下運賃が元船より別途に支払われたのであった。このように小堀河岸を基地として出動した艀下船は、基本的に関宿あるいは松戸までの一定区間を運航し、元船の補助輸送船として活躍したのであった。そしてまた、七三郎船が一艘で二四二俵の年貢米を廻漕していることからもわかるように、艀下船として五〇俵積みから一〇〇俵積み程度の小船数艘が利用された訳ではなかった。この点に注意しなければならない。艀下船の名称は、船の大小によってではなく、その担った機能によって規定されていたのである。なお、七三郎船の所属する高島村は特定できないが、上利根川筋の埼玉県深谷市高島であろうか。この点については、後に再度考えたい。以上により、小堀河岸を基地に活躍した艀下船が、「長艀下」と呼ばれて関宿または松戸までの定区間を運航し、元船の運航を助けた様子が理解できたであろう。

　これに対して、浅瀬の場所ごとにその都度用いられる艀下船もあった。そのような艀下船は小堀河岸の長艀下と区別して、瀬艀下・伝馬艀下・伝馬船などと呼ばれていた。

　小々出水御座候而小堀艀下積立不申、野毛（マヽ）・高野辺江差掛候節段々引水ニも罷成浅場通シ兼候節、只今迄ハ居合之商舟水主共相雇、御荷物岡上・伝馬積等仕数ヶ所之浅場通抜、[18]　（寛政五年）

右は水戸藩の藩船を操った同藩御船頭の記録である。小堀付近では藩船の通行に支障のない水量があったのでそのままそこを通過したのだが、鬼怒川と利根川が合流する地点のやや下手、現在の守谷町付近で次第に流水量が減少し、そこにできた浅瀬で遂に藩船は走行不能になってしまった。そうした場合、同船頭の述べる所によれば、その付近に居合わせた「商船」の水主を雇い、その労働力により積み荷の一部を陸揚げしたり、あるいは伝馬積みを手伝わせたりして数ヶ所の浅瀬を通り抜けたというのである。ここで言う商船とは、水戸領内の農民が所持した船で、江戸への物資輸送に従事して、たまたま藩船の近くを航行していたのであろう。船首部に㊌の焼印が打たれ㊐の船印を立てていたので、直ぐにそれと判断できたはずである。そして水戸藩の藩船のように大型の高瀬船は小型の伝馬船を曳いていたので、ごく短い区間の浅瀬であれば、これに積み荷の一部を分載させる方法も採られており、本船からこの伝馬船へ、あるいはその逆に荷物を積み戻す際に、この「小之字船」の水主が徴用されたのであった。これを伝馬積みといい、この小船を伝馬艀下あるいは瀬艀下などと呼んで小堀の長艀下と区別していたのである。これの実例については、第一章に示されている。

藩船以外の民間船でも大型の高瀬船はこの伝馬船を曳いていたであろう。しかし、浅瀬に遭遇したその場所で、わずかの積み荷をこれに伝馬艀下するのは、その労力と元船を操る水主労働力の減少を勘案すれば決して最良の方策であったとは思えない。この伝馬船は、通常、艀下船の派遣を依頼して水主を差し向けるようなときに利用され、あるいはまた、難破した場合や、川筋で何かの事件や事故に巻き込まれた際にも救援を求める伝令用としても使われたであろう。右に見る伝馬積み、伝馬艀下の方法は、主に大型の藩船に限られた航法であったのではないだろうか。

第三節　穀宿と船宿

江戸へ就航する船頭たちは川筋で起こる様々な事態に備え、川筋の何ヶ所かに信頼できる河岸問屋を頼んで、緊急時の避難所、相談相手を確保しておく必要があった。この辺の事情は、先にあげた史料の「松戸・関宿両川岸迄艀下船差出、且又前書差配場之内難破船ハ勿論、故障出来候節ハ船附之問屋共罷出取扱候」とある部分に端的に示されている。彼らは小堀・関宿・松戸三ヶ所の河岸問屋と年来の取り引き関係を結び、その近辺で艀下船を調達する場合は勿論、何かの事件や事故に遭遇した場合にも、その一切の処理を彼らに任せたのであった。小堀河岸では、利根川が鬼怒川と合流する地点より下流域を取り扱い範囲として請け負っていたので、その区間にできる浅瀬で滞船している船から艀下船派遣の要請を受けると、適当な船を手配してその場所に差し向けたのであり、これより上流域は関宿河岸が、そして江戸川部分では松戸河岸がこれを担当したのであった。ここで、艀下船を依頼する側から見て、小堀・関宿・松戸のこのような河岸問屋を「船附之問屋」あるいは「船宿」などと呼び、逆に船付された問屋の側では彼らが年来の取り引き関係を求めてやって来るのを「宿付」と呼んでいた。

下総国相馬郡布佐村・布河村右両村最寄村々船持、諸事為取締組合相立、諸荷物江戸運送致候ニ付、川通り小堀・関宿・松戸・江戸表迄四ヶ所船宿相定置候。[19]　（寛政一二年正月）

ここに見られる通り、小堀のすぐ下流に位置する布佐・布川両村とその近辺の船持たちは、諸物資の江戸廻漕にあたって組合をつくると共に、江戸並びに小堀・関宿・松戸の三ヶ所河岸問屋を船宿に指定して、川筋での事件や事故に備えていたのである。この関係を宿付された船宿の側から見ると、関宿の河岸問屋喜多村清左衛門家の記録に次のような記載を見い出すことが出きる。

申七月四日参ル

木間ヶ瀬村八兵衛　新船持

此度水海道ニ而初メ而舟買求宿付被相頼候。[20]　（嘉永元年）

これは、木間ヶ瀬村の八兵衛が、鬼怒川の水海道河岸で船を購入し新規の船持になったので関宿の河岸問屋喜多村清左衛門に宿付を願って来たことを伝えている。木間ヶ瀬村は利根川左岸で、鬼怒川に合流する地点から関宿河岸に至るほぼ中間に位置していた。このように船持たちが江戸へ就航するためには、必ず特定の河岸問屋に宿付して船宿に指定したのであった。艀下船の利用を考えると、布佐・布川の船持組合に見られたように、利根川下流域・霞ヶ浦・北浦方面の船持たちは小堀河岸と関宿と松戸に船宿を決め、また、鬼怒川・渡良瀬川・思川および利根川上流域方面の船持たちは関宿と松戸に宿付したのであった。

表5は、関宿の河岸問屋喜多村清左衛門方に弘化四年（一八四七）から嘉永七年までの八年間に、新規に宿付を願って来た船持たちの一覧である。わずか八年間の一問屋の記録ではあるが、銚子方面の野尻、北浦の塔ヶ崎、利根川上流烏川の倉賀野といった広い範囲の船持たちが関宿河岸に宿付している様子が明らかとなる。小堀河岸とその属する井野村の船持たちもまた、関宿河岸に宿付しているのは勿論であった。こうして小堀〜関宿〜松戸の区間を通過し

表5　関宿河岸問屋喜多村家宿付の船持

整理番号	月日	村・河岸名	船持名
	〈弘化4年〉		
1		小堀河岸	周　蔵
2		〃	忠右衛門
3		〃	茂　介
4		〃	勘右衛門
5		〃	市郎兵衛
6		〃	七右衛門
7		〃	文　蔵
8		〃	久　七
9		〃	清兵衛
10		〃	四郎兵衛
	〈嘉永元年〉		
11	6. 9	高田村	八郎兵衛
12	〃	小堀河岸	常　吉
13	〃	布川村	弥右衛門
14	〃	布佐村	伊之助
15	〃	野尻村	興　助
16	〃	佐原村	伊　助
17	7. 1	布佐村	林　蔵
18	7. 4	木間ヶ瀬村	八兵衛
19	7.13	小堀河岸	八郎左衛門
20	7.22	〃	久　蔵
21	9.23	木間ヶ瀬村	忠　蔵
22	11.	水海村	幸　吉
23	12.	小文間村	善兵衛
	〈嘉永2年〉		
24	2. 8	布川村	十右衛門
25		当ヶ崎	次　助
26		布川村	長　八
27		〃	三　吉
28		権現堂	新五郎
29		布川村	浜兵衛
30		おし付村	留　蔵
31		木間ヶ瀬村	弥次右衛門
32		芦崎村	清　蔵
33	6. 4	小堀河岸	文次郎
34		木間ヶ瀬村	大次郎
35	7. 4	野尻河岸	孫左衛門
36	5.13	石出村	長　吉
37	10.23	押付村	惣　吉

整理番号	月日	村・河岸名	船持名
38	10.24	掛崎村	惣右衛門
39	12. 8	布佐村	与兵衛
40	12.22	押付村	平　吉
41	12.19	佐原村	長九郎
42	12.25	木間ヶ瀬村	八兵衛
43	〃	野　尻	清　吉
	〈嘉永3年〉		
44	1.10	野　尻	権右衛門
45	1.19	青山村	次兵衛
46	2. 8	佐原村	庄　助
47	4.14	布佐村	平兵衛
48	7.22	大福田村	長右衛門
49	〃	〃	沖右衛門
50	8.29	押付新田	五兵衛
51	8.30	木原村	又兵衛
52	9. 3	阿玉川村	庄右衛門
53	11.18	大福田村	米　吉
54	12.30	押付村	弥次兵衛
	〈嘉永4年〉		
55	4.29	小堀河岸	吉五郎
56	5. 9	平岡村	七五三蔵
57		井野村	作左衛門
58		〃	吉五郎
59		〃	伝佐衛門
60		〃	勇　吉
61		六軒村	吉郎兵衛
62		〃	甚右衛門
63	10. 6	市川村	已之助
64	10. 7	阿玉川村	喜右衛門
65	10.13	宝珠花村	久兵衛
66	〃	目吹村	伝兵衛
67	11.25	布佐村	源　蔵
68	11.28	布川村	要　蔵
	〈嘉永5年〉		
69	2. 9	阿玉川村	与五右衛門
70	7. 4	布佐村	平左衛門
71	9. 1	井野村	佐兵衛
72	10.10	源原代村	源次郎
73	6.12	当ヶ崎村	儀三郎
74		倉賀野	吉　蔵
75		〃	米三郎
76		倉賀野	秀　吉
77		〃	丑　松
78		〃	吉五郎
79		〃	宇太郎
	〈嘉永6年〉		
80	4.22	小堀河岸	嘉　七
81	5.16	前嶋村	直　蔵
82	〃	〃	佐　助
83	10.16	小堀河岸	長兵衛
84	8.26	野間谷原村	助左衛門
85	10.	木下村	馬之助
86	10.	〃	文　七
87	10.	布川村	卯兵衛
88	10.	小堀河岸	勘右衛門
	〈嘉永7年〉		
89	2.14	中村河岸	清　吉
90	〃	押付村	有　蔵
91	2.16	布川村	勘　助
92	4.15	伊佐津村	熊　蔵
93	6.16	小堀河岸	長四郎
94	7.23	取手宿	勝　蔵

註　千葉県立中央図書館所蔵「旅船要用万年帳」より作成.

て江戸に就航した船持・船頭たちは、この三ヶ所の河岸問屋に宿付し、運航の安全と迅速化を期待していたのである。三河岸の問屋が、船宿として利根川水運全体に果した役割の大きさが理解できよう。

さて、この区間で活躍する艀下船の輸送する物資は実に広範囲からもたらされたものであった。「奥羽弐ヶ国銚子入・鹿島内川・霞ヶ浦辺都而利根川筋河岸〳〵ゟ積出候御米其他諸荷物」と述べられたように、利根川・霞ヶ浦・北浦沿岸の諸河岸から積み出される年貢廻米のみならず、東廻海運によって銚子あるいは那珂湊〜涸沼〜北浦の経路を経てもたらされる東北諸藩の年貢廻米までも積み請けていたのである。表6は、利根川水運を利用して年貢廻米を行なった諸藩が小堀河岸で艀下船を調達するのに、その差配を請け負わせた同河岸の問屋を示したものである。東廻海運を利用しての仙台藩や南部藩・津軽藩のみならず、那珂川の水運を利用して涸沼〜北浦間の一部陸送区間を経、それからさらに利根川水系の水運によって江戸廻米を実現した会津藩や黒羽藩までもが、小堀河岸に艀下船の差配を任せていたのである。なお、この表は問屋重兵衛家の系譜を引く寺田忠三家文書より作成したため、他の河岸問屋の経営動向については、正確に把握しきれていない可能性がある。河岸全体として考えた場合、こうした広範囲な諸藩との間に緊密な関係を結んでいたことは間違いないだろう。

ここで諸藩から艀下船の取り扱いを任された河岸問屋たちは、「御穀宿」と呼ばれていた。彼らは単に艀下船調達の依頼に応えるだけでなく、指定を受けた藩の年貢米を積み込んだ船にかかわって請け負い区間内で起った一切の事件や事故を取り仕切ったのである。諸藩は藩船を建造し、その船頭を配置するだけでは確実な江戸廻米を実現できる訳ではなかった。小堀・関宿・松戸の三ヶ所にこのような穀宿を設定し、彼らの働きによって藩船の運航が円滑化されたのであり、またそれ以外の雇船による年貢廻米も保証されたのであった。したがって、穀宿の「穀」は本来的に諸藩の年貢廻米を指し、穀宿の名称もおそらくは廻米輸送を補佐する米宿に由来するものであろう。水戸藩を例に

表6　諸藩江戸廻米小堀河岸穀宿

	藩名	積出河岸・御穀宿		小堀河岸御穀宿 重兵衛	金兵衛	勘兵衛	嘉兵衛
〈北浦方面〉							
東廻海運 那珂湊	磐城平	串挽	（藩営河岸場）		○		
	仙台	潮来	（藩営河岸場）				
	相馬						
久慈川舟運	棚倉						
	三春						
	守山		（水戸藩運送方役所）		○		
那珂川舟運	会津	串挽	大貫藤兵衛	○			
	黒羽	串挽		○			
	越後高田藩飛地（磐城）	串挽	竹内太兵衛	○			
〈霞ヶ浦方面〉							
	水戸	小川	（水戸藩運送方役所）	○			
	宍戸	小川	（水戸藩運送方役所）	○			
	府中	小川	（水戸藩運送方役所）	○			
	笠間					○	
	土浦	土浦				○	
〈銚子・利根川下流域方面〉							
東廻海運 銚子	幕府（東北地方幕領）	銚子		○	○	○	
	仙台	銚子					
	南部	銚子	信田権右衛門	○			
	津軽	銚子	信田清左衛門	○			
	相馬	銚子					
	米沢	銚子					
	福島	銚子	滑川六兵衛				
	田安			○			
	佐倉			○			
	高崎（下総海上郡飛地）			○			○
	安中（下総香取郡飛地）			○	○	○	

註　寺田忠三家文書より作成．なお，○印のついていない藩については御穀宿を勤めた河岸問屋は不明だが，小堀河岸に御穀宿の設定されていたのが確実であることを示す．

とるならば、宝暦四年（一七五四）には小堀の寺田重兵衛家、関宿の青木平左衛門家そして松戸の谷田河八十八家がそれぞれ同藩穀宿に任ぜられている。ただし、松戸河岸の穀宿は明和七年には谷田河忠助、文政六年には吉岡隼人であった。(21)

こうした穀宿のあり方と、元船との関係を小堀の重兵衛は次のように述べている。

水戸様田安様仙台様并諸大名様方、当河岸問屋方江御穀宿被仰付置、又武州上州野州常陸下総五ヶ国之船々下利根川致通行候分ハ不残私共方江宿付罷在、御大名様方御穀積入候船ハ右御穀宿より差出、商ひ荷物分ハ夫々宿付之問屋方ニ而差配仕、(22)　（年不詳、安永三年以降）

右によれば、元船が年貢廻米に代表される領主荷物を積み込んでいる場合には、元船と河岸問屋との関係においてではなく、その積荷の荷主であるそれぞれの藩にしたがって、その藩から指定を受けている穀宿が艀下船の準備から難船事故や様々な事件が発生した場合の処理に至るまで、一切を担当したという。それに対して元船が商人荷物を積み込んでいる場合には、河岸問屋との本来的な関係において宿付している船宿にそれら一連の業務が任されたのであった。なお、旗本領からの年貢廻米や小藩などで、小堀河岸に穀宿を設定していない場合には、恐らく商人荷物の場合に準じて、元船の責任で宿付している船宿に艀下船の調達その他を依頼したものと思われる。このように、小堀・関宿・松戸三ヶ所の艀下船の運航に関わった河岸問屋たちは、一軒で穀宿と船宿の両面を兼ね備えていたのであり、元船の積荷に応じて領主荷物の場合には穀宿として、商人荷物の場合には船宿としてそれぞれ機能していたのであった。

第四節　艀下河岸の成立過程

小堀河岸が年貢諸物資の積み出しと、艀下船の取り扱いという二つの河岸機能を担っていた点については先に述べた通りである。河岸のもつ本来的な機能である年貢米積み出し河岸としての成立は、江戸廻米が必然化された近世初頭の時期に求めて誤りないだろう。では、ここに特有な艀下河岸はどのようにして成立してきたのであろうか。次に、小堀河岸が艀下稼ぎをする船の出動基地として次第にその地位を固めていった経緯について検討してみたい。

「田村右京大夫様御穀為相登舟共其御津ゟ関宿迄長艀下[23]」船を差し出したとする貞享二年（一六八五）の記録が、小堀河岸の艀下船取り扱いに関する最も早い時期のものである。その後、寛延元年（一七四八）には、艀下船の差配方式に関する全文一一ヶ条からなる河岸議定を成立させることになるが、そこには「右者元録《(禄)》拾弐年卯十二月定書付雖有之、猶又此度先規之格相用連判仕差出シ申候[24]」と記されていた。つまり、元禄一二年（一六九九）には問屋・船持相互の河岸議定を取り交わしながら、何らかの理由でそれが守られなくなったために、寛延元年に再度取り交わしたというのである。したがって、すでに元禄期には、小堀河岸の内部において艀下船の取り扱いに関する「定書付」が成立していたことは間違いない。元禄期には艀下船の差配方式を取り決めた上で艀下船の派遣を開始していたと考えられるのである。それはつまり、それだけ艀下船の需要が高まってきたことの反映に他ならない。寛永～承応期における利根川の大改修工事の完成から半世紀を経て次第に土砂の堆積量が増大し、浅瀬による障害が甚しくなったことを意味している。そうした状況に対応すべく一七世紀末の小堀河岸では問屋・船持が相互に協議して艀下船の取り扱い方式を策定したのであった。しかし、その時期に小堀河岸がその内部で艀下稼ぎの方式を決めたからといって、それがそのままこの地域の他の河岸から艀下河岸として証認されたことを意味した訳ではなかった。

此度銚子いかいね《（飯貝根）》町甚右衛門干か五大力ニ積参、布川あじ場浅瀬御座候ニ付船通り兼、拙者方江先達積替之舟遣シ候様ニと申来候間、則舟遣シ右之五大力ゟ積うつし申所ニ布川村ゟ大勢罷出、当地ニ而為積申間敷とかさつニ申候。(25)

（元禄一五年二月）

右によれば、銚子飯貝根村の甚右衛門が五大力船に干鰯を積み登せて来たところ、小堀のすぐ下流、布川村の「あじ場」という所が浅瀬になっていて通行不能となったため、小堀河岸の問屋重兵衛に「積替之舟」つまり艀下船を差し向けてくれるよう依頼してきたのであった。これを受けて問屋重兵衛は、布川村へ艀下船を差し向け、甚右衛門の五大力船から干鰯荷物を積み移そうとした所、布川村の者たちが大勢やって来て「当地ニ而為積申間敷」と言うので争論になっているのである。この争いは結局、「たゝきふセ川へ取込可申と口々ニ申」す布川村の者たちの「ろうぜき」にあって、布川村の大黒屋茂兵衛方の屋敷へ干鰯荷物が陸揚げされてしまうのであった。

布川村は小堀より約八キロメートルほど下流の利根川左岸にあって、河岸場をもつ村であった。先に見たように、後の寛政年間になるとその船持たちは組合をつくって小堀河岸の問屋に宿付するのであったが、この時期にはまだ、小堀河岸が自らの河岸場を離れて布川村に艀下船を差し向けることを認めていないのである。このように、小堀河岸ではすでに元禄期には内部的に艀下船の取り扱い方式を決めて元船からの依頼に応えていたにもかかわらず、他の河岸からは必ずしも艀下河岸として認められた存在ではなかったのである。つまり一七世紀末、元禄期はまだ小堀・関宿・松戸三ヶ所河岸問屋を穀宿なり船宿なりの中継基地として艀下船が元船の補助輸送に当たるという水運機構が徐々に形成されていく過渡的な段階にあったと考えられるのである。この地域の長艀下がいよいよ必然化されつつありながら、特定の河岸がこれを担当するという地域的な約束がまだ成立していないのであった。この時期には小堀以外の河岸問屋が艀下船を差し向けることもあったらしい。

次の史料もまた、そうした過渡期の様子を伝えるものであろう。

奥州御米銚子入津、前々者所々ニ而せ話仕候所、五拾年以来御浦役人大野兵助様ゟ被仰付私支配仕、只今以無滞御用相勤申候。[26]

（宝暦一〇年七月）

すなわち、東廻海運によって銚子まで廻漕され、それより利根川を積み登せてきた東北地方からの幕領年貢米についても、宝暦一〇年（一七六〇）から遡ってこの五〇年ほどは、小堀河岸の寺田重兵衛家が穀宿を勤めてきたのであったが、それ以前は小堀以外で艀下船を調達することもあったというのである。やはり、一七世紀末から一八世紀初頭にかけての時期はまだ、艀下河岸としての小堀の地位も安定したものではなかったのである。

そうした状況の中で、小堀河岸では内部的に艀下船の差配方式を規定したり、あるいはまたいつでも艀下船の需要に応えられるだけの十分な船を準備したりして艀下河岸として認められるための条件を整えていった。そうすることによって、元船の側に小堀で艀下船を調達することの有利さを認めさせ、それによって同河岸は艀下河岸としての地位を固めていったと考えられる。

小堀之儀奥方御大名様御穀船艀下場ニ而、高瀬船三拾艘余近在之船共ニ四五拾艘余御座候而、小堀ゟ松戸迄長艀下順廻、奥方御穀船共ニ先着次第ニ積送申御事ニ御座候。然所ニ近年土浦・相馬・岩城之御米船之分ニ御手船拾五艘被仰付、当所寺田勘兵衛同金兵衛と申者ニ御預置、本船之着前後ニ不構積送仕候。残ル地船拾五艘余ニ而残御大名様方御穀舟先着次第ニ積送候ニ付、船不手廻ニ而御座候御事。[27]

（宝永六年一二月）

右は、内部的に最初の河岸議定を取り交わしたと思われる元禄一二年のすぐ後、一八世紀初頭のもので、その内容はおよそ次のように理解できる。まず、この時期に小堀河岸の問屋・船持ちたちが所有した高瀬船は三〇艘余りで、これに近在の船も加えると合計で四、五〇艘ほどであった。そして、小堀河岸は自ら艀下場であることを主張し、松戸迄の長艀下を「先着次第」に、つまり元船が依頼してきたその順番に従って差し向けていたという。ところが近年になって、土浦・相馬・磐城平の三藩が小堀での艀下船調達を円滑にしようとして、この内の一五艘をそれぞれの専用艀下船に指定し、その運用を同河岸問屋寺田勘兵衛と同金兵衛の両名に任せてしまったのである。これら三藩の穀宿であった両名が船持を個々に取りまとめ、自らの支配下に組み入れて自由に使おうとしたものと思われる。これによって土浦藩など三藩の年貢米を積み請けた船が、他に先がけて優先的に艀下船を利用するようになったので、それ以外の元船に対してはどうしても艀下船が不足しがちになるというのであった。勘兵衛・金兵衛の目論んだ「本船之着前後ニ不構積送」方式が、順番に艀下稼ぎに出るというそれまでのシステムを切り崩しているのである。

そこで、水戸藩穀宿であった寺田重兵衛は、右に引用した史料に続けて次のように願い出ている。まず「水戸様御穀之儀ハ大分ニ而御座候得共御手船も無御座候」と、水戸藩の年貢廻米は他藩に比べて多いにもかかわらず、専用の艀下船が小堀に配備されているわけではない、と現状を指摘した上で、「此已後御穀御急キ之時分艀下舟底払ニ而御穀滞候へハ私不働ニ茂罷成候ニ付兼而迷惑ニ奉存罷有候」と、緊急時に廻米を滞らせるようなことになったのでは、自分の「不働」きになるのではないかと危惧している。そこで彼は、「艀下舟五艘御手船ニ被遊私方江御預置被候」と、水戸藩に対して専用の艀下船五艘を預け置いてくれるよう願い出たのであった。これは、新規の建造を求めたのではなく、土浦藩などがしたように小堀河岸かまたは近在の船を雇いあげて、いつでも自由に使えるような体制を敷いてくれるよう要求したものと考えられる。重兵衛も勘兵衛・金兵衛が行なっているのと同じように水戸藩穀宿として同藩廻米輸送船への優先的な艀下船の派遣を計画したのであった。

ここには、諸藩の指定を受けた小堀河岸の問屋たちが、それぞれに自由に取り扱える艀下船を求め、船持たちを個別に編成すべく策動した様子が明確に示されている。河岸問屋が相互に競り合って、同一河岸の内部で対立的な関係に陥っているのである。これでは、「長艀下順廻、奥方御穀船共ニ先着次第ニ積送申」という、元船側の荷主にかかわらず依頼してきた順番に従って艀下船を差し向けるという方式もうまく機能しなかったに違いない。その後、重兵衛の願いはかなえられず、水戸藩が小堀に専用の艀下船を配備することはなかったようである。しかし、このような動きが原因となって、前に取り決めたはずの元禄一二年の河岸議定も次第に有名無実化されていったのではないだろうか。そしてこの混乱期を乗り切った寛延元年、小堀河岸では問屋・船持たちが、他所から艀下稼ぎに集まってくる船をも含み込んだ内容の河岸議定を取り交わし、河岸の協調体制を再構築していくことになる。そうした小堀河岸内部の構造と機構についての詳しい分析は第四章に譲るとして、以上により、小堀河岸が艀下河岸として周辺地域の中で徐々にその地位を固めていく大まかな動きについては、理解できたであろう。

第五節　高瀬船の艀下稼ぎ

艀下船と言うと、一〇〇俵積み程度かそれ以下の小型の船を連想しがちである。しかし、小堀河岸の艀下稼ぎに集って来た船は決してそうではなく、二〇〇俵積み程度かそれ以上の規模を持つ高瀬船がその中心であった。

此度平三郎積登候御米為御積登被成度段、依之舟雇御願ニ御座候へ共、当方ニ而ハ高瀬船出払居合不申候間、壱艘相雇御用立申候。(28)　（明和四年五月）

右によれば、旧暦の五月、小堀河岸では艀下船の派遣を依頼されたのであったが、あいにく同地の「高瀬船」が出払っていたため、他所より一艘雇ってきてこれに用立てている。また先に引用した史料にも、「小堀之儀奥方御大名

表7　小堀河岸の地船・寄船

番号	年　代	内　容
1	宝永6(1709)年	高瀬船30艘余．近在の船を合わせると40～50艘余
2	延享3(1746)年	肝煎役設置に付，船持仲間20名連印
3	寛延元(1748)年	河岸議定成立．船持24軒・河岸問屋7軒
4	明和2(1765)年	船持24人と言っても実際に船を所持しているのは9人で9艘だけであり，残りの者は他所船を雇っている
5	安永3(1774)年	地船80艘余．鬼怒川・上利根川・江戸川より毎年100艘余を雇う
6	文政4(1821)年	河岸議定成立．83名連印
7	同　年	地船70艘余・寄船100艘余を毎年雇う

様御穀船艀下場ニ而、高瀬船三拾艘余近在之船共ニ四五拾艘余御座候而」（宝永六年）と述べられていたように、小堀河岸では高瀬船が艀下船として稼動していたのであった。そこで、小堀河岸の船持と、ここに艀下稼ぎに集ってくる他所からの船、いわゆる「寄船」について断片的な史料からわかる範囲でまとめたものが表7である。

この表によれば、同河岸船持の所持する「地船」が七〇艘または八〇艘余と述べられていたり、あるいは高瀬船三〇艘余とあったりして混乱している、いまこの辺の事情を正確に把握することはできないが、これらの地船に加えてかなりな数の寄船を他所から雇い込んでいたことは間違いないだろう。そこで、地船とこれら艀下稼ぎに集る寄船に関して、その大きさや船種について考えてみたい。

小堀ゟ上浅瀬ニ而艀下場本船五百俵積ヲ二艘ニ致し二百五十俵ツヽ積分け、又々川々浅瀬有之候節者、右二百五十俵之内百俵ツヽも艀下致ス、小堀ゟ莚(筵)内浅瀬迄八里余浅瀬、莚(筵)内ゟ境河岸迄五里、関宿御堀之内浅瀬有之節者権現堂廻り、此船路五里余有之、尤小堀より上渇水之節者附越仕候。(29)（年不明）

これは重兵衛家の史料ではないが、艀下積みの状況を実によく表わしている。五〇〇俵積みの元船が小堀付近の浅瀬で滞船すると、その内半分の二五〇俵を艀下船に分載してそこを通過した。ところが、その後再び浅瀬に直面して差し支えた場合には、残りの二五〇俵から更に一〇〇俵ほどを別の艀下に積み移したというのである。これによれば、一艘の元船が最終的には三艘の艀下船を従えたことになり、しかも二回目の例では艀下船がそのまた艀下船を利用したことになる。しかし、寺田重兵衛家文書にそうした例を確認することはできず、これは元船が艀下船を利用する場合の積み荷分載の比率を示していると見るべきではないだろうか。つまり、浅瀬で通船不能となった場合には、元船は自船の積み荷の半分程度を艀下船に任せるということを示しているのではないか。艀下船の側では積み荷の量に応じて運賃収入を得たので、あまり少ない量ではコストが合わず採算割れを起こす可能性もあった。そのために艀下荷物は元船積み荷の半分というのが、一つの目安にされたのではないだろうか。そして、一〇〇俵積み以下の艀下輸送は、先に見た伝馬艀下の場合にしか見られず、そのような甚だしい渇水の場合には水上輸送をあきらめて利根川右岸から江戸川左岸への「附越」駄送の方法がとられたというのである。小堀河岸から差し向けられた艀下船は決して一〇〇俵積み程度の小船ではなかったのである。次の史料からも艀下船の規模を知ることができる。

御舟之義ハ艀下舟之大小ニ不拘水丈ニ応シ候様御艀下為御取被遊候ニ付、譬者三百五拾俵積不申候得ハ艀下賃取相当不仕船江も、水丈浅深之御割合ヲ以弐百四五拾俵宛も為御積被遊候義も折々御座候ニ付、艀下船之者共右等節ハ割合ニ不相当彼是難渋申候而相雇兼難儀仕候儀も御座候。(30)（寛政元年）

ここで御船とあるのは、水戸藩の藩船を指している。同藩々船が艀下船へ積み荷を分載するときには、艀下船の大小にかかわりなく浅瀬の度合いのみを考慮して、分載する積み荷の量を決定していた。この辺が藩船の権威であろう。だから、本来ならば三五〇俵ほど積み込んでようやく艀下運賃の採算がとれるくらいの艀下船であっても、浅瀬の程度がそれほどでない場合には、藩船から二四〇俵ないし二五〇俵くらいの積み荷しか受けられず、艀下稼ぎをする船持の側では運賃収入の割に合わず難渋したというのである。そうなると次第に、水戸藩々船の艀下船になることを忌避する動きが現れても不思議はないだろう。水戸藩穀宿の重兵衛としては、藩船から艀下船の調達を命じられてもそれに応じる艀下船がなかなか見つからず難儀したのであった。これから見ても、小堀河岸では二〇〇俵どころか三五〇俵ほども一艘の艀下船に積み移しているのが明らかとなる。

しかし、別に寛政二年（一七九〇）の史料によれば、艀下船一艘に年貢米七〇俵を積み移すという記録も確認できる。小堀河岸の内部構造を分析された北原糸子氏の研究によれば、氏はこの辺の状況から判断して元船が大型船で、艀下船は四〇〜七〇俵積み程度の小船であるとする前提に立ち、一艘の元船が数艘の艀下船を利用したと考えられている。また、それらの艀下稼ぎをする船は小船であるが故に、小堀河岸内部とその周辺の村々の小船持たちが小堀河岸問屋の支配を逃れて独自に艀下稼ぎをするようになり、それが利根川水運転換期の一つの大きな要因になっていくと理解されている[31]。しかしこの点は、本書の理解と大きく異っているので、次に問題となる寛政二年の史料の全文をあげて検討を加えてみたい。

覚

寛政二年

一布川村ゟ木野崎村迄艀下船壱艘江御米七拾俵位宛茂積可申と奉存候。運賃之儀ハ艀下船壱艘ニ付布川村ゟ木野崎村迄立切壱両壱分位ニも無御坐候てハ相雇兼可申と奉存候。左候へハ御舟壱艘前ニ付艀下舟九艘余も相掛可申奉存候。尤去ル巳年中木野崎迄艀下運賃百石金弐両割ニ而積送候得共、その節ハ関宿地内之儀ハ殊外浅瀬ニ而御坐候得共木野崎ゟ小堀迄之義ハ川振も関宿地内とハ違御米ニ而弐百俵余宛積申候得共、此度之義ハ殊之外浅瀬ニて前振之割合ニ而ハ艀下舟相雇候義相成不申、左候へハ立切ニ而艀下舟壱艘江金壱両壱分宛茂不被下置候而ハ積舟も御坐有間敷と奉存候。且又当所ふね之義も元荷物積水待仕候得者、他所船計相雇申候間、艀下御積立被仰付候而も随分出情仕相雇仕候得共早速御間ニ合兼可由と乍恐奉存候。御尋ニ付書付差上申候以上。

戌七月廿一日

小堀御穀宿
寺田重兵衛

香取繁右衛門様(32)

これは寛政二年の七月、水戸藩穀宿寺田重兵衛が同藩運送方役所の香取繁右衛門よりの問い合わせに答えたものである。「去ル巳年」とあるのは五年前の天明五年（一七八五）のことで、その時には確かに関宿地内の浅瀬の被害はひどかったが、途中の木野崎までは艀下船に二〇〇俵余の年貢米を積み移しても十分に通行することができた。そこで、艀下賃を米一〇〇石に付金二両の割合と定め、艀下船を差し向けたので、一俵を四斗入りと換算すれば一艘二〇〇俵積みは八〇石に当たり、艀下船は約一両二分二朱程度の運賃収入を得たのであった。ところが、右に見る寛政二年の場合には渇水の状況がより深刻で、木野崎まで行くのでさえ、艀下船一艘に七〇俵積みほどでないと、その艀下船が浅瀬を通過できないのであった。そこで先の割合からすれば、米七〇俵、約二八石の艀下運賃は金一分少々にしかならない。しかし、その様な低額ではとても艀下船を雇うことはできないので、積載量は少ないにしても「立切ニ而艀下舟壱艘」と見えるように、やはり一艘分をチャーターする金額として金一両一分ほどは支払ってほしい、と水戸藩穀宿は訴えている。また、「当所ふね之義も元荷物積水待仕候」とあるように、小堀河岸の地船自体、旧暦七月のこの時期には元船と同様に江戸へ輸送すべき元荷物を積み込んで出水を待っている状態なので、艀下船を雇うには他所から調達してくるより他に方法がなかったという。ここで、「艀下船壱艘江七拾俵位宛茂積可申」とする記述があるが、これが艀下船の規模を表していると解釈してよいのだろうか。

おそらくそうではないだろう。重兵衛が言いたいのは、五年前のひどい渇水の時でさえ艀下船は二〇〇俵ほどを積んで、金一両二分二朱くらいの運賃を得ていたのであったから、今回も最低運賃一両一分くらいは必要だ、という点に主眼があるのである。そこには、渇水の度合いによって差し向ける艀下船の大きさや数を変えることはできない、という前提があった。いつもと同じ規模の船に、たとえ空きスペースができて七〇俵しか積まないにしても、水主労賃を含めた一艘をまるまる雇いあげる費用として最低限の金額は必要だと、重兵衛は訴えているのである。「立切」一艘の表現にその辺の状況を読み取ることができるであろう。

小堀の艀下船が一艘に二〇〇俵どころか三五〇俵も積み込んでいる例は、先にあげたようにいくつも確認できる。次にあげる表8は、小堀の寺田重兵衛家が取り扱った元船の難破事故、急用荷物、およびそれらへの艀下船の派遣等について整理したものである。備考の欄に艀下船の積載量を窺える限りあげてみたが、これによっても小堀河岸で取り扱う艀下船は決して小船があてられていたとは言えず、むしろ一艘に二〇〇俵ないし三〇〇俵ほどを積み込むのが一般的であったと考えられるのである。つまり、小堀河岸で取り扱う艀下船は本来的に高瀬船であって、米二〇〇俵から三〇〇俵ほどを積んでようやく運賃収入の採算がとれる規模と水主労働力を備えていたのであった。同河岸所属の地船がそうであり、その不足分を補うために年来の取引関係を結んでいた他所船もまたこのクラスが主流であったのである。一〇〇俵積み以下の小船が、小堀河岸とその周辺になかった訳ではないだろう。しかし、平年の場合、下利根川を遡上してくる莫大な量の年貢廻米に対し、それらの小船で艀下輸送を賄い切れるものではなかった。そしてまた、六〇〇俵から八〇〇俵もの年貢米を満載してきた元船の側でも、複数の小船に艀下輸送させるよりはやや大きめの一艘を従えた方が簡便で、荷物管理の面からもより現実的であったと思われる。したがって、小堀河岸の側でもそうした小船を期待して年来の契約を取り結ぼうとはしなかったと考えられる。

艀下船も元船と同じ高瀬船であったというのは、いささか奇異に感じられるかもしれない。しかし、利根川水系には様々な規模の船が就航しており、同じく高瀬船と呼ばれて同一の形状を備えていてもその規模は実に区々であった。

たとえば鬼怒川筋には一五〇俵積み程度の小高瀬船と呼ばれる船も就航していたのである。(33)それにもまして、この区間で利用された艀下船はその大きさや形状によって規程されていたのではなく、元船の補助輸送船として活躍したその機能的側面において規定されていたのであった。小堀河岸を基地とした艀下船が、二〇〇俵積みから三〇〇俵積み程度の高瀬船であったとしても何ら不自然ではない。この点を正しく押さえておくことが、利根川水運の輸送機構全般を考える上で重要である。

また、表8からは次の点についても注意しておきたい。その第一は、小堀艀下河岸の問屋寺田重兵衛家で取り扱った物資を領主荷物と商人荷物とに別けてみた場合、領主荷物が圧倒的多数を占めており、しかもそのほとんどが年貢廻米であった。この点は特徴的であろう。領主荷物としてはこの他にも、大豆などの食料品、薪・炭等の燃料類、および建築資材としての材木類などが、江戸藩邸での生活必需品として廻漕されていたであろうし、あるいは、江戸市場での販売を目的とした諸藩特産品もまた利根川の水運によって運ばれていたであろう。しかし、それらを積み込んだ元船に小堀穀宿が艀下船を差し向けた事例はほとんど見られない。それらの船は、浅瀬ができても十分な水深が得られるまで水待ちしたために艀下船に依存する必要がなかったのだろうか。あるいは、それらを輸送する船には年貢米の場合と違って、より中規模の船があてられたために浅瀬の被害をそれほど受けなかったのであろうか。それとも、減水障害の少ない夏期を中心に廻漕されたからであろうか。これらの点については、さらに詳しく検討すべき課題だが、ここではまず、諸藩穀宿の取り扱う領主荷物は、「穀」の文字が示す通り年貢廻米がその中心であった、この点を確認しておきたい。

第二には、このような年貢廻米は実に広範囲な地域からもたらされている点に改めて注意しておきたい。津軽・仙台・会津といった具合である。確認できる四軒の穀宿のうちの一軒の、現存する史料からだけでもこれほど広範囲か

表8　小堀河岸問屋寺田重兵衛家の取り扱い内容

(A) 領主荷物

番号	年	月・日	荷　主	元船積荷	数 量	元　船	備　考
1	貞享 2(1685)年	12月23日	田村右京大夫	御米	不明	不明	小堀より関宿まで長艀下
2	享保 16(1731)	8月	水戸藩	御米	不明	不明	神崎村で破船に付世話
3	寛延 4(1751)	11月 6日	中谷原村	年貢米	295俵	不明	
4	宝暦 4(1754)	7月19日	南部信濃守	御米	2,121俵	今宮・善三郎船780俵，常陸・孫助船461俵，伊海根・文七船780俵	小堀にて大風雨に付色替
5	〃 4	10月11日	津軽越中守	御米	5艘	銚子高野・藤十郎・九兵衛・伝助，からこ・彦三郎，伊海根・善助	小堀にて艀下船利用
6	〃 4	12月 2日	前沢藤十郎	御城米	不明	不明	小堀にて艀下船利用
7	〃 5(1755)	11月 9日	不明	真木	不明	八幡村・勘兵衛船・与七乗り	小堀・忠兵衛船を艀下船とする
8	〃 5	11月25日	水戸藩	御米	不明	御船・大山繁衛門，御立船浜ノ惣兵衛	艀下船，さの・平七船300俵 高崎・太左衛門船260俵
9	〃 5	12月 3日	水戸藩	御米	756俵	矢幡村・勘兵衛船・小三郎乗り	艀下船・重兵衛手船・清五郎乗り350俵
10	〃 5	12月 9日	水戸藩	南領御城米	456俵	石川村・清左衛門船・同村吉平次乗り	艀下船・高嶋村七三郎へ242俵積み移す
11	〃 6(1756)	2月18日	水戸藩	御用材木	2艘	当ヶ崎・長次郎船，延方七三郎船	小堀で艀下船利用
12	〃 6	7月10日	水戸藩	御米	630俵	八木村・源八船・船頭源五郎	古布内で難船
13	〃 6	7月	水戸藩	御米	不明	富田村・惣右衛門船・船頭権次郎	
14	〃 6	9月15日	水戸藩	郷米	2艘	潮来・伝左衛門船，玉造・甚八船	急用荷物
15	〃 6	閏11月16日	大関伊予守(黒羽藩)	御米	350俵	大舟津・わだや三五郎船	艀下船・重兵衛手船・七兵衛乗り
16	〃 6	12月 5日	(水戸藩か)	御米	不明	当ヶ崎・ひろや三吉船	艀下船・高崎・新八船へ275俵積み移す
17	〃 8(1758)	7月	松平播磨守(石岡府中藩)	御米	不明	不明	金江津村で艀下船へ230俵積み移す
18	〃 8	12月 8日	(幕府か)	御城米	不明	不明	銚子浦役人・大野忠五郎より艀下船取り扱いの依頼

番号	年	月・日	荷　主	元船積荷	数　量	元　船	備　考
19	宝暦11(1760)年	6月20日	水戸藩	御米	3艘	藩船，御船頭菅衛門・陸衛門・弥兵衛	艀下船へ230俵を積み移す
20	(〃 10か)	6月24日	水戸藩	御米	570俵	藩船，御船頭・金衛門	小堀にて艀下船利用
21	〃 12(1762)	6月24日	松平肥後守(会津藩)	御城米	1,275俵	銚子高野村・三右衛門・半助船	
22	〃 12	12月 3日	大関伊予守	御米	不明	当ヶ崎・ふけや七三郎船	艀下船・延方村・平六船
23	〃 13(1763)	1月 8日	松平大蔵大輔	御米	320俵	潮来村・彦次郎船	早井にて天間（伝馬）艀下船利用
24	〃 13	6月19日	松平播磨守	御米	442俵	佐野村・弥兵衛船	小堀にて艀下船へ250俵を積み移す
25	明和元(1764)	10月10日	会津肥後守	御廻米	不明	佐野村・弥兵衛船	
26	〃 4(1767)	4月26日	南部大膳大輔	御穀	6艘	銚子高野・平三郎，今宮・庄太郎，当ヶ崎善吉，新生・源次郎・庄次郎，飯沼・膳右衛門	小堀にて艀下船利用
27	〃 4	5月20日	南部大膳大輔	御米	1,926俵	柏や・平四郎・611俵，芝・惣助703俵，信田・長四郎612俵	
28	〃 4	5月29日	松平上総佐	御米 御稗	14俵 1,000俵	潮来・丈四郎船・稗900俵 延方・長兵衛船・稗100俵・米14俵	
29	〃 7(1770)	1月 9日	山野辺兵庫頭	御米	158俵	延方・八兵衛船	
30	〃 7	1月16日	山野辺兵庫頭	御米	不明	鉾田・又八船	
31	〃 7	7月	水戸藩	御米	不明	藩船・御船頭・菅衛門	小堀にて艀下船2艘へ380俵を積み移す
32	〃 7	10月 9日	松平右京大輔(高崎藩)	御米	650俵	野尻・藤兵衛船・庄助乗り	布川にて艀下船利用
33	〃 8(1771)	2月 5日	遠藤兵右衛門	御廻米	715俵	潮来・孫市船	小堀にて艀下船2艘利用
34	〃 8	5月	南部大膳大輔	御廻米	6艘		
35	〃 9(1772)	1月 7日	松平右京大輔	御米	不明	銚子小舟木・与惣右衛門船	小堀にて艀下船利用
36	〃 9	5月13日	南部大膳大輔	御米	3艘	銚子・長五郎・金七・六右衛門	小堀にて艀下船利用
37	安永 2(1773)	9月22日	松平右京大輔	御廻米	100俵余	銚子高野・久四郎船	
38	〃 3(1774)	1月 6日	松平右京大輔	御米	700俵	小舟木・与惣右衛門船	小堀にて艀下船利用
39	〃 3	2月15日	下大師村	御廻米	44俵	不明	
40	〃 3	11月17日	板倉佐渡守	御米	615俵	阿玉川・宇右衛門船300俵，野尻・長七船315俵	
41	〃 3	12月 4日	板倉佐渡守	御米	464俵	野尻・助八船	布川村へ艀下船を差し向ける

番号	年	月・日	荷　　主	元船積荷	数　量	元　　船	備　　考
42	安永 3(1774)年	12月10日	不明	御米	486俵	野尻・庄助船	布川村へ艀下船を差し向ける
43	〃 3	12月22日	不明	御米	100俵	安西村・幸助船	
44	〃 4(1775)	1月 7日	不明	御米	314俵	銚子新生・久左衛門船	
45	〃 4	1月	松平右京大輔	御米	380俵	銚子高野・長四郎船	
46	〃 4	1月	松平右京大輔	御米	不明	野尻・船頭長七	
47	〃 4	6月13日	松平右京大輔	御米	244俵余	銚子飯沼・伝右衛門船	
48	〃 6(1777)	6月10日	堀田相模守	御米	764俵	布鎌村・吉兵衛乗り500俵，瀬戸村・孫三郎乗り264俵	
49	〃 7(1778)	2月	(幕府か)	奥州御城米	不明	銚子高野・清右衛門船・清四郎乗り	
50	〃 7	10月10日	(幕府か)	奥州羽州御城米	不明	不明	
51	〃 7	11月18日	板倉佐渡守	御米	不明	野尻・藤兵衛船・丈次郎乗り	
52	〃 7	11月18日	横瀬平左衛門	御米	不明	野尻・藤兵衛門，さのや船	
53	〃 7	11月18日	松平右京大夫	御米	不明	小舟木・与惣右衛門船・平七乗り 野尻・彦右衛門船・与兵衛乗り	
54	〃 7	11月	(幕府か)	御城米	4艘	不明	
55	〃 7	12月	不明	御城米	3艘	仙台様分2艘，山中様分1艘	
56	〃 8(1779)	2月18日	(幕府か)	御城米	4艘		
57	〃 8	3月 2日	水戸藩	御米	400俵	小川・仁平茂左衛門船・忠蔵乗り	
58	天明 2(1782)	7月29日	(水戸藩か)	御米 御薪材	400俵 不明	藩船・御船頭・本多和助	野木崎にて難船
59	〃 4(1784)	12月15日	藤堂伊豆守	御膳荷物	2艘	石川村・茂兵衛船・丹蔵船	
60	〃 8(1785)	3月17日	中井清太夫	御城米	200俵	(石川村か) 茂兵衛船・伊七乗り	
61	寛政 2(1790)	7月	水戸藩	御米	不明	藩船・御船頭・弥五左衛門	艀下船・喜左衛門船へ224俵を積み移す
62	〃 8(1796)	3月 4日	会津肥後守	御米	不明	藩船・御船頭・政右衛門	
63	享和 2(1802)	6月29日	会津藩	御米	427俵	大須村・源四郎船	
64	〃 2	11月 3日	田安家	御米	370俵	安西村・三郎右衛門船	難船
65	〃 3(1803)	12月23日	西尾半三郎 大河内膳左衛門	年貢米 年貢米	140俵 23俵	部屋河岸・喜介船	難船

番号	年	月・日	荷　　主	元船積荷	数　量	元　　船	備　　考
66	文化元(1804)年	11月　2日	松平右京守	御米	330俵	小舟木・与惣右衛門船	難船
67	〃　2(1805)	3月　5日	会津藩	御米	400俵	与惣次船	
68	〃　2	8月　3日	不明	不明	不明	境町・藤介船	
69	〃　2	8月　8日	南部藩	御米	347俵	銚子・長次郎船	
70	〃　2	9月14日	不明	不明	不明	小川・久兵衛門	
71	〃　3(1806)	7月26日	南部藩	御米	1,926俵	銚子・佐七500，忍・茂八566俵，水海道・勝五郎464俵，同〔　〕五郎396俵	
72	〃　6(1809)	8月25日	松平右京亮	御米	不明	銚子飯沼・伝右衛門船	
73	〃　7(1810)	7月12日	田安家	真木	不明	田安家手船	
74	〃　7	9月19日	不明	御米	40俵	高浜村長五郎船	
75	〃　7	9月19日	不明	御材木	580束	銚子・嘉七船	
76	〃　7	10月23日	松平右京亮	御米	500俵	銚子・信田清左衛門船	野木崎にて難船
77	〃　8(1811)	1月　8日	幕府 寺田重次郎代官所・当分御預り所	御米	4艘	銚子飯沼・船頭与介・善六・五郎右衛門・吉左衛門	
78	〃　8	1月11日	寺田重次郎代官所・当分御預り所	御米	6艘	銚子飯沼・船頭幸介・利八・平次郎・源七・清兵衛・清五郎	
79	(〃　9か)	2月　3日	会津藩	御米	298俵	串引・仁右衛門船	難船
80	〃　10(1813)	3月　3日	松平右京亮	廻米	3艘	銚子飯貝根・庄左衛門・甚七・喜六船	
81	〃　11(1814)	11月24日	松野越中守	御米 粕	400俵 217俵	銚子・新大郎船 羽生・丈右衛門船314俵	
82	(〃　14か)	12月　4日	萩原弥五兵衛御預り所	城米	814俵	小川・長兵衛船500俵	

(B)　商人荷物

番号	年	月・日	荷　　主	元船積荷	数　量	元　　船	備　　考
1	享和　3(1803)年	9月23日	延方村甚五郎	はひ	100俵	延方村孫作船・船頭清七	野木崎村にて難船
2	文化元(1804)	2月　3日	小貝川・ 太郎右衛門	真木	不明	木間ヶ瀬・五郎右衛門船	
3	〃　元	11月	江戸 小川屋源三郎 鉾田 喜四郎	米 水油	100俵 2樽	鉾田村・弥重船	取手にて難船
4	〃　2(1805)	7月	土浦 伊勢屋源兵衛	町米	100俵	小堀・勘六船	立崎村にて難船

番号	年	月・日	荷　主	元船積荷	数　量	元　船	備　考
5	(文化 2か)	8月	不明	町米	不明	高浜・笹目八郎兵衛船	稲村にて難船
6	(〃 3か)	10月 3日	不明	大豆	不明	高浜・今泉吉兵衛船	
7	〃 4(1807)年	5月14日	嶋田村 丈兵衛	真木	800程 (ママ)	高崎・江嶋惣兵衛船 船頭甚介	花野井村にて難船
8	〃 6(1809)	4月 3日	鉾田村 山田市右衛門	真木	不明	延方村・新平船	取手にて難船
9	〃 6	8月25日	不明	干鰯	261俵	塙村・八左衛門船	金江津にて難船
10	(〃 6か)	9月 1日	水戸 佐藤八郎衛門	火打石 松割	400叺 213束	安西村・次郎右衛門船	矢口村にて難船
11	〃 8(1811)	3月12日	江戸崎 甚四郎	米 真木	100俵 40目 (ママ)	久八船	
12	〃 9(1812)	3月 6日	水戸 広屋儀兵衛 水戸 藤沢紋右衛門 水戸 笹沢左右衛門 水戸 石田作左衛門 水戸 大和屋吉衛門	大豆 大山田煙草 板貫 松割 板	150俵 822箇 82束 75束 48束	延方村・重治郎船,船頭・武井村・利兵衛	出津村にて難船
13	〃 9	10月23日	水戸 佐藤八治郎 水戸 米屋武左衛門	火打石 板貫	140叺 40束	延方村・長治郎船,船頭・爪木村・三左衛門	布川村にて難船
14	不明	不明	〔 〕掛村・倉持久右衛門	糠	166俵	〔 〕村・林蔵船108俵 潮来村・弥平船58俵	
15	不明	不明	不明	干鰯 肥粕	536俵 88俵	不明	
16	酉	7月	南部屋〔 〕太夫	大豆	130俵	串引村・伊七船	

らの年貢米が小堀の艀下河岸を経由して江戸へ廻漕された事実が知られるのであった。中継基地としての穀宿の重要性が理解できよう。そして第三は、商人荷物については大部分が難破船関係の記事で占められている点である。問屋重兵衛家が諸藩穀宿としてではなく、船持・船頭との関係において船宿として、これら難船事故に対処した側面がここに示されている。積み荷としては、町米・大豆・水油・真木・板貫・松割・干鰯・糠・肥粕・火打石など、いずれも重くて駄送に適さない物資と、那須方面の大山田煙草など遠隔地特産物商品があげられる。これらの積み荷に艀下船を利用した事例はほとんど確認できず、その理由については改めて検討すべき課題になっている(34)。

第六節　艀下賃と他所船の活躍

艀下賃については、年不詳（安永三年以降）だが、小堀～関宿間の米一〇〇俵についての記録があるので、これを表9にまとめてみた(35)。

表9　小堀・関宿間の艀下運賃

季節	渇水の程度	艀下運賃
冬　川	格別の渇水	金3両1分
	渇　水	〃3〃0〃
	平　水	〃2〃2〃
夏　川	渇　水	〃2〃0〃
	平　水	〃1〃2〃

註　表は米100俵あたりの艀下運賃である．

これは水戸藩へ提出した内容で、一俵四斗入れと換算すると米四〇石分の艀下賃である。夏と冬とで運賃が違うのは勿論のこと、さらに渇水の度合いに応じて五段階に別けて細かく規定されている。最も高い冬期の場合には、最も安い夏の平水時の実に二倍の艀下賃が必要であった。艀下船利用に必要な費用は、艀下船の輸送区間が原則的には関宿または松戸までの一定区間であったから、第一にはここに見る如く減水の程度に規定され、次いで艀下船に分載される積み荷の量にしたがって決定されたと考えられる。艀下船の側では、減水の状況は致し方ないとして、元船から分載される積み荷を少しでも多くすることによって運賃収入を増やそうと目論んだに違いない。ところが先の水戸藩々船の場合で見たように、元船の側では艀下賃の支出をできるだけ押えようとしたから、艀下船の規模にかかわりなく浅瀬の状況に応じて自船が通行できる範囲内で最小限の積み荷しか分載しようとはしなかった。そのために、民間の元船からの艀下船要請に対しては、元船積み荷の半分が艀下荷物の一つの目安にされたのであろうし、また、艀下船の側では運賃収益をあげるべく、関宿または松戸までの運航回数を増すそうと務めたであろう。

しかし、渇水の状況によっては関宿までの定区間運航ができない事態も見られたようである。次にあげる史料は、文化一〇年（一八一三）閏一一月の異常渇水を伝えている。

利根川筋当年者稀成渇水ニ而所々浅瀬多、私共艀下場之内木嵐(木下)ゟ野木崎・高野迄浅瀬水丈壱尺五寸ニ相成、御船者勿論諸商船共ニ大分之艀下相掛申候所、件之浅瀬故艀下船共日数三十日余ツヽ相掛、船中仕込入用平常［　　］(虫損)過分ニ相掛り、其外御米ニ而平日三百俵余ツヽ積請申候所、此節ハ弐百俵ならてハ積請被成不申、運賃少々船中入用者同様ニ而艀下船共甚損金多難渋仕候。依之問屋共一同艀下取扱行届兼候ニ付、平日小堀ゟ松戸迄又関宿迄之艀下場相定置申候所、定場所迄艀下候得者右申上候通日数相掛、甚以難渋仕候ニ付、相談之上当年ハ莚(筵)内迄之艀下ニ仕申候。(36)

（文化一〇年閏一一月）

この年の浅瀬の被害は甚大で、小堀河岸の請け負い場である利根川と鬼怒川が合流する地点の野木崎・高野両村付近から小堀より下流の木下《きおろし》河岸に至る区間では、浅い所で水深が一尺五寸しかないというのである。普通ならば三〇〇俵余りも艀下船に積み移すべきところ、二〇〇俵も積むと艀下船自体が通行できなくなってしまった。しかも、関宿まで往復するのに普段では考えられない三〇日もの日数を要したので、艀下船の側では諸費用が嵩んで損金が多くなった。これでは、艀下賃収入が少ない上に諸費用ばかりかかって割に合わないと艀下船の側で難渋の旨、訴えたのも当然であろう。その結果、このような損金の多い稼ぎを拒もうとする艀下船も現れ、小堀問屋たちが艀下船の調達に苦慮する事態に立ち至ってしまった。問屋一同は困惑し、本来、関宿もしくは松戸河岸までの定区間を運航すべき所、鬼怒川との合流地点より少しだけ遡った筵打村まで艀下船を引き帰させるよう、元船側に妥協を求めたのであった。今度は、艀下賃の額は問題にせずに、艀下稼ぎに要する日数を少なくすることによってコストを改善させ、艀下船を確保しようと勤めたのである。これまでに見た他の史料でも確認できるように渇水の程度によっては、定区間運航の慣例にとらわれることなく例外措置が採られることもあったのである。しかしこの時、筵打村から境・関宿までの航程でも同じように浅瀬の場所が発生していた筈で、元船の側では再度、艀下船の派遣を関宿河岸に要請したのであろうか。この点を考慮すると、艀下船の運航区間変更はよほどのことがない限り承認されるものではなかったと考えらる。

小堀河岸で差配する艀下船が活躍した時期は、先の史料に「鬼怒川・上利根川・江戸川夫々ゟ船々百艘余も年々秋九月上旬ゟ頼抱置」とある通り、主に旧暦九月以降の冬期が中心であった。この時期は関東地方の降水量が減って河川の流水量も減少する季節にあたり、また年貢廻米の時期でもあったから、いやが上にも艀下船の需要は高まった。

当所之義ハ例年九月ゟ翌三月頃迄、旱川渇水ニ付奥筋・銚子・当ヶ崎入御米并ニ諸御屋方様其外商荷物等艀下積場ニ付、右時節ニ至候得ハ艀下船元船数拾艘込合候。(37)（安永六年）

例年九月から翌年の三月頃にかけて利根川が減水期をむかえると、小堀河岸では元船と艀下船が数十艘も込み合うまでに活況を呈しているのである。しかし、艀下船の利用が冬期に限定され、夏場には利用されなかったという訳ではない。たとえば「御扶持米御差支ニ被成候間、是非々当月中旬迄ニ上着致候様（中略）艀下も随分取立早々可被登候」(38)（天明三年八月）とあるように、水戸藩の御扶持米が江戸藩邸で不足しているので至急廻漕せよと指示されている。夏の八月だというのに艀下船が必要ならば躊躇することなく利用し、一刻も早く江戸へ廻着するよう命じられているのであった。

夏であればたとえ浅瀬ができたとしても、通常は数日水待ちしている内に雨が降って水嵩が増したから、急いで艀下船に頼る必要もなかった筈である。それでもここに見る如く火急を要する場合には、夏とはいえ出水を待たずに艀下船を利用したのであった。しかしこれは扶持米支給の特例であって、やはり艀下船が活躍したのは冬期、減水時が中心であったといえよう。だからこそ、その時期には他所の寄船まで雇い込んで艀下船の需要に応えたのであった。

小堀河岸艀下取扱之儀者、土地船計ニ而者中々以積運兼候ニ付、他所船相雇艀下取扱来り候得共、其時々相雇候船ハ元船込合候節ニ相成候而も自分勝手之荷物有之候得者、艀下相雇候而茂更ニ用立不申候ニ付、手船同様九月ゟ二月迄急度川岸付致、艀下稼仕候船ニ無之候而者差支之節間ニ合不申候ニ付、佐野川船・上州河船年々手船同様頼置候。(39)　（文政三年五月）

右によれば、元船が年貢米を積み登せてくる時期になってからでは、他所の船を艀下船に雇うのは難しいという。どこの河岸でも年貢廻米のためにたくさんの船を必要としていたから、多くの船が年貢米廻漕にまわってしまって艀下稼ぎなどする船はない、と重兵衛は述べている。小堀の艀下稼ぎに集ってくる船が二〇〇俵から三〇〇俵積みほどの高瀬船であったことを考えれば、この点も了解されよう。そこで小堀河岸では他所の船持と年来の取り引き関係を結んでおき、旧暦九月から二月までは「手船同様」に扱って、艀下稼ぎに従事させたのであった。その場合の他所船が「佐野川船」や「上州河船」であり、また、先の史料によれば、江戸川筋の船も頼んでおいたようである。いま、佐野川船については詳にし得ないが、他の史料にも「鬼怒川船」と見えることから、鬼怒川の中流で右岸の下総国結城郡佐野村（現在の同郡八千代町佐野）方面からの寄船であったと考えておきたい。もう一方の「上州河船」については、次にあげる史料がその実状を明らかにしてくれる。

文久二年九月廿七日、はしけ舟雇ニ店斯兵衛ヲ以上州島村迄差遣し申候。其節木間ヶ瀬小川屋江書面ヲ相添ひろざん風呂敷壱ッ差遣シ申候。

上州島村甚太郎殿江　さらさ風呂敷壱ツ代三百弐拾文

此外手拭壱本

此外船宿新兵衛江手拭壱本

同　前島船行事江　さらさ風呂敷包壱ツ代同断

此外手拭五本用立ニ差遣申候。(40)

旧暦九月の終り、問屋重兵衛家では艀下船を確保するため、手代の斯兵衛をして上州島村および前島村へ派遣したのであった。前島村は現在の群馬県新田郡尾島町の利根川左岸にあって、対岸には埼玉県深谷市高島村が位置し、また島村はその少し上流で群馬県佐波郡境町の島村ではないかと推定される。第二節で見た「高嶋七三郎船」の艀下稼ぎを深谷市高島村の七三郎船と想定した理由も了解されよう。あるいは別に、「安政四年巳十一月廿五日夜、大時化ニ而高田重兵衛船、艀下上州島村長右衛門船、三ツ堀ニ而難船(41)」という記載も見られ、上州島村の船が小堀の問屋重兵衛のもとで艀下稼ぎを行なっている事実が明らかとなる。二〇〇俵積みから三〇〇俵積み程度の高瀬船は、利根川上流域にあっては大型船の部類に属し、この地域でも冬期減水期になると水嵩が減って船の運航に重大な支障をきたしたのは同様であったから、このクラスの高瀬船が積み荷を満載しての単独運航は難しかった。そこで、この規模の船が江戸へ就航するためには、これよりもさらに小型の船を艀下船に雇って補助輸送にあたらせ、必要な水深が得られた地点でそれらの艀下船から荷物を積み戻すという方法を採らなければならなかった。こうしてやはり、上流域においてもその地域特有の艀下輸送を必要としていたのである。こうした上流域の艀下輸送については第七章を参照されたい。

してみると、鬼怒川あるいは上利根川方面の二〇〇俵積みから三〇〇俵積み規模の高瀬船は、冬期になると自ら所属する河岸にあってはもはや積み荷を満載しての運航が不自由となり、そのすべてではないにしても、自らの河岸を離れて相対的に水深の大きな小堀〜関宿〜松戸の区間に稼ぎの場を移し、艀下船となって元船の補助輸送に従事するものもあったのではないだろうか。つまり、夏場には自らの所属する河岸で積み荷を請けて江戸へ就航し、冬期には小堀河岸へ移動して関宿または松戸までの区間輸送に従事するという、季節によって異なる運航形態を採っていたと考えられるのである。勿論、関宿河岸でも艀下船を取り扱ったから、小堀河岸に限らず関宿河岸と契約して松戸までの定区間を運航した船もあったろう。しかし、利根川下流域方面から年貢米を積み登せてくる大型船が艀下船需要の中心で、それらが最初に浅瀬の難所に直面したのは小堀河岸付近であった。

ただし、このような上川船の季節移動については、小堀艀下河岸が成立した当初からのことではなかったと思われる。先に、第四節で引用した宝永六年の史料からもわかるように、利根川水運の艀下輸送が必然化される時期にあっては、主に小堀河岸近在の高瀬船が小堀地船の不足分を補っていたのである。ということは、天明年間の浅間山噴火を主たる契機として利根川の浅瀬化が進行していき、二〇〇俵積みから三〇〇俵積みクラスの船が上流域で冬期に運航するには支障をきたすようになり、かつ小堀河岸の側でもそれらを艀下船に利用しようと期待したために、このような上川船の季節的な移動が始まったのではないだろうか。次にあげる史料も、こうした艀下船の季節移動の側面を考える上で一つの傍証になる。

御船之儀ハ大船ニ御座候間、夏秋之内も御急旁ニて無水待艀下為御取為御登ニ罷成候事も御座候処、別而夏秋ハ

艀下元荷物請ニ相廻り一向寄船無御座候節ニ而差支申候時節ニ御座候。(42)（寛政元年八月）

冬期に小堀河岸の艀下稼ぎに集ってくる船も、夏秋の季節には「元荷物請ニ相廻」ってしまうために、小堀河岸には一向に寄りつかないというのである。先の寛政二年の例で見たように、小堀河岸の地船ですら夏場には元荷物積み請けにまわってしまい、艀下稼ぎをしていないのであった。他所船はなおさらのことであろう。

以上によって、小堀の艀下稼ぎに集る寄船についての検討を終える。小堀近在の船もまた同様に艀下稼ぎにつくこともあったであろう。しかし、小堀河岸に求められた艀下船が平年の場合二〇〇俵積みから三〇〇俵積みの規模であったことを考えれば、この規模の船は、むしろ自ら所属する河岸から元荷物を積み請けて江戸へ就航した方がより有利であったのかもしれない。また、上流域でもこのクラスの船がすべて小堀の艀下稼ぎに移動した訳でもないだろう。ただし、一八世紀後半以降、上流域の大型船の中には、夏場は荷物を満載して江戸に就航し、冬になると、稼ぎの場を中流域に移して艀下船として活躍するものが現れてくることも確かであった。

おわりに

以上の検討をまとめ、むすびとしたい。近世中期以降、利根川流域には土砂の堆積が増え、減水時には船の通行を困難にするほどの浅瀬が川筋のあちこちに見られるようになった。それは特に利根川中流域に顕著で、銚子や霞ヶ浦・北浦方面から江戸に就航する五〇〇俵積みから一〇〇〇俵積みほどの大型船がここを通ったことも手伝って、その被害を大きくしていた。利根川水運の円滑な運航を維持するためには、この浅瀬の障害を如何に克服するか、この点が重要な課題となっていた。この問題に対処するために採用されたのが、この区間に特有な艀下船による補助輸送の支援方式であった。それは、下流域を積み登せてくる大型船に二〇〇俵積みから三〇〇俵積みほどのやや小振りの高瀬船一艘を割り当てて、元船の積荷を分載輸送して喫水を小さくさせ、浅瀬の区間を乗り切る方法であった。この艀下船の出動基地となったのが小堀河岸で、関宿または松戸河岸までの定区間運航が原則とされていた。これらの艀下船が活躍したのは、冬期流水量が減少する季節が中心で、それは年貢廻米の時期に重なっていたから、艀下船とそれを統率した小堀河岸は諸藩江戸廻米にあたって極めて重要な役割を果したのであった。小堀河岸の問屋は、艀下船を利用する元船との関係においては船宿として、また年貢米の廻漕に当たってはその荷主である諸藩との関係において穀宿として、利根川水運の中継基地の役割を果たしたのである。艀下船の派遣要請に限らず、難船事故や川筋で起こる事件全般に対処して、ここを航行する船頭を助けたのであった。艀下船は、小堀河岸所属の高瀬船を中心に、近在周辺諸河岸の高瀬船がこれを補佐し、一八世紀後半以降は、鬼怒川や利根川上流域から集まってくる高瀬船もこれに加わった。そして、この鬼怒川や利根川上流域からの寄船は夏と冬とで稼ぎの場を移し、異なる運航形態をとっていたと考えられるのであった。

このように本章の要点をまとめるならば、次の二点が残された課題となる。その第一は、利根川水運の中継基地として重要な位置を占めた小堀河岸の内部構造について、ここでの分析をふまえ詳しく検討し直す必要があるだろう。この点についてはすでに北原糸子氏の研究があって、それによれば、同河岸は河岸問屋の強い統制下におかれ、その支配を逃れるべく船持たちが河岸問屋と対抗する関係にあったとされている。しかし、本章で明らかにしたように小堀河岸では艀下船利用の多大な需要がありながら、元船と艀下船の双方が自らの有利になるような条件を求めて対立し、河岸問屋たちは元船からの依頼に適当な艀下船を用立てられず、しばしばその確保に奔走しなければならなかった。そうした状況下で、河岸問屋が艀下船を強力な統制下におくという構造を想定するのは難しいのではないか。基本的な対立関係はむしろ艀下運賃をめぐって元船と艀下船の間にあるのであって、河岸問屋と艀下船との間にはなかった。この問題は、この地域で艀下船の差配権が小堀河岸に独占され、河岸相互に機能が分化していくというこの地域の全体構造と密接に関連している。この観点から、小堀河岸における艀下船の取り扱い方式に関連しその内部構造を再検討する必要があるだろう。

そしてもう一点、ここで取り上げた小堀〜関宿〜松戸に至る利根川と江戸川にはさまれた地域には、いくつかの陸揚げ駄送ルートが展開し、新道新河岸論争が幾度となく繰り返されてきたことが知られている。そしてそれは、主に農民的商品流通が積極的に展開していく様子を解明しようとする視点から分析されてきた。しかしそこでは、それら陸揚げ駄送の陸上輸送が、本章で解明した艀下船による水運の補助輸送システムとどう関わるのか、それらを同じ次元で統一的に捉えようとする視角に欠けていたと言わざるを得ない。この地域では、陸揚げ河岸と艀下河岸とが互いに別々の機能を分担しあい、それによって地域全体として輸送機能が維持されていたのであった。このような、地域の交通体系全般をおさえる視点から、この新道新河岸の問題を捉え直す必要があるだろう。

註

(1) 丹治健蔵『関東河川水運史の研究』(法政大学出版局、一九八四年)、川名登『近世日本水運史の研究』(雄山閣、一九八四年)、北原糸子「利根川舟運転換期に於ける一河岸の動向—近世中後期の小堀河岸を中心として—」(『海事史研究』一八号)、同「河岸機構と村落構造—利根川の一陸付河岸を中心として—」(『茨城県史研究』二〇号)、田中康雄「奥川船積問屋と佐原商人仲間」(『史学』四三巻一・二号)、田畑勉「河川運輸による江戸地廻り経済の展開—享保・明和期を分析の対象として—」(『史苑』二六—一)、手塚良徳「近世板戸河岸の研究」(『下野史学』一六号)、同「猿田河岸を中心とする渡良瀬川上流の漕運」(『下野史学』一八号)、同「那珂川上流の水運」(『地方史研究』一三九号)、難波信雄「近世中期鬼怒川—利根川水系の商品流通—」(『東北水運史の研究』所収　巌南堂、一九六六年）など。また、最近の丹治健蔵『近世交通運輸史の研究』（吉川弘文館、一九九六年）では、商品流通史の視点から関東河川水運史の研究を深め、併せて脇街道の実態分析を加えることによって、水陸交通運輸史の体系的な把握につとめている。

（2）前掲川名登著第三章第二節「関東における河川運輸機構の成立」、浅沼正明「関東に於ける近世初期貢租米江戸廻漕機構の成立過程（上）―問題の提起を中心として―」（『歴史地理』九〇―三）。

（3）大熊孝『利根川治水の変遷と水害』（東大出版会、一九八一年）、小出博『利根川と淀川』（中公新書、一九七五年）。

（4）茨城県取手市、寺田忠三家文書。本章で使用した史料の多くは同文書に依拠している。同文書は現在同家に保管されている以外に、一部が東京都立中央図書館特別文庫室近藤記念海事財団文庫、および日本通運・日通総合研究所通運史料室にも所蔵されている。同家に保管されている文書については取手市史編纂室で整理され、その目録が『取手市史資料目録第七集』に収録されている。本章で引用した史料はその整理番号にしたがって次の如く表記する。No. 27「御用留并諸大名様方御用留」の「乍恐以口上書申上候」。なお、同御用留の「乍恐書付を以奉願上候」によれば、小堀河岸に課せられた幕府河岸問屋株運上が永二貫一〇〇文であったことも知られる。

（5）前掲寺田家文書　No. 29の「差上申一札之事」。

（6）元茨城県立歴史館寄託　誉田守家文書　No. 1「宝暦年中ゟ寛政年中迄、諸々留書」。同家文書については本書第一章の註（1）参照。

（7）前掲寺田家文書　No. 46「水戸御用留」の「乍恐書附を以奉願上候」。

（8）前掲寺田家文書　No. 95「乍恐以書付奉願上候（艀下船御手当金御拝借願）」。

（9）千葉県佐原市伊能忠敬記念館所蔵、伊能康之助家文書（未整理 No. 13「川船改」）。

（10）前掲寺田家文書　No. 48「水戸御領小之字船茶銭仕切帳（天明八年申一一月）」。

（11）「国用秘録」巻之五「小川村御船荷物積方割合之事」（茨城県史編纂委員会編『近世史料II』三〇九頁）。

（12）『古事類苑』器用部（川船書）。「小之字船」については寺田家文書全般から窺えるし、また水戸領川船については国立史料館所蔵「常陸国行方郡牛堀村須田家文書」（同館所蔵史料目録第十九集）に詳しい。

（13）前掲註（11）の「国用秘録」。

(14) 前掲寺田家文書　No. 145「乍恐以書付奉歎願候（問屋口銭増額願）」。
(15) 安政二年（一八五五）の序文をもつ赤松宗旦の『利根川図志』では、巻二の小堀河岸の項で「利根川に臨みたる地にして、船宿五家皆寺田氏なり。（徳基が家あり、今も勘兵衛といふ。）」と述べられている（岩波文庫版一三四頁）。しかし、本書が基本史料と依拠する寺田重兵衛家の文書によると、時期により最大七軒の河岸問屋を認めることができる。
(16) 前掲寺田家文書　No. 20「一札之事（此度御米御急米早廻り被仰付候ニ付）」。
(17) 前掲寺田家文書　No. 29「水戸御用留」の「石川村清左衛門舟吉平次乗はしけ高嶋七三郎破舟之事」。
(18) 前掲誉田守家文書　No. 1「宝暦年中ゟ寛政年中迄、諸々留書」。
(19) 『松戸市史』史料編（二）所収、No. 115「布佐村舟持行司松戸河岸へ舟宿再願」。
(20) 千葉県立中央図書館所蔵「〔関宿向河岸〕旅船要用万年帳」（千葉県郷土資料総合目録六九九一番）。
(21) 前掲寺田家文書　No. 29「水戸御用留」の「乍恐以書付奉願上候」。
(22) これは、先に引用した註（14）の史料に続く部分である。なお、小堀河岸の場合、史料的には「御船宿」の用語も見られ、穀宿と船宿の文言が混用されている。それは、水戸領農民船の場合、小堀・関宿・松戸の三ヶ所穀宿への宿付けが藩により義務付けられていたからであり、寺田重兵衛家は同藩々船に対しては穀宿として、また農民船に対しては船宿としてその勤めを果たしていたのであった。本章では混乱を避けるため穀宿に統一して使用する。また、近世後期の水戸藩では、火急を要する場合には艀下輸送に固執することなく、利根川右岸から直接陸揚げして江戸川の左岸に駄送し、それより再度船積みする方法を試みており、そのために布施・木間ヶ瀬・加村の三ヶ所にも「御穀宿」を設定していた。しかし、それら穀宿を船宿と呼ぶことはなかった。
(23) 前掲寺田家文書　No. 1「覚（田村右京大夫様御穀積舟ニ付）」。
(24) 前掲寺田家文書　No. 26「覚（小堀問屋定書付）」。
(25) 前掲寺田家文書　No. 3「乍恐以書付御訴訟申上候御事（拙者極印舟、布川之者共大勢押置迷惑一件）」。
(26) 前掲寺田家文書　No. 36「乍恐以書付申上候（奥州御城米御用相勤申候ニ付）」。
(27) 前掲寺田家文書　No. 4「乍恐書付を以奉願候御事（長艀下積送之為御手船五艘被為仰付候様）」。
(28) 前掲寺田家文書　No. 27「御用留并諸大名様方御用留」の「覚」。
(29) 東北大学附属中央図書館所蔵、狩野文庫「由比文書」。

(30) 前掲寺田家文書　No. 46「水戸御用留」の「乍恐書附を以奉願上候」。
(31) 北原糸子、前掲『海事史研究』一八号所収論文。
(32) 前掲寺田家文書　No. 46「水戸御用留」の「覚」。
(33) 『栃木県史』史料編・近世三、四七二頁「安永三年四月粕田河岸江戸往来船数改」。
(34) 本書第三章で、商人諸荷物の水運輸送にあたっては、夏期の洪水、冬期の渇水など川瀬の非常事態に際して、その補助的手段として利根川右岸から船揚げして江戸川左岸の河岸まで陸送する駄送方式が採られていた点を明らかにしている。
(35) 前掲註（14）に同じ。
(36) 東京都立中央図書館特別文庫室所蔵、近藤記念海事財団文庫　No. 514「〔小堀御船宿〕田安様御大名様方御用留」の「乍恐書付を以奉申上候」。
(37) 前掲註（4）の寺田忠三家文書　No. 27「御用留并諸大名様方御用留」の「乍恐書付を以奉願上候」。
(38) 前掲誉田守家文書　No. 2「諸御用并諸品買上請取書」。
(39) 前掲寺田家文書　No. 57「〔乍恐〕書付ヲ以奉願上候（小堀河岸艀下取扱之儀ニ付）」。
(40) 日本通運・日通総合研究所通運史料室所蔵「船宿万延御用留」。
(41) 前掲近藤記念海事財団文庫　No. 643「難船諸用留」。
(42) 前掲註（7）に同じ。

第三章　利根川水運中流域の地域構造

はじめに

本章の目的は、利根川水運における諸河岸の機能分担を知ることによって運輸面から見た利根川中流域の構造的特質を解明することにある。鬼怒川と合流する付近の利根川右岸には、水運によってもたらされる諸物資を江戸川の河岸に向けて駄送するための陸揚げ河岸が成立する。その成立は、既成の河岸とその輸送機能に対抗するものであって、その問題は専ら新道・新河岸論争として研究が進められてきた。そこで言う所の新河岸とは下総国相馬郡布施河岸がその代表であり、既成河岸の代表として取り上げられたのが同国猿島郡境河岸であった。

境河岸は、その立地から関東河川水運史を考える上で中心的位置を占めると考えられてきた。周知の通り、利根川が江戸川と分岐する地点の北岸にあって、遠く南奥羽・北関東から鬼怒川を積み下し江戸へ送られる諸物資は、下総結城郡久保田河岸付近の鬼怒川右岸に陸揚げされ、上山川・大木の二ヶ村を経て日光東街道の諸川・仁連・谷貝の三ヶ宿を通って境河岸まで駄送されて来たのであり、それらを船積みして江戸川の水運に載せたのであった（図4参照）。この上山川から境河岸に至る駄送ルートを境通り六ヶ宿と呼んでいる。また境河岸は、下利根川銚子方面から積み登せられた干鰯・魚粕等の魚肥類を北関東在方農村へ向けて送り出す拠点河岸でもあった。そして、日光東街道の宿場町でもあって、人馬の継立や渡船場を差配し、江戸へ向う客船を利用した旅人も相当数にのぼった。このよう

図4　利根川中流域と諸街道

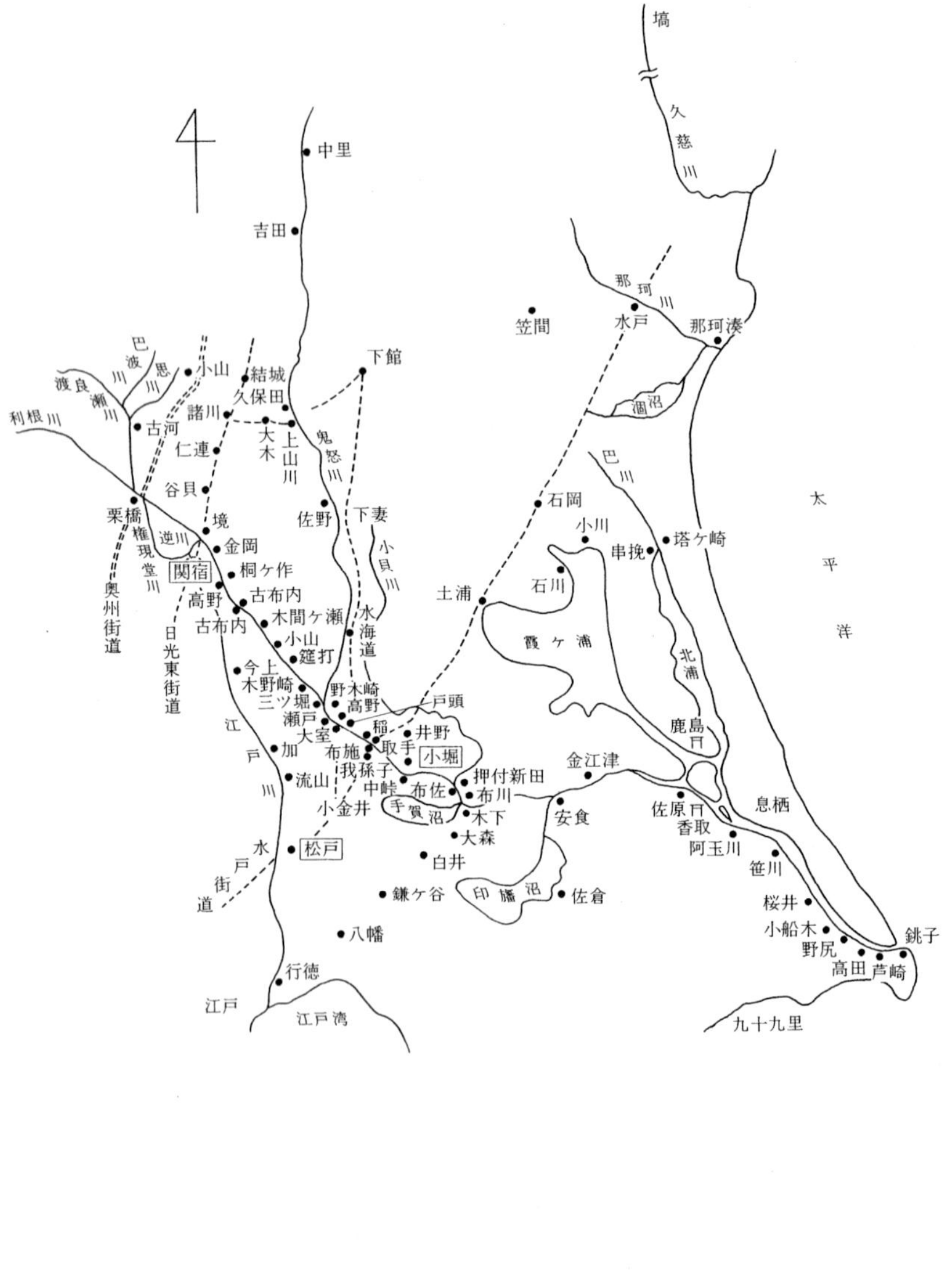

な総州境河岸は、「関東のほぼ中央に位置し、上下利根川・鬼怒川水運の結節点で、江戸川をとおして江戸と直結する」河岸として位置づけられたのであった。(1)

この境河岸に対抗して、享保期に本格的な陸揚げ駄送の業務を開始したのが布施河岸である。布施河岸については、「近世初期からの領主廻米を目的として権力的に創設された河岸ではなく、近世中期以降、農村における商品経済の一般的進展を前提に成立して来る河岸なのである」と位置づけられ、そこを「通過する商品は、煙草、紙、水産加工物、生魚、蒟蒻などであって、殆どが常州水戸藩の特産品である」こと、また、寛政期に最盛期をむかえることなどが明らかにされてきた。(2)

これまでの研究で、利根川と江戸にはさまれた地域に展開した新道・新河岸の問題は、主に上山川から境河岸に至る境通り六ヶ宿の駄送ルートとの対抗関係を基軸に、幕府裁決が下されるまでの経緯が論じられたのであり、その裁決にもかかわらず境通り六ヶ宿や布施河岸の目を掠めてさらに別ルートの陸揚げ駄送が試みられ、その度ごとに新道、新河岸の論争が繰り返されたことから、この区間の駄送ルートを利用して江戸に送られる農民的商品流通の活発な展開に光が当てられてきたのであった。しかしその一方で、既存の境通り六ヶ宿に対向しつつ鬼怒川積み下げ荷物を奪い取る形で成立した布施河岸が、幕府公認を勝ち取って以降、取り扱い物資の中心をなぜか下利根川方面から積み登せられる諸物資に移し、やがてそれも寛政期をピークに次第に漸減させていったり、あるいは初期以来の既成河岸の代表的存在であった境河岸が幕末にむかって衰微していくことなども指摘され、利根川水運全般にわたる衰退化傾向が論じられてきたのであった。

しかし、こうした利根川水運全般にわたる衰退化論においては、利根川・江戸川・鬼怒川のそれぞれの水運輸送に陸上輸送をも絡めたこの地域全般にわたる交通体系の中に境・布施両河岸を位置づけて考える視点、そして、布施河岸からの陸揚げ駄送を利根川から江戸川への水運輸送そのものが持つ機構的特質と関連付けて考える視点が希薄であった。こうした点は再考を要する所であろう。本章では、この地域に展開した新道・新河岸の動きは、むしろ利根川水運そのものの持つ機構的特質に関連づけて把握しなければならないと考えている。利根川から江戸川を経て江戸に至る水運輸送にあっては、積み出し河岸を出航した船がそのままの形では江戸に廻着できない場合もあって、その途中に特別な補助輸送とそのための中継基地を必要としていたのであった。それは、減水時浅瀬の障害を克服するための艀下船の利用であり、その出動基地となった艀下河岸であった。そうした中流域利根川水運の補助輸送システムについては前章に検討した通りである。そうした水運輸送そのものがもつ機構上の問題点と、布施河岸からの陸揚げ駄送は如何なる関係にあったのか、それを当該地域の輸送構造全体の視点から考えてみるのがここでの課題である。

第一節　新河岸開設の動き

享保期には布施河岸に限らず鬼怒川と合流する付近の利根川右岸の村々では、盛んに水運物資の陸揚げ駄送を試みており、それらの取り扱いをめぐって布施村と周辺村々との対立が深刻化し、遂には幕府評定所への訴訟にまで至っている。そこへさらに、境通り六ヶ宿が追訴するに及び、論争は複雑な様相を見せていった。境河岸側では次の如く主張し、利根川右岸よりの陸揚げ駄送を阻止しようと目論んでいる。

境通六ヶ宿之者共追訴申出候は、出羽奥州下野常陸下総ゟ出候荷物は、衣川《(鬼怒川)》を積下シ久保田・小森・中村・上山川・山王・高崎六ヶ村ニテ先規ゟ定候河岸〳〵江揚、境河岸迄馬継之村順々馬付仕、夫ゟ関宿川船積いたし御番所改を請ケ江戸運送仕来候。然処布施・木野崎・瀬戸三ヶ村ニテ新道新河岸ヲ取立、諸荷物関宿御関所を不通候

故、御改不請抜通り、境河岸江不相懸宿々之者共及困窮候。(3)　　　（享保九年閏四月）

つまり、境河岸側では、布施・木野崎・瀬戸の新河岸から鬼怒川積み下げ荷物を船上げして江戸川左岸までの新道を駄送するのは関宿船改番所の改めを受けない「抜通り」であるとして、これを論拠に、布施河岸等の陸揚げ駄送を禁止するよう幕府に訴え出たのである。鬼怒川積み下げ荷物が久保田河岸付近で陸揚げされずに、利根川右岸の村々まで積み下されることによって荷物取り扱い量が減少する事態を危惧したからであった。

これら一連の争論に関する詳しい経過についてはここでは省略するが、享保九年（一七二四）、ついに幕府から裁決が下された。その結論は、布施村では鬼怒川積み下げ荷物・利根川積み登せ荷物の別なくすべての船積み荷物を陸揚げし、江戸川左岸の加村・流山両河岸まで駄送することを許可する。しかし、木野崎・瀬戸両村については、その周辺地域より積み出された分の荷揚げは認めるが、遠国よりもたらされた船積み荷物の荷揚げは今後一切してはならない、という内容であった。(4)そして、これより先の享保五年（一七二〇）、木野崎村と瀬戸村の中間に位置した三ッ堀村についても、一切の船積み荷物の陸揚げが禁止されていたのであった。(5)このようにして、利根川右岸の村々の中で布施村のみが遠国船積み荷物の陸揚げが許されたのは、同村が水戸街道小金井宿から分れて下妻・下館方面へ向う脇街道に位置し、境河岸と同様に渡船場を差配すると同時に毎日人馬四人四疋ずつの伝馬役を負担していたことによると思われる。(6)

実はこの時、遠国荷物の中心とも言うべき出羽・奥州方面から江戸へ送られる諸物資を境通り六ヶ宿のルートにのせずに、鬼怒川をそのまま積み下して利根川右岸の村々から陸揚げしようとした動きには、鬼怒川筋の河岸問屋が深く関与していたのであった。享保期、鬼怒川筋の河岸問屋は次の如く策動していたのである。

出羽奥州筋ゟ江戸江出候諸荷物、前々ゟ衣川之河岸々より積下ケ、小森・久保田・上山川・山王川岸ニテ船揚致、堺川岸迄陸附いたし、堺河岸ゟ江戸江入津之荷物共去冬中拙者方ニテ衣川問屋江相対之上、直ク道を付ケ新問屋を取立、忍び〳〵に奥筋荷物を江戸川江積下ケ候。尤三ッ堀村之儀者船付悪敷候故、瀬戸村名主平内馬草揚ケ場内勝手能ニテ徳用半分之約束ニテ平内馬草之内江船入能様ニ新堀を掘、衣川船を引込只今迄荷物為請候。(7)

（享保五年一一月）

ここには、三ッ堀村の者が瀬戸村地内に船着場を拵えて鬼怒川船を引き入れ、「出羽奥州筋ゟ江戸江出候諸荷物」を「忍び〳〵に」江戸川まで付け送っている様子が如実に示されている。実は、三ッ堀村では前年の享保四年（一七一九）の冬から鬼怒川筋の問屋と相談の上、船積み荷物の陸揚げを始めていたのであった。ただ、三ッ堀村地内には船着きに適した場所が得られず、南方に隣接する瀬戸村の地内を借りなければならなかった。それは、瀬戸村名主平内の秣場か、その秣を船上げするための土地で、利益の半分を平内に提供する約束でここを借り受け、新堀を掘って船着き場を建設したのであった。こうして鬼怒川積み下し荷物の船揚げを開始した三ッ堀村であったが、その動きは境通り六ヶ宿側にも察知され、境河岸側では幕府に訴えようと江戸に代表を送っている。すると三ッ堀村側では、問題が表面化するのを恐れ、すかさず享保五年一一月一六日「自今以後衣川ゟ積下ケ候荷物者不及申何荷物ニよらず私村ニテ船揚馬附曾テ致間敷候」と、右に引用した史料の後半部分で境河岸側に詫び入れたのであった。これに先立つ一〇月二四日には、「殊ニ荷元中里へも明日入遣申候て、荷物一切被遣間敷旨可申達候」と、荷元であった鬼怒川中流の中里河岸問屋へも断りの一札を入れて内済のための手を打っていた。(8)

三ッ堀村側で、船積み荷物を陸揚げ駄送しているのを幕府に知られないよう恐れたのには十分な理由があった。それは、「先年も私共同領大室村ニテ新渡企候節御公儀様江御願被成、対決之上新渡新問屋弥御法度ニ被仰付、境通之衆江御証文頂戴被成候」(9)と述べられるように、三ッ堀村と同領の大室村でもかつて「新渡新問屋」を計画した際に、やはり境通りの宿場筋より訴えられ、幕府から差し止められていたからである。その時の裁決は、「大室村先規船宿并馬継致来候証文曾テ無之上は為新道段無紛間、向後大室村ゟ花輪村へ附越一切不可致之、勿論上山川村・諸川町・谷貝町ゟ関宿・境川岸江馬継致之儀可為如前々」(10)(貞享四年七月一二日)というものであった。つまり、大室村では利根川の新規渡船場と船積み荷物を陸揚げして江戸川左岸の花輪村までの駄送を請け負う新問屋の開設を計画したのだが、二つとも幕府から禁止され、鬼怒川積み下し荷物については旧来通り境通り六ヶ宿の駄送ルートに依るべきことが命じられたのであった。貞享期にはすでに、鬼怒川積み下げ荷物の附越方法が幕府評定所で問題にされる程に活発化していたのである。そしてこの動きは、利根川右岸で陸揚げを目論む村々からの一方的な計画によるものではなく、鬼怒川筋の河岸問屋と密接に運動しての動きであった点に注意しておきたい。

手形之事

一大室河岸江吉田河岸ゟ奥筋之荷物遣シ申間敷由、地頭方ゟ被申付候。若余川岸より荷物参候ハヽ、各々江御断可申候。并新川岸出来候ても御断不申候内ハ荷物遣シ申間敷候。為後日依て如件。

貞享三年　　　　　　　　　　　　　　　　　吉田かし

寅ノ十二月五日　　　　　　　　　　　　市郎左衛門印

境通問屋中(11)

このとき大室村へ荷物を積み下していたのは、下野国で鬼怒川右岸に位置する吉田河岸であった。吉田河岸では幕府から裁決が下される前年の貞享三年(一六八六)、支配領主の旗本より大室河岸へ積み送ってはならない旨命じられていたのであり、右の史料はその点を境通りの問屋へ申し伝えたものである。この場合、吉田河岸が大室村へ積み下した荷物は、「奥筋之荷物」とあることから、吉田河岸の後背地たる下野在方農村より出荷された諸物資ではなく、会津藩などを中心とした東北地方南部より送り出された諸物資であったと考えられる。吉田河岸の側では鬼怒川を少し下った久保田河岸や上山川河岸に対抗して、「奥筋荷物」を中継輸送すべく画策したものと思われる。(12)

さて、先に三ッ堀村での船揚げ駄送を断られた鬼怒川の中里河岸では、その後これにどう対処したのであろうか。中里河岸問屋は、三ッ堀村が江戸において境河岸側に詫びを入れた翌月の享保五年一二月には、逸早く布施村に対して鬼怒川積み下げ荷物を陸揚げしてくれるように働きかけたのであった。「此度奥筋之商人衆荷物当村下七里渡迄船ニて積送り、則七里渡ニて船揚げいたし、夫ゟ西川迄陸附ケニて送り申し度由」との依頼を布施村名主善右衛門が受けている。中里河岸の側では、布施村には脇街道の渡船場があり、その七里ケ渡の渡船場は元和二年（一六一六）の古くから幕府に公認されていたので、この点に着目したのであろう。善右衛門は直ぐ様、江戸川左岸の加村河岸、平八にこれの船積みを打診している。平八は、「此度奥筋商人荷物其村七里渡之河岸へ致船揚、西川迄陸附ケ仕其ゟ江戸迄差送申度由、中里河岸問屋中ゟ貴殿迄相談有之」と話の内容を確認し、その上で「随分運送下直ニ成候様ニ可仕候ニ付、何とそ御世話を以我等方江御送被下候様ニ願上候」と低運賃での船積みを約束し、「奥筋商人荷物」の取扱いを期待したのであった。(13)その後、これの成功に着目した木野崎村、瀬戸村の両村でも船積み荷物の陸揚げを計画し、布施および境通り六ヶ宿との間に複雑な争論が展開されていく。その結果、享保九年（一七二四）の幕府裁決を以て、四〇年近く続いた争論に一応の終止符が打たれたのは前述した通りである。

奥筋其外之荷物、大室河岸ゟ中附勝手能御座候ニ付、水戸宰相様・内藤能登守様・南部大膳大夫様御荷物、細川豊前守様・由良信濃守様・石川美作守様・菅谷左衛門様御急之御年貢米附送来申候。此外商荷物武茂・保内・石川・棚倉領之荷物衣川通川岸ニゟ積出シ之荷物ハ不及申、仙台・南部・岩城・相馬・中湊・銚子方之荷物先規ゟ積来り、商人勝手次第大室川岸ニテ船上仕附ケ越申候。(14)

（貞享四年六月）

これは、貞享四年（一六八七）、大室村の主張である。大室村では鬼怒川・利根川の別なく、また商人諸荷物・領主荷物あわせて船積み荷物の陸揚げ駄送が必要に迫られて随時行なわれていたという。とりわけ、本節で問題にしている船揚げ駄送の陸上輸送という観点から言えば、武茂・保内・石川・棚倉方面の商人諸荷物が鬼怒川東岸にまで駄送され、それより鬼怒川の水運に載せられていた点に注目される。それらが再度、上山川河岸など鬼怒川西岸より陸揚げされて境河岸まで駄送されていたものを、利根川の合流地点まで積み下し、それより江戸川東岸への駄送へと変更すべく争ったのが、この時期の新道新河岸論争であった。武茂は下野国で那珂川流域の水戸藩領、常陸の保内は同じく水戸藩領で久慈川の流域、そしてその上流に石川・棚倉地方が位置している。この地域に共通する代表的な特産物商品に煙草があった。これが江戸市場へ送り出されるためには、那珂川や久慈川の水運を利用して積み下し→途中で陸揚げ・駄送→鬼怒川の水運利用→再度陸揚げ・駄送→境河岸より江戸川の水運利用という具合に、内陸水運と陸上輸送とを交互に繰り返してようやく実現できたのであった。そして、ここでは取り上げないが、鬼怒川中流西岸地域では、これら鬼怒川積み下し荷物を陸揚げして思川東岸河岸への駄送を企てる村も現れて、やはり、境通り六ヶ宿との間に争論が起きていた。思川から船積みしてそのまま渡良瀬川・利根川・江戸川を経て江戸廻着を目指したのであった。一七世紀後半はまだ商人米が江戸に向かう商品の中心的存在ではあったが、大山田煙草や会津蠟などの特産品が生み出された時期でもあり、それらが北関東の内陸河川をつなぐいくつもの陸揚げ駄送ルートにのって江戸への出荷が試みられていたのであった。江戸市場はそうした運輸体制に裏打ちされて関東農村から東北地方南部に及ぶ広い地域との結びつきを深めていくのである。

このようないく筋もの陸揚げ駄送ルートの中で、主要幹線として最初に公認を勝ち取ったのが境通りの六ヶ宿であった。日光東照宮の造営と将軍社参という一七世紀特有の政治・社会状況にあって、境通り六ヶ宿のうち四ヶ宿が日光東街道に伝馬役を負担していたことが、これの公認に大きく寄与したものと思われる。その後、いくつもの陸揚げ駄送の試みが実施に移されたが、境通り六ヶ宿の反対にあってことごとく中断され、唯一布施村が公認されたのは享保九年（一七二四）のことであった。それも境河岸同様に伝馬役を負担し幕藩領主の公用輸送を支えていたからこその認可であったろう。この地域ではその後も繰り返し新道新河岸の動きが続いたが、これ以降一切公認されることはなかった。

ここで大事なのは、本節で明らかにしたように、陸揚げ駄送を目論む新道・新河岸論争の背景には中里河岸や吉田河岸など鬼怒川中流域の河岸問屋たちが深く関与していた点である。新河岸設立を目指す利根川右岸の村々と鬼怒川の中継河岸の問屋は結託していたのである。新道・新河岸開設の計画は、利根川右岸の村々がより自由な運航を求めた船持たちと結び彼らと連係する形で計画された訳ではなかった。それは、中継河岸の問屋と船揚げ地点の新河岸との連携の上に展開された運動なのであった。船積みと駄送を繰り返してようやく江戸着が実現されていたとき、その中間で船持が個別に割り込んで新ルートを開拓していくには無理があった。在方の荷主が一体何を根拠に彼ら船持の江戸廻着を確信できたというのか。積み出し河岸の問屋が北関東・南奥州産の荷物を預かると、中流域の荷揚げ河岸、駄送、再度の船積みという一連の輸送方式をあらかじめ計画し、そのラインにのって荷物が運ばれて行くのであった。新規に陸揚げ河岸を開設するにはこのような現実が立ちはだかっていたのである。当該地域の輸送構造を考えるとき、この点を正しく押さえておく必要があるだろう。

第二節　利根川水運の中継基地

本節では利根川水運の運輸機構について検討したい。積荷を請けた船が出航後、江戸に廻着するまでには、様々な事件や事故に遭遇する危険性があった。雨や波風によって積み荷が濡れることもあれば、甚しい時には難船して船が破損することもあった。船同士の接触事故が起るかもしれず、船頭・水主たちの喧嘩や口論もしばしば発生したであろう。船頭たちは自分荷物を少々積み込んでいたにしても、基本的に荷主あるいは積み出し河岸の問屋からの依託を受けた運送業者であったから、積み荷の異変に関しては積み出し河岸の問屋、あるいは江戸問屋の指示を受けなければならなかった。かと言って、濡れ荷物ができたりするたびに、その都度配下の水主を飛脚に出して荷元あるいは江戸問屋の指示を受けるのは非現実的な方法であった。そこでそうした問題を処理してくれる中継基地が設定された。それには川筋の河岸問屋があてられ、濡れ荷物だけでなく難船事故や何かの事件に巻き込まれたりした場合など一切の問題解決にむけて救助や仲介が期待されたのであった。

そしてまた、銚子や霞ヶ浦・北浦方面など利根川下流域から江戸に就航する船にとって、そのようないわば人災とも言える事件や事故を処理するだけでなく、流路状況という自然条件からも川筋のいくつかに中継基地を設定しておく必要があった。それは、川筋にできる浅瀬の障害を克服するためにである。特に関東地方の降水量が減少する冬期になると、利根川中流域では境河岸付近を起点として、現在の茨城県取手市の南方にあたる下総国相馬郡小堀河岸付近に至る区間、および江戸川の松戸河岸に至る区間に浅瀬の障害が連続して出現し、それがここを通過する船の運航に重大な影響を及ぼしたのであった。下流域から遡上して来る船には大型船が多く、かつこの時期には年貢廻米を満載していたから船の喫水も深く、その分だけ水深の制約を強く受けざるを得なかった。また、浅瀬ができる時期になると、川筋の流路の中で通船可能な水深が得られる澪筋部分に船が集中し、そこを我先にと競って通船しようとしたから当然、事件や事故が起こる危険性も高まった。そこでこの中流域には、こうした流路状況に応じた特別な水運機構が採用されたのである。

銚子方面から利根川を遡上して江戸へ向けて年貢米を輸送するにあたって、その実務面から作成されたと思われる一枚の絵図がある。これは成立年代不明だが、利根川と江戸川にはさまれた地域が特に詳細に描かれ、利根川および手賀沼・印旛沼から船揚げして江戸川あるいは直接江戸湾へ向けて駄送するいくつかのルートが「附越場」と朱書されており、一駄二俵付けの割合でルートごとの駄賃が書き込まれている。そして、利根川筋では小堀付近と鋌打村の二地点に「浅瀬」の朱書が見られ、絵図左下部分に、銚子から境河岸へ、関宿から江戸へというように主要河岸ごとの距離が詳しく書き添えられている。これはつまり、小堀や鋌打村付近にできる浅瀬の障害が特に甚しく、そのために船がこの部分を遡上できない場合には絵図に示されたいくつかの「附越場」を利用して陸揚げ駄送の方法が採られていたことを示している。しかし、陸揚げ駄送の方式に頼ることなく、水上輸送のままこの浅瀬の難所を通り抜けるための特別な方法も考え出されており、それがこの絵図の小堀河岸部分に註記されている。それはつまり、次のようなものであった。

> 小堀ゟ上浅瀬ニ而艀下場本船五百俵積ヲ二艘ニ致し二百五十俵ツヽ、積分ケ、又々川々浅瀬有之候節者右二百五十俵之内百俵ツヽも艀下致ス、小堀ゟ莚内《(鋌打)》浅瀬迄八里余浅瀬、莚内《(鋌打)》ゟ境河岸迄五里、関宿御堀之内浅瀬有之節者権現堂廻り此船路五里有之、尤小堀より上渇水之節者附越仕候。[15]

これによれば、利根川下流域から遡上して来た船が五〇〇俵の年貢米を積み込んだまま浅瀬で滞船した場合には、小堀河岸でもう一艘の船を雇ってそれに半分の積み荷を移し、それぞれが二五〇俵積みとなって一艘あたりの喫水を小さくし、それによって浅瀬の部分を乗り越える方法が採られていたのであった。しかし、それでも通行できないほどの浅瀬に直面した場合には、再度別の空船を用意し、二五〇俵の内からさらに一〇〇俵ほどを積み移すことによって何とかそこを通り抜けたというのである。[16] この場合、下流域から遡上して来る大型船を元船（本船とも記す）と呼び、それからの分載を受ける側の船を艀下船と呼んでいる。艀下船は元船からの分載を受けると浅瀬になっている区間を元船に伴走して航行した。このように、元船の補助輸送船として活躍し、一定区間を運航したのがこの地域で利用された艀下船であった。利根川下流域から江戸へ就航する船は、水深の制約を受けて艀下船を利用し、その調達を円滑に行なうためには川筋のいくつかに中継基地を設けておく必要があった。小堀河岸のすぐ下流に位置した布川・布佐両村とその周辺村々の船持仲間の例を次にあげてみよう。

下総国相馬郡布佐村・布河村右両村最寄村々船持、諸事為取締組合相立、諸荷物江戸運送致候ニ付、川通り小堀・関宿・松戸・江戸表迄四ヶ所船宿相定置候。[17]（寛政一二年正月）

布佐・布川両村とその周辺村々の船持たちは組合をつくって諸物資の江戸輸送にあたっていたが、彼らは江戸の「船宿」とは別に、途中の小堀・関宿・松戸の三ヶ所にも「船宿」を決めていたのである。この船宿にはそれぞれの河岸の問屋があてられ、彼らが艀下船の調達や難船事故などの処理、そして訴訟ごとの対処に至るまでの一切を請け負っていた。その際に、この区間を運航する船の船持たちが小堀以下三ヶ所の河岸問屋に船宿になってくれるよう依頼し、年来の取り引き関係を結ぶことを「宿附」とよんでいた。

このような艀下船を主に利用したのは、冬期減水期、年貢廻米を積み込んだ大型船が中心で、その艀下船を差配したのが小堀・関宿・松戸の三ヶ所河岸問屋たちであった。彼らは、利根川が鬼怒川と合流する地点を境にそれより上流部分を関宿河岸が、下流部分を小堀河岸が差配すると言った具合に、それぞれの請け負い場所を決めて艀下船の調達から難船の処理に至るまでを取り仕切っていたのである。また、諸藩領主の側でも彼らを「穀宿」に指定し、藩船は勿論のこと自藩の年貢廻米を積み込んだ元船への艀下船の調達や、それらに関わる事件や事故の処理一切を請け負わせていた。したがって、これら三ヶ所の河岸問屋は、この地域を運航する船持・船頭に対しては船宿として、また諸藩領主に対しては穀宿としてそれぞれの立場から利根川水運の中継基地としての役割を果たしていたのであった。ここで活躍する艀下船は主に、二〇〇俵積みから三〇〇俵積み程度の高瀬船であり、それにはこの三河岸に所属する船だけでは足りず、鬼怒川筋や上利根川方面から稼ぎに集まって来た船までも利用されていたのであった。こうした利根川水運の艀下機構は、年貢廻米を中心とする領主的輸送機構としての色彩を強く帯びていたと考えられる。このような、利根川水運の艀下輸送については前章で詳しく検討した通りである。

そこで本節では、前章に述べ切れなかった点で穀宿なり船宿なりが果たした艀下船差配以外の諸機能について考えてみたい。それは、水深の調査、着船帳の記録と元船への諸伝達、そして難船・濡れ荷物の処理と言った点についてである。

（一）　水深の調査について

小堀河岸の寺田重兵衛家、関宿河岸の青木平左衛門家、そして松戸河岸では谷田河八十八家がそれぞれ水戸藩から穀宿の指定を受けていた(18)。水戸藩では近世を通じて一〇艘前後の藩船を利根川水系に就航させており、それらは一般の商船に比べ概して大型船であったから、この区間の浅瀬で艀下船に依存する必要度も高かった。そこで同藩では、滞船して水嵩が増えるのを待つべきか、それとも艀下船を利用すべきかを合理的に判断するために、この区間の流水量を継続的に測定させていたのである。

来ル十七日之朝日出ニ水面ゟ壱尺出、竹杭可建、但去七日ニ建候杭へ結付可置。
一関宿ゟ御船頭壱人附添来ル十七日朝日ノ出ニ芦場水丈可改。

右大切之御用ニ候間、四ヶ所共ニ刻限無間違可被建候。別紙廻状小堀迄遣シ小堀ゟ飛脚を以段々可相廻積りニ而認候処江、去ル七日ニ相建候仮杭四ヶ所刻限不同之趣相聞、頭も甚安心無之ニ附、此度御船頭を以四ヶ所共ニ直々為申遣候事ニ候。但別紙七日ニ建候仮杭寸尺等之書附相認御舟頭丹治方江御渡可有之候以上。

宝暦十一年　　運送方

巳十月之事候　　十津河専助

谷田河八十八殿

今上惣右衛門殿

青木平左衛門様

寺田十兵衛様

十月八日ゟ同廿四日迄、十津河専助様ニ水丈書付相渡申候。(19)

右には、水戸藩では宝暦一一年（一七六一）一〇月七日、川筋の四ヶ所に水位を測定するための「仮杭」を設置している様子が示されている。宛名の谷田河・青木・寺田の三名は水戸藩指定の穀宿であり、今上惣右衛門を松戸と関宿の中間にあたる今上村の惣右衛門と想定すれば、この四ヶ所の仮杭は松戸・今上・関宿・小堀の各地点に立てられたものと考えられる。しかしそれは、設定した時刻が同一でなかったらしく、正確な測定には不安がもたれたので、「頭」つまり同藩の年貢米輸送業務を統轄した運送方役所の長官、運送奉行の指示により再度「竹杭」が立て直されたのであった。最初の仮杭を立てた一〇日後の一〇月一七日、運送奉行配下の船頭が直接出張し、計測地点の水面から上に一尺ほど突き出す形で、先に設定した仮杭に竹製の水位計測棒を結びつけている。これはつまり、宝暦一一年一〇月一七日、日の出の時刻の水面から一尺ほど上の高さを計測上の基準点と定め、それ以後の水位はこの基準水位から下へ何尺何寸あるかという方法で流水量を測定したことを意味するのではないだろうか。このとき小堀河岸では、仮杭を設置した一〇月八日から竹杭設置後の同月二四日迄の水位を計測し、その記録を水戸藩運送方役所に提出している。そしてその後も、「明和七年寅正月十九日ニ御舟菅右衛門乗へ小川御役所（註・水戸藩運送方役所）御手代本沢元治様御乗りニ而水丈御定杭御立替御目参被成相建申候。尤丈ゟ上三尺五寸五分ニ相立申候。一夜泊りニ而翌廿日ニ御出舟被成候」[20]とあることから、「水丈御定杭」つまり流水量計測柱は何度か立て替えられているし、また設置場所も増やされたらしい。幸いこれらの水位を測定した記録の内、寛政二年（一七九〇）七月一九日に関宿穀宿の調査した分と、翌々二一日に小堀穀宿の調べた分が確認できるので、これを図5にまとめてみた。この時の記載内容は次の通りである。

水丈

一野木崎　壱尺三寸。
一〃所　壱尺壱寸。
一〃所　右同断。
一高野村　壱尺弐寸ゟ三寸。
一〃所　壱尺三寸。

計測地点の偏りをなくすためか一つの計測地点ごとに川瀬の二ヶ所ないし三ヶ所に流水量計測柱を立てて測定したらしい。グラフにはその平均値を示しておいた。境河岸から下流に行くに従って、基準面からの水位が下っており、その分だけ浅瀬化の傾向が進行している事態が推測されよう。[21]

こうした水位の測定は、穀宿によって断続的に続けられ、その測定値に基づいて艀下船利用の有無が判断されてい

図5　利根川水位記録

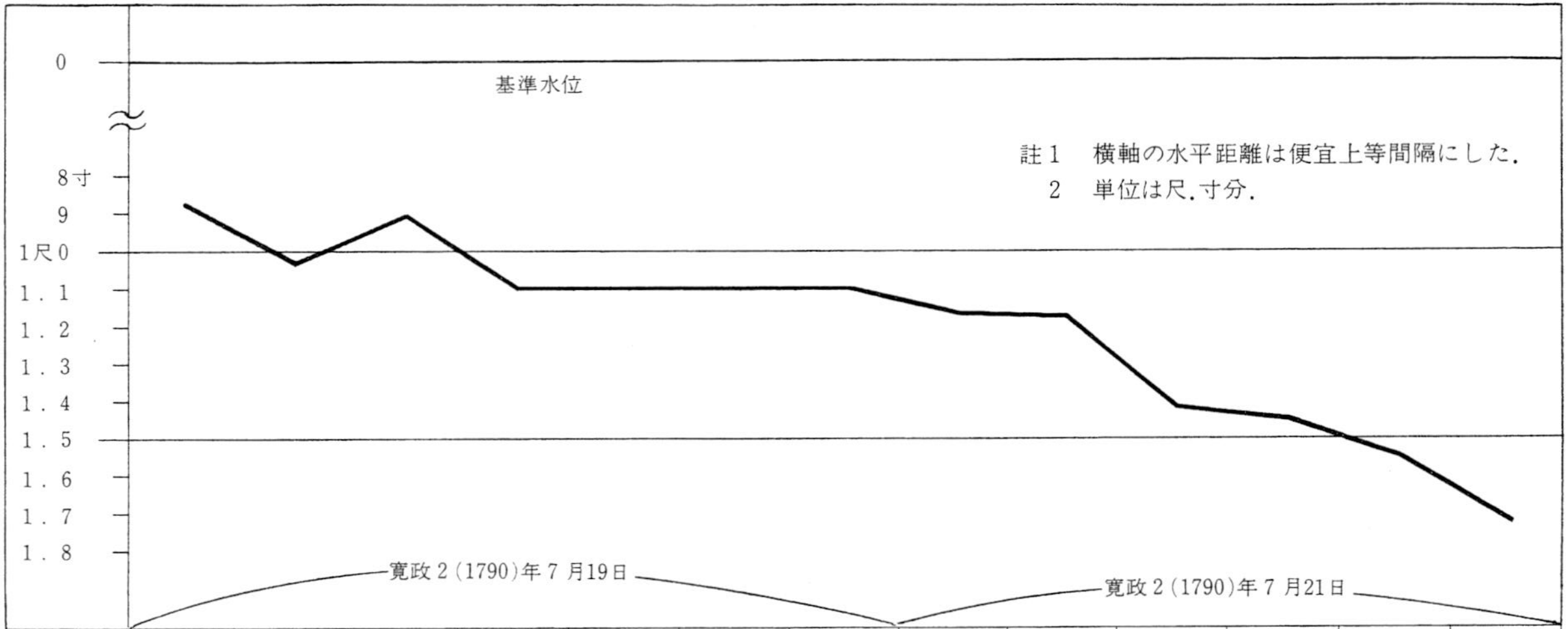

平均水位	0.875	1.033	0.908	1.100	1.100	1.100	1.100	1.167	1.175	1.417	1.450	1.550	1.725
計測地	境	芦場(金岡村)	桐ケ作	木間ケ瀬	小山	筵打	木野崎	野木崎	高野	戸頭	稲	取手	西野
第1計測地点	0.80～0.90	0.90	1.10	1.10	1.00～1.10	1.10～1.20	1.20～1.30	1.30	1.20～1.30	1.20～1.30	1.30～1.40	1.40～1.50	1.80
第2計測地点	0.90	1.05	0.50		1.10～1.20	1.00～1.10	0.90～1.00	1.10	1.10	1.30～1.40	1.50～1.60	1.60～1.70	1.60～1.70
第3計測地点		1.10～1.20	1.10～1.15					1.10		1.60～1.70			

たのであった。たとえば次の通りである。

小堀艀下之義、関宿着致候ハヽ、様杭尺見届、宝珠花限、今上・新川・金町浅瀬振承、御不益無之様可致事。(22)

（享和二年一二月）

小堀で調達した艀下船を利用して関宿河岸に着いたならば、まずその「様杭」つまり流水量計測柱で水位を確認し、それと共に江戸川を遡上してきた船から江戸川筋の浅瀬の様子を聞きあわせ、艀下船から元船に荷物を積み戻すべきか、それとも引き続き江戸川部分でもその艀下船に補助輸送させるべきかを判断したのであった。水戸藩は利根川水運を利用した年貢廻米量の最も多い藩であったから、こうした測定も強く要請されたのであろうし、また藩領域を越えてこれを設置できたものも御三家としての権威に依る所が大きかった。この他の藩でも利根川の水系に藩船を就航させていたが、水戸藩々船の権威が最も強かったようである。他藩の藩船が艀下船を利用する場合にも、水戸藩々船の例を参考にして水待するか否かの判断が下されたのではないだろうか。こうして三ヶ所穀宿は、諸藩々船の運航に際して流水量や川筋の状況に関する諸種の情報を提供していたのであった。

（二）　着船帳の記録と元船および諸河岸への伝達について

上州安中藩主板倉佐渡守は、明和四年（一七六七）老中となって下総国の香取郡以下三郡に合計一万石の加増を受けた。

安永二年巳正月十二日出、板倉佐渡守様ゟ御廻状。

廻状ニ而申達候。御廻米之義着舟相急候節川通差支ニ而及延着御上ゟ御尋之節、小堀かしはしけ問屋着帳・此方着舟為引合候所、小堀問屋着帳無之着舟も有之、(23)

右は、その老中板倉より出された安永二年（一七七三）正月の廻状である。急ぎの江戸廻米が川筋の渋滞に巻き込まれて延着している場合、それを調べるには小堀艀下問屋の「着帳」に記録されている船と既に江戸に到着している船とを引き合わせれば、まだ到着していない船が小堀より下流域で手間取っているのか、それとも小堀を通過して既に関宿・江戸川付近で滞船しているのかを判断できる筈であった。しかし、小堀河岸で艀下船を利用しないでそのまま遡上した場合には当然その着船帳に記載されていないので、その船がどこで滞船しているのか、その所在を確かめるのは難しかった。そこで、この廻状の後半部分において、「当秋ゟ河岸々通舟、小堀はしけ不取之候船も小堀着帳付置通舟致候」として、艀下船を利用するとしないとにかかわらず必ず小堀河岸に立ち寄ってその着船帳に記録するよう命じたのであった。着船帳の記録は、下総香取郡に飛地を領した安中藩に限らず、幕領年貢米は勿論のこと他の諸藩においても、廻米積船の運航状況を掌握する上で有効な方法であったと思われる。おそらく関宿や松戸河岸にも同様のことが命じられたのではないだろうか。こうした着船帳による船の運航状況掌握の点において中継基地として機能した穀宿の役割がよく示されている。

小堀河岸は利根川中流域を通行する船を掌握するのに都合のよい地点に位置していた。この点に目を着けて、ここを通過する船や利根川下流域の諸河岸へ向けて伝達事項がある場合には、小堀河岸を介してそれらへの連絡が試みられることがあった。安政三年（一八五六）、奥州磐城塙の幕領では利根川水運を利用しての年貢廻米を計画したが、その時の経路は、塙代官所からは久慈川の水運で太平洋まで積み下し、一旦海上に出た後、すぐさま常陸国那珂湊から那珂川〜涸沼川〜涸沼へと内陸河川を積み登せ、涸沼で陸揚げすると北浦へ流れ込む巴川まで駄送し、さらに巴川を北浦北岸の塔ヶ崎河岸まで小船をもって積み下し、そこで利根川水系の高瀬船に積み込むという煩雑なルートをとるものであった。このとき塙代官所では、塔ヶ崎河岸に小野徳三郎以下三名の御城米差配人を配置し、利根川水系の高

図6　幕領塙代官所より高瀬船船持への伝達経路

磐城・塙代官所

↓

A　北浦・塔ヶ崎河岸・御城米差配人 ｛小野徳三郎／小貫善三郎／江幡　新助｝

↓

B　利根川・小堀河岸・御穀宿 ｛寺田重兵衛／寺田金兵衛／寺田勘兵衛／寺田嘉兵衛｝

↓

利根川下流域の諸河岸・船持

C

1. 小文間	5. 布佐	9. 佐原	13. 野尻
2. 押付本田	6. 安食	10. 阿玉川	14. 芦崎
3. 押付新田	7. 佐倉沼縁	11. 笹川	15. 桜井
4. 布川	8. 金江津	12. 高田	16. 小船木

瀬船を用意させ、それへの船積み業務を管轄・担当させようとしている。そしてこれに対応して、利根川下流域の船持たちもその年貢米輸送を引き受けるべく御城米差配人に願い出たのであった。それが、図6のCに示した一六河岸の船持たちであった。

この時、差配人三名は、船積みと江戸輸送の実務面からこれら一六河岸の船持を招集し、諸般の注意事項を申し聞せる必要があった。その際の招集場所として水戸街道の取手宿があてられ、その連絡は図6に示したように小堀河岸の穀宿を通じて行なわれたのであった。

一統当方江出張可申触之処、遠近之差別も有之候間、来ル九月七日取手山崎屋市兵衛宅迄拙者共可及出張候間、右河岸々之願連名衆中同所迄罷出候様、各様方ゟ廻状を以御達被下度、此段得御意度如斯ニ御座候、以上。

巳八月

常州当ヶ崎
御城米差配人
小野徳三郎
小貫善三郎

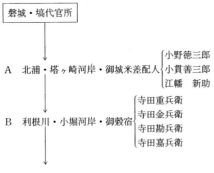

寺田勘兵衛様
寺田重兵衛様
寺田嘉兵衛様
寺田金兵衛様(24)

つまり、右に見るように、塔ヶ崎の御城米差配人三名は日時を指定した上で取手宿の山崎屋宅に出張し、そこに先の一六河岸船持一同を集めて指示を与えようとしたのである。招集場所に取手宿が選ばれたのは、小堀艀下河岸問屋の参加を期待してのことであろう。そしてこの招集役として寺田勘兵衛以下四名の小堀河岸問屋が期待された。船積み河岸の塔ヶ崎の側で城米積船を招集できなかったのは、その伝達経路ができていなかったから、小堀河岸にこれを依頼すれば、そこを上り下りする船を通して、小文間から小船木に至る一六ヶ所の船持たちに確実に命令を伝えることができたのである。実際、小堀河岸の問屋は次のように述べている。「武州上州野州常陸下総五ヶ国之船々、下利根川致通行候分不残私共方江宿附罷在(25)」と。つまり、下利根川筋を航行する大方の船は小堀河岸に宿付し、同河岸の問屋がその船宿になっていたので、ここを通過する船は、ほぼ確実に掌握することができるのだという。だからこそ、ここで一六河岸船持たちへの伝達役として期待されたのであった。この点からも小堀艀下河岸が中継基地として果した役割の大きさが了解されるであろう。

(三) 難船の処理について

川船の場合には海船と違って難船とは言っても沈没することは稀で、船に水をかぶって積み荷を濡してしまう事故が頻発している。また、陸地や浅瀬に船を乗りあげたり、あるいは川底に沈んでいる流木の枝に船底をひっかけたりする事故が多かった。大抵は濡れ荷物ができても船そのものは応急的な修理でそのまま運航を続けられるのが普通であったが、最悪の場合には「水船」となって廃船せざるを得ない事態も見られた。その時には、廃船が他船の通行の妨げにならないよう撤去するのもまた一苦労であった。このように難船は種類も程度も様々で、少々の濡れ荷物ができる程度ならばその最寄村の名主から「見届」の一札をもらうだけで事が済まされたが、基本的に利根川中流域では難船場所に応じて小堀・関宿・松戸の三ヶ所船宿がその処理にあたることになっていた。次にあげる事例は、それら船宿が処理した難船事故から、嘉永四年（一八五一）関宿河岸の問屋喜多村清左衛門が取り扱ったものである。

亥五月廿三日七ツ時過、小堀河岸吉五郎船境河岸ニ而難船飛脚参ル、我等半左衛門場所江参ル、元船小見川元
七船小堀かしゟ米艀下、改候所
一米弐百三拾俵積入
内
八十五俵　濡表
百四十五俵　無事表
内五俵　沢手有
小見川船宿小森谷源助殿参ル元七殿長谷かしゟ参り相談之上、夜ノ四ツ過飛脚を出ス
小見川舟ゟ壱人
小ほり船ゟ壱人
寺田金兵衛殿江壱通

小見川
初角卯八殿、江原の銀蔵殿、菅谷太蔵殿、但し壱通
助船水海道船、弐朱ト壱升礼
播摩(マヽ)様御船助蔵殿乗、壱升礼、不請
一廿七日荷主原(江脱か)の銀蔵殿参り濡米入札有、落札相ならす江戸下ケニ相成候。(26)

右の内容は、およそ次のように理解できよう。まず小見川河岸の元七船が同河岸問屋小森谷源助方から初角卯八・江原の銀蔵・菅谷太蔵らの町米を積み込んで江戸へ向けて出航してきた。ところが、五月だというのに途中に浅瀬があって通船できず、小堀河岸で同河岸の吉五郎船を艀下船に雇い、それに積み荷の半分程度であろうか二三〇俵を分載させたのであった。その吉五郎船が境河岸で難船して八五俵の濡米をつくってしまったのである。吉五郎の小堀および関宿での船宿がそれぞれ寺田金兵衛と喜多村清左衛門であった。吉五郎から難船の知らせを受けた清左衛門は、早速、配下の半左衛門を境河岸の難船場所に差し向けている。元船の元七船はまだ境河岸の手前約一〇キロメートル程の長谷河岸にいたが、これも知らせを受けて駆け付けてきた。そしてもう一人、小見川河岸から小森谷源助も現場に急行してきた。清左衛門は彼ら両名と協議し、艀下船吉五郎の小堀船宿と積み出し河岸小見川の在方荷主三名へ飛脚を差し向け難船の旨を通報した。そして、難船場所で救助にあたった鬼怒川筋水海道河岸所属の民間船と松平播磨守手船に、清左衛門は荷主に代って金二朱、酒一升の御礼を渡している。ただし、藩船はこれを受け取らなかった。知らせを受けた小見川の荷主を代表して江原の銀蔵が境河岸に到着したのは事故から四日後の五月二七日であった。被害を受けなかった一四五俵は元船の元七船に積み戻したのであろう。濡米は入札にかけてここで売却しようとしたが値が合わず、仕方なくこれも江戸へ積み送ることにしている。こうして、関宿河岸の船宿喜多村清左衛門は難船処

理にかかった諸費用の立替支払い分「弐両弐分ト三百七文」を荷主から受け取り、「五月廿七日夕刻引払皆済」と、すべての作業を終了したのであった。この事例を見てもわかるように、濡れ荷物を初めとする難船事故の場合には、その場所に応じて難破船の船頭が宿付けしている船宿が中心になり難破船およびその積み荷の処理に至る一切を現地で指揮したのであった。

利根川中流域の右岸から江戸川左岸へ通じる部分にはいく筋もの陸揚げ駄送のルートが活発に展開された地域であった。この地域の水運輸送はこのような小堀・関宿・松戸の三ヶ所艀下河岸を中継基地として維持されていたのである。境・関宿付近を起点にして小堀および松戸に至る区間にできる冬期減水時の浅瀬の障害を乗り切るためには艀下船の補助輸送に依存しなければならず、それを円滑に調達し利用する必要性から小堀以下三ヶ所の艀下河岸が中継基地として設定されていたのである。ここを運航する船持・船頭たちは艀下船利用の有無にかかわらずこの三ヶ所河岸問屋に宿付けして年来の取り引き関係を結んでおり、宿付けされた問屋は船宿として艀下船の調達から難船事故の処理や喧嘩口論の仲裁に至るまでの一切を取り仕切ったのである。ただし、三ヶ所の船宿は必ずしも同一の業務を担っていたのではなく、小堀では主に艀下船の調達を、関宿では艀下船から元船への積み戻しと船改番所の改めを受ける際の諸種の手続きに関与し、また松戸では小堀・関宿からの艀下荷物を元船に積み戻す業務と逆に江戸からの帰り船が江戸川を遡上する場合に重要な機能を果していたものと考えられる。三ヶ所河岸問屋は、こうして船持、船頭との間に宿付・船宿の関係を取り結んだだけでなく、諸藩領主に対しては穀宿として艀下船の調達は勿論のこと、水深の調査や着船帳の記録などにあたっていたのである。利根川水運は、こうした三ヶ所艀下河岸を中継拠点とする輸送機構のもとに運営されていたのであった。これらの中継基地は、船改番所がおかれ日光東街道の宿駅でもあった関宿、水戸街道が江戸川・利根川を横切る松戸宿と取手宿（小堀はこのすぐ下手にあたる）という具合に、幕府直轄の街道と水運ルートが交差する地点に位置している。このことから、小堀以下三河岸が中継基地としての地位を確立していくのは、単に艀下船利用上の地理的な要因によるだけでなく、陸上輸送とも絡んでこの地域全体の交通体系の中に位置づけて理解する必要があるだろう。利根川と江戸川をつなぐ水運は、このような地域的構造のもとに運航・維持されていたのである。

第三節　河岸機能の専門分化

享保九年（一七二四）、幕府公認を勝ち取った布施から流山・加村への陸揚げ駄送ルートは鬼怒川筋河岸問屋の策動に強い影響を受けて成立しつつも、それ以後の輸送物質は主に利根川下流域から積み登せられてくる諸物資にその中心を移していくのであった。その場合の陸揚げして駄送する方法と前節で見た利根川水運の艀下輸送とはどのような関係にあるのか、それを解明するのが本章の課題であった。

明和・安永期の河岸改めの結果、この付近で幕府公認を受けたのは境・関宿両河岸から順に取手・小堀・布川・木《き》下《おろし》に至る四河岸のみであった。これ以外の村々には河岸問屋の株が認められていなかった[27]。陸揚げ駄送が公認された布施村でさえ幕府はここに河岸問屋の株を認めていない。そこで本節では、境河岸から木下河岸に至る利根川中流域に展開した河岸を取り上げて、それらが担った河岸機能を明らかにし、それによって水運輸送と陸上輸送が密接に絡み合う関係にあった当該地域の特質について検討してみたい。これら公認河岸ではどこでも年貢米を船積みし商人諸荷物を取り扱ったが、実はそれに止まらず個々の河岸ごとにそれぞれ特色ある機能を分担していたのであった。

最初に、利根川左岸で『利根川図志』の著者赤松宗旦の住した布川河岸を取り上げてみよう。

布川は一帯の丘山を背にし、前は利根川に臨みて街衢を列ね、人烟輻湊して魚米の地と称するに足れり。（旧地は山の西北を逶るといふ）。殊に六月十四日の宵祭、八月十日の金毘羅角力、十月廿一日の地蔵祭等は、詣人村々より来りて雲の如く、燈は町々に照しつれて月の如し。魚は一帆の風を使いて銚子より輸すべく、酒は一葉の力を借て江戸より運ぶべし。(28)

ここには、やや誇張をもって布川河岸の賑わいが描き出されている。「人烟輻湊する魚米の地」だという。特に六月一四日の布川大明神の宵祭り、八月一〇日の金比羅相撲、そして一〇月二一日の地蔵祭りには近郷近在から大勢の人々が集まり市が立った。酒を江戸に求め、銚子の魚を食するとは、まさに利根川水運の河岸場ならではのことであったろう。ここに添えられた地蔵市の図には物資輸送の高瀬船が何艘も横付けされ、市に集まる人々を乗せた小船や、上り下りする高瀬船の白帆の様子が描かれて、河岸の活況がいきいきと伝わってくる。また、「町には内宿・浜宿・中宿・上柳宿・下柳宿・馬場町あり。渡場は内宿の川端に在りて、魚屋場に相並び、向に布佐を望む」という。ここはまさに利根川水運に裏打ちされた在町であった。

そして、商品流通上、利根川中流域の流通拠点としてこの布川河岸にも劣らない枢要の地位を占めていたのが次に見る取手河岸であった。

毎月六度之市町売買荷物江戸表其外舟積仕、田安様御廻米并御私領様方御年貢米、且諸商人共江戸表ゟ仕入荷物、其外国之在々より舟荷物、当町河岸え着船仕、則私所持之地所より前々より運送仕候。(29)　（明和八年一〇月）

取手河岸は水戸街道が利根川を横切る地点にあって渡船場を持つ宿場町でもあり、そこでは右に見るように六斎市も開催されて、商品取り引きもひときわ活発であった。在方農村とは駄送によって結ばれ、また江戸を初めとする利根川流域の水系からは船便によってさまざまな商人荷物がここに集められ、ここを経て再び各地へ送られていった。

このように取手河岸は後背地農村と河川水運を結びつける結節点の役割を果していたのである。利根川流域の河岸でここ以外に六斎市の開催が許可されたのは、境河岸や関宿の他にこの付近では遠く下流に佐原河岸があるのみで、取手河岸はこの利根川中流域の商品流通において中心的な役割を果していたことは間違いなかった。

小堀・関宿両河岸は艀下河岸として位置づけられるし、境河岸の機能については「はじめに」で述べた通りである。この小堀・関宿を拠点とする艀下機構が確立されて以降、これに絡んで、小堀河岸に対抗して自らも艀下河岸たらんと唯一画策したのが木下河岸であった。しかしいま、その問題を検証する前に、艀下輸送の方式が確定に向かう一八世紀の初め、関宿河岸に対抗した境河岸船持たちの動きについて見ておきたい。小堀・関宿・松戸の三河岸を基地とする艀下船の補助輸送機構が形成されていくのは、浅瀬の障害が例年恒常化し、いよいよその影響が甚しくなった元禄〜宝永年間ではないか、と考えられる点については、前章で検討した通りである。ところが、その成立期にあっては境河岸が関宿河岸との間に艀下船の取り扱いをめぐって激しく対立していたのであった。

一先月当河岸（註・境）長右衛門と申者船、木野崎村ニて野尻河岸源太夫と申者雇申ニ付、粕干鰯江戸迄之約束ニて舟積仕、木間ヶ瀬と申所迄三里程引登セ申所ニ、向河岸徳左衛門船参、船頭申候は、抜荷はしけ之儀境河岸之船ニハ為積不申筈ニ被仰付候間此方之船え積替可申と我儘申ニ付、[30]　（正徳二年一二月）

右によれば、正徳二年（一七一二）の一二月、境河岸長右衛門の所持する船が鬼怒川と合流する付近の木野崎村で、銚子方面から粕・干鰯を積み登せてきた野尻河岸の源太夫船より艀下船になるよう頼まれて、江戸までの約束でその艀下輸送を請け負っている。この時期には、関宿・松戸を越えて廻着地の江戸まで艀下船が運航されることもあったらしい。ここで長右衛門は、この船を雇船頭に任せた境河岸の船主であった。長右衛門船の船頭は元船源太夫船の艀下船となって三里ほど遡上し、木間ヶ瀬村まで来た所で関宿河岸の徳左衛門船に出会い、そこで彼から次のように言われている。それは、長右衛門船が「抜荷はしけ」だという。この「抜荷はしけ」は、別に「貫荷はしけ」と記されることもあって、「ぬきに」、つまり本来禁止されている筈にもかかわらず密かに荷物を抜き取って艀下積みしている、というニュアンスが込められている。そして、境河岸では艀下船を取り扱ってはならないのだから、長右衛門船積み込みの艀下荷物を徳左衛門船に積み移せと言うのであった。これを聞いた長右衛門船の船頭は驚いたが、その場では「諠譁口論致間敷」と争いをさけて船からおり、船主の長右衛門に相談すべく境河岸へ帰ってしまった。その後、長右衛門と境河岸の船持仲間一同がこのことを知って徳左衛門に掛け合ったが、かえって関宿河岸側から反論されたため、境河岸では河岸全体をあげて関宿河岸との間に激しい争論をくり広げたのであった。この時の争論が、その後どのような形で結着したのかを明らかにすることはできない。しかし、小堀以下三河岸の艀下機構が徐々に確立していく過渡期にあって、三河岸に隣接する河岸が艀下稼ぎをめぐって互いに軋轢を見せるその一断面がここに示されているであろう。

この時期を乗り越えて一八世紀中頃以降、三ヶ所艀下河岸が艀下船の差配権を確立し、ここを拠点とする艀下機構が完成していく。藩船の場合は別として一般の農民船が艀下船を利用する場合には浅瀬のその場で直接艀下船を調達することは許されず、必ずその場所に応じて三ヶ所のいずれかの船宿に連絡して、その指示に従わなければならなかった。

当十五日内河岸平左衛門方江宿付之麻生村五郎兵衛船、中利根川通浅瀬ニ付桐ヶ作村地内ニおゐて内河岸七左衛門方江宿付之私（註・曾兵衛）儀被相頼艀下積仕候。右者古来ゟ関宿河岸御運上艀下渡世場ニ付諸荷物陸越者勿論艀下稼之儀一切不相成場所ニ御坐候所、此度心得違を以右躰艀下積入候ニ付御差留無談ニ而相下り預御差留ニ一言之申訳無之候誤入候。(31)　（嘉永二年六月）

霞ヶ浦東岸の麻生村五郎兵衛船が、関宿河岸の担当区域である桐ヶ作村の浅瀬で滞船している時に、木間ヶ瀬村の曾兵衛船が通りかかったので、五郎兵衛はこれに頼んで艀下積みをしてもらったのである。五郎兵衛も曾兵衛も共に関宿内河岸に宿付けしており、その船宿はそれぞれ平左衛門と七左衛門とであった。したがって、五郎兵衛船がここで艀下船を利用する場合には関宿の平左衛門に水主を差し向けて依頼し、平左衛門方から派遣された船を艀下船に雇うのが本来の手続きであった。曾兵衛が関宿の七左衛門方に宿付していたのは、自らがそこを通って江戸廻漕にあたる上での関係であり、それと関宿河岸に無断で艀下稼ぎをすることとは別次元の問題であった。艀下稼ぎに従事するには、あくまでも関宿河岸問屋の指示を受けてからでなければならなかった。このような艀下河岸内部における艀下船差配方式については、次章で明らかにする如く小堀河岸についてその具体例を知ることができる。(32)こうした艀下船を独占的に取り扱う権限が右史料に見える「御運上艀下渡世場」であり、幕府運上永の上納とそれに基づく公認の特権であった。元船の側でもこれに反すると、難船した場合など不慮の事態に出くわした時に不自由したから、大概はこれに従っていた。それでも浅瀬の現場では右に見るように船宿の目を掠めて直接艀下船を調達することがしばしば行なわれていたらしい。右の例では、曾兵衛の無断艀下稼ぎが露見すると、彼は関宿江戸町の清膳寺住職に仲介を頼んで問屋・船持衆中に詫を入れ、ようやく一件落着したのであった。

ところが、こうした小堀・関宿・松戸の三河岸を拠点とする艀下機構に公然と対抗する河岸が現れた。それが、小堀より少し下流で利根川の右岸に位置した木下河岸である。木下では次のように主張して艀下船取り扱い業務を開始すべく小堀河岸に通達している。

近年川筋浅瀬ニ罷成、当川岸下ニ岩場并附州有之、渇水之砌荷船通船難相成、当川岸より艀下船差出候様申越候方も有之、(中略)御城米并諸家様方御廻米艀下之儀、被仰付次第差出申候。万端御心添之儀偏ニ奉願上候。(33)

(年不詳)

木下は手賀沼への入り口にあって、古くからの河岸場であったが、時代を経るにつれて利根川の浅瀬化はこの付近にまで進行したらしい。木下河岸の下手にも岩場や附洲ができるようになり、木下でも艀下船を取り扱ってくれるようにとの要望がここを通る船からしばしば出されていたという。それを受けて木下河岸では、既に艀下河岸としての地歩を固めていた小堀河岸に対して「万端御心添之儀偏ニ奉願上候」と挑戦状とも言える通達を突きつけて、艀下船の取り扱いを開始しようと目論んだのである。小堀では当然これを黙視する訳にはいかず、即刻、その動きを阻止すべく反対行動を展開したが結着を見なかった。そして、ついに、幕府勘定奉行所での対決にまで持ち込まれたのは、文政四年（一八二一）のことである。小堀河岸では、木下側に反論する中で自らの既得権としてそれまで担当してきた艀下河岸としての正当性を主張すると同時に、それまで木下河岸の果してきた河岸機能は次の三点に限定されることを指摘し、木下による艀下船取り扱いの新規開業を阻止すべく訴えている。

木下川岸之義者、最寄村方ゟ同所津出諸荷物運送并鹿島・銚子其外川下所々江日々数十艘宛旅人船差出し、且浜々ゟ鮮魚荷揚之問屋ニ而、前々ゟ御城米者勿論商荷物ニ至迄艀下積出し候例決而無御座。(34)

（文政四年三月）

それによれば、木下河岸の担ったまず第一の機能は、年貢廻米をはじめとして周辺農村よりもたらされる諸物資を船積みして送り出す機能だという。これは河岸本来の業務で、最も一般的かつ本質的な機能であった。そして第二の機能は、旅人船の取り扱いである。これは主に江戸方面から鹿島・香取・息栖の三社参詣に出かける旅行客と霞ケ浦や銚子方面へ向う旅人を乗せるもので、彼らはこの木下河岸から乗船の途につくのが普通であった。河川水運における旅人船の運航には幕府からの統制が加えられており、木下河岸の客船は、境河岸が江戸へ向う旅人のために夜船の運航を許されていたのと同じようにこの付近の他の河岸には見られない一つの大きな特権となっていた。木下ではこれら旅客輸送のために茶船と称する専用の客船を準備していたのである。それは乗客が八人ほど乗れる程度の規模で、銚子や三社参りに限らにず霞ヶ浦方面の諸河岸に通じる広範囲なもので利根川下流域の主要な河岸を結ぶ定期便として利用されていた。正徳年間（一七一一〜一六）と明和九年（一七七二）の明細帳には、二〇艘の茶船が幕府川船役所から極印を受けて旅客輸送にあたっている様子が示されている。(35) そしてもう一つ、「浜々ゟ鮮魚荷揚之問屋」を営むことが同河岸のもつ第三の機能であった。すなわちそれは、銚子方面から江戸へ向けて出荷される鮮魚類をここで荷揚げし、大森から白井↓鎌ヶ谷↓八幡を経て江戸川の行徳河岸まで宿継で駄送したのであり、その特権が幕府から認められていた。(36) 木下河岸の問屋がこの鮮魚荷物の陸揚げと駄送を取り仕切っていた。このように木下河岸では年貢米や商人諸荷物の船積み、旅人船の取り扱い、そして鮮魚類の荷揚げという三の機能を果たしていたのであった。

こうして利根川下流域の河川交通上に重要な位置を占めた木下河岸が、さらに艀下船の取り扱いをも始めようとしたのであったから、小堀河岸にとっては大変な脅威であったに違いない。小堀ではこれを阻止すべく強硬に反対したが当事者間の話し合いでは決着しなかった。争論は幕府勘定奉行所での対決に持ち込まれ、旧例の遵守に重きを置いた勘定奉行より内済を勧告されてようやく、「然ル上者向後他村之船者不及申ニ、譬所之船ニ候共木下シ六軒両所ゟ手儘ニ艀下船決而不差出」旨の約束を取り付け、木下側の動きを封じるのに成功したのであった。浅瀬の現場で元船が直接艀下船を雇ってしまうことは三ヶ所艀下河岸が確立して以後もしばしば繰り返された所はあったが、一河岸全体をあげて自ら艀下河岸たらんと策動したのは、ここに見る文政期の木下河岸が唯一の事例であった。しかしそれも結局はこうして阻止されたのであった。

さて、利根川と江戸川にはさまれたこの地域にはもう一つ、小堀の下流で木下河岸の上流二キロメートルほどに位置した布佐村からの陸揚げ駄送が公認されていた。その対岸は、布川河岸である。

布佐村は船役永差出候迄ニ而、河岸場ニは無之、（中略）依之被仰渡候ハ、布佐村は川岸場ニ而無之間、御年貢津出・村用之荷物并鮮魚類は格別、其余之諸荷物旅人往来共ニ布佐村ニ仕間鋪候。(37)　（元文三年一二月）

布佐村は利根川が小貝川と合流するすぐ下手、南岸にあって、幕府川船役所の極印を受けて「船役永」を上納し、運送業に従事する船持が集住する村であった。先に見た通り対岸の布川村や周辺村々の船持と共に組合をつくり、江戸への物資輸送にあたっていた。しかし、同村には河岸問屋株は認められておらず、布施のように諸物資を自由に陸揚げすることも、また、木下河岸のように旅人船を仕立てることも許されてはいなかった。ただ年貢米や村用の公用物資を船積みすることと鮮魚類の陸揚げだけが認められていた。それは正徳六年（一七一六）からのことで、木下河岸で取り扱う鮮魚類の駄送が行徳までの宿継輸送であったのに対して、この布佐村からは松戸河岸までの付通し、つまり宿継なしの直送が許可されていたのである。(38)こうして布佐村でも鮮魚荷物に限定して陸揚げ駄送が幕府から公認されていたのであった。それならば、関東地方の物資輸送の大動脈たる利根川水運の幹線ルートに接しながら、水運史の表舞台に登場してこない川付の村々は、利根川水運とどのような関係を取り結んでいたのであろうか。その一例を次の中峠《なかびょう》村に見てみよう。

中峠村ニ而は至而大風之節、無拠鮮魚荷物船揚可致ハ格別、諸荷物平日船揚不致、川端小屋も御年貢并村用之船積荷物取片付候ためと心得、問屋抔と唱候儀は決而致間敷。(39)　（安永八年六月）

この中峠村は利根川の右岸にあって、小堀河岸の対岸に位置する村であった。川端に小屋を建てて船積みのために利用しているが、それも年貢米と村用の荷物を船積みするだけで、それ以外は諸物資の船積みも荷揚げも一切許されず、ただ暴風雨などでどう仕様もない時にだけ臨時の措置として鮮魚類の荷揚げが許された。新鮮さを第一とする鮮魚荷物の故であろう。「問屋」を営む者など誰もいないという。第一節で見たように瀬戸村や木野崎村の場合もごく近在から出荷された物資の陸揚げは許されたが、鬼怒川筋や下利根川方面から積み出された諸物資の荷揚げは禁じられていたし、中間の三ッ堀村では船揚げが全面的に禁止されていた。つまり、一般的に言うならば、村内に船持がいて運送業に従事する者はいても、そこで船積みや船揚げが許されたのは年貢廻米などの公用物資と川瀬の非常事態における鮮魚荷物に限られていたのであり、村と水運とのつながりは極めて限定的な関係しか許されていなかった。これが利根川縁にある村々の公式上の姿であった。布施村とその近在の村々では年貢米さえも江戸川左岸にまで駄送し、それより船積みしている。関宿から木下に至る利根川右岸地帯には一切の河岸問屋株が公認されていなかったのである。しかしそれはあくまでも、幕府公認を受けて、河岸問屋株運上を納めているか否かの話であって、現実には時としてこの公認ルートの目を掠めて諸物資の陸揚げと駄送が繰り返されていた点については先に見た通りである。

ところが、これら陸揚げ荷物の駄送を受けて江戸川の水運に船積みする村の側には河岸問屋の株が公認されていた。この点に注意しておきたい。知られるだけでも加村では天保期に領主運上永一貫二〇〇文とは別に幕府へ船問屋株運上永一貫文を上納している[40]し、また今上村においても高瀬船積問屋株運上として文化二年（一八〇五）には二軒の休株を含む問屋七軒で合計永三貫二〇〇文を上納している[41]。この点については、関東地方他地域の事例や先行研究ともかかわって慎重に検討しなければならない課題だが、諸物資の陸揚げが公認されつつも河岸問屋株は認定されなかった布施村の例に見られるように、自村以外の船積み荷物を取り扱っているか否か、この点が幕府にとって河岸問屋株を認定する際の重要な判断基準になっていたのではないか、そのように推測しておきたい[42]。

以上より、河岸問屋株の公認問題とは別の次元で、この地域にはいくつかの陸揚げ駄送ルートが公認されていたことが明らかになった。すなわちそれは、次の三ルートである。

（一）木下河岸→大森→白井→鎌ヶ谷→八幡→行徳河岸へ。鮮魚荷物の船揚げと宿継駄送が認められ、一七世紀末の延宝年間から元禄年間にかけて既得権として成立する。

(二)布佐村→松戸河岸へ。正徳六年（一七一六）、鮮魚荷物の船揚げ付け通しが幕府より公認される。

(三)布施村→加・流山両岸へ。享保九年（一七二四）、商人諸荷物の船揚げ駄送が幕府より公認される。

物資輸送の大動脈たる利根川水運に接する村々では、村用の公用物資を保管し船への積み下しを行なう名目で、流作場と呼ばれる川縁の土地が、村高から除かれて年貢高外地の扱いを受ける例がいくつか見られる。しかしそれは、領主荷物の大半を占める年貢米の積み出しが行なわれたからであり、河岸問屋の営業に関わるものではなかった。利根川水運に関わって商人諸荷物の取り扱いが許されたのは、右に確認したように取手・小堀・布川・木下の四河岸と、布施村および鮮魚荷物のみを船揚げした布佐村に限られていたのであった。それでいてこれら六地点における利根川水運とのかかわり方は決して一様ではなかった。それぞれが別個に独自の機能を果していた点に特徴がある。それはつまり、次のようである。この地域の商品流通に中心的位置を占めた取手河岸や布川河岸、とりわけ取手河岸は水戸街道の渡船場でもあったから一層活発であった。客船の運航と鮮魚類の船揚げに特色をもつ木下河岸、鮮魚類のみを船揚げした布佐村、そして唯一艀下河岸として機能し、この地域を運航する船にとって必要不可欠な中継基地としての役割を果したのが小堀河岸であった。また、布施村は出荷地と荷種を問わずすべての商人荷物を陸揚げできる河岸として公認されていた。「是迄布施村ゟ艀下船等差出、小堀之渡世ニ差障り候儀ハ決而無之候得共、以来弥以右躰之儀聊茂致間鋪候」(43)（寛政七年）と述べられるように、この布施村が艀下船に関わって小堀河岸と対立することはなかった。

右に見られる河岸や船揚げの村々には、それぞれ別個に成立の事情があったであろう。一八世紀初頭にはまだ、それぞれの権益をめぐって地域内が軋轢を見せていた。しかし、それもやがて解消されていく。水運に関わる機能を相互に分化させ、個々別々の特色ある機能を分担し合うことによって、関東在方と江戸市場を結ぶ水上・陸上一体的な運輸体制がこの地域に形成されていくのである。

第四節　諸物資陸揚げの臨時性

明和・安永期の幕府河岸改めに際し、布施村は河岸問屋株運上の上納を願い出、執拗にその運動を繰り返したがすべて却下された。布施村に許されたのは諸物資の陸揚げだけで、逆方向の商人諸荷物の船積み行為は実態のないものであった。それ故に幕府はこれを「運送無之場所」と認定し、正式な河岸とは認めなかった。(44) 河岸問屋の株が認められない以上、それ以降「河岸問屋」を唱えることは許されず、同村では荷揚げの実務を担当する者を「荷宿」と呼んで営業を続けたのであった。したがって、制度上の本来の姿から言えば布施河岸と呼ぶのは必ずしも適切な表現ではないが、同村での陸揚げ駄送の業務は一般の河岸で行なわれた陸揚げ駄送の業務と近い内実を備えており、ここでは当時の通称、史料上の文言に従って布施河岸と呼んでおく。

布施河岸には何軒かの荷宿があって、それぞれの慣例にしたがって諸物資の荷揚げと駄送の業務を営んでいた。ところが、天明五年（一七八五）、それらの荷宿たちが互いの取り扱い品目をめぐって争いをおこし、同年八月、これを契機に荷宿四軒が確定し、荷種あるいは出荷地ごとにそれぞれの取り扱うべき品目が取り決められたのであった。それをまとめたのが表10である。これによれば、四軒の荷宿は佐次兵衛・平蔵両名の組（同表のA）と、善右衛門・伝八組（同表のB）との二組に分れ、組単位に取り扱い品目を定めており、取り扱える品目数に差はあるものの全体としては非常に多種類の荷物を陸揚げしている様子が窺える。特色としては、善右衛門・伝八組には日光細工物あるい

表10　布施河岸四軒荷宿の荷分け規定

〈荷宿：佐次兵衛，平蔵〉					
A	魚　類	醤　油	磐城紙	穀　物	花　松
	真　木	蓮　根	火打石	昆　布	みかん
	水　油	な　し	柿	栗	茶
	とうしん	ほくち	の　し	あい玉	と　ま
	莚				
〈荷宿：善右衛門，伝八〉					
B	たばこ類	紙	玉　子	こんにゃく玉	穀　物
	酒	醤　油	水　油	油　粕	日光細工物
	米ぬか	木薬類	わらび	芋	ろ　う
	木綿類	うるし	元結油	紅　茶	くし柿
	菜　種	金物類	す　み	綿　み	木ふし
	塩	す　ご	わらび縄	銭	ふのり
	く　ず	付　木	石　類	真　木	縄　類
	皮　類	笠	古　着	み　の	味　噌
	栗	かやのみ	ほくち	こうりこんにゃく	下　駄
	しゃくし其他木類	板　貫	笹板其他材木類		

註　『柏市史』資料編六，P. 198 より．

は蠟・漆・紅花といった明らかに北関東・南奥羽産で鬼怒川を積み下されたと思われる物資があり、佐次兵衛・平蔵組には磐城紙や昆布・魚類などの海産物が含まれ、概して利根川積み登せ荷物が多い様に見受けられる。

明和・安永期の幕府河岸改めに際し河岸問屋株の公認を受けられなかった彼ら荷宿たちは、寛政期になると今度は「荷宿株」の設定を求めて幕府勘定奉行宛に運上永の上納を画策する。[45] ところが、同村で船積み荷物の陸揚げを行なう「河岸場」と称する土地は、元文四年（一七三九）の利根川筋流作場検地の際に、「荷置場」として除地の扱いを受けた場所で、この長さ七四間、横七二間の「荷置場」は村人共有の土地であったから、荷宿四軒が運上永を上納することに村方一同が反対する事態となった。惣百姓の側でも諸荷物付送りの冥加として運上永を上納しようとする動きに出たのである。この時の荷宿四軒と村方との対立は複雑を極め、勘定奉行所での陳述が幾度となく繰り返された。そして、寛政六年（一七九四）四月になって、荷宿四軒からは「諸荷物揚下ロ銭冥加永」を、また惣百姓側からは

「諸荷物附送冥加永」をそれぞれ同額の永一貫六五〇文ずつ上納することで決着するかに見えた。この動きには、後に述べるように、利根川水運からの船揚げには荷宿の役割が不可欠であったが、江戸川東岸への駄送には同村の馬持ちたちが深く関わっており、しかも馬持ちたちは荷宿の差配から相対的に自立していたという構造的な背景が反映されていた。しかし、結局はこれも決裂し、幕府勘定奉行宛への運上永上納願いはすべて取り下げられ、翌寛政七年（一七九五）一二月、布施村知行主の旗本本多氏宛に荷宿側から荷宿運上永一貫二五〇文を毎年上納することで、この一連の争論にようやく終止符が打たれたのであった。ここに同村荷宿株四軒が支配領主との関係において確定し、またこれを機に、荷宿相互の陸揚げ荷物の取り扱い方式についても整えられていく。

荷宿之義前々ゟ四株ニ取極、内弐株ハ魚荷物毎月上十五日ハ又左衛門、下十五日平蔵引受、残二株ハ諸荷物之分上十五日ハ善右衛門、下十五日ハ伝八分、当時善右衛門壱人ニ而弐株を引受罷在、右之割合を以荷宿運上永等領主江上納致、割付等江書載有之。(46)

（文化五年五月）

すなわちそれは、天明五年（一七八五）に荷分けを定めた表10のAにあたる品目を魚荷物と称して又左衛門（＝佐次兵衛家）と平蔵の両名が取り捌くのは同じだが、月の前半を又左衛門が、後半は平蔵が請け負い、同じく同表のBを諸荷物と称してこれも毎月の前後に応じて善右衛門・伝八の両名が分担して取り扱うという方式であった。四軒の荷宿が荷種と月の前半後半に応じて陸揚げ駄送を取り仕切った訳である（表11のI参照）。そして、荷宿四軒の内、善右衛門家が寛政七年（一七九五）一一月、伝八家の荷宿株を買い取っていたので、それ以降右に史料を引用した文化五年（一八〇八）頃までは、荷宿三軒で表11のIIのように分担していたのであった。さらにその後も荷宿株の売買は繰り返され、文化一四年（一八一七）には又右衛門（＝善右衛門家）が四株の内の三株を所持するまでになるが、最終的には文政一一年（一八二八）四月、善右衛門家と庄助（＝平蔵家）とがそれぞれ二株ずつを持って、双方が荷種に関係な

表11　布施河岸荷宿株の変遷

Ⅰ．寛政期

	毎月前半15日間	毎月後半15日間
A（魚荷物）	又左衛門（＝佐次兵衛家）	平　蔵
B（諸荷物）	善右衛門	伝　八

〈『柏市史』資料編六，P. 365 より〉

Ⅱ．寛政7(1795)年11月

<table>
<tr><th></th><th>前半</th><th>後半</th></tr>
<tr><td>A</td><td>又左衛門</td><td>平　蔵</td></tr>
<tr><td>B</td><td colspan="2">善右衛門</td></tr>
</table>

〈北原糸子『茨城県史研究』第20号所収論文 P. 29 より〉

Ⅲ．文化14(1817)年11月

<table>
<tr><th></th><th>前半</th><th>後半</th></tr>
<tr><td>A</td><td rowspan="2">又右衛門（＝善右衛門家）</td><td>庄　助（＝平蔵家）</td></tr>
<tr><td>B</td><td></td></tr>
</table>

〈『柏市史』資料編六，P. 383 より〉

Ⅳ．文政11(1828)年4月

<table>
<tr><th></th><th>前半</th><th>後半</th></tr>
<tr><td>A</td><td rowspan="2">善右衛門</td><td rowspan="2">庄　助（＝平蔵家）</td></tr>
<tr><td>B</td></tr>
</table>

〈『柏市史』資料編六，P. 384 より〉

く毎月の前半と後半とに分れて陸揚げ荷物を取り仕切るようになるのであった（表11のⅢ・Ⅳ参照）。

天明期に荷分けの方式を取り決めて以後、時期によって若干の違いは見られるものの基本的に彼ら荷宿たちは、荷種と毎月の前後に応じて荷揚げを取り仕切っていた。ならば、彼らと船持・船頭あるいは積み出し河岸の問屋および荷主商人とは一体どのような関係にあったのであろうか。水運輸送の中継基地たる小堀以下三ヶ所艀下河岸の河岸問屋が、船持・船頭との特定の関係において宿付され船宿になるという年来の取り引き関係を結んでいたのに対し、これは著しく様相を異にしている。たとえば、善右衛門は月の前半を受け持ったが、彼の馴染みの船頭がたまたま月の後半に布施河岸へ廻着した場合にはどうしたのであろうか。あるいは表10の段階で一艘の船にA・B両方の荷物を積み合わせて来た場合にはどうしたのであろうか。この表を見る限り、船持・船頭と荷宿との間に特定の関係は認め難い。船が積み出し河岸を出航する時点で最初から布施河岸での陸揚げを計画していたとすれは、表に見られるような荷宿たちの取り扱い規定は、船頭たちにとってすこぶる不便なものであったに違いない。これはどうしたことか。実は、船頭たちにとって出航の時点では必ずしも布施河岸へ廻着するとは決まっていなかったのである。

　荷物着船之砌、船頭或ハ宰料之者送り状荷宿江持参仕候得ハ、早速河岸場江罷出荷物員数并抜荷濡荷等迄得与相改受取、人馬呼集向々江為附送候。(47)　（年不明）

荷宿は、船頭または船積み荷物に付き添ってきた宰領から陸揚げを依頼されると、送り状の内容と積み荷を照合し荷の不足分や濡荷の有無を点検した上で人馬を集め、江戸川左岸の加村河岸へ向けて駄送させたのである。ところがこの時、送り状の文面に布施河岸荷宿の名前はなく、それは江戸問屋を宛名にしたものであった。彼ら荷宿たちは「右荷宿之儀者、善右衛門・伝八・又左衛門・平蔵与申もの荷主ゟ送状宛名ニ不拘前々ゟ引請来候。尤荷品相分り壱ヶ月内十五日宛日割ヲ以四株ニ相定渡世仕来候」(48)（文化七年）と述べられるように、荷主からの送り状宛名には一切関係なく、表11に示した方式にしたがって荷揚げしていたのである。このような布施河岸荷宿が「荷主ゟ送状宛名ニ不拘前々ゟ引請来候」とする事態をどう理解したらよいのだろうか。船持・船頭たちに不都合はなかったのか。この点を利根川の水運機構との関係からもう少し具体的に検討してみよう。

表12と表13は、布施河岸に荷揚げされた物資の総量と、主要品目ごとの荷揚げ量を示し、表14は、布施河岸からの駄送を受けて江戸川の川船に船積みした加村河岸問屋平兵衛の取り扱った物資と、それの江戸までの運賃および船積み手数料にあたる口銭を示したものである。加村河岸では、船積みするまで荷物を預って保管することなどしなかったから蔵敷賃の収入はなかった。その理由は、「高瀬船江積入候而者日数ニ候而直段高下ニ相拘り及迷惑候之間、風雨昼夜を不限荷物着揃次第小舟ニ而直様積送呉候様申荷物ニ御座候間、荷物多少ニ拘わらす小舟ニ而積送り候様相成行申候」(49)と述べていることからもわかるように、江戸廻着を急げばこそこの駄送ルートに載せられたのであるから、

表 12　布施河岸荷揚げ駄数総量

	駄　分		駄　分		駄　分		駄　分		駄　分
宝暦元年	711. 4	宝暦10年	875. 0	明和６年	2161 .2	安永７年	10963. 8	天明７年	10877. 1
2	536. 2	11	4476. 2	7	2286. 0	8	8976. 1	8	9667. 7
3	896. 0	12	4762. 6	8	3650. 7	9	9533. 3	寛政元年	15877. 1
4	2190. 8	13	1974. 6	安永元年	9264. 2	天明元年	9658. 5	2	15217. 2
5	2270. 6	明和元年	2182. 7	2	3826. 1	2	11137. 6	3	17339. 2
6	1720. 4	2	2882. 1	3	9666. 7	3	7827. 2		
7	2261. 5	3	2171. 7	4	10901. 6	4	14472. 6		
8	1957. 5	4	3877. 7	5	9766. 4	5	12407. 1		
9	1916. 4	5	1600. 4	6	9135. 2	6	13884. 4		

註　『柏市史』資料編六，P. 328 より作成．

表 13　布施河岸主要荷物荷揚げ駄数

	宝暦10年	11 年	12 年	13 年	明和元年	2 年	3 年	4 年	5 年	6 年
大山田煙草	588	1,044	3,217	3,608	3,289	4,196	4,257	3,775	—	1,345
竹貫煙草	71	—	331	331	293	368	143	271	1,001	—
切粉煙草	113	59	251	101	206	101	139	215	158	65
紙	388	413	763	662	644	369	285	486	—	168
干物・塩物	2,165	2,709	1,159	651	855	1,214	274	829	377	46
う な ぎ	527	541	384	474	385	336	421	262	159	125
生　魚	291	435	1,282	—	458	—	651	1,021	517	602
玉　子	—	—	74	54	47	56	24	47	28	19
蓮　根	80	163	28	115	98	41	83	490	—	—
蒟 蒻 玉	78	35	243	—	76	282	285	—	135	28
煙 草 入	—	—	163	90	15	164	106	363	230	42
火 打 石	58	—	—	11	—	30	12	60	—	—

註　『柏市史』資料編六，P. 323～328 より作成，単位は駄．

加村河岸では風雨昼夜の別なく荷物が着き次第、直ぐ様小船に積み込んで江戸川を下したのであった。高瀬船を利用したのでは、積み荷が満杯になるまで他の積み合わせ荷物を待たねばならずその分だけよけいな時間を取ることになる。江戸着を急ぐ荷主・宰領たちはそれを避けて小船を利用し、輸送時間の短縮化を計った。それ故に、加村河岸からの船積み運賃と口銭は一駄ごとの小単位で決められていたのであった。したがって、年貢米を高瀬船に積み込む場合には、これとは別に「米百俵ニ付高瀬船積入ハ運賃口銭共金弐分也」と一〇〇俵単位で規定されていた。

いま、この船積み運賃表と先にあげた表10を比較するならば、そこに示された荷物の品数に著しい差のあることに気付

表14　江戸川加村河岸より江戸までの船賃

享保年中(1716～35)			寛政年中(1789～1800)			天保年中(1830～43)		
荷　種	1駄ニ付	1駄ニ付	荷　種	1駄ニ付	1駄ニ付	荷　種	1駄ニ付	1駄ニ付
奥州産物多葉粉	10俵	75文	松川多葉粉	10俵	110文	松川多葉粉	10俵	126文
大山田多葉粉	13俵	84文5分	大山田多ば粉	13俵	114文			
切　粉	7箇	100文	切　粉	7箇	116文	切　粉	7箇	130文
磐城産物紙	4箇	75文				水戸産西ノ内紙	4箇	126文
油	2樽	40文						
米（4斗入）	2俵	43文	米（4斗入）	2俵	72文	米（4斗入）	2俵	80～100文
紅　花	3個 4箇	90文	紅　花	3個 4個	200文			
茶	3本	120文	茶	3本	200文			
水戸産物火打石	2俵	43文	火打石	2俵	116文	火打石	2俵	126文
干肴類	30貫目	65文	干肴類	30貫目	124文	干肴類	40貫目	130～150文
荒物類	不同	85文	荒物類	不同	148文	荒物類	不同	150～200文
			酒	2本	74文	酒	2樽	80～100文
			鰻	?	130文	鰻	不記	148文
			生　魚	24貫目	130文	生　魚	3箇	248文
						蒟蒻玉	3俵	130文
銭相場	金1両＝ 銭4.100～4.200文		銭相場	金1両＝ 銭5.700～5.800文		銭相場	金1両＝ 銭6.900～7.000文	
口　銭	1駄ニ付10文		口　銭	1駄ニ付16文		口　銭	1駄ニ付24文	

・口銭＝筆墨料・夜番・ろうそく代等諸雑費.
・米100俵ニ付高瀬船積入ハ運賃口銭共金2分也.

註　『野田市史料集』第二集，No. 73より作成.

く。布施河岸では実に数十種に及ぶ荷物に関して二組の荷宿四軒が取り扱う物資を決めていたのに対して、加村河岸では僅か一一、二品目しか運賃・口銭を定めていないのである。これは決して史料の漏れではない。それは表14に示された十数種の物資は布施から加村への駄送ルートに載せられた主要荷物のみを表わしたものであり、他方、表10に見られる布施河岸荷揚げの多様な品目は、それまでに布施河岸で一度でも荷揚げされたことのあるすべての物資を網羅的に表わしていると考えられる。すなわち、天明五年（一七八五）の荷分け規定に際しては、それぞれの荷宿がそれ以前に荷揚げしたことのあるすべての品目を書きあげ、その一つひとつについて以後どの荷宿が取り扱うべきかを取り決めたのであった。それが表10に示された内容で、これら多彩な物資が常時、布施河岸から荷揚げされていた訳ではなかった。事実、荷分けの過ていた。
程において善右衛門は、日光細工物、木薬・蠟・漆・紅花など数種類の品目をあげて、「是ハ中里川岸ゟ年ニ壱度宛舟積ニ而参申候[50]」と、これらが鬼怒川中流の中里河岸から布施河岸宛に積み下されるのは年に一度きりであると述べていた。

江戸川船積み運賃の表14には米や酒についても規定されているが、これはむしろ加村河岸を積み出し河岸とする近隣農村から出荷されたものと考えるべきで、これらが絶えず布施河岸から陸揚げされて加村に送られていたとは断定できない。布施→加村の駄送ルートに載せられた主要な物資を見ると、「奥州産物多葉粉・松川多葉粉・大山田多葉粉・切粉」などとある煙草類、磐城産物紙・水戸産物西ノ内紙などの紙類、そして同じく水戸産の蒟蒻玉や火打石、および紅花・茶などで、全般的に磐城や常陸方面の代表的な特産物商品と、鰻・生魚・干肴等、霞ケ浦・北浦や銚子方面の水産物とがその中心を占めていたようである。それではなぜ、これらの商品が布施河岸で陸揚げされたのであろうか。その理由を加村河岸問屋平兵衛は次のように捉えていた。

右荷物之儀ハ常州辺より罷出之分、平水之時節ハ利根川通関宿江相廻り候ニ付日数相掛り候間、賃銭ハ餘程下直ニ相揚候趣、然ル処川筋大水・濁水之砌ハ右荷物取扱河岸其外ニ而河岸揚致シ陸附ニ而送来候儀ニ御座候。

(天保年間)

これは加村河岸が運賃・口銭を規定した史料中の文言で、このあとに先に引用した「高瀬船江積入候而者日数ニ而」という部分が続いている。それによれば、表に見られる常陸方面から出荷されてくる諸物資は、「平水之時節」には関宿経由の利根川水運を利用して江戸へ廻漕された、と言うのである。だからそのような「平水之時節」には、布施村ではかなりな無理をして相当低額の駄賃で荷揚げ駄送を請け負っているらしい、と加村側では推測している。ところが、「大水・濁水之砌[51]」など川瀬の非常事態には関宿経由の水運輸送によったのでは江戸着が大幅に遅れて余計な手間賃を要したり、相場の悪影響を受けたりしたので、その時には利根川右岸から陸揚げして加村河岸まで駄送されて来た、と加村側では述べている。つまり、利根川積み登せ荷物は原則的には関宿経由の水運輸送によるのが基本で、洪水などの非常時に例外的に荷揚げされたのだという。したがって、布施河岸荷宿は川筋の非常事態に際して急遽船頭から依頼を受けた訳で、送り状の荷主にも宛名にも捉われることなく、布施河岸内部の取り決めに従って陸揚げし、加村に向けて駄送させたのであった。

川筋の非常事態と言えば夏の洪水もそうだが、それに加えて冬期減水時における浅瀬の障害も長期化して水運輸送にとっての非常事態であった。先学の研究によっても、この地域に多様かつ活発に陸揚げ駄送ルートが展開した理由の一つに、ここにできる浅瀬の障害が水運輸送に甚大な影響を及ぼしていた点が指摘されている。ただし、浅瀬の障害を原因として、この陸揚げ駄送のルートが利用されたとしても、そこからすぐに江戸への物資輸送手段として一年を通じてこのルートが利用されていたと捉えるのは早計に過ぎよう。そうではなくて、川筋の状況如何によって円滑な水運輸送に不安がもたれる時、そのような場合にのみ、ここから荷揚げして駄送することもあった、と考えるべきなのである。前章で検討した小堀・関宿・松戸の三河岸を中継拠点とする艀下輸送の方式によれば、年貢廻米を中心とする領主荷物に艀下船が積極的に利用されており、商人諸荷物の場合には難船や喧嘩口論の処理を任せることはあっても、それらに艀下船を利用する事例はあまり認められないのであった。そうしてみると、商人諸荷物の水運輸送にあって、渇水や洪水など川筋の非常事態を克服する手段としてここに見る布施→加村間の駄送ルートが利用されたのではないだろうか。

天明五年（一七八五）八月、布施河岸四軒荷宿が取り扱い荷物を規定するに至った争論の発端は「此度川通渇水ニ付真木荷物川岸着いたし候節、鮮魚宿佐次兵衛方ニ而如何相心得候哉右真木荷物川岸揚いたし付送リ申候」(52)とする点にあった。つまり、それまで鮮魚荷物を主に取り扱ってきた荷宿が、真木荷物を船揚げしたことに起因していたが、それも実は「川通渇水ニ付真木荷物川岸着いたし候」と、渇水故の突然の着船から問題が起こったのであった。このとき荷宿でありかつ名主でもあった善右衛門は、河岸場に長さ五間に幅三間の小屋を建てて村内の武左衛門にその世話を一任しており、自らは名主役に専念していた。善右衛門は彼に船揚げ荷物を差配させる一方で、この小屋を利用して酢・醬油・味噌・薪・酒その他の商売を営んでいたが、次のように述べて船揚げ荷物の取り扱いとそれに伴う商売は夏期に減少することを明らかにしている。すなわち、「荷物之義春、秋、冬計ニ而夏中ハ例年荷無之ニ付」(53)と。布施河岸での陸揚げは秋から春にかけての冬期減水時が中心であったことは間違いないだろう。なお、荷揚げ場を利用した善右衛門のこの商売は、天明六年（一七八六）夏の洪水で河岸場の小屋を流失し、普請費用の面から小屋が再建されないまま事止みになってしまう。

銚子浦より鮮魚《なまうを》を積み上するを鱻船《なまぶね》といふ。舟子三人にて日暮に彼處《かしこ》を出で、夜間に二十里餘の水路を泝り、未明に布佐・布川に至る。特《ただ》この処を多しとす。（中略）而して冬は布佐より馬に駄して、松戸通よりこれを江戸に輸《おく》り、夏は活舟《いけぶね》を以て関宿を経て日本橋に至る。以て小民市人の饞《ざむ》を癒し、以て公子王孫の粲《わらひ》を博《もと》む。又常陸の鹿島浦より来る鱻船希に有り。又なまりぶし乾《ほし》魚は艜艇《てんまばうてう》にて輸るなり。(54)

右は、『利根川図志』巻一・運輸の項の末尾である。銚子方面で取れた生魚類は、捕れて三日目の朝には江戸日本橋の魚市に並べられた。通常、夜の内に利根川を積み登せ、未明に布佐に着くと、そこからは前節で見たように松戸を経由して江戸へ廻漕されていった。著者の宗旦はこの利根川夜行便を「鱻船」と呼んでいる。そして、この松戸経由のルートは主に冬期に利用され、夏場には布佐から陸揚げせずに、「活舟」を用いてそのまま関宿を経由する水運輸送によって江戸日本橋へ送られていたという。この活舟が鱻船とは別の船なのか、あるいは同じ船でありながら夏場には新鮮さを保てるように改良を加えたものなのか、この点はわからない。しかし、鮮魚類に関しては夏と冬とで異なる方法で江戸に廻漕されていたことが明らかであろう。活舟にしろ䲧船にしろ二、三人の舟子が交替で漕ぎ登せる小船だったので、浅瀬の障害もそれほど苦にならなかった筈である。しかし、年貢廻米を積み請けた船が所々の浅瀬で滞船している状況下では、いかに小船とはいえ夏の豊水期と同じ所用時間で江戸に着くには無理があった。だからこそ、冬期にはこうした陸揚げ駄送のルートが利用されたのである。これは鮮魚類に関する一つの事例に過ぎないが、河川の状況から推測して、利根川を積み登せて来る商人諸荷物一般に敷衍して考えてよいのではないだろうか。

これまでの研究でも、布施河岸での陸揚げ量が夏場に減少する事実は指摘されていた。表15は、同河岸荷宿善右衛門家が寛政九年（一七九七）一年間に荷受けした駄賃の月別変化をまとめたものである。これを評して北原糸子氏は次のように述べられている。

例年、十一月〜十二月荷請が増し、三月以降、夏期、秋期には冬期の七分の一程度に減少することが駄賃額の動向から推定される。これは、商品の生産時期に規定されること及び夏期渇水による水運の利用度の減少に左右されることなどによるが、駄賃稼が、最盛期を例としても、一年を通して平均的な貨幣収入をもたらすものたり得ず、この面でも農間余業＝農家々計補助的存在にふみ止まらざるを得なかったと考えられる。(55)

まず、利根川水系の渇水期は関東地方に降水量の減少する冬期であったから、利根川水運が夏期渇水の故に利用度が減少する、とされるのは基本的な事実誤認と言う他はない。また、夏期に布施河岸での荷揚げ量が減少するもう一つの理由に商品の生産時期に規定される点をあげておられる。しかし、布施↓加村ルートに載せられた荷物の大部分を占めたと思われる煙草・紙類・蒟蒻玉・火打石・紅花・茶・鰻・生魚・干肴類などの中で、とりたてて生産時期が特定されるものはそう多くはない。そうではなく、本章で指摘するように布施河岸からの荷揚げは冬期減水時におけ

表15　布施河岸荷宿善右衛門荷受駄賃月別変化

寛政9年	荷物駄賃
	貫　文
1月	101.373
2	66.190
3	31.374
4	27.454
5	23.731
6	26.502
7	43.266
閏7	17.693
8	60.217
9	18.418
10	81.127
11	142.120
12	167.250
計	806.842

史料「寛政八年河岸場金銭改帳」(北原糸子『茨城県史研究』第20号所収論文・第17表より引用).

表16　布施村駄数書上

元禄11(1698)年 1月	153疋
寛保元(1741)年11月	145疋
文化 6(1809)年 6月	222疋
天保14(1843)年 6月	188疋
明治元(1868)年	218疋

註『柏市史』資料編四より作成.

る浅瀬の障害が甚しい時期が中心で、夏場は洪水の場合など水運輸送の非常事態に際して利用されることがあった、と考えた方が理解に無理がないのではないだろうか。同村での駄賃稼ぎが農間余業の域を出るものではなかったと評価される北原氏の理解の前提には、同村が幕府公認を勝ち取った唯一の河岸場で、常州産の江戸向け物資の大半がこのルートに依っていた筈にもかかわらず、これほどの駄賃収入にしかならなかった、という思いが込められているようである。しかし、布施河岸からの陸揚げ駄送は、あくまでも水運輸送の非常事態に際して臨時の措置として採られた方策であった。この点を正しく把握する必要があるだろう。

確かに布施村には、表16に見る通り常時二〇〇疋前後の馬がいて、しかもそれらは「但駄馬計所持仕候」と、すべてが駄賃稼ぎを目的として所持された馬であった。決して農耕の合い間をぬってその暇な時期に駄賃稼ぎが行なわれていた訳ではなかったのである。さらに同村では、次に見る如く駄賃稼ぎの順番まで明確に取り決められていた。

「村方駄賃稼之義ハ古来ゟ村字六ヶ所ニ相分ケ、子ノ日者古屋与申所ゟ相初メ亦々午ノ日者右古屋与申所江廻合、如斯順々馬差出シ、当番之荷宿并宰領・船頭其日付番ニ相当り候馬持立会、員数相改候上、江戸川付加村河岸迄三里余馬付仕」[56]。すなわち、布施村では村内を六組に分け各組が毎日順番で六日ごとに駄賃稼ぎに従事したのであった。それは、寺山・土谷津・新田・古屋・荒屋敷・新屋敷の六組で、この組はそれぞれ寺山坪などと坪付けで呼ばれていた。相当量の馬数といい、右のような駄賃稼ぎの機構化といい、これらは今まで布施↓加村の荷揚げルートに載る物資の多さと、年間を通じての恒常的な荷揚げを物語る一つの指標として理解されてきた。

しかし実は、これらはいつ何時同河岸に陸揚げ荷物がやってくるかわからないその不定期性に対処する方策として採られた機構であったのである。たとえば、「鮮魚等之類ハ夜中ニ無構附送り候」[57]と言われるように、布施河岸で陸揚げする量の多かった鰻荷物などは夜中に駄送を依頼されることもしばしばであった。また、これ以外の諸物資も川瀬の状況に応じて随時荷揚げされた訳で、その場合、荷宿の側では荷物を滞らせることなく円滑に人馬を呼び集めなければならなかったし、馬持たちにとってもこのような不定期性・臨時性をぬぐいきれない状況の中で駄賃稼ぎに従事しなければならないのであった。だからこそ、右に見るような六日ごとの順番制を採って稼ぎの公平化を計る必要があったのである。馬数が多かったのは、同村が勤める水戸街道我孫子宿への助郷と、布施村が単独で勤める下妻・下館方面への脇街道に毎日四人四疋宛の伝馬役負担があって、それら陸上の公用輸送を維持する必要性についても考慮してよいだろう。

以上の如く、布施河岸荷揚げを川筋の非常事態に対処した臨時的措置として、水運輸送を支援する方策であったと考えるならば、同河岸荷宿が送り状宛名に関係なく、また船持・船頭との間に特定の関係をもつこともなく、荷種ごとにあるいは月の前後に応じて「当番之荷宿」が荷揚げを取り仕切ったことも、あるいは、夏場に荷揚げ量が減少し冬期に増加することも、みな合理的に解釈することができるのである。そして、布施河岸の荷揚げ量が寛政期に最盛期をむかえ、以後は漸減していくことの理由も明らかとなるであろう。それはつまり、天明三年（一七八三）七月の浅間山の噴火は、利根川の全域に浅瀬の障害を一挙に増大させ拡散させる主要な契機となった。それから寛政期にかけての時期は、利根川の上流域にあっても、また本章で対象としている中流域においても、浅瀬化の傾向が加速度的に進行した時期で、それまで利用されていた船ではこの浅瀬で手間取り、自由な運航が難しくなっていく時期であった。利根川水運は大きな混乱期をむかえていたのである。こうした事態に直面し、水運輸送を支援する臨時の措置として陸揚げ駄送方式の利用頻度が増えていったのも当然であろう。したがって、寛政期を過ぎて船が小型化されたり、あるいは喫水を小さくする反面、船の床面積を大きくするなどして(58)船に諸種の改良を施して浅瀬の被害を緩和する方法が編み出されていくにつれ、次第に布施河岸での荷揚げ量が減少していくのも時代の趨勢であった。また、一七世紀末から一八世紀初頭、布施河岸が鬼怒川中流の中里河岸問屋と結託して鬼怒川積み下し荷物の船揚げを開始したにもかかわらず、やがて利根川積み登せ荷物に主眼を移していった問題も、利根川の浅瀬化故にその船持・船頭からの依頼が増えていったと考えれば何の疑問も起こらない。布施河岸荷揚げを川瀬の非常事態に直面した水運輸送の臨時的対応措置であったと理解すれば、このように一連の疑問が解決されるのである。

したがって、この地域に展開した新道新河岸開設の動きに対する評価もまた当然、従来と違ったものになってくる。すなわち、これまでの研究によれば、ここに展開した新道・新河岸の動きは、積み出し河岸問屋の統制を脱してより自由な運航を求めた船持ちたちが、新河岸開設を目論む利根川右岸の村々と結託することによって展開された運動であると理解されてきた(59)。しかし実は、利根川下流域であれば、船積み時点で船持・船頭たちは関宿経由の水運輸送を念頭において積み出し河岸を出航していたのであって、川瀬の非常事態という止むを得ない状況下で布施河岸からの陸揚げを余儀なくされたのである。そして、船持たちが利根川右岸の村々の中から陸揚げ河岸に布施村を選んだ理由は、江戸川の加村河岸を経て目的の江戸問屋にまで確実に荷物を送り届けられるシステムに安心感をもったからに他ならない。布施河岸荷宿との間に特定の取り引き関係があった訳ではない。

諸物資の江戸廻漕を現実するには、途中の輸送過程で想定される様々な事件や事故に対しその保証に堪えるだけの責任能力と資本力が必要であった。それを担ったのが積み出し河岸の問屋であり、それを介さずに在方荷主が船持・船頭と結びつくことはあり得なかった。船持たちが如何に積み出し河岸の問屋支配を逃れて自由な活動を求めたとしても、基本的には運送の実務担当者に過ぎなかったから、荷物の盗難や損傷に対する保証もなしに彼らに運送を委託する荷主はいなかった。自分買い取り荷物を積み送るのでない限り、船持・船頭にとって荷主側の信用を得ることが最大の要件で、この信用なくして如何に低運賃をうたってみても荷物を預ける者はいなかった。また、新河岸開設を目論んだ村々でも、むしろ、安定的な一定量の取り扱い物資を求め荷主商人あるいは積み出し河岸の問屋との連携を計ろうとしていた。事実、第一節で見たように新道新河岸開設の計画は利根川右岸の村々と鬼怒川中流域の河岸問屋とが結託していたのであり、また、新河岸開設の計画には多くの生産地荷主や江戸の買い請け商人が関与していた事実も確認されている。新道・新河岸の動きは、積み出し河岸から江戸市場へ至る中間過程で、自由な運航を求めた船持・船頭たちが陸揚げ駄送を目論む村々と結託することによって展開した運動ではなかったのである。

おわりに

総州境河岸は、「関東のほぼ中央に位置し、上下利根川・鬼怒川水運の結節点で、江戸川をとおして江戸と直結する」地点にあって、利根川水運を代表する中心的な河岸として理解されてきた。利根川と江戸川にはさまれた地域は、この既成河岸たる境河岸に対抗して新道・新河岸の開設を活発に展開させた地域であり、その中から享保九年、布施河岸が新河岸として幕府公認を勝ち取るのであったが、その後も繰り返してこの近辺の村々では利根川水運からの陸揚げ駄送が試みられた。それは既成の輸送ルートを離れて自由に、より速くより安く江戸着を目指そうとする農民的商品流通の積極的な展開を示す一つの象徴として位置づけられてきた。また、境・布施両河岸の構造も詳細に分析され、既得権をもつ旧来型の河岸を代表する存在として位置づけられた境河岸では二軒の河岸問屋の内、一軒の問屋株が売買の対象とされたし、また、新河岸を代表する布施河岸においても、寛政期に最盛期をむかえるとそれ以後の荷揚げ量は漸減していく様子が明らかにされたのであった。そうしたことから、利根川水運は近世後期幕末にむかって全般的に衰退化傾向に入るのではないかと指摘されてきた。

しかし、境河岸を利根川水系全般にわたる水運機構の中に位置づけて考えたとき、利根川本流との関係では僅かに銚子方面から積み登せられてくる干鰯・魚粕等の購入肥料を北関東在方農村へ向けて荷揚げする拠点としての意味を有していたに過ぎず、江戸に連結する物資輸送の観点からは、むしろ境通り六ヶ宿の宿継駄送を介して鬼怒川水運と江戸川の水運をつなぐ結節点としての役割を果たしていたのであった(60)。しかしそれも、北関東および南奥羽産の商人諸荷物が大半を占めたのであり、領主荷物の中心をなす年貢米は主に総州久保田河岸を中継地とする鬼怒川水運の積み替え輸送が基本とされていた。したがって、商人諸荷物に限ってみれば確かに境河岸をして鬼怒川水運から江戸川水運への結節点として捉えることは一応了解できるにしても、上下利根川の結節点として位置づけるのは、同河岸への過大評価であると言わざるを得ない。利根川下流域から江戸へ至る水運輸送は、前章と本章第二節で検討したように小堀・関宿・松戸の三ヶ所艀下河岸の河岸問屋を穀宿なり船宿なりの中継基地とすることによって維持されていたのである。同様に、利根川上流域と江戸市場をつなぐ水運輸送にあっては関宿河岸が重要な役割を果していたのであって、この点については第七章で触れられるであろう。すなわち、利根川水運の結節点として機能したのは、むしろ逆川を挟んで境河岸の対岸にあたる関宿河岸の方であった。境河岸はこの地域でそれぞれ別個の河岸機能をもって展開した諸河岸の中の特色ある一河岸ではあっても、決して上下利根川の結節点たりうる河岸ではないのである。境河岸衰微の問題は、以上のような地域構造全体の中に同河岸を位置づけた上で、再検討されなければならない課題であろう。

一方、布施↓加村の駄送ルートも、確かに鬼怒川積み下げ荷物をめぐって境通り六ヶ宿との対抗関係の中から幕府公認を獲得したのであった。しかし、やがて布施河岸で陸揚げする物資の大半は、主に常州方面の利根川積み登せ荷物に移っていくこともまた明らかであり、公認を勝ち取って以降の布施河岸は必ずしも境河岸に競合して発展を遂げる訳ではなかった。布施村周辺の村々において利根川水運からの陸揚げが計画されると、布施河岸が村をあげて反対したのは勿論であったが、境通り六ヶ宿の側でも同じく反対の立場をとる事態がしばしば見受けられる。それは、現実として鬼怒川積み下げ荷物がその新ルートへ流れる分は僅かであったとしても、新たな駄送ルートが公認されることによる自己の取扱い物資が減少する可能性への拒否反応であった。

布施河岸での荷揚げが公認されて以降も、境河岸は北関東・南奥羽から鬼怒川を積み下される商人諸荷物を江戸川の水運へ連絡したのであり、また一方で布施河岸は下利根川方面から積み登せられてくる商人諸荷物を利根川右岸から江戸川東岸へと接続する物流に主眼を移していくのであった。共に河川から河川へと陸上部分を連結する輸送手段として機能したのは同じであったが、それはあくまでも、別系統の独立した商品流通と輸送機構に属する問題であった。そうした輸送機構の中で、荷揚げ量の減少を理由に布施河岸と利根川水運全般の衰退化傾向を導き出してしまったのは、同河岸の荷揚げ機能を通年営業と過大に評価し、利根川水運全体の中に正しく位置づけられなかったことからくる誤りと言う他はない。これまでの研究においても、布施↓加村への駄送ルートが利用された一つの契機として利根川部分の浅瀬の障害があった点は指摘されてきた。しかしそこでは、布施河岸荷揚げが冬期減水時を中心として夏の洪水など川瀬の非常事態に対応した臨時の措置であった点が正しく理解されていなかった。臨時の措置と考えるには同河岸からの荷揚げ量は大量であったし、駄送の体制も整えられていた。しかしそれは、浅瀬の障害が毎冬ごとに恒常化しつつも陸揚げ依頼の不定期性と臨時性がぬぐいきれないでいたからであり、またそれだけ関東在方から江戸へ向う物資輸送の総量が莫大であったことの証しとして捉えるべきなのであった。天明期における利根川の浅瀬化が一挙に進行する事態に際し、それまで利用されてきた船では対応しきれず、それだけ陸揚げ依頼の要求も増えたのであった。これが利根川水運の混乱期とも言える一八世紀末の様相であったのではないだろうか。この時期以降、船持側が浅瀬でも通行できるように船に改良を加えれば、布施河岸での荷揚げ量が減っていくのもまた当然であった。ここで、幕府公認を獲得して以後、河川状況に関わりなくこの駄送ルートが商人諸荷物の江戸輸送路として通年利用されていたと考えてしまうと、取り扱い量の減少から布施河岸と利根川水運そのものの衰退化が必然的に導き出されてしまう。これも当然の帰結であった。しかしそうではないのである。この点、近世後期幕末にむかって利根川水運が全般的に衰退化傾向に入ると見る見解に対しては慎重でなければならない。

本章では、利根川中流域にそれぞれ河岸機能を異にして展開する様々な河岸の様子について検討した。ここは、近世中期以降、浅瀬の障害が水運輸送に甚大な影響を及ぼした地域である。ここを経由して諸物資を江戸に廻漕するには、関宿経由の水運輸送が基本とされたのであり、川筋の状況に応じて年貢廻米には艀下輸送が、商人諸荷物には陸揚げ駄送の方式がそれぞれ水運輸送を補佐する手段として利用されたのであった。このように陸上と水上の運輸体系全般を捉えるという視点から当該地域の地域構造を考えるならば、この地域は関東在方は勿論のこと南奥羽さらには東廻海運を介して広く東北地方から江戸市場へ物資を輸送する中間過程にあって、様々な河岸がそれぞれ別個に特色ある河岸機能を分担しあって展開していたのであり、ここに特徴的な艀下輸送と陸揚げ駄送とは互いに対立することなく、むしろ相互に補完し合うことによって円滑な輸送体制を維持していたのである。当該地域の果した運輸機構上の構造的特質が明らかであろう。

註

（1）川名登『近世日本水運史の研究』（一九八四年、雄山閣）第五章第一節三六八頁。また、丹治健蔵『関東河川水運史の研究』（一九八四年、法政大学出版局）第三章第一節もほぼ同様の見解をとっている。なお、境河岸に関係するその他の論考については、本書第二章の註（1）を参照されたい。

（2）北原糸子「河岸機構と村落構造―利根川の一陸付河岸を中心として―」（『茨城県史研究』二〇号）。

（3）茨城県猿島郡境町、小松原康之助家文書。No. 1626「差上申一札之事（新道新河岸論所出入御裁許書）」。現在、同家文書は境町歴史民俗資料館に寄託されており、その目録は平成九年（一九九七）一二月、同町史編纂委員会より『境町史資料目録　第三集』に収録された。同文書はかつて茨城県立歴史館に寄託されており、その際に同館で整理され目録も作成されていた。『境町史資料目録』もその時の整理番号を併記している。本書は同家文書が茨城県立歴史館に寄託されていた時期に写真収集していた関係で、その時点の文書名と整理番号を引用している。

（4）前掲註（3）の史料により、これらの点が明らかになる。なお、この文書の写しが千葉県柏市布施の後藤酉子家文書に含まれており、『柏市史』資料編六の一〇一～一〇四頁に収録されている。

（5）前掲『柏市史』七六～八二頁「享保五年、三ッ堀村河岸取立ニ付境通故障一件」。

（6）前掲『柏市史』八六頁「乍恐以書付御訴訟申上候御事」。

（7）前掲『柏市史』七九頁「相渡申証文之事」。

（8）前掲『柏市史』七八頁「以書付申上候事」。

（9）前掲註(7)に同じ。

(10)　前掲小松原家文書　No. 290「新河岸荷物附越ニ付吉田河岸ヨリ訴訟一件」と題する綴の「下総国結城郡上山川村猿島郡諸川町谷貝町境川岸と同国葛飾郡大室村論争之事」。なお、これは『茨城県史料　近世社会経済編Ⅰ』に一〇三「貞享四年、荷物河岸付につき大宝村船問屋訴答書並に裁許状」として収録されており、本論に引用した部分は同書四一四頁の（二）「下総国結城郡上山川村猿島郡諸川町谷貝町境河岸と同国葛飾郡大宝村争論之事」にあたる。利根川の右岸で下総国葛飾郡にあたるのは本書で論じたとおり「大室村」であるが、前掲『茨城県史料』ではこれをすべて「大宝村」と解読している。しかし、大宝村は現在の茨城県下妻市で鬼怒川の東方数キロメートルの地点にある下総国真壁都大宝村であり、確かに下館方面より南流する糸繰川の河岸場ではあるが、小松原家文書　No. 290の内容および同国葛飾郡とあることから、『茨城県史料』の「大宝村」は「大室村」の誤読と判断される。

(11)　前掲小松原家文書　No. 290。この部分は、同家文書　No. 2493「大宝河岸へ吉田河岸より奥州筋の荷物不輸送の件に付、手形」なる一紙文書の写しであり、それはまた前掲『茨城県史料』四一三頁に一〇二「貞享三年、奥筋荷物取扱につき吉田河岸差出し手形」として収録されている。しかし、これも前掲註（10）に述べたように、茨城県立歴史館小松原家文書目録カードならびに『茨城県史』の「大宝村」は共に「大室村」の誤りである。

(12)　奥田久『内陸水路の歴史地理学的研究』（一九七七年、大明堂）第六章によれば、鬼怒川水運における中継地点は鬼怒川の河床勾配とも関連して主に下総久保田河岸付近であり、氏はこれを「中請積替河岸」と規定されている。またそこでは、久保田河岸のすぐ上流に位置する河岸においても奥筋荷物の中継を企てて次第に中請積替河岸の範囲が拡大していくと指摘されている。

(13)　前掲『柏市史』八三頁「差入申一札之事」。

(14)　前掲小松原家文事　No. 290の「乍恐返答書ヲ以御訴訟申上候事」。この部分は、同家文書　No. 2508あるいは　No. 2534の一紙文書の写しであろうと思われる。

(15)　東北大学附属中央図書館所蔵、狩野文庫「由比文書」。

(16)　この史料を文面通り解釈すると、一艘の元船が最終的に三艘の艀下船を従えたことになる。しかし、利根川中流域でそのような事例を確認することはできず、前章で検討したように、これは元船積み荷の半分程度を艀下船に積み移すという、艀下荷物の目安を示していると考えておきたい。勿論、艀下荷物二五〇俵とか一〇〇俵とかある数字が艀下船の規模・大きさを示しているのでないことは言うまでもないだろう。

（17）『松戸市史』史料編（二）五五九頁「一一五　布佐村舟持行司松戸河岸へ舟宿再願」。

（18）茨城県取手市、寺田忠三家文書。取手市史編纂委員会編『取手市史資料目録』第7集の整理番号によればNo. 29「水戸御用留」の「乍恐以書付奉願上候」。

（19）前掲註（18）の「水戸御用留」。

（20）前掲註（18）の「水戸御用留」。

（21）前掲寺田家文書No. 46「水戸御用留」。この史料を利用された北原糸子氏は、「利根川舟運転換期に於ける一河岸の動向―近世中後期の小堀河岸を中心として―」（『海事史研究』一八号）において、下記のような図および註を示されてこの地域にできた浅瀬の状況を説明しておられる。それによれば、境河岸での水深が八〜九寸であるかのように示されており、いかに浅瀬の障害が深刻な地域であるとはいえ豊水期の七月にしては水量が少な過ぎるのではないか、とかねて疑問をいだいていた点である。しかし、史料の数値が直接、水深を示していると考えるのではなく、本論に述べた如く基準水位から下へ何尺何寸あるかを示していると考えれば、この疑問も解決されよう。

（22）元茨城県立歴史館寄託　誉田守家文書　No. 5「享和二年戊十二月、一同勤方心得覚」。同家文書については、本書第一章の註（1）参照。

（23）前掲寺田家文書　No. 27「御用留并諸大名様方御用留」。

図7　利根川中流域の水位調査

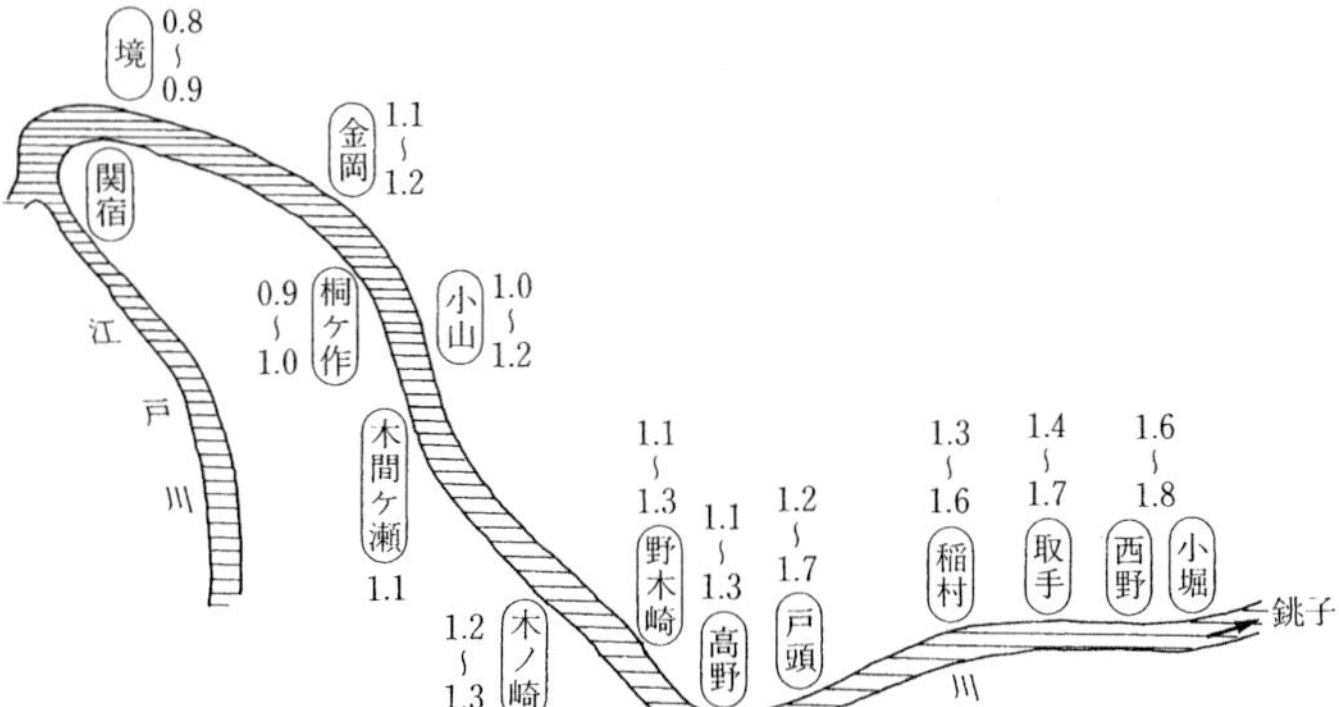

註1　寛政2年7月19日〜21日，関宿・青木平左衛門，小堀・寺田重兵衛による水丈見届書上覚から作成.

2　囲み内は，地名または河岸名.

3　数字の単位は尺.

4　戸頭1.2〜1.7は，史料では1.2〜1.3，1.3〜1.4，1.6〜1.7の三通りの水位が書上げられてあるもので，最低値〜最高値をとり表示した.

（小堀〜関宿間水位　寛政2年）

(24) 前掲寺田家文書　No. 147「塙御用向廻章（塙御城米一件ニ付止宿先迄罷出候様）」。
(25) 前掲寺田家文書　No. 145「乍恐以書付奉願上候（問屋口銭増額願）」（年不詳、安永三年以降）。
(26) 千葉県立中央図館所蔵「[関宿向河岸]旅船要用万年帳」（千葉県郷土資料総合目録　No. 6991）。
(27) 前掲川名登著第三章第三節。但し、『野田市史料集』第三集一三七頁には［七二　安永三年木野崎村運上御受書皆済目録写］として、「木野崎村惣左衛門、太郎兵衛、六右衛門儀ハ、仕来之通舟積荷物積替之致世話、壱人ニ付永壱貫文宛都合三貫文相納可申候（中略）石ヶ谷備後守様御掛りニ而被仰渡候上證文写少茂相違無御座候」とある。この木野崎村「舟積荷物積替之致世話」による永三貫文上納が河岸問屋株とどう関係するのか、この点は今後の検討課題としておきたい。
(28) 『利根川図志』巻三（岩波文庫版　一四八頁）。
(29) 『千葉県史料』近世編・下総国　下　五七一頁。
(30) 前掲『茨城県史料』四一五頁「一〇四　正徳二年、境河岸惣船持衆抜荷艀につき願書」。
(31) 前掲「旅船要用万年帳」。
(32) 前掲寺田家文書　No. 26「覚（小堀問屋定書付）」。これらの史料から北原糸子氏は、前掲『海事史研究』一八号所収論文において小堀河岸の艀下船差配方式を分析されている。本書は、基本的に氏とは異なる見解に立っており、その内容は本書第四章の分析を参照されたい。
(33) 前掲寺田家文書　No. 59「乍恐以書付御訴訟奉申上候（小堀川岸船不法出入ニ付）」。
(34) 前掲註（33）に同じ。
(35) 山本忠良著『木下河岸物語』（一九七八、千葉市宮坂印刷）十二　木下河岸の項。旧木下河岸問屋吉岡家文書は一部、前掲『千葉県史料』に収録されるのみであったが、その後、『印西町史　史料集　近世編一、二』（千葉県印旛郡印西町、町史編纂委員会編、一九八六、八七年）に収められた。
(36) 前掲『柏市史』七三頁「二　正徳六年、布佐村通馬一件裁許証文并同村荷物請払之訳」によれば、このルートと布佐↓松戸ルートとの間に確執のあった様子が窺える。
(37) 前掲『松戸市史』五三〇頁「一〇〇　元文二年十二月、鮮魚荷揚木下川岸・布佐村内済証文」。なお、これは元文三年の誤りか。
(38) 前掲註（36）・（37）に同じ。

(39) 前掲『松戸市史』五四六頁「一〇七　安永八年六月、中峠村鮮魚荷揚争論裁許請書」。
(40) 前掲『野田市史料集』第三集一四一頁「七三　享保より天保年中迄運賃駄賃調書」。
(41) 前掲『野田市史料集』第二集「三四　文化二年、今上村新田三左衛門手控」。
(42) 明和・安永期の幕府河岸改め研究については、前掲川名登著第三章第三節に代表される。それによれば、幕府の政策意図としては、「元禄三年、国々所々御城米運賃改帳」〔『徳川禁令考』第六帙五十三巻「諸船廻漕令条」（創文社版前集、第六巻九〇頁）〕に規定された古来の河岸に限定しようとする側面と、株運上の収入を求めて出来るだけ新河岸の設立を認めようとする側面との両面から、この河岸改めが実施されたと指摘されている。
(43) 前掲『柏市史』の「三九　寛政七年、河岸冥加金運上願一件」の三一三頁。
(44) 前掲『柏市史』の「三〇　安永三年、布施村と中峠村河岸出入一件」の一七六頁。他に同書二〇五・二一〇・二二六頁参照。
(45) 前掲『柏市史』の「三七　寛政四年、冥加金運上并河岸場助成村方出入」。
(46) 前掲『柏市史』の「五四　文化五年、鰻荷物廾送方不行届ニ付鉾田村文吉故障申立一件」の三六五頁。
(47) 前掲註（45）に同じ『柏市史』〔三七〕の二七二頁。
(48) 前掲註（46）に同じ『柏市史』〔五四〕の三七三～三七四頁。
(49) 前掲註（40）に同じ。
(50) 前掲『柏市史』の「三三　天明五年、荷分之義ニ付荷宿仲間出入一件」の一九三頁。
(51) この部分については、「大水・濁水之砌」とも「大水・渇水之砌」とも解読できる可能性がある。
(52) 註（50）に同じく前掲『柏市史』〔三三〕の一九〇頁。
(53) 前掲『柏市史』の「三四　天明五年、納屋番人出店ニ村方故障申立一件」の二〇一頁。
(54) 岩波文庫版『利根川図志』五三頁。
(55) 北原糸子前掲『茨城県史研究』二〇号所収論文三六～三七頁。
(56) 前掲註（46）に同じ。
(57) 註（45）に同じく前掲『柏市史』の二四九頁。
(58) 船の小型化については、銚子市野尻、滑川湊男家文書によって窺えるし、船の改良については『国用秘録』巻之五（茨城県史編纂委員会編『近世史料』IIの三一一頁）に次のような記載が見られる。「上之御船（註・水戸藩々船）……大船故船の走り悪敷のりおくれ候事も有り又はしげ銭かかり候而御損毛也上総國望陀郡来里平水深壱弐尺也依而通船なりがたく船の敷ヲ廣ク造りて通行する也利根川筋とても船の敷ヲ廣ク造りて然るべし。（後略）」。

（59）　前掲川名登著　第三章第三節の一。

（60）　この意味で境河岸の位置づけとしては、難波信雄「近世中期鬼怒川―利根川水系の商品流通」（『東北水運史の研究』所収、一九六六年、巌南堂）が最も当を得ている。

第四章　利根川水運の艀下河岸

はじめに

下総国相馬郡小堀河岸は、水戸街道が利根川を横切る取手渡しのすぐ下手、東南方向を向いて流れてきた利根川が大きく湾曲して東方から東北東へと流れの向きを変える船留りの地、左岸に位置していた。明治期の河川改修工事によって現在は利根川の右岸となり、千葉県側にくい込む形になっているが、その南側に今もなお三日月状の池となって残っているのが利根川の旧河道で、ここが千葉・茨城両県の県境となっている。ここは、近世利根川水運中流域における中継基地として極めて重要な役割を果たした場所であった。その小堀河岸で、寛延元年（一七四八）八月、名主・組頭立合いのもとに河岸問屋七軒と船持二四名が全一一ヶ条にわたる河岸議定を取り交わしている。(1)

①一古来従当所江戸川通松戸河岸迄之艀下場ニ御座候ニ付、御城米御三家様并御大名様御武家様方御物成諸御荷物艀下積来候。依之問屋船持共兼て無油断艀下舟丈夫ニ修覆致、勿論船諸道具笘等ニ至まて念入、御荷物御大切ニ仕積送可申候。古船江堅為積申間敷候。

附、寄船たり共数年参候もの在所之訳承届ヶ慥成舟ニ有之候ハヽ、荷物積可申候。不慥成舟ニ積申間敷候。古舟ニ堅積申間敷候。荷物大切ニいたし候様ニ問屋方江急度可申候。

右はその第一条で、ここでは、便宜上一つ書きに番号を付けた。それによればまず、小堀河岸が松戸河岸までの艀下場であり、幕領年貢米をはじめとする領主廻米を「艀下積」みしてきたことが明らかにされている。利根川下流域から霞ヶ浦・北浦方面の関東在方は勿論のこと東廻海運を利用した東北諸藩に至るまで江戸廻米には利根川の水運が利用されており、それには主に大型の高瀬船が用いられていた。ところが、小堀〜関宿〜松戸の区間では水深が不足することがあって、円滑な通行を妨げられたため、その場合には艀下船を雇ってそれに積み荷の一部を分載し、自船の喫水を浅くすることによってこの浅瀬の区間を乗り越えたのであった。下利根川方面より遡上してくるこの大型船を元船（本船とも表記）と呼び、小堀河岸の艀下船は元船に伴走して関宿または松戸まで行き、積み荷を元船に戻すと再び小堀河岸に戻って次の元船の艀下船として活躍したのであった。こうした利根川水運の支援手段として利用された艀下輸送の方法については、前章までに詳しく検討したところである。そしてまた、この体制は一八世紀前半を通して徐々に確立されていき、この付近で他の河岸がこれらの艀下船を取り扱うことはなく、艀下河岸は小堀・関宿・松戸の三河岸に限定されていくことも先に明らかにした通りである。

本章は、以上に基づいて小堀艀下河岸の内部構造を明らかにしようと試みるものである。この点についてはすでに北原糸子氏による研究が報告されている(2)。そこでは、同河岸の問屋は河岸内部の船持に対して強い統制力を保持しており、その一方で船持たちはその統制を逃れて次第に他所の河岸に出向き、そこで船稼ぎをしようと画策していた。その結果、河岸問屋の支配力は徐々に弱められていった、と指摘されている。そして、それは近世中期の利根川水運における小船の台頭とも軌を一にするものであり、こうしたことが利根川水運の転換期となっている、と結論されたのであった。しかし、その前提把握に関して、次の二点を指摘しなければならない。

その第一は、小堀河岸で取り扱う艀下船を四〇俵積みから七〇俵積み程度の小船と捉え、一艘の元船には数艘の艀下船が必要であったと理解されている点である。ところが実は、艀下船の規模は二〇〇俵から二五〇俵積みもの大きなものであった。しかも、元船一艘には艀下船一艘が原則とされていたのである。また、艀下船という専用の船型があった訳でもなかった。普通の高瀬船が艀下の機能を果たしたのであり、その限りにおいて艀下船と呼ばれたのであった。したがって、小堀河岸の船は夏場艀下需要の少ない時期には江戸への航路についたのである。この点の誤解は、問屋と船持の関係を考える上でも、また艀下船への積み荷配分の問題をめぐっても決定的に重要な意味をもっていた。

そしてもう一点、河岸機能の分化についても見落されている。小堀河岸の周辺地域で他にも同じように艀下船を取り扱う河岸があると考えて、小堀河岸の船持たちは自分の河岸を離れてそれらの河岸へ出向き、そこで自由に艀下稼ぎをするようになっていくと理解されている点である。それは、近世中期における小船の台頭が、利根川と江戸川にはさまれた地域に新道・新河岸開設の動きとなって現われるという理解に対応するものであった。つまり、小堀河岸の船が小船であって、かつ周辺にも艀下船を取り扱う河岸があったと考えてしまえば、船持たちが自らの河岸を離れて周辺の河岸へ出向いて自由に艀下稼ぎを行なったり、あるいは新道・新河岸の動きに密接に関わっていく、という結論に至るのも当然の帰結であろう。

しかし、この地域全体の輸送体系を考えるならば、個々の河岸はそれぞれ別個に独自の河岸機能をもちながら、互いに競合するというよりはむしろ相互に補完し合ってはじめてこの地域全体の輸送機能が維持されていたのであった。つまり、減水や洪水など川筋の非常事態に際し、領主荷物の場合には艀下輸送が利用されたのであり、商人荷物にはむしろ利根川右岸から江戸川左岸への陸揚げ駄送の方法が採用されたのである。また、小堀河岸の艀下稼ぎに集まってくる船は決して小船であったのではなく、上利根川方面や鬼怒川方面から二〇〇俵積みから二五〇俵積みほどの高瀬船が集まってきたのである。彼らは夏場の豊水期には自分の所属する河岸と江戸をつなぐ物資輸送に従事していたが、冬期減水期にはそこでの通行に支障をきたし、稼ぎの場を小堀河岸に移して艀下船となり、元船の補助輸送船として活躍したのであった。つまり、小堀河岸所属の船も他所から集まって来る寄船も共に小船であると考えてしまった所に誤りの原因があったのである。したがって、小堀河岸の小船が他所船に対抗し、自らもまた他河岸に出向いて艀下稼ぎを行なうような事態を想定し、そうした小船の活躍が近世中期、利根川水運に転換期をもたらすという考え方に従う訳にはいかない。

このように小堀河岸を出動基地とした艀下船の運航形態と周辺諸河岸についての理解が大きく違っている以上、同河岸の内部構造についても再検討されなければならないであろう。寛延元年（一七四八）の河岸議定の奥書によれば、「右者元禄拾弐年卯十二月定書付雖有之、猶又此度先規之格相用連判仕差出シ申候」と述べられており、この議定が元禄一二年（一六九九）の「定書付」を「先規之格」として用いていることが明らかにされている。つまり、艀下河岸としての小堀河岸は、利根川中流域における浅瀬の障害が進行していくのに伴い、元禄期から寛延年間に至る一八世紀前半を通して徐々に地域内の地位を確立していくのであった。「定書付」から河岸議定への展開がそうした事態を裏打ちしている。本章は、この寛延元年の河岸議定に基づいて、問屋・船持相互の協調体制が維持された一八世紀を分析の対象とし、それ以降、寄船の処遇をめぐって同河岸の内部構造が変化していく問題については、同河岸問屋の経営分析と絡めて次章の検討にゆずりたい。

第一節　諸役銭の上納

小堀は、小堀村という独立の行政村落ではなかった。

一躰私共川岸之儀者、前書奉申上候通り井野村内小堀川岸ニ御座候て、名主居宅之儀者壱里程間遠之儀ニ御座候

間、御公儀様御城米御用初諸家様御運送御用之儀問屋共ニて取計来リ候間、万事御運送之儀者名主不勝手之事故、(3)

（文政六年一〇月）

右に述べられる通り、小堀河岸は「井野村内小堀川岸」であって、行政村としては井野村の中に開設された河岸であった。井野村は、その中心が水戸街道取手宿の東北方の台地上にあって、村高は一六〇〇石余、久世氏関宿藩以下四給の相給村落であった(4)。小堀河岸はそのうちの二給支配を受けており、近世を通じて久世氏関宿藩が同地を領し(5)、もう一給は時期により幕府代官または旗本の支配する所であった。寛延元年の河岸議定にも甚蔵と甚兵衛という二名の名主と利右衛門・安右衛門という二名の組頭が名を連ねており、彼らの居宅は台地上の井野村中心部にあったという。小堀河岸は、そこから一里ほど南方の利根川縁りに開設されていたので、井野村の名主・組頭たちは水運の実務には直接関係していなかった。

そこでまず、小堀河岸に課せられた諸役銭の内容と、その実際の負担者について考えてみよう。同地は利根川縁りに位置していたから、幕府への漁労運上が課せられていた。

井野村之義、御料所并久世大和守様御領分入会ニて利根川附流作場同様之不定地ニて、川稼魚漁重ニ仕、其外舟運送艀下等いたし候。魚漁御運上場之儀は上ノ方取手村境ゟ下之方布川村御運上場境迄、永壱貫文ニ御請仕(6)、

右の史料には年代が記されていないが、前後の記述から判断して文化六年（一八〇九）直後のことを表わしていると考えられる。これによれば、小堀は流作場同様の「不定地」で耕作には向いておらず、主に漁労稼ぎと水運業で生計を立てていたという。そのため、上手は取手村境、下手は布川村の漁労運上場までが井野村の魚漁場と認定され、同村は永一貫文の魚労運上を上納したのであった。そしてまた、この漁労運上の上納は、次にあげる史料より安永六年（一七七七）に始まることが明らかとなる。

此度当川通魚猟御運上可差上旨被仰渡奉畏候。然所当所之義ハ川長五百間程之場所にて是迄猟舟と限り候義ハ無之候得共、作間合ニ少々宛余情仕候。乍併当所之義ハ例年九月ゟ翌三月頃迄早川渇水ニ付、奥州、銚子・当ヶ崎入御城米并ニ諸御屋敷様方其外商荷物等艀下積場ニ付、右時節ニ至候得ハ艀下舟・元舟数拾艘込合候ニ付、猟舟罷出候てハ右荷物之舟差障り罷成候ニ付、四月ゟ八月頃迄之魚猟仕候。勿論当所高瀬舟持之外水主乗渡世仕候ニ付少々魚猟仕候間、此度御運上之義問屋共引請、年々永五百文宛御上納可仕候。右申上候通当河岸之義ハ前々ゟ艀下積場ニ付河岸役永弐百五十文宛差上、猶又四ヶ年以前ゟ問屋共御運上永弐貫百文宛年々御上納仕候。(7)

（安永六年一〇月）

右は、幕府から漁労運上の上納を命じられた時に、河岸問屋たちが井野村を代表して幕府代官小林孫四郎役所に対して毎年永五〇〇文ずつの上納を願い出たものである。この時期、小堀河岸は幕府代官と久世氏関宿藩の支配を受けていた。河岸問屋は七軒あって、勘兵衛・嘉兵衛・三郎兵衛・定右衛門・七右衛門の五軒が代官支配下で、重兵衛と金兵衛の両名が関宿藩支配であった。両支配を代表して嘉兵衛と重兵衛の二人が右を願い出ている。そしてここには、例年旧暦の九月から翌年三月頃までの間、艀下船の取り扱いで混雑する小堀河岸の様子も伝えられている。小堀には漁労専用の船はなく、高瀬船の船持や水主乗り渡世の者たちが、稼ぎの合い間に少々ずつ魚を取る程度だった。しかも、艀下船と元船が込み合う冬期間には水運の妨げになるので、漁労運上場でありながら、漁などできず、もっぱら四月から八月頃までの夏場に限っての漁労であったという。そこで水運従事者に代って問屋たちが、漁労運上永五〇〇文を上納したいと願い出たのであった。これは、小堀河岸のすぐ上手にあたる取手・柴崎・戸頭の三ヶ村と同じ額であったが、結果は彼らの願いにもかかわらず他村の二倍にあたる永一貫文が課せられている。漁労の実態からすれば不当な高額で、幕府は小堀の艀下河岸としての繁栄ぶりに目を付けたものであろう。

ここで注意すべきは、漁労運上が賦課されたという事実でもなく、それが小堀に対しては高率であったということでもない。大事なのは、同村の内部でそれを誰が負担したかという点である。すなわち、「御運上之義問屋共引請」けたいとして、漁労とは直接関係しない河岸問屋たちが漁労運上を負担すべく願い出ている点である。その理由は、「当所高瀬舟持之外水主乗渡世仕候ニ付少々魚猟仕候」だからだという。つまり、小堀河岸には漁労の専用船はなく船持はみな高瀬船を以て船稼ぎに出ていたし、それ以外の住人もみな水主乗り稼ぎを渡世として、それらの船持・水主たちが物資輸送の合い間に少しずつ魚取りをしていたという。こうした水運従事者たちが漁労に関係していたので、その負担は河岸問屋の側で肩代わりするというのであった。河岸問屋七軒の内部でこれをどう分担したのか、そこまではわからない。しかし、問屋の営業とは関係しないはずの漁労運上を河岸問屋たちが引き請けようとしている点は、同河岸の内部構造を考える上で重要であろう。これは、河岸問屋の営業が船持や水主など同河岸住人の労働力なくしては成り立ちえなかったことを意味している。

ところで、右の願書によれば小堀河岸に課せられた諸役銭はこの漁労運上の他に、河岸役永二五〇文と問屋運上永二貫一〇〇文の二種類があったことが明らかとなる。この内、河岸役は河岸の支配領主ごとに上納するもので、次にあげる史料からそれは宝永二年（一七〇五）が最初であったと思われる。

元禄十六年御代官町野惣右衛門様ゟ被仰付候河岸役永百六拾壱文、宝永二酉年御代官竹垣庄兵衛様江御上納仕、外ニ永六拾三文久世大和守様江右両様共ニ問屋共ニて御上納仕候。(8)

（年不明、安永三年以降、卯一一月）

つまり、河岸役の上納は元禄一六年（一七〇三）幕府代官町野惣右衛門によって決められたのであった。しかし、実際の上納は翌々年の宝永二年（一七〇五）からで永一六一文を代官竹垣庄兵衛へ納め、あわせてもう一方の領主であった久世氏関宿藩にも永六三文を上納している。そしてこれは、「右両様共ニ問屋共ニて御上納仕候」と記される通り、問屋たちが負担したのであり、船持側は関与していなかった。河岸役を問屋の営業税と考えればそれも当然のことと言えよう。これ以降、寛延三年（一七五〇）に至るまで河岸役の上納額と負担方法については明らかにできないが、その後はある程度の内容をつかむことができるのでその様子を表17にまとめてみた。

例年銭で納める実際の上納額は変動しているが、規定としては永で一定に決められており、久世氏関宿藩以外のもう一給の支配領主に対しては、寛延年間以降、永二五〇文と固定されていたようである。ところが、この時期になると一八世紀初頭の設定当初とは異なって実際の負担方式が次のように変更されている。

寛延三年午十二月廿一日納

一、銭七百八文　　松平和泉守様へ納

一、銭五百四文　　久世出雲守様へ納

〆壱貫弐百拾弐文

此割六百六文、問屋七軒壱軒ニ付八拾三文つヽニて壱文わり不足。

六百六文、惣船持弐拾弐軒、市郎右衛門・次右衛門不入、壱そうニ付廿六文四分わり。

表17　小堀河岸の河岸役銭

年　代	支配領主	上納額	支配領主	上納額
宝永 2(1705)年	町野惣右衛門	永 161 文	久世大和守	永 63 文
寛延 3(1750)	松平和泉守	銭 708 文	久世出雲守	銭 504 文
宝暦元(1751)	〃	—	〃	—
〃 3(1753)	〃	〃 706	〃	〃 574
〃 4(1754)	〃	〃 725	〃	〃 459
〃 5(1755)	〃	〃 835	〃	〃 268
〃 6(1756)	〃	〃 702	〃	〃 438
〃 7(1757)	〃	〃 716	〃	〃 378
〃 8(1758)	〃	〃 725	〃	〃 456
〃 10(1760)	〃	〃 667	〃	〃 327
〃 11(1761)	〃	〃 708	〃	〃 350
明和元(1764)	—	—	〃	〃 377
〃 7(1770)	伊奈半左衛門	—	久世斧三郎	—
安永元(1772)	〃	銭 886	〃	〃 501
〃 4(1775)	〃	〃 872	—	—
〃 6(1777)	〃	永 250	—	—

註　—は史料的に確認できないことを示す.

右之わり合九文不足、是ハ勘兵衛方ニて差替上納いたし候。

差番帳本　与左衛門(9)

この年の河岸役銭は、松平和泉守上納分が銭七〇八文、関宿藩上納分が銭五〇四文の合計一貫二一二文であった。宝永二年（一七〇五）に設定された当初は、これらはすべて問屋七軒の負担する所であったが、この時、寛延三年にはこの額を折半して銭六〇六文とし、一方を問屋七軒が均等に分担し、もう一方は船持二二名がやはり均等に負担したのである。史料上の数値のまま計算しても数が合わないのは、表記がすべて京銭（九六銭）でなされているからで、ひとまず長銭（丁銭）に直した上で計算するならばおおよそ史料の通り合致する。すなわち、問屋側は一軒に付八三文ずつ負担して一文の不足、船持側は一人に付二六文四分ずつ負担し、その次の数が合わないが全体として九文の不足となったという。そこでこれを、問屋勘兵衛がひとまず負担したのであった。船持は本来二四名であったが、この時に市郎右衛門と次右衛門はおそらく自船を失うか何かの理由で休業していたらしく、河岸役銭の負担を免除されている。また、船持たちの負担額を取り決めたなかで「壱そうニ付廿六文四分わり」とある文言からは、船持側に二艘以上を所持する者はおらず、全員が一艘のみを所有して、直乗り船頭の稼ぎをしていたらしいことも見えてくる。そしてこの河岸役銭を取り集めたのが「差番帳本」の与左衛門であったが、これについては後に触れよう。

ここでは、河岸問屋七軒が営業規模に関わりなく、みな平等に同額の河岸役銭を分担している点に注目しておきたい。しかしそれよりも重要なのは、当初問屋だけで負担していたものが、全体を折半しその半分は船持側が負担するように変更されている点であろう。実は、これに先立つ二年前の寛延元年（一七四八）の河岸議定においてもこの点は次のように取り決められていた。

②一御用ニ付河岸掛り之御役并御地頭御役被仰付次第急度相勤可申候。船御年貢并河岸役永年々無滞御上納可仕候。

附、右御用役船人足入用之米銭は問屋・船持立合之上勘定割出し、尤其月々船割之者取集何方ニも相働御用之指支ニ不相成様ニ可仕候。

船年貢・河岸役永は年々滞りなく上納し、その他にも御用船・御用人足の負担がある場合には、その諸費用を問屋・船持双方が立ち合って勘定し、その月の「船割之者」が集金するよう定めている。ここで言う「船割之者」が先の「差番帳本」に他ならない。こうして、河岸にかかる諸運上、諸費用についても船持側が絡んで徴収にあたる体制が敷かれたのであった。そして、船を所持している者には、幕府川船役所から船年貢が課せられ、河岸問屋であっても船を所持する限りこれを免れるものではなかった。

さて、最後にもう一つ、小堀河岸には幕府により河岸問屋株の運上が課せられていた。それは、「猶又四ケ年以前ゟ問屋共御運上永弐貫百文宛年々御上納仕候」と述べられている通りで、小堀河岸は安永三年（一七七四）幕府勘定奉行より河岸吟味を受け「船問屋株運上」永二貫一〇〇文の上納が定められたのであった。明和・安永期には関東の広い範囲にわたって幕府による河岸改めが行なわれ、河岸問屋が公認されると共に、それぞれの問屋株に応じた運上永の上納が義務づけられたのであった。この点については、すでに川名登氏の研究に詳しい(10)。

御公儀小堀河岸運上金弐両壱分問屋七軒ニて相納候様被仰付、安永五年申ノ十二月上納致候。是ハ年々無滞上納致候様ニ被仰付候(11)。

右に見られる通り、幕府への河岸問屋運上は永で決められていたが、これも実際の上納には金に換算されて納めていた。川名氏の研究によれば、問屋七軒が河岸問屋運上永二貫一〇〇文を均等に分轄してそれぞれが三〇〇文宛を負担したかのようにまとめられている。しかし、本稿が依拠する基本史料小堀河岸の寺田重兵衛家の文書による限り「問屋七軒ニて相納候様被仰付」とあるばかりで、個々の問屋の負担額まで明らかにすることはできない。

このように小堀河岸の問屋・船持たちは諸種の運上類を負担したが、その一方で実は、同河岸の船持たちは、他所から艀下稼ぎに集まってくる船より一回の艀下稼ぎごとに銭三二文の「河岸役」銭を徴収していたのであった。船持たちは交代で他所船から「河岸役」銭を徴収し、それを問屋に預けておいたのである。そして、この「河岸役」銭は、その紛らわしい名称にもかかわらず支配領主へ納める河岸役銭に関わるものではなかった。明和二年（一七六五）、この管理をめぐり問屋たちがこの金銭を不正流用しているのではないかとの疑惑がもたれ、争論が起った。[12] 史料の引用は控えるが、このとき問屋側は次のように反論している。つまり、この「河岸役」銭を他所船から徴収したのは元文二年（一七三七）から寛保二年（一七四二）までの六年間と、宝暦三年（一七五三）から同一二年（一七六二）までの一〇年間だけで、しかもその金は船持側と問屋側で構成される「船割会所」の諸費用に充てられて、残った分は希望者への借付金として運用されてきたというのである。やはり、他所船持が領主運上に関わることはなかった。そして、この船割会所こそが同河岸の構造を考える上で決定的に重要な役割を果たしたのであった。

以上により、小堀河岸に課せられた諸運上には、漁労運上・河岸問屋運上・河岸役銭の三種類があることがわかった。いずれも幕府への上納であったが、河岸役銭については二給支配を受けた支配領主ごとに上納するものであった。いま、小堀河岸を構成する住人をその職務内容に応じて問屋・船持・水主稼ぎの者と分けてみると、これら三種類の運上すべてを負担したのが問屋七軒で、水主稼ぎの者たちはこれらの負担からは一切免れた。そして、船持たちは川船年貢と河岸役銭の半額を均等負担するだけであった。したがって、問屋一軒ごとの負担額は決して大きくはないにしても、小堀河岸に占める河岸問屋の地位がここに明示されているであろう。

第二節　小堀河岸の構成員

次に、小堀河岸を構成する問屋・船持、そして他所からここの艀下稼ぎに集まってくる寄船、これら三者の関係について考えてみよう。『利根川図志』は、小堀河岸を「利根川に臨みたる地にして、船宿五家皆寺田氏なり。（徳基が家あり、今も勘兵衛といふ）」と伝えている。(13) しかし、寛延元年（一七四八）の河岸議定には、「小堀問屋」として金兵衛・勘兵衛・重兵衛・三郎兵衛・嘉兵衛・定右衛門・七右衛門の七名が名を連ねており、この時期の小堀河岸の問屋は七軒であった。この七軒の問屋は代々同じ名前を襲名しており、文政年間にもやはりこの七軒の河岸問屋を確認できる。また、『利根川図志』にいうように、彼らはみな寺田姓を名乗っていた。

小堀河岸は他の多くの河岸と同じように周辺農村からの年貢米を船積みし、江戸に廻漕していた。しかしそれ以上に、同地を特質づける最大の特色は何と言っても艀下船を差配することにあった。その際に、河岸問屋は幕府をはじめ諸藩から穀宿の指定を受けており、年貢米を積んだ元船が艀下船を利用する場合には、その年貢米の荷主にしたがって所定の穀宿から艀下船の提供を受けた。また、ここを通行する船頭たちは、小堀河岸の特定の河岸問屋と年来の取り引き関係を結んでおり、争いごとや難船などさまざまな事件や事故が起こった場合にはその問屋の支援を受けることになっていた。こうした問屋を船宿と呼び、船持・船頭たちが船宿を頼って契約を求めて来ることを宿付とよんでいる。したがって、船頭たちは年貢米を積み登せる場合にはその年貢米に従って所定の穀宿を頼り、商人荷物を積み込んで何か問題が起った場合には自ら宿付している船宿を頼ったのであった。河岸問屋の側から見れば、領主荷物に対しては穀宿として、商人荷物に対しては船宿としてその役割を果たしていたのである。(14)

ここで基本史料として依拠する河岸問屋寺田重兵衛家の文書によれば、穀宿の指定を受けて艀下船の取り扱いを行なっていたのは金兵衛・勘兵衛・重兵衛・嘉兵衛の四軒だけで、残りの三軒については穀宿の指定を確かめることはできない。この点は史料的な問題なのか、それとも他の三軒は同河岸からの年貢米積み出しを担当するなど、別の業務を担っていたからなのか、それはわからない。しかし、河岸議定を見る限り、穀宿の指定とは関係なしに河岸問屋七軒はみな一般の船持たちより有利な条件を保持し、何らかの形で艀下船の営業に関与していたと考えることができる。

小堀河岸で艀下船を差配した河岸問屋たちは、一般に理解されている河岸問屋とは大きく異なる営業形態をとっていた。通常、河岸問屋の収入と言えば、適当な船を手配して船積みするまでの保管料として蔵敷を荷主から徴収し、自分の船で運べば運賃収入を獲得し、他の船にそれを配分すれば荷物の量に比例した手数料を受け取るのが主な収入であった。ところが、艀下問屋たちは保管料の蔵敷収入を得るものではなく、艀下船を取り扱う上で保管のための倉庫はいらなかった。元船が艀下船を利用したのは、先を急げばこその措置であって、しかもそれは、小堀河岸に着船してからのこととは限らず、小堀付近の浅瀬で立ち往生してしまった場合、小堀へ水主を派遣して艀下船の出動を要請したのであった。鬼怒川と利根川の合流点より下流域が小堀河岸の受け持ち場所で、それより上流は関宿の問屋に依頼する取り決めになっていた。艀下稼ぎのために小堀河岸に待機していた船は、問屋の指示を受けて元船が滞船している場所へ出向き、その場で元船の積み荷の一部を積み移したのである。したがって、河岸問屋が艀下荷物を陸揚げして一時保管しておく訳ではなかった。いうなれば艀下船利用の受付係であって、何よりも素早く艀下船を差し向けることが第一の任務であった。同河岸の構造を考える上で、この点は重要であろう。

小堀河岸では、問屋船を含めて船持たちが所持する船を土地船あるいは単に地船と呼び、寛延元年の河岸議定には合計二四名の船持が名を連ねている。河岸問屋の場合と違って船持の数は変動したようで、これ以降の船持数を確定することは難しい。[15]ただし、船持だからと言って必ずしも現実に自分の船を所持していた訳ではなかった。次に引用する史料は、河岸議定締結後の明和二年（一七六五）一二月、問屋側と船持たちの間に起った争論からの一節である。

船持廿四人と目安ニ書上候得共、全ク船所持仕候者御領地ニおゐてハ伝五郎壱艘所持仕候。御料之方ニ八艘都合漸ク九艘有之候。相残り候者共ハ問屋寄セ置候他所船を雇、立船仕積送申候。[16]

これによれば、河岸議定を締結した一七年後においてもやはり船持は二四名とされている。しかし、実際に船を所持しているのは久世氏関宿藩支配下に一名、幕府代官支配下に八名の計九名だけで、彼らが各一艘ずつ計九艘の地船を所持しているに過ぎなかった。残りの一五名については、自らは船を所持せずに、「問屋寄セ置候他所船」を雇い、これを「立船」して船稼ぎを行なっているというのである。ならば、この立船とは何か。それは、自船を持たない船持が他所船を雇って船稼ぎをする権利と考えることができる。また、別の見方をするならば、たとえ自船を失っても他所船を雇って立船をする権利を有した者が小堀河岸の船持であった、と言うこともできる。こうした船持の立船権については、寛延元年の河岸議定でも次のように取り決められていた。

⑩一古来之船持致困窮、舟持絶候ものニ立船壱艘宛為致舟割之帳面ニ付可申候。立船致とも在所能々承届慥成舟相立相定可申候。古立船堅相立申間敷候。元文二年巳年以来之新舟持ハ舟絶候共立船仕間敷候。此儀者末々所々ニも立船多罷成候て寄船無之候ては、荷物差滞往来諸廻船之難義ニ罷成候ニ付如此相極申候。

古来の船持が困窮して自船を失った場合、その船持には一艘分の立船権を保証すると定めているのである。すなわち、他の船を雇って船稼ぎをする権利が引き続き認められたのであった。ただし、それは船持全員に無制限に適用された訳ではなく、この議定より一一年前にあたる元文二年（一七三七）を境とし、それ以降の新船持にはこの立船権が認められていない。何故に元文二年を境として「古来之船持」と新規の船持が区別されたのか、その点はわからない。ただ明和二年の争論でも「船持廿四人と目安ニ書上候」と述べられている所からすると、この河岸議定によって小堀河岸に二四の船持株が確定されたことは間違いない。そして、立船の数を船持一名につき一艘と制限したのは、他所から艀下稼ぎに集まって来る寄船を確保する上で、止むを得ない措置であったとされている。それはつまり、船持側から立船として雇用された船が有利な条件を獲得し、その数が増えるようでは、それ以外の他所船が不利となって、問屋がより多くの寄船を集めることが難しくなるという理由からであった。これを船持の側から見ると、一人で二艘以上を所持する者はいなかったので、二四名全員が平等に一艘分の船稼ぎをする権利を持ち合うことを意味していた。この点は、同河岸の問屋と船持の関係を考える上で重要な意味を持っている。

寛延元年の河岸議定では新規の船稼ぎ希望者については何も規定していなかった。勿論、彼らに立船の権利など認められる筈はなかったから、船を新造するか、もしくは中古船を購入するか、あるいは他所の船主から船を借り受けたりして、自ら船に乗り込むより他に方法はなかった。しかし、それには相応の資金が必要だし、多くの船持が立船をしている現状からすると、事実上不可能といってよいだろう。

船持が立船を決める場合、まずその「在所」を「能々承届」け身元の「慥成舟」を雇わなければならなかった。また、第一条にも見た通り、地船・他所船を問わず古船の利用は禁止されていた。船持が立船を決めるとき、この条件に相応しい船を独自に調達してくることもない訳ではなかったが、先にあげた明和二年の史料などからすると、河岸問屋のもとに艀下稼ぎに集まって来た他所船の中から立船になるものを選ぶことが多かったと考えられる。したがって、他所船の側から見ると、立船に指定されて小堀河岸の地船同様に扱われるものと、純粋に他所の船として区別されたものとに分けられたことになる。小堀では、他所船を指して寄船と呼んだが、それはとくに後者で、立船の指定を受けていない一般の船を指すのが普通であった。次にあげる第九条が他所船に関する規定である。

⑨一船頭・水主国所承届慥成請合人有之候者ヲ為乗可申候。御法度を相背荷物ヲ麁末仕我儘いたし候もの有之候ハヽ、問屋并舟主ゟ致断受御差図可申候。勿論当河岸之船に堅為相乗申間敷候。

小堀河岸の艀下稼ぎに集まる他所船は、主に上州方面の利根川筋と下総の鬼怒川方面からやってくる高瀬船が中心で、その規模は二〇〇俵積みから二五〇俵積み程度、中には三〇〇俵積みほどのものまであって、小堀河岸問屋の要請を受けて艀下需要の多い冬期に集まって来た。これらの点は、前章までに明らかにした通りである。これらの船は船頭一人と水主二人の計三人乗りというのがほぼ標準的で、彼らに艀下稼ぎをさせる場合にはその身元をよく確かめて確かな保証人のいる者に限って許可するように取り決めている。そして、幕府の法度に背いたり小堀河岸で取り扱う物資を粗末にする船乗りがいたならば、問屋と船主双方から厳重に注意すべき旨を申し合わせている。また、これは他所船に限らず土地船についても同様で、水主あるいは雇いの船頭に対して監視の目を怠ってはいなかった。

ここで、船持（船主）・船頭・水主の関係について考えておきたい。これまでの河川水運史研究において、これら三者の雇用関係を解明することが強く望まれながら、今だに果たされていない課題の一つになっている。そこでいま、いくつかのパターンを想定し、その概要を考えてみよう。まず、船主について、これは幕府川船役所に船持として登録され実際に船年貢を納める者である。この船主と船頭との関係は、船主自らが船頭となって船に乗り込む場合と、船主自らは直接船の運航には関わらず他の船頭を雇って船稼ぎをさせる場合があった。前者を直乗り船頭、直船頭などと呼び、海上廻船の場合、後者を沖船頭と呼ぶが、河川水運においてはそうした文言は見られず、ここではこれを雇い船頭と呼んでおく。雇い船頭の場合、運航の度毎に雇われるケースと、ある期間を決めて契約雇用される形が考えられる。一般には、運航ごとに給金制とか歩合制で雇用される場合は少なく、むしろ船頭が船主から年間契約で船を借り受け、船頭の自由裁量で船を操業することの方が多かったように見受けられる。[17] そして、水主については基本的に雇われ船頭の場合と同じで、船主から船頭と一緒に雇われる場合と、船を預かった船頭から雇用される場合とがあった。雇用形態も、航行ごとに雇われるケースと期間契約の奉公労働に近いものとがあった。その実例の一端については、本書第一章を参照されたい。

このような想定をした上で、小堀河岸に関して先の第九条を考えてみたい。まず、河岸問屋が船頭や水主を雇う場合について。問屋たちは一般の船持とは違って、複数の船を所持する者がおり、しかも問屋側にも立船の権利が認められていた。したがってその場合、問屋は他所船との間に冬期間艀下稼ぎに従事する旨の契約を取り交わし、立船として操業させたものと思われる。その他所船は直乗り船頭か、あるいは雇い船頭だとしても船主との間におそらく船頭が船を預って自由に操業できるような契約を結んでいたのであろう。そして、問屋以外の一般の船持たちが立船をする場合はどうだろうか。これが問題である。議定の文脈からすると、問屋側が他所船を寄せ集めておき、船持の中で自船を失った者がいた場合、その他所船の中から一艘を選んで立船に指定したように読み取れる。すなわち、船持は船主としての権利を保持しつつ他所から稼ぎに集まって来た船と船頭・水主とを丸抱えで雇い込んだ訳である。船を仕立てる、調達する、「立船」の文言にその辺のニュアンスが込められているのではないだろうか。その場合、この立船は小堀河岸の地船と同様の扱いを受けたので、船持と立船船頭との間には一艘分の操業権をめぐって一定の金銭契約が取り交わされたと考えられる。

しかし、小堀河岸の船持たちはみな一人で一艘を所持するのがやっとの状態であったから、おそらくはみな直乗りで船頭の稼ぎをしていたであろう。そうした時に、何かの理由で自分の船を失った船持が、自らは操業権の保持者として陸上にあって実際の運航は立船に指定した他所船の船頭に任せるということがありえただろうか。その可能性もないではないが、しかし、それは非現実的であったのではないか。もともとの船持が直乗り船頭でなかったならば別だが、それも考えにくい。実態としては、直乗り稼ぎをしていた船持が船を失った場合、複数の船を所持するどこかの船主から期間契約で船を借り受け、自らその船に乗り込んで操業したのではないだろうか。船持が自分の船を失った時、それまでの通年操業から、他所船を立船にした冬期間の艀下稼ぎに操業の中心を移したとも考え難い。この問題は、他河岸における船主と船頭の関係についてより多くの事例を積み重ねつつ、さらに検討しなければならない課題であって、ここでは以上のように推測しておきたい。

第三節　船割会所

小堀河岸は、問屋・船持・他所船の三者から構成されていた。河岸問屋は船持および他所船たちをどのように掌握し、編成していたのであろうか。あるいは、同河岸が艀下船の取り扱い河岸として周辺諸河岸の中で特異な、そして極めて重要な機能を担っていく上で、如何なる機構のもとに運営されていたのか。本節では、これらの点について考えてみたい。寛延元年（一七四八）の河岸議定第四条では、問屋と船持の基本的な関係が次のように規定されていた。

④一従船持之内壱ヶ月ニ壱人宛帳本と名付船割之者を附置、問屋方ゟ差出シ候荷物前後を改帳面ニ記置、艀船も帳面ニ付置、順廻ニ為積可申候。荷物不限多少問屋方ゟ船割方へ申断先番之船ニ為積可申候。尤荷物出候問屋江舟割之者罷越荷物品承届諸事念入差滞無之様ニ相働可申候。荷物積受候ハヽ、船頭水主共ニ致大切ニ候様ニ船割之者并舟主方ゟ宜敷可申付候。御用之御荷物御物成筋は不及申商荷物ニ至まて大切ニ致候様ニ問屋方ゟ無油断可申付、（後略）

右によれば、惣船持二四名が一ヶ月交替で「帳本」＝「船割之者」を務めることが決められている。この帳本（または「帳元」と表記されることもある）は、次のように、問屋方から依頼された艀下荷物を点検・記録し、艀下船に「順廻」しに船積みさせたのである。まず、問屋側は元船から依頼を受けると艀下荷物の多少にかかわらずその旨を船割方の帳本に連絡した。船持側では、艀下稼ぎに出る順番があらかじめ決まっており、帳本がそれを管理していた。帳本は問屋方から連絡を受けると、その順番に従って船を出動させたのである。艀下船を取り扱う問屋は、小堀河岸の近辺で滞船している元船から艀下船提供の依頼を受ける受付窓口に過ぎず、艀下船へ積み込むべき荷物を自分の蔵に保管していた訳ではなかった。問屋は艀下船派遣の依頼を受けると、元船とその荷種、荷主、艀下荷物の量、滞船場所などを帳本へ伝えたのである。問屋の仕事はここまでで、あとは船持側が月番代表で勤める帳本に任されたのであった。

元船の側では艀下賃を節約しようとして自船の通行できる最低限の荷物しか艀下船に分載しようとはしなかったので、当然、元船の大きさと渇水の程度に応じてそれぞれの艀下荷物の量はまちまちになった。そうした事態と艀下賃の関係については前章で検討した。艀下稼ぎをする船は小船ではなく二〇〇俵積みよりも大きな高瀬船であったから、水主労賃などを勘案すればそれ相当の荷物を積み込まなければ採算割れになった。艀下船側のこうした意向が強く押し出されると、少しでも多くの艀下荷物を依頼してくる元船を選び、少ししか依頼してこない元船を嫌がる事態になりかねなかった。そうなったのでは、問屋側が円滑に艀下船を派遣するのは難しくなったし、また、そうした状況が続けば艀下河岸としての機能全般が低下することにつながった。それは艀下河岸としての存在意義を問われる重大問題であったから、それを回避するための巧みな方策が考え出されたのであった。それが右に見る艀下稼ぎの順番制であろう。船持たちは船稼ぎの順番を決めることによって互いの公平性を保ち、平等に操業できる体制をつくり出したのである。またそれが維持できたのもそれだけ艀下船に対する需要が多かったからに他ならない。

松戸まで致着船候ハヽ、松戸船宿ヲ立合セ荷物元船江相渡可申候。但シ四斗入ヲ壱俵として表掛口銭定之通問屋方江可相済候。舟持壱軒ニて艀下船壱艘宛舟割帳ニ付可申候。順番之船之義他所勝手能荷物有之候共当河岸之荷物有之候内他所江罷出申間敷候。数艘所持致候舟持有之候共壱艘之外ハ帳面ニ付申間敷候。然上ハ何連之問屋寄船ニ相成荷物積候共勝手次第ニ可致候。

これは先の河岸議定第四条の後半部分である。艀下船は元船に伴走して松戸河岸まで行き、そこで同河岸問屋立合いのもとに積み荷を元船に戻したのであった。利根川水系の河岸問屋の中で、こうした艀下船輸送を取り扱ったのは小堀・関宿・松戸の三河岸の問屋だけで、右の議定には見られないものの松戸まで行かずに関宿河岸で元船に積み戻すこともあったようである。松戸の問屋は、艀下荷物を元船に積み戻す作業に立ち会って監査することにより、四斗入り一俵の換算で俵数に応じた「表掛口銭」を艀下船から受け取ることになっていた。また、船持たちは一人で一艘だけを順番制の船として「船割帳」に登録しておき、平等に操業したのである。当時の状況からすれば実際の可能性は少ないようだが、もしも船持が二艘以上の船を所持したならば、たとえ何艘所持しようとも船持仲間の順番制の船として操業できるのは一艘だけに限られた。それ以外の船は他所から河岸問屋のもとに艀下稼ぎに集まってくる一般の寄船と同等の扱いを受けることになっていたのである。

順番制の船として登録された以上、小堀河岸に艀下荷物がある間は、他河岸へ出かけていってそこで積み荷を受けるようなことは一切してはならないと相互に取り決めている。小堀河岸の船は高瀬船であって、冬期減水期には艀下船として活躍したものの夏場には江戸への物資輸送に従事していたのであったから、冬期間でも場合によっては他河岸に出向いて自ら江戸廻漕にあたることも可能であった。しかし、右の条項では、そうした動きを禁じ、順番制の船である以上、冬期間は艀下船として働くことを互いに誓い合ったのである。こうした規定からは、問屋による船持支配といった構造は想定しにくく、むしろ小堀河岸の問屋と船持が相互に協力し合って艀下河岸としての独自の河岸機能を維持しようとしていた構図を読み取ることができるのではないだろうか。また、冬期小堀河岸からの江戸向け物資については、この条文の附りの条項で次のように取り決められていた。

附、水出ニ艀下荷物無之時ハ江戸廻し荷物艀下同断順番之船ニ積送可申候。渇水之内ハ往来諸廻船之障ニ相成候ニ付問屋方之寄船ヲ以積送可申候。御用御荷物御年貢筋之義は可為格別事。

すなわち、小堀河岸から江戸へ送る荷物があり、平水以上の水深があって艀下船の依頼がない場合には船持たちの順番制の船が積み受けることになっていた。しかし、減水している時期には艀下船の需要が多くあったので、順番制の船はそれを優先させ、問屋のもとに集まっていた他所船がこれを担当することになった。ただし、年貢廻米等領主荷物を江戸廻漕する場合にはこの限りではなく、「可為格別事」と定められている。おそらく問屋船もしくは順番制の船があてられたのであろう。そして、実態としては冬期間に小堀河岸から領主荷物以外の商人荷物が江戸に向けて積み出されるような場合は少なかったものと思われる。

こう見てくると、冬期艀下需要の多い時期に、問屋から艀下船の要請を受けて順番制の船を出動させ、元船や積み荷の量とあわせてそれらを記録・管理しておくという作業は、いかに一ヶ月交替とはいえ帳本が一人でするには相当荷の重い大変な仕事であったことがわかる。そこで実は、船持側からもう一人、「船肝煎」を選出しその協力を得てこの任にあたっていたのである。

当川岸之儀艀場御座候ニ付先規ゟ定書致置候て、壱ヶ月壱人宛帳本を立置問屋中ゟ差図次第船舟差出、只今迄は古法を相用意荷物積送来候得共、帳本壱人之差働ニては行届不申儀も在之、(18)（中略）

右は、船持二〇名が問屋重兵衛に対して差し出した「覚」と題する文書の冒頭部分で、寛延元年の河岸議定が締結される二年前、延享三年（一七四六）九月のものである。これまで見てきたような帳本の職務が記されている。そしてここには、この制度が「先規ゟ定書」に基づく「古法」であると述べられているので、帳本の制度はかなり以前から確立されていたと考えられる。ところが、このとき帳本一人の働きでは間に合わないこともあったという。右に続く後半部分で次のように述べられている。

此度、問屋中并舟持相談を以双方得心之上船持仲間之内ゟ肝煎役ニ壱人附置申候。肝煎役料として立船壱艘宛毎年相立候様被成可被下候。（中略）帳本月番之儀、右定書之通船持ニて前々之通相勤可申候。肝煎役致候者帳本役相除可申候。

そこで、問屋側と船持側が相談、納得した上で、新たに船持仲間の中から「肝煎役」一名を選び帳本の仕事を手伝わせるように取り決めたのであった。帳本の制度はそれまで通りとし、新たに設けられた船肝煎はこの帳本の順番からははずされて、必ず二名で担当するように配慮されている。船肝煎の任期は明らかにされていないが、おそらく原則的に年単位で改選されたのではないだろうか。毎年九月より翌年三月頃までの艀下船の取り扱い期間中この仕事を勤めるのは大変な負担であった。そこで、問屋・船持双方はこの船肝煎を勤める船持に対して役料として順番制の船とは別に、もう一艘の立船を認めたのである。つまり、船肝煎は合計二艘分の操業権を与えられたのであった。月番交替の帳本は約三年に一度一ヶ月間だけの仕事で、しかも船持全員が順番に交替で勤めたので、いわば船持の義務としてこれまで維持されてきたのであろう。ところが、その帳本一人では処理しきれないほどにその職が激務となったため、こうした一艘分追加の立船権を保証して船肝煎の制度を導入したものと考えられる。ここには、二年後の議定に見られる古来の船持、新船持を区別する視点は認められないし、船持数二四と二〇との違いもわからない。またこの船肝煎が河岸議定に取り上げられなかった意味もわからない。ただ一貫して読み取れるのは、船持仲間と河岸問屋たち全員が一丸となって公平に対処しようとしていた姿勢であろう。帳本と船肝煎の両名が問屋側からの要請に応じて順番制の船を艀下船として出動させたのであり、この組織を船割会所と呼んでいた。

以上によって、小堀河岸における問屋と船持の最も基本的な関係が明らかになったであろう。船持たちは一人一艘を原則として艀下稼ぎの順番制を採用し、これを統轄したのが船持仲間の代表とも言える帳本と船肝煎によって構成された船割会所であった。(19) 問屋は元船からの艀下船依頼の受付窓口としての役割を果たし、船持側に配分した艀下荷物の分量に比例した手数料収入を得ていた。ここからは、問屋側と船持側の双方が互いに協力し合って艀下河岸としての独自の機能を維持していこうとする姿勢が見えてこよう。また、こうした体制であればこそ、第一節で見たように河岸役銭の上納に際しても、全体を問屋側と船持側とで折半するような方式が採られたのであろう。小堀河岸の問屋たちは諸藩領主から穀宿の指定を受けてその年貢廻米への艀下船の供給を主任務としていたので、問屋側はこの穀宿の指定をめぐって互いに競い合うことはあったかもしれない。しかし、艀下船の差配に関しては互いに競争し合うことはなかった。つまり、小堀河岸では、河岸問屋七軒が船持たちを個々に編成する構造にはなっていなかったのである。この点を正しく見定めることが何よりも大切であろう。この時期、小堀河岸の艀下河岸としての機能は、問屋・船持双方の協調体制のもとに維持・運営されていたと考えられるのである。

第四節　問屋船と他所船

河岸問屋もまた船の所有者であったから、船持側に立船の権利が認められたのと同じように問屋側にも立船の利用が許されていた。また、問屋のもとには他所から集まってくる寄船もいた。これらの船と船持側の順番制の船とはどのような関係にあったのであろうか。艀下河岸の機能を維持する上で、それらはどのように運営されていたのであろうか。寛延元年（一七四八）の河岸議定の最後の条文では、問屋の立船を次のように規定している。

⑪一問屋立船之儀、古来定有之候といへとも、此上荷物請之随増減問屋舟持熟談之可改之候。

問屋の立船については、古来からの取り決めがあるが、今後は問屋が取り扱う艀下荷物の増減にしたがってその数を変更すべきだと取り決められている。立船の意味が艀下稼ぎをする操業権であったとき、問屋七軒がその営業規模に応じて立船数を増減させたのも当然と言えよう。艀下稼ぎをする船持たちは元船側とは直接の関係を持っていなかったから、船持たちの稼ぎの増減は一重に問屋側の働き如何にかかっていた。たくさんの荷主や元船と取引関係があって、より多くの艀下船の提供依頼を受ける問屋ほど、営業規模の大きい問屋であった。つまり、多くの諸藩領主から穀宿指定を受けている河岸問屋ほど、船持側に多くの稼ぎの機会を提供したのである。だからそうした問屋にはそれに見合うだけの操業権を認めたのも当然だろう。しかし、問屋の営業には盛衰もあったから、立船数は固定化せずにその都度問屋側と船持側が了解し合った上で変更するように規定したのである。この議定には問屋七軒個々の立船数については何も明示されていない。

小堀河岸の問屋手船ならびに問屋立船について、その実数を具体的に知らせてくれる史料は寺田重兵衛家の文書による限り次の一点しか確認できない。これは、他所船と問屋船の取り扱いや船割会所の勤務体制などについて規定した「覚」と題する状物で、差し出し人も宛名もない年代不明の文書である。しかし、その内容から判断して今まで見てきた寛延元年の河岸議定締結と密接に関わって、ほぼ同時期の取り決めと考えられる。

一問屋立船之儀前々立来り之通相立可申候。尤立船ニ成候者も問屋誰立船、何国何村誰と会所帳面ニ相記置可申様、向後問屋手船出来候ハヽ、右問屋立船之内相へらし、此已後拾ヶ年ニ一度宛村役人立合諸問屋荷物高相改右ニ順シ立船増減可致候。問屋立船員数左ニ記。

一立船　六艘　　勘兵衛

外ニ手船弐艘。

（五名分中略）

一同　四艘　　定右衛門

是ハ先年手船弐艘有之、当時無之立船増。(20)

問屋が立船として利用したのは、問屋のもとに集まってくる他所船であった。それはまた、問屋側が積極的に働きかけて呼び集めたものでもあった。他所船が問屋の立船に指定されたならば、問屋七軒の内の誰の立船なのか、また船頭の本籍地はどこなのか、それらを船割会所に報告しなければならなかった。会所では帳本・船肝煎たちがこれを記録しておき、船持一同がみな掌握できるようになっていた。このとき問屋の立船数は、問屋所持の手船数との絡みで決められた。問屋立船は問屋手船と全く同等の取り扱いを受けることになったので、仮に、両者を合わせて問屋船と呼んでみるならば、問屋船の総数が船持側との協議によって決められたのである。したがって、問屋が新たに手船を建造するなり購入するなりしたならば、その分だけ立船の数を減らさなければならなかった。それはまた、逆の場合もあり得た。たとえば、右の史料で引用を省略した部分で、河岸問屋七右衛門の場合、立船三艘と決められていたが、それは、「外ニ壱艘手船、是ハ先年手船弐艘立船ニ御座候へ共当時手船壱艘ニ相成立船増」と理由をつけて説明されているように、本来手船二艘・立船二艘の計四艘であったものが、手船一艘を失ったために立船が一艘増やされた結果であった。同じことが、右の定右衛門の場合についても言えよう。この史料から河岸問屋七軒の手船と立船数について表18にまとめてみた。問屋の手船は最大でも二艘を持つに止まり、多くは立船で賄われていたことが明らかとなる。問屋全体としても手船は僅か六艘に過ぎず、それに対しておよそ五倍にあたる三一艘が立船であった。個々の問屋を比較するならば、およそ全体の三分の一にあたる一二艘の問屋船を差配した重兵衛家が最大であった。

彼は、水戸藩を初めとして宍戸・石岡府中・会津・黒羽・南部・仙台・佐倉などの諸藩、それに越後高田藩磐城飛地領・高崎藩下総飛地領・安中藩下総飛地領および田安家領や東北地方幕府直轄領からの年貢米江戸廻漕に際しての穀宿に指定されており、同河岸最大の河岸問屋であった(21)。その重兵衛家でさえ手船は二艘しか所持しておらず、残り一〇艘はすべて立船を利用しての営業であった。この点をどう考えるべきか。下利根川筋は勿論のこと、那珂川の水運や東廻りの海運を経て広い範囲からの穀宿指定を受けて手広く営業していた彼が、経済的な負担から手船を二艘しか所持できなかったとは考えにくい。それはまた他の問屋についても同様であろう。この点は、資金面からの問題ではなく別の側面から説明されなければならない。

それは、小堀河岸の艀下稼ぎに集まって来る他所船を確保するためであったと思われる。他所船は小堀河岸問屋との年来の取り引き関係のもとに冬期間、同河岸に参集し、ある者は同河岸船持の立船に指定され、またある者は問屋の立船となって艀下稼ぎに従事したのであった。しかし、それ以外にも立船に指定されないまま、純然たる他所船として艀下稼ぎを行なったいわゆる寄船の存在があった。同河岸の艀下機能は、そうした寄船がいてこそ初めて十全に

表18　小堀河岸問屋の手船・立船数

番号	河岸問屋	手船数	立船数	問屋船数(合計)
		艘	艘	艘
1	重兵衛	2	10	12
2	金兵衛	0	6	6
3	勘兵衛	2	6	8
4	嘉兵衛	1	1	2
5	三郎兵衛	0	1	1
6	定右衛門	0	4	4
7	七右衛門	1	3	4
	合計	6	31	37

発揮されたのであった。数十万石におよぶ江戸廻米が冬期間に集中したとき、問屋船三七艘と船持側二四艘の合計六一艘でそれらの艀下需要を賄うのは困難で、それ以外に予備の船を確保しておく必要があった。しかも、同河岸で必要とされた艀下船は主に二〇〇俵積みから二五〇俵積み程度の高瀬船であったから、どこの河岸でも年貢廻米にむけて船需要の大きいこの時期に、この規模の船を確保しておくのは並大抵なことではなかった筈である。そうした状況の中で、小堀河岸の問屋たちが、それぞれに手船を増していったならば、他所船側にとってそれだけ立船の指定を受ける機会が減らされていく訳であり、同河岸へ艀下稼ぎに出かける魅力も薄れたに違いない。それならば、他河岸へ出向いて江戸廻米に従事しようという動きにつながってもおかしくはなかった。そうなったのでは、小堀河岸に集まる他所船が減少し寄船の確保は勿論のこと、何かの理由で船持側が船を失った場合、それに代わる立船を探すのも難しくなったであろう。そうならないためにも、問屋手船の増加を押さえ、むしろ他所船が問屋立船に指定される機会を増やしておくことが必要であった。そうした配慮があればこそ問屋側は、問屋手船の割合を問屋船全体の六分の一程度に押さえたのである。問屋船総数に占める問屋手船の少なさは、このような他所船確保という観点から説明されなければならない。それはまた、同河岸の問屋が配下の手船を指揮して年間を通して諸物資の輸送を請け負う一般的な意味での運送業者ではなかったことの証明でもあった。同河岸問屋の主任務は、何と言っても艀下船の差配にあったのである。

ところで、船持側の順番制の船二四艘に対して問屋側三七艘という比率についてはどうであろうか。しかも、船持側は一人一艘の原則が貫かれていたのに対して、問屋側は三郎兵衛家を除いて何艘もの操業権が認められているのであった。この点は、船持個人と問屋一軒との比較において考えるならば、問屋側が圧倒的な優位に立っているかのように見える。しかし、この点は、次節で見る問屋船の負担を考えれば必ずしもそうではなさそうである。それよりも問屋船の数がその営業規模に比例した形で船持側との協議によって決定されている点、言い替えるならば、河岸問屋がそれぞれの営業船を自らの自由意志では決定できなかった点に注意すべきだと思う。同河岸における問屋・船持の関係を考える上でこの点、重要であろう。

⑤一定式之通順番之船有之内は不埒寄船江荷物積申間敷候。然共寄船之内数日荷物積不申致難義候もの有之候節ハ、問屋船割之者舟持了簡之上為積可申候。順番之舟無之候ハヽ、問屋之勝手次第荷物寄船江積可申候。

さて、立船指定を受けられなかった他所船は、船持たちの順番制の船がある内は艀下荷物を積み受けることができなかった。ただし、数日間待ってもその順番がまわってこず、難儀している場合には、問屋・船割の者（帳本・船肝煎）および惣船持が納得した上でその船に艀下荷物を配分するよう右に定められている。そして、順番制の船が全部出払ったならば、寄船は取り引き関係のある問屋から直接指示を受けて艀下荷物を積み受けたのであった。この規定からは、船持たちの順番制の船二四艘がひっきりなしに艀下輸送に出動し、順番以外の寄船でも大体二、三日待てば艀下稼ぎの機会がまわってくるような状況が予想される。艀下船の需要はそれほどまでに多かったのである。なお、この点に関しては、問屋の立船数を定めた先の年代不明の「覚」にも次のように述べられている。

一（A）寄船之儀前々寄来候問屋江着船次第会所帳面ニ何月何日何組何村誰と記置可申様、最（尤）右問屋江寄候船問屋之荷物有之候内は会所順番ニ改壱艘切会所ゟ切手取之問屋江持参荷物積立可申候。（B）尤其問屋ニ荷物積切寄船餘り居候節は、会所ゟ相改外問屋荷物為積之可申定、寄船有之候問屋壱軒限り別帳ニ仕立可申候。問屋荷物引請次第問屋手船并立船荷物積出シ候ハヽ、問屋ゟ書出切手次第会所ニて番船五艘積出シ其後寄船壱艘積立之、又々番船順ニ積立可申候。尤番船切候上は何艘ニても寄船江積出シ可申候。[22]

やや内容のわかりづらい表現になっているが（A）の前半部分では原則を示し、その具体的な運用を（B）の後半部分で説いたものと理解することができる。すなわち、一般の寄船も問屋立船に指定された他所船の場合と同じように、小堀河岸への到着月日や船頭の本籍地などについて船割会所に届け出て登録することになっていた。問屋は元船から艀下船提供の依頼を受けるとまず問屋手船と自らの立船を以てこれに対応し、それで処理し切れなくなると船持側の船割会所に艀下船の出動を要請した。船割会所ではあらかじめ登録されている船持たちに順番を決めておき、それにしたがって派遣したが、この順番制の船五艘の後に一艘の割合で寄船を差し向けた。勿論その寄船は、それぞれ取り引き関係を持つ問屋に出向き、その問屋から艀下荷物の提供を受けたのであった。したがってそのために、船割会所では各問屋ごとにそれぞれの問屋が呼び集めた寄船を別帳形式にまとめ、把握しておかなければならなかった。ただし、滞船している寄船に契約を結んである問屋から艀下荷物を配分することができなかった場合には、船割会所が手配して他の問屋からでも艀下荷物を受けられるよう配慮している。

このように船割会所は順番制の船＝「番船」だけでなく寄船をも差配したのであり、番船五艘ごとに出動した寄船は、船割会所から「切手」をもらい、これを問屋側に提出した上で艀下荷物を積み受けたのであった。したがって、これらの寄船は、同じく他所船でありながら問屋や船持たちの立船に指定された船に比較して、少し不利な条件のもとで艀下稼ぎに従事しなければならなかったと言えよう。しかし、以上のような規定が正当に適用されたとすれば、むしろ寄船には一定程度の稼ぎが必ず保証された訳で、ここに問屋・船持の双方が他所から集まってくる船を確保しようとした意図が明確に読み取れるであろう。

以上より、問屋側は船持側に比べてより多くの艀下稼ぎの操業権を保持しており、しかも自らの問屋船を先番に艀下船として出動させていたことが明らかになった。しかしながら、問屋が自由に差配できた問屋船の総数は、船持側との協議によって決定されたのであったし、問屋が働きかけて呼び集めた寄船も問屋が自由に差配できたのではなく原則的には船割会所の指揮のもとに操業したのであった。まして、問屋側が個々に船持たちを編成して艀下船の需要に応えていた訳ではなかった。このような操業体制を詳しく知るならば、少なくとも問屋側が強力に船持たちを支配して艀下河岸としての機能を維持していたという構図は描けないであろう。むしろそうではなくて、問屋側と船持側の相互協力によって艀下河岸としての機能が維持・運営されていたという状況が浮かびあがってくるのではないだろうか。それはいわば、問屋・船持の共生関係と言えなくもなかった。この点は、次節に見るように元船が難船した場合の処理方法や、同河岸の艀下船が全く出払ってしまった場合の対応などから、より一層明確になるであろう。

第五節　急用荷物と難船規定

寛延元年（一七四八）の河岸議定の第六条では、急用領主荷物の艀下輸送について次のように定めている。

⑥一御急用之御荷物有之時分荷物不足ニ有之共問屋之船ニ積セ、入目其問屋舟持舟割之者立合致勘定不足之分ハ惣船持割賦致指出可申候。舟たまり之義ハ問屋損ニ可致候。右之節問屋船居不合時は舟割方ゟ順番船江為積可申候。是又舟入目致勘定不足之分惣舟持ゟ割賦いたし可差出候。舟溜り之義ハ先船之致役舟主損ニ可致候。其用相仕廻帰船候ハヽ、順番ニ不相構先荷物為積可申候。商荷物は急用ニ有之候共致断積合荷物為積可申候。

農民船から艀下船を依頼された場合には、これまで見てきたような体制で十分だった。しかし、この流域には水戸藩をはじめとして各藩の藩船も就航していたので、それらの藩船から特に急用の旨を告げられて艀下船の提供を命じられた場合、小堀河岸としても格別な対応を取らない訳にはいかなかった。しかし、藩船の場合には一般に大型で積載量も多かったが、艀下運賃節減のため最少限の荷物しか艀下船に積み移そうとはしなかった。(23)元船が百姓手船の場合には問屋が交渉する余地もあったし、元船の側でも艀下船を依頼するには小堀河岸の問屋に頼らざるを得なかったので、それなりの掛け引きもあったであろう。ところが、藩船の権威の前には問屋側も交渉の余地はなく、命じられるままに引き請けざるを得なかった。したがって、船持たちにしてみれば藩船の艀下船になるのは出来るだけ避けたい所であった。艀下運賃の収入が確実に減額するからである。そこでこの任務は、穀宿に指定された問屋が勤めるよう申し合わせている。右史料の「船溜り」については意味のわかりづらい内容で、これは問屋側の損として処理することになっていた。文脈からは、藩船から依頼される艀下荷物は少なく、それ故に通常の艀下稼ぎと比べた場合にできる運賃収入の損金のことを指しているようにも解されるが、正確にはわからない。この艀下運賃収入の減額分については損金として問屋がかぶったのであろう。ただし、藩船の艀下輸送を請け負う際に「入目」すなわち諸費用の不足が生じた場合には、問屋・船持・船割の者が立ち合った上で惣船持に割りかけて、船持たちが均等に負担するように取り決められている。そして、たまたま穀宿の船が出払っていて小堀河岸にいない場合もあったであろう。その場合には、船持側の順番制の船がこれに出動しなければならなかった。この場合、「船溜り」と「入目」については問屋船の場合と同ように処理されたが、船持たちはこの不利益な勤めを果たした船に一つの優遇措置を講じることにしている。すなわち、この勤めを終えて小堀河岸に帰船したならば、今度は順番にかかわりなく先番に艀下稼ぎをしてもよいと認めているのである。こうした規定から、問屋側が船持側を一方的に支配しているような構造は見い出せないだろう。むしろ互いの権益を守りながら困難な事態に対処しようとしている姿が想起されるのではないだろうか。

一方、商人荷物に対してはたとえ緊急であっても特別措置は講じない原則になっていた。どうしてもという場合には「積合」せの方法で対処すべく決められている。そうした「積合」せの方法については、この条文の附りの条項で次の如く規定されていた。

附、不限問屋之舟ニ順番舟荷物不足ニ積かけ候ハヽ、舟割方ゟ致断積かけ可申候。何連之問屋ゟ来共積合荷物出候ハヽ、問屋船たりとも順番之舟成共先へ積掛候舟江積可申候。

艀下荷物を積み合わせする場合には、それが問屋船であろうと順番制の船であろうとも、必ず船割会所の指示に基づいてなされることになっている。そして、積み合わせで済む程度の少量の艀下荷物の場合には、その時点で艀下荷物の積み込み作業をしているその船に積むように定めており、次の順番を待っている空船に少量の荷物を積み合わせることはさせない取り決めになっていた。艀下船は二〇〇俵積み程度かそれ以上の高瀬船であったから、こうした少量の依頼を受けて先積み荷物の上に積み合わせをすることも可能であった。しかし、艀下輸送とはいえ年貢米の積み合わせ、混載は考えにくく、これはあくまでも、商人荷物の特別な場合であったと考えるべきであろう。実際の事例によれば、こうした艀下輸送の方法は例外的で、商人荷物の場合には出水を待って通船したか、あるいは利根川右岸から陸揚げして江戸川左岸の河岸場まで駄送する方法が一般的であったようである。

さて、元船が小堀河岸の近辺で難船した場合にはどう対処したのであろうか。

⑦一木崎村ゟ田河村迄之間、難船有之役船入用之時分其問屋ニ船居合候ハヽ、問屋方ゟ役船差出可申候。尤舟入目共ニ問屋方ゟ可出之候。若問屋船不居合時は船割方ゟ順番之先船へ指出可申候。其外入目之義は惣船持ゟ致割賦指出可申候。其用仕廻帰船致候ハヽ、順番ニ不相構先荷物為積可申候。

難船とは言っても、川船の場合には水没したり航行不能な破船になったりするのは稀で、多くは救助船を差し向けて応急処置をすればそのまま運航を続けることができた。小堀河岸の問屋は、ここを通る船頭たちとの間に年来の取り引き関係をもって宿付されており、船宿の勤めを果たしていたから、それらの難船に対しては救助船を手配して差し向ける手筈になっていた。この議定では、上流は利根川と鬼怒川の合流点にあたる木野崎村から、下流は印旛沼が利根川に注ぎ込む地点よりさらに下流の田川村までが、小堀河岸問屋の受け持ち場とされている。そして、難船の救助船には問屋船が差し向けられ、その費用もすべてその船宿を勤める問屋が負担するものと規定されていた。これは、船宿を勤める以上当然の義務と言えよう。ただし、問屋船がなかった場合には、船割会所が問屋の依頼を受けて順番制の船を差し向けたのであった。そしてその費用も惣船持の割賦と定められたが、この場合にも救助船を勤めた船には優遇措置が講じられ、帰船後は順番に関係なく先番に艀下荷物を積み受けるよう取り決められている。これを見ても、同河岸においては問屋・船持双方の協調体制によって河岸機能を維持していこうとしていた意図が明白に読み取れるであろう。

次に、小堀河岸から出動した艀下船が難船した場合については、第三条の附りの条文で次のように取り決めている。

附、都て当河岸ゟ積出し候船ニ万一難船有之候ハヽ、所船・寄船共右之場所ニ立寄荷物紛失無之様ニ見届相働可申候。此趣問屋・船持兼て可申付置候。

すなわち、所船であろうと寄船であろうと関係なくその難船場所にかけつけ、積み荷が紛失することのないように働かねばならなかった。これはおそらく、艀下輸送を終えて小堀河岸に帰ろうとしている船を指している。問屋手船でも船持側の船でもあるいは他所船であろうとも関係なく、小堀河岸で艀下稼ぎをする以上、仲間の船の難船に際しては全員が一致して協力したのであった。それはまた、船頭・水主たちの争いごとや船火事・盗賊などに際しても同様であった。

③一当所川上は木崎村落合、(野脱)河下は田河村までの内、難船等其外往来之船用事古来ゟ相働来候。右場所ニて或は喧嘩口論等船火事盗賊有之沙汰及承次第問屋・船持申合、早々罷越見届相働可申候。尤近キ河筋ニ右之品有之候ハヽ、早速罷出見届可申候。若船持之内ニ難渋致不罷出者有之は、受御差図船持之仲間相除可申候。

小堀河岸の受け持ち場において、船の円滑な交通を阻害するような事態の勃発に際しては、問屋・船持が互いに協力し合ってこれに対処すべきことが定められている。特に、近辺にこうした事件が起きたならば、いち早く出動して状況を的確に把握することが大切であった。ところが万一、船持たちの中でこうした勤めを怠って出動しない者がいたならば、その者は協議の上で船持仲間から除外すべき旨を取り決めている。これはすなわち、順番制の船からはずされる訳で、同河岸における艀下稼ぎの操業権を剝奪されるに等しい措置であった。大変厳しい内容になっている。このように、同河岸においては、構成メンバー各人の協力体制が何よりも大切とされていたのである。

⑧一艀下船無之往来之諸船指滞申時分、問屋計之世話ニ不相掛、問屋之受差図船才覚ニ舟持可罷出候。御用御荷物御武家様方御荷物ハ不及申商船荷物たりといふ共往来通路滞無之候様ニ幾重ニも舟持相働可申候。其路用問屋方ゟ可差出候。問屋方より舟割江断致候ても舟才覚ニ不罷出舟持有之候ハヽ、問屋方ゟ立合受指図舟持方江可申届候。

寛延元年の河岸議定全一一ヶ条の内、右の第八条が最後の検討課題として残された。これは、小堀河岸の船がすべて出払ってしまった場合の対処法を取り決めたものである。冬期間は問屋たちが積極的に働きかけて他所船を呼び集めておいたので小堀河岸の艀下船がすべて出払うということはなかったであろう。したがって右は、他所船が集まって来ていない時期を想定しての規定であろうと思われる。本書第一章で実例を示したように、小堀付近の利根川では夏場ではあっても、天候如何では水量が減少し浅瀬の障害に悩まされることがしばしばであった。特に大型の藩船はその被害を受けることが多かった。定府制をとった水戸藩では季節を問わず藩船を利用して江戸藩邸の台所物資や家臣の扶持米などを廻漕していたから、夏場でも小堀河岸で艀下船を利用することがあった。ところが、その時期には他所船もいなかったし、小堀河岸の地船も元荷物を積み受けて江戸への廻漕に出払っていることが多かった。第一、明和年間には船持二四人の内、手船を所持したのは僅か九名に過ぎず、その頃、問屋側の手船もまた六艘を数えるに過ぎなかった。艀下需要の少ない時期にこれらの地船で突然の艀下船依頼に応えるのは難しいときもあったのではないだろうか。しかしながら、問屋は穀宿に指定されている以上、適当な艀下船を提供しない訳にはいかなかった。それが、穀宿の職務であった。そうした場合の艀下船調達の方式を規定したのが、右の第八条であった。

すなわち、そこでは「問屋計之世話ニ不相掛」として、一般の船持たちも問屋の指示にしたがって船を探しに出かけるよう取り決められている。ただ、それに必要な費用はすべて問屋方から支給されることになっていた。そしてこの場合にも、船を探しに出かけない船持に対しては問屋側から厳しい抗議が出されたのである。しかし、この規定を河岸問屋の船持に対する統制あるいは現実的な支配の現われなどと捉えるべきではないだろう。井野村の名主・組頭立ち合いのもとに問屋七軒と船持二四名が相互に得心した上でこうした河岸議定を締結したのであり、それはむしろ相互協力の関係を維持し、それをより強固なものにしようとした意図の反映ではなかったか、と考えられる。

おわりに

以上によって、小堀河岸の内部構造に関する検討を終える。小堀河岸は、水戸街道の宿場で河岸場でもあった取手宿の東南方向に位置し、一個の行政村を構成することなく、取手宿の隣で東北方向にあった井野村の一部が南方にのびて利根川に接した地点に開けた河岸場であった。村の中心は台地上にあって、井野村内小堀の地は耕作には不向きな流作場同然の土地であった。ここは、利根川が大きく湾曲する地形から船の繋留条件に優れており、利根川の浅瀬化が進行するのに伴って艀下船を差配する河岸場として発展していった。勿論、それは単に立地条件に恵まれていただけでなく、河岸の問屋たちが諸藩領主から穀宿の指定を受けるべく積極的に働きかけた結果でもあった。

本章の分析から、小堀河岸の住民構成を具体的に明らかにすることはできなかった。しかし、その大半は問屋・船持あるいは水主稼ぎの者たちで、これに船大工なども加えて、ここの住人は何らかの形で水運業務に密接に携わっており、それによって生計を立てていたものと思われる。しかもその業務は、年貢廻米に不可欠な補助輸送手段としての艀下輸送が中心であった。例年九月より翌年三月頃までは艀下稼ぎの船たちで混み合ったが、夏場には他河岸の船持たちと同じように同地の船持・水主たちも江戸への物資輸送に従事していたのである。上利根川方面や鬼怒川方面より二〇〇俵積みから二五〇俵積み程度の高瀬船が艀下稼ぎに集まって来たのも主に冬期間であった。したがって、後背地農村から船積み荷物が集められ、逆に江戸からは後背地農村へ向けて諸物資が陸揚げされるという、多くの河岸に見られる通常の河岸機能は小堀河岸にとっては主要な任務ではなかった。故に、同地が商取り引きの場として町場的な賑わいをみせることもなかった。利根川水運に果たした小堀河岸の第一の任務は艀下船を差配して水運輸送を支援し、下利根川方面から江戸へ向かう円滑な物資輸送の流れを維持していくことにあったのである。このような特殊性を正しく見極めることなしに、小堀河岸を他の一般的な河岸と同じように捉えるならば、同河岸の内部構造についてもまた歪められた像を描き出してしまうであろう。

小堀河岸の問屋は、諸藩穀宿として年貢廻米にあたる船から艀下船派遣の依頼を受けたのであり、商人荷物を積み受けた船に対しては船宿として難船・喧嘩口論など一切の事件に対処したのであった。そして、その際に何よりも求められたものは、艀下船であれ救助船であれ、その迅速な出動体制をとることにあった。彼らは、船積み荷物を預かって保管料収入を得るような河岸問屋ではなかったし、自分の蔵に船積み荷物があって、これを船持たちに配分していた訳でもなかった。いつ来るかわからない、しかし確実にある艀下船派遣の要請を待ったのであり、それに即応することこそが彼らの勤めであった。その際に、利根川水運を利用した数十万石におよぶ年貢廻米に対し、穀宿に指定された河岸問屋が個人の力で十分な艀下船を常備しておくことは不可能であった。そこで問屋たちは、他所船が艀下稼ぎに集まって来るよう積極的に働きかけたし、同河岸内部の船持に対しても冬期間は他河岸へ出向いて船稼ぎをしないよう要請したのである。そしてこの時、艀下船の差配をめぐって問屋相互に競い合うことの不利益は十分に承知されていた。河岸問屋が個々に船持や他所船を組織したならば、時には配下の艀下船がすべて出尽くしてしまい新たな要求に迅速に応えられない場面も生じたであろう。そして、その危険性はすべての問屋たちに孕まれていた。そうした事態の頻発は、艀下河岸としての機能麻痺を意味し、穀宿の職務怠慢から指定解除へと発展しかねない重大問題であった。さらに進めば、小堀河岸以外での艀下船取り扱いという事態にもなりかねなかった。そうした事態を恐れ、問屋たちは艀下船の差配をめぐって相互に争おうとはしなかった。問屋側は団結し、一体となって船持仲間側に艀下船の提供を要請する体制をつくり出したのである。寛延元年(一七四八)の河岸議定は、そのような背景のもとに締結されたと見ることができるであろう。

この議定からは、小堀河岸が担った特殊機能としての艀下輸送の方式を、問屋と船持たちが互いに協力し合って維持しようとしていた意図が明確に読み取れる。小堀河岸では、問屋が個々に船持や他所船を組織する構造にはなっていなかった。確かに、問屋側は船持側の一人一艘の操業権と比較すればより多くの問屋船を差配できたし、船持側より先番に艀下船を差し出す権利を有していた。しかし、藩船への艀下船提供や、難船への救助船出動など割に合わない役目も、まずは問屋船が勤めなければならなかった。船持たちも、相互に艀下稼ぎの順番を決めて稼ぎの公平さを確保したし、他所船が艀下稼ぎの機会から排除されることのないよう配慮も施されていた。艀下船が出払ってしまった場合には、問屋だけがその手配に走り廻るのではなく、船持仲間もまたそれに協力しなければならなかった。そしてこれらを統轄し、指揮したのが船持代表によって構成された船割会所であった。船持たちは互いに仲間を結成し、船肝煎と月番交替の帳本の二名によってこの船割会所を運営したのである。これは、船持仲間に平等な稼ぎの機会と公平な負担を割り当てる機関であったし、問屋側からすれば何よりも確実な艀下船の供給機関であった。船割会所は、問屋の呼び集めた他所船をも差配したのであり、いわば同河岸艀下機能を維持する上での要の役割を果たしたのであった。こうした、問屋・船持相互の協力体制が確立していればこそ、河岸役銭が問屋・船持相互に折半され、船持たちが平等に負担するよう取り決められたのであり、船持・水主たちの漁労に関わる運上までも問屋側が負担しようとする動きとなって現われたのであった。この時期、小堀河岸の内部には、問屋・船持相互の協調体制が形成されていたのである。

このような小堀河岸の内部構造は、あくまでも、艀下河岸として特殊な機能を担った小堀河岸固有の問題として捉えておかなければならない。こうした河岸構造が、利根川水運の河岸一般について言えるとは限らないのは勿論である。そしてまた、小堀河岸自体においてもこうした問屋・船持相互の協力体制は時代の変化と共に変更されざるを得なかった。ここに見たのは、近世後期に向って利根川水運が大きな混乱期を迎える直前の時期、一八世紀段階における小堀河岸の内部構造であった。その構造転換をめぐる問題については、問屋経営の問題と絡めて章を改めて検討することにしよう。

註

（1）茨城県取手市、寺田忠三家文書。同文書の目録は取手市史編さん委員会編『取手市史資料目録』第七集に収録されており、本章で依拠する史料は同目録の整理番号に従って次の如く表記する。No. 26「覚（小堀問屋定書付）」。

（2）北原糸子「利根川舟運転換期に於ける一河岸の動向―近世中後期の小堀河岸を中心として―」（『海事史研究』一八号）。

（3）前掲寺田家文書　No. 64「乍恐以書付奉願上候（問屋金兵衛御屋敷様御廻米穀宿御用願御下戻シニ付）」。
（4）『旧高旧領取調帳』（近藤出版社刊）によれば、井野村の四給支配の内訳は次の如くである。

久世氏関宿藩領　五五六石余
代官佐々井半十郎支配　二〇石余
旗本津田内記知行　九六一石余
旗本野村丹後知行　四六石余

（5）享保五年（一七二〇）関宿藩六万石を襲封した久世暉之は、同年弟広籌に二千石と新墾田三千石を分け与えている。その後、広籌の家系は広武から広徳と続き、小堀は一時期、関宿本藩の支配を離れて久世広徳（斧三郎）知行に組み入れられる時期もあった。
（6）前掲寺田家文書　No. 50「諸用留」。
（7）前掲寺田家文書　No. 27「御用留并諸大名様方御用留」。
（8）前掲寺田家文書　No. 145「乍恐以書付奉願上候（問屋口銭増額願）」。
（9）前掲註（7）に同じく寺田家文書　No. 27。
（10）川名登「宝暦・天明期における河川水運政策」（『関東近世史研究』九号）。これは後に『近世河川水運史の研究』（雄山閣、一九八四年刊）の第三章第三節に収められた。
（11）前掲註（7）に同じく寺田家文書　No. 27。
（12）前掲寺田家文書　No. 41「乍恐返答書を以奉申上候事（問屋私欲ニ付船持分ヨリ相掛出入）」。
（13）赤松宗旦著『利根川図志』（岩波文庫版、一三四頁）。
（14）本書第二章参照。
（15）本書第二章の表7参照。
（16）前掲註（12）に同じく寺田家文書　No. 41。
（17）千葉県佐原市、伊能康之助家文書に見る佐原河岸の場合、こうした事態が想定できる。
（18）前掲寺田家文書　No. 23「覚（船場ニ此度肝煎役壱人付置申ニ付連判状）」。
（19）上州倉賀野河岸をめぐる上利根川の水運においても補助輸送船としての艀下船が利用されていた。それは、本章で扱っている利根川中流域における艀下輸送とは別のものであったが、やはり艀下船には順番制が採用されており、船稼ぎの公平性が保たれるような体制が形成されていた。本書第七章参照。

(20)　前掲寺田家文書　No. 193「覚（寄船問屋立船会所三ヶ条定書）」。
(21)　小堀河岸問屋の穀宿指定については本書第二章の表6参照。
(22)　前掲註（20）に同じく寺田家文書、No. 193。
(23)　利根川筋に就航した各藩々船の状況と、それの艀下船利用については本書第二章の表4参照。

第五章　艀下河岸の問屋経営と利根川水運転換期の様相

はじめに

水戸領内の川船は幕府川船役所の支配を受けることなく、水戸藩が独自に極印を打って統制していた。

一中将殿手船之分は、江戸并水戸領内共に不限何船右之極印打、舟印如斯に仕候。

丸ニ水

一水戸領内商人船、右之極印打、丸之内ニ小之字印立申候。(1)

関東の川船は、支配領主の別なくすべて幕府川船役所の極印を受け、幕府への川船年貢の上納が義務づけられていた。しかし、紀伊・尾張・水戸の御三家と甲府徳川家には独自の極印打ちが許され、川船年貢の上納も免除されていた。水戸を除く他の三家はほとんどが江戸に藩関係の川船を持つばかりであったが、常陸を領した水戸藩にとっては、この独自の極印統制が実質的な意味を持っていた。当時は、商人の船に限らず関東在方の農民が船主となって登録された船を一般に商船あるいは商人船などと呼んで、「御船」＝諸藩の藩船と区別していた。右によれば、水戸藩では、藩船・商船の区別なく領内の川船にはすべて「丸ニ水」＝㊌の焼印を打っていたという。そしてさらに、商人船には一目ですぐにそれが水戸領の川船であることがわかるよう、「丸之内ニ小之字」すなわち㊦の船印を立てることになっていた。これはおそらく、㊦と染め抜かれた小旗もしくは幟のようなものであったろう。したがって、この船印から水戸領内の農民船は一般に、「小之字船」あるいは「丸小船」などと呼ばれることになった。この㊇の印は、同藩の江戸廻漕業務を統括した運送方役所が設置された場所、霞ヶ浦北東岸の小川村の「小」に由来すると考えられる。

しかしながら、近世前期の詳細は不明だが、この小之字船は小川運送方役所の支配下にはなかった。水戸藩では霞ヶ浦に面した地域と潮来方面の飛地領を合わせて南領と総称し、この地域の年貢米は農民役による江戸納めが原則とされており、小之字船は主にこれに使われていたのである。そしてこの小之字船を統制し、船税の徴収に当たったのは、郡奉行であった。詳しくは別に検討しなければならない課題だが、㊇の船印の由来から考えて、ある時期に小川運送奉行配下から郡奉行支配へと管轄が変更されたものと推測される。小川村に設けられた運送方役所には運送奉行を頂点に元締や手代がいて、常時一〇艘前後の藩船と召し抱えの船頭や水主が組織されており、水戸城付領からの年貢廻米をはじめとした藩有物資の江戸廻漕業務を担っていたのである。

さてそこで、次の史料を見てみよう。

川内之水戸御極印［(切抜)］覚

一今度［(切抜)］打替可被遊旨被仰付候間、小ほり迄登申候荷舟、来辰ノ正月十日前ニ板久村迄舟乗戻シ可申候。尤から舟之儀ハ早々下着可申事。

一大堀ゟ札場迄之舟、早々為登、正月十日前揃候様ニ可被致候。若油断仕候ハヽ、舟頭穿鑿可申事。

（二ヶ条略）

江戸川へ入津次第御荷物早々揚申様ニ可仕候。何方之御荷物ニても此度御極印打替申ニ付舟急申候段御断申上、成程いそき正月十日前板久村迄下着可被申候。大切之儀ニ候間、少も油断有間敷候。以上。(2)

（貞享四年卯一二月二九日）

これは郡奉行から南領で飛地の潮来領牛堀村庄屋須田家に伝えられたものである。それによれば、水戸藩が貞享五年（＝元禄元年、一六八八）の正月、領内の川船に極印を打替えようとしていたことが明らかである。毎年この時期は、年貢廻米の時期にあたっており、小之字船の多くは江戸への航路に就いていた。藩はそれらに対して正月一〇日までに潮来村に結集し、極印を打替えるよう命じている。その際に、江戸までの川筋を小堀と関宿で区切ってこの命令を伝えようとしている点に注目したい。すなわち、荷物を積み込んで江戸に向かう船がまだ小堀よりも下流にいた場合には、小堀に着いた時点で同河岸から潮来に戻るよう伝えさせている。貞享四年の一二月は大の月で、閏一二月はなかったから翌年正月一〇日の期限まではあと残り一二日しかなかった。その日数で江戸に行って帰ってくるのは難しかったので、小之字船がたとえ他領荷主の荷物を積み込んでいたとしても、極印打替えの旨をよく説明し、潮来に戻るよう指示している。そしてもし、小堀を過ぎて関宿に向かう航程にあったならば、とにかく江戸着を急がせ、期日までに潮来に帰れるよう札場、つまり幕府川船番所のある関宿河岸の穀宿を通して命じたのであった。勿論、この命令は江戸にも伝えられ江戸に着船している船にも早々の帰船が命じられた。

水戸藩は、江戸航路の途中三ヶ所、小堀・関宿・松戸に穀宿を設置していた。この区間の川筋には、冬期の減水期になると多くの浅瀬ができて廻米を積み込んだ船の航行が難しくなったため、艀下船による補助輸送を必要としたが、その艀下船を差配したのが、この三河岸の問屋たちであった。そこで水戸藩をはじめ諸藩では、これら三河岸の問屋を穀宿に任命し、艀下船の調達以下年貢廻米全般に関わる業務を委ねていた。水戸藩では運送奉行がこれら穀宿を指揮し、それらと藩船や小之字船とが一体となって同藩の江戸廻漕業務を実現していたのである。藩船と小之字船の連係については第一章でも触れたが、次の第六章で詳しく再論するところである。そこで本章は、水戸藩輸送機構における穀宿を取り上げ、その意義、特に小堀穀宿の果たした役割について考察しようとするものである。

小堀穀宿の担当業務をあげるならば次の如くである。①藩船や小之字船からの艀下船派遣要請に応える。②水位の計測。③着船帳の記録作成と諸船への命令伝達。④難船の場合や船頭・水主たちの争いごとなどの処理。⑤藩船が艀下船を利用した場合の艀下運賃立替払い。⑥運送方役所役人の宿泊。この内、①〜④および艀下輸送の機構解明については既に検討を加えた所である。(3) そこで本章は⑤の点、すなわち水戸藩穀宿に指定された小堀河岸問屋の問屋経営のあり方、穀宿と運送方役所との関係について考えてみたい。それはまた、小堀河岸の内部構造が大きく変化していく様子を明らかにすることでもあり、ひいては一八世紀末から一九世紀初頭における利根川水運全般の転換期の様相を描き出すことにもつながっている。

第一節　艀下運賃立替払い

諸藩領主が年貢米を江戸に廻漕するにあたっては、国許から江戸に至る中間地点に輸送上の中継基地を設ける例が多く見られる。東廻海運を利用した東北諸藩にとっては、関東平野の内陸水運に連絡する接点として那珂湊や銚子あるいは潮来などが中継基地としての役割を果たしていた。あるものは、ここに陣屋を設け、あるいは藩営の蔵屋敷を確保し、藩役人を駐留させたり、当該地の河岸問屋を指定して江戸廻漕の任にあたらせていたのであった。(4) この河岸問屋は多く穀宿あるいは船宿と呼ばれていた。東北地方内陸部の会津藩では江戸廻米に鬼怒川や那珂川の水運を利用し、積み替えの拠点として鬼怒川中流の久保田河岸や北浦北部の塔ケ崎河岸を重視し、同河岸問屋を穀宿に任命している。(5) そして、塔ケ崎対岸の串挽河岸には磐城内藤氏の藩営蔵屋敷が設けられていた。(6) また、信州諸藩からの江戸廻米にあたっては、利根川支流烏川の最上流河岸倉賀野が極めて重要な役割を担っており、やはりここの河岸問屋を「御米宿」に登用して廻漕業務を請け負わせていたのであった。(7) 場所により藩により名称と具体的な職務の内容は若干異なっているが、基本的に江戸廻米に際してその保管と船積みを差配した点において同一のものであった。利根川水系の中流域に設けられた小堀・関宿・松戸の諸藩穀宿もまた、艀下船を差配するという点では特色あるものであったが、諸藩の江戸廻漕業務を補佐するという点においては他の穀宿と同じ機能を果たしていたといって誤りない。

小堀河岸は久世氏関宿藩と、幕府代官または旗本知行の二給支配の土地で、ここには七軒の河岸問屋があった。その内、重兵衛・勘兵衛・金兵衛・嘉兵衛の四軒がそれぞれ特定の大名から穀宿に指定されていた事実を確かめることができる。彼らは共に寺田姓を名乗り代々同じ名前を襲名していた。寺田重兵衛家は水戸藩をはじめ、支藩の宍戸藩や府中藩、及び南部・津軽・会津・黒羽・佐倉などの諸藩や田安家などから穀宿に任命されており、同河岸における最も有力な河岸問屋の一つであった。(8) 穀宿に指定されると、年貢米の廻漕業務の一翼を担う反面、各藩から一定の経済的な支援を受けることができた。たとえば、重兵衛は宝暦二年（一七五二）八月以来、佐倉藩堀田相模守の穀宿を勤めていたが、次に明らかなように同一〇年二月には佐倉藩から金二〇〇疋の「褒美」が下されている。

宝暦十年辰二月五日、堀田相模守様御分〻御預り所御城出情仕候而相送り申候。為御褒美金弐百疋被下置候。(9)
（米脱か）

実は、こうした金二〇〇疋ずつの褒美が毎年佐倉藩より重兵衛へ支給されていたのであった。このような形で他の三軒の諸藩穀宿も、それぞれの取り扱う特定の領主から何らかの保護と支援を受けていたものと思われる。彼らの問屋経営の内容について見てみると、いわゆる河岸問屋として在方商人的な性格や手船を用いた運送業者的な側面が薄く、彼らは主に、自分配下の船で艀下運賃を獲得し、他の船持たちに艀下荷物を配分して、その取り扱い量に応じた手数料を収入としていたのであった。難船事故があったりすると、その処置にあたり、船頭からわずかの世話料を受け取ったが、それはあくまでも臨時の補足的な収入に過ぎなかった。これらについては前章に検討した所で、彼らはやはり、艀下船の取り扱いを中心にした穀宿の職務を遂行することによって問屋経営を成り立たせていたのである。

重兵衛家では同時に多くの藩から穀宿の指定を受け、その勤めを果たしていたが、重要度から言っても艀下船差配の頻度から言っても当家にとって最も主要な任務は水戸藩の穀宿を勤めることにあった。そこでまず、水戸藩の藩船が小堀河岸で艀下船を利用した場合の艀下運賃について考えてみたい。寛政四年（一七九二）五月の時点では、小堀から利根川・鬼怒川合流点の木野崎村まで運んだ場合、積荷一〇〇石について金一両、関宿までが金二両、そして松戸まで行くと金二両二分という定めであった。この時、関宿までの艀下運賃は松戸までの運賃から二分を引いた額とも規定されていた。[10]ところが、文化年間の様子を伝える水戸藩の『国用秘録』の記述によれば、

一はしけ船壱艘へ米弐百三十表積立候。商船ニてハ百石ニ付三両弐分運賃取候。大堀より関宿迄也。[11]

とあって、商船、すなわち水戸領の小之字船が小堀河岸で調達した艀下船一艘に二三〇俵ほどを積み移した場合には、これでおおよそ米一〇〇石ほどになるが、小堀～関宿間の艀下運賃は金三両二分なのであった。[12]時期と状況に違いはあるにしても藩船の御定運賃がいかに低額に押さえられていたかが了解されよう。しかしながら、水戸藩がいかに御三家の権威をもってしても、このような低運賃で艀下船を雇用できる筈はなかった。この御定運賃は、藩が穀宿寺田重兵衛家に対して支払う額であって、重兵衛はこの金額では艀下船を雇うことができず、差額の不足分を自ら補って艀下船を用立てていたのである。したがって、藩船への艀下船提供は常に赤字であった。そこで重兵衛は、同藩の藩船から艀下船派遣の指示を受けた場合、船持の側にこれを依頼することなく、なるべく自分の手船を差し向けて赤字の幅を少しでも減らそうと努めたのであった。小堀河岸では、寛延元年（一七四八）問屋・船持連名の河岸議定を取り結んでいたが、そこでも藩船への艀下船提供は問屋船の勤めであると約束されていた。[13]しかし、必ずしも問屋

船だけで藩の艀下船需要に応えきれるものではなく、時として船持側に依頼しなければならないことも間々あったであろう。その際に、一般の商船の艀下運賃との差はあまりにも大きく、ついに寛政四年（一七九二）五月、重兵衛は次のように御定運賃の引き上げを願い出たのであった。

高運賃ニ而取扱候儀も御座候ハヽ、自分ニて相弁、別而ハ奉願上間敷奉存候。扨又右品之不行届義申候而又候奉願上候分ハ何とも重々奉恐入候得共、近頃無之渇水ニ而御承知被遊候通御座候而、無拠百石三両宛之割合を以艀下船相雇申候儀ニ御座候。然ル所御済不被下置候而、自分ニ而相弁候より外無御座候得共、不行届故を以御済不相成御儀ニ御座候間、何分畏相弁可申奉存候所、数艘之分ニ御座候而金高も余ほと御座候所、殊之外困窮之私難儀至極仕候。夫ニ候而何とそ御用捨御仁恵之御了簡ヲ以、百石ニ付弐両三分□朱割御済被下置候様ニ者罷成申間敷候哉、(14)

重兵衛はこれ以前にも、御定運賃を一〇〇石に付金三両に引き上げてくれるよう願い出ていたのであった。しかし、それも認められず、差額分は重兵衛の損金となっていたのである。しかしこの年、寛政四年五月にはことのほかの渇水で、艀下船を雇うにはやはり一〇〇石につき金三両の艀下運賃は必要であった。その不足分はそれまで通り重兵衛が補って支払っていたが、これが数艘の藩船に及んで重兵衛の負担額が大きくなり難儀至極なので、せめて御定運賃を二両三分余にまで引き上げてくれるように再度願い出たのであった。このように、水戸藩穀宿にとって藩船からの艀下船派遣の依頼に応じることは、かなりな経済的負担となっていたのである。しかも、水戸藩では常時一〇艘前後の藩船を就航させ、それぞれが年に八〜九回ずつの江戸廻漕を義務付けられていたので、合計すれば一年間には延九〇艘もが通行したことになる。冬期中心とはいえ、その多くの場合に艀下船を利用したのであれば、穀宿の経済的負担は相当大きなものとなったであろう。

重兵衛家ではこうした負担に堪えきれず、御定運賃の引き上げ要求とは別に、藩に対して拝借金の貸付をたびたび願い出ていた。

一私儀近年不世柄ニ付殊之外勝手困窮仕、御船御艀下賃米立替ニ差支難儀至極仕候間、何卒粮米三拾俵前拝借被仰付被下置候様奉願上候。私共渡世之義も御承知被為遊候通リ之世柄故、舟々江戸通行も殊外相減時々之暮方ニも差支、甚難儀至極仕候間、何卒御仁恵之御了簡を以、願之通リ被仰付被下置候ハヽ、難有仕合奉存候。尤御上納之義ハ御舟艀下賃米之内ニ而御引上被仰付被下置候様奉願上候。左候へハ御舟艀下前渡之取扱仕度御座候間、偏御仁恵之御了簡を以願之通被仰付被下置候様奉願上候。已上。(15)

(天明六年六月)

右によれば、「御船御艀下賃米立替」とあるので穀宿重兵衛が、水戸藩々船の艀下運賃を立替えて支払っている事実が明らかとなる。藩船が艀下船を利用した場合、重兵衛がその艀下運賃の不足分を補塡したばかりか、艀下運賃そのものを藩船に代わって立替え払いをしなければならなかった。実は、この艀下運賃の立替払いこそが穀宿に期待された主要な任務の一つなのであった。しかも、藩はその艀下賃を現金ではなく米で支払っていたと考えられる。「御舟艀下賃米」とあるように、後日、藩の運送方役所より支給される御定めの艀下運賃は現物の米が充てられていたのであった。しかし、艀下船への運賃支払いが現物米で済まされる筈はなく、現金払いが原則であったから、重兵衛は藩からは現物米の支給を受け、それを換金して艀下賃を支払っていたのである。

ところがこの年、天明六年、重兵衛は殊のほか困窮し、それを理由に「粮米三拾俵」の前借りを願い出ている。そして、その返済には小川運送方役所より支払われる「御舟艀下賃米」を差引いて充てたいとしている。右の願書には小川村の仁平茂兵衛も連署していたが、彼は重兵衛が前借りする粮米の取り扱いに密接に関わる者であった。この時の前借り願いは認められ、これとは別に確認できるだけでも表19の如く宝暦～天明期にかけて引き続き藩から前借り

表19　寺田重兵衛家の拝借金・米

寛保 3(1743)年 4月	(運送方役所か)	所持船修復に付金7両拝借
延享 4(1747)年 4月	(運送方役所か)	艀下船新造に付金30両拝借
宝暦 5(1755)年10月	中山備前守	(水戸藩付家老) 金5両拝借
〃 7(1757)年 9月	運送方役所	艀下運賃粮米100俵前拝借
〃 7(1757)年11月	(運送方役所か)	金30両拝借
安永 9(1780)年10月	運送方役所	大満水に付粮米30俵前拝借
天明元(1781)年12月	〃	艀下運賃粮米30俵　〃
〃 2(1782)年	〃	〃　30俵　〃
〃 3(1783)年 3月	〃	〃　20俵　〃
〃 6(1786)年 6月	〃	〃　30俵　〃
〃 7(1787)年 2月	〃	艀下運賃立替に差支え金30両5ヶ年賦拝借
〃 8(1788)年11月	藩船・小之字船	茶銭前仕切
文久 2(1862)年12月	運送方役所	金35両拝借．5両宛7ヶ年賦返済

していた事実が明らかとなる。

ここからは、問屋重兵衛家が水戸藩からの前借りなしにその穀宿を勤めることは困難な状況に陥っていた様子が読み取れよう。ここで注意をひくのは、重兵衛が前借りしているのが現金ばかりではなく、「粮米」すなわち現物の米もしきりに前借りしている点である。重兵衛が現物米を前借りしてもそれをどこかで換金しなければならなかった筈で、この仕組みはどうなっていたのであろうか。次にあげる史料は、享和三年（一八〇三）、それまで小川村にあった運送方役所が南領の上戸村へ移転する際に提出されたもので、藩船の艀下運賃立替支払いの方式を詳しく知ることができるので少し長文だが全文を引用してみたい。

一小堀・関宿艀下御運賃之儀、前々ゟ粮米を以御渡被成下、私共義年中度々御役所様江罷出受取来り申候処、艀下船持共御運賃御米渡りニ而者、其時々上下諸入用水主給等之間ニ合兼甚難儀之趣ニ付、私共方より金鐚ニ而船持共江相渡候様取扱仕候間、右御運賃米之義御役所様御相場ニ而私共受取、直ニ小川村ニ而米売払申候所、私共江御渡シニ相成候御米与小川村地米相場与者、金壱両ニ付壱斗余も相場安ニ無御座候而者平日望人無之、時ニ寄壱斗五六升位之相場差イも間々有之、難儀至極仕候。且又国許江引取候而も却而舟賃等之入

用余分ニ相掛り、小堀・関宿ニ而相払候而も地米相場与者多分ニ相違仕候間、何連右相場違イニ而損毛仕候分者、常々私方ニ而相償イ舟持共江金鐚ニ而渡来候ニ付、近来不女（如か）意困窮之私共甚難渋仕候。勿論先達而御金渡し之義奉願上候処、一応願書御下ケニ罷成候間、猶又御願等仕候義何共奉恐入候得とも、追々右相場違イニ而者多分者損毛仕、既ニ当八月中御役所様御相場壱石壱斗八升七合ニ而相受取、小川村ニ而売払申候所壱石三斗弐升ニ相払申候て、脇前金壱両ニ付壱斗三升三合之相場違イニ而損毛仕候。左候処、此上御役所様上戸村御引移りニも罷成、私共御運賃米御受取ニ罷出候節下吉影村辺ニ而御渡ニも罷成候而者、又小川村与も違下吉影村之義者場所狭ニ御座候得者、米払候義も別而不自由ニ罷成弥以難渋至極仕候ニ付、何卒是迄御米渡り艀下御運賃之義、御慈悲之御了簡を以以来御金渡ニ被仰付被下置候様奉願上候。右願之通被為仰付被下置候ハヽ、私共向後損毛之取扱相助り難有仕合ニ奉存候。以上(16)。

（享和三年一二月）

ここからも、藩船が小堀または関宿で艀下船を利用した場合の艀下運賃は、小川村の運送方役所より穀宿宛に粮米つまり現物の米を以て支払われていたことが判明する。ところが、艀下船の船持たちにしてみれば運賃を米で支給されても、艀下稼ぎの諸費用にも、雇いの船頭や水主に支払う給金にも差支えてしまうので、船持への艀下運賃は穀宿が現金で立替て支払うことになっていた。そしてその艀下運賃は、穀宿の重兵衛が小川村の運送方役所へ出向き、先に見たような低率の運賃規定を以て現物米で受け取っていたのである。

穀宿の艀下運賃米受給は、右の史料によれば年中度々小川村へ出向いてその都度受け取っていると述べられているが、重兵衛家の御用留、天明八年（一七八八）正月の条に「年々役所御勘定之義、半ケ年宛ニ差出候ニ付、正月ゟ六月迄を蹈切寄而御勘定組仕立候(17)」とあって、実際には一年を二期に分けて六月と一二月にまとめて決済されていたようである。重兵衛は、藩船に艀下船を用立てたことを証明する「本手形」を持参し、これを基に半期分の艀下運賃が割り出されたのであった。重兵衛は小川村の運送方役所で御定運賃分の現物米を受け取ると、それを小堀まで持ち帰ったのではその分だけ船賃がかかって損失となったので、その場で早速売却し換金したのであった。ところが、運送方役所が支払う米値段は小川村米相場の実際よりもかなり安く設定されており、小川村では役所の相場よりも金一両に付米一斗から時により一斗五、六升ほども安くしないと、だれも買い手がつかない有り様であった。それでも仕方なく重兵衛は安値で米を売り払わない訳にはいかず、彼の被る損金は決して少ない額ではなかったと思われる。たとえばこの年、享和三年（一八〇三）八月の場合では、運送方役所よりは金一両に付米一石一斗八升七合の相場で受け取ったが、小川村の米相場は一石三斗二升で、差引一斗三升三合の損失であった。こうして水戸藩の運送方役所は、現金を取り扱うことなく自ら管理する年貢米江戸廻漕分の現物米を以て藩船の艀下運賃を支払っていたのである。

先に、天明六年六月、重兵衛が艀下運賃米三〇俵の前借りを願い出た時に、小川村の仁平茂兵衛が名を連ねていたが、彼こそが重兵衛に支給された艀下運賃米を買い取る小川村の米商人の一人であったと考えられる。したがってまた、重兵衛が水戸藩運送方役所からたびたび前借りしていた「粮米」は、この艀下運賃米を指すのであり、右に見る方法で売却・換金していたのである。穀宿は藩船の艀下賃立替とその現金払いによる負担が重く、後日、「本手形」交換による現物米支給とされた運賃米を前借りすることによって、何とか切り抜けようとしたのであった。その返済には後日支給されるはずの運賃米が充てられたのであり、これはつまり、実質的に運賃米の同時支給ないし前払いの意味を持つものであった。重兵衛の苦心のあとが推察される。それ故に、重兵衛は艀下運賃を米ではなく現金で支払ってくれるよう再三にわたって願い出なければならなかった。

しかし、その願いはことごとく却下された。ところが、この享和三年、それまで小川村にあった運送方役所が上戸村へ移転され、それに伴って、藩船への年貢米の積み込み場所が小川村から北浦北岸の串挽河岸に変更されたのではないだろうか。つまり、それまでは水戸城付領の年貢米は那珂川や涸沼川の水運を利用して涸沼南岸の海老沢河岸に陸揚げされた後、小川の運送方役所まで駄送されてきたのであったが、運送方役所の上戸移転に伴って、海老沢から下吉影まで駄送、そこからは巴川の水運を利用して串挽まで川下げし、そこで藩船に積み込まれるというように廻米ルートが変更されたと考えられる。もしもその際に、穀宿宛への艀下運賃米支給が、これまでの小川村から下吉影村に変更されるようなことになれば、下吉影村は小川村よりも遠いばかりか、近世初頭より水戸藩諸物資江戸廻漕の積出港として発展して来た小川村と違って、米売買には不向きな場所柄だったので、艀下運賃米の売却はより一層不利になるに違いなかった。そこで再度、艀下運賃の現金支給を願い出たのが先の願書であった。

以上によって、水戸藩穀宿が果たした艀下運賃立替支払いの方式について理解できたであろう。すなわち、一般の船が艀下船を利用した場合には、その艀下運賃は艀下船を利用したその元船から支払われたのに対して、藩船が艀下船を利用した場合には穀宿が立替えて支払っていたのである。その立替艀下運賃は、毎年六月を境として前後二期に分けて決済され、小川運送方役所より現物の米を以て支払われていた。穀宿はこれを小川村の米商人に売却して金銭に替えたのであったが、小川村での米相場が安くその面でも穀宿は損金を被った。このように、穀宿は艀下運賃に関して低額な御定運賃とその現物米支給という二重の負担に苦しめられていたのである。穀宿は、運送方役所よりの前借りを繰り返しており、その経営は決して楽なものではなかった。しかし、このような利益のあがらない経営体制で穀宿の職務が遂行できる筈はなく、実は、穀宿には別の形で特別な支援策が講じられていたのである。

第二節　小之字船の茶銭支払い

『国用秘録』は、水戸領内農民船＝小之字船が江戸上下に要する諸費用を次のように伝えている。

四人乗商船壱艘ニ付諸掛りせん積

薪代金壱分

味噌弐朱文

米四表四斗入　壱表壱文弐朱文位

野菜代壱分

小堀ちゃせん代弐百文

関宿へ弐百文

江戸ニ而弐百文

水气の節掉さし人弐朱文位

〆壱両弐朱六百文一度江戸へ往来入目掛り

ここには、人件費や船の消耗品代などを除いた米・味噌・野菜などの食料代や薪代の燃料費などが書き上げられている。四人乗りのこの船は、水戸藩の藩船にも匹敵するほどの大きさで川船としては大型船の部類に入る。関宿川船番所前の操船の難しい地点を通過する際には、「引付水主」と呼ばれる専門の水主たちに操船を任せなければならなかったが、最後の項にある「掉さし人弐朱文」と見えるのはその賃金であろうか。そして、それらとは別に、小堀・関宿・江戸の三ヶ所に二〇〇文ずつの「ちゃせん代」支払いがここに明記されている。小堀・関宿とは言うまでもなく水戸藩穀宿の寺田重兵衛家と青木平左衛門家を指している。いま、江戸についてはは明らかにできないが、藩船であれば第一章で明らかにしたように、江戸内川に入ると真っ先に本所四ツ目に着船して上荷を水揚げしており、また、本所一ツ目には水戸藩の御石場があって江戸藩邸御目付方支配の役人が御石場守を勤めていたので、農民船の場合も宿付けするどこか特定の船宿があって、右はそれへの茶銭支払いを表しているのではないかと考えられる。こうした江戸の穀宿についてと、松戸の穀宿が落ちている点については、今後の課題だが、右による限り、水戸領の小之字船が江戸へ就航するには、一往復するごとに三ヶ所穀宿に二〇〇文ずつ計六〇〇文の茶銭支払いが必要であったという。[18]一見、通行税のように見えるこの茶銭支払いは一体何を意味しているのであろうか。

天明八年（一七八八）の記録によれば、水戸領小之字船の総数は一八八艘を数えることができる。すなわち、小川村三六艘・石川村一三艘・高崎村五艘・宍倉村四艘・八木村三艘・長者峰村一艘・安食村九艘・田伏村六艘・柏崎村七艘・浜村二艘・玉造村四艘、そして牛堀村九八艘という内容である。[19]ここでは、小川村の運送方役所近辺の村々については詳細に書き上げられているが、飛地の潮来領村々の小之字船は一括して牛堀村の項にまとめられたものであろうか、半数以上が牛堀村で占められていた。天明三年（一七八三）には浅間山の噴火があって凶作、同六年および翌々年の八年六月には利根川の大洪水があって重兵衛家でも被害を受けている。この時期、こうした災害も重なってか、先の表19に見たように重兵衛家では水戸藩運送方役所からの前借りを繰り返していたのであった。しかし、同八年一一月、ついに「借用金多御座候得共何連ニも致方無之ニ付（中略）茶銭前仕切ニ御無心仕候」として、今度は翌寛政元年（一七八九）分の小之字船からの茶銭を前払いしてくれるように願い出たのであった。その時に、小之字船の所在状況を調査して書き上げたのが先の数値である。この時、小川運送方役所配下の藩船は一二艘を数えることができる。翌年分とは言っても、おそらく各船に江戸往復一回分二〇〇文ずつの提供を求めたものと思われる。

それでも総数一八八艘となればかなりな額に達した筈である。それが、毎年何往復かの江戸上下を行ない、仮にその度ごとに茶銭二〇〇文ずつを支払っていれば、穀宿の収入は相当なものになったであろう。『国用秘録』によれば、

「上之御船壱ヶ年ニ江戸表往来八九度也、商船拾五六度なり、（中略）御船大船故船の走り悪敷のりおくれ候事も有り」とあって、大型船の藩船は船足が遅く年間八〜九回の江戸往復だったのに対して、小之字船は一五、六回も江戸上下を繰り返したと言うのである。ならば、穀宿の得る茶銭収入は莫大な額にのぼったに違いない。仮に総数一八〇艘が一五往復ごとに二〇〇文ずつを支払ったと仮定し、一両四貫文替えで単純計算すると、年間一三五両が穀宿の懐に入る勘定になる。穀宿を勤めた河岸問屋の経営がこの収入に大きく寄りかかっていたであろうことは想像に難くない。

ところで、先に見た通り『国用秘録』は小之字船の茶銭支払いに「松戸」をあげていなかった。しかし、現実には水戸藩の穀宿を勤めた小堀河岸の寺田家文書や、水戸藩のお抱え船頭であった誉田家文書によれば、利根川・江戸川筋で小堀・関宿・松戸の三ヶ所穀宿がセットとして取り扱われることが多かった。『国用秘録』の著者で水戸藩郡奉行配下の有能な地方役人であった坂場流謙といえども国許から遠く離れ、また支配系統の異なる運送方役所と深いつながりを持った松戸の穀宿までは正確に把握しきれなかったのであろうか。そして、こうした小之字船と穀宿の関係は、次に見るように正徳年間にまで遡って確かめることができる。

一水戸御領内御極印打申候小之字之印船、江戸上下之割宿附之義、小堀・関宿・松戸・江戸此四ヶ所之御船宿江過半ハ罷越候へ共、或ハ勝手〳〵ニ而小宿附仕候者も有之候。此間区々ニ而有之候。万一川筋出入等有之節、商船ニ而茂御手船ゟ心ヲ添取計申事ニ有之候得共、宿付勝手〳〵ニ而ハ御船宿不及申、御手船之者迄取計難仕候。且御領内船持茂右之通御船宿へ相附候義相望候趣ニ付、御郡奉行・御運送奉行相談之上、向後宿附之儀勝手〳〵ニ無之、御舟宿へ相附候様と御郡方ゟ急度被仰渡候事。[20]（正徳四年九月）

ここには、小之字船と穀宿および藩船の関係が明確に示されている。右によれば、小之字船が江戸廻漕を行なう場合、その度毎に必ず小堀以下四ヶ所の御船宿（穀宿に同じ）に宿付するよう水戸藩郡奉行・運送奉行の双方より命じられている。小之字船が江戸へ就航するには、途中で難船したり何かの事件や事故にまきこまれることもあったであろう。二〇〇艘近い農民船が年に一五、六往復もすればその数は相当数にのぼったものと思われる。その際には、小之字船の船頭たちは付近を航行中の藩船と最寄りの水戸藩穀宿に通報し、その指示を仰ぐことになっていた。そうすると、藩船の船頭と穀宿とが連絡しあって、その事後処理を担当したのであった。そのために、小之字船は小堀・関宿・松戸・江戸の四ヶ所穀宿と年来の取引関係を結んでおき、川筋を通行する時には必ず立ち寄ることになっていた。当時この関係を「宿付」と呼んでおり、宿付は以上のように事件や事故の対策、事後処理をめぐって実質的な意味を持っていたのである。ところが、この時期、小之字船の船頭の中には所定の穀宿に宿付せずに別の河岸に「小宿附」をする者もいたらしい。それでは事件や事故が起こった際に藩船や穀宿が対応するのに不都合だという理由から、右のように所定の穀宿に宿付するよう命じられたのであった。

そして実は、この宿付けには穀宿への茶銭の支払いが含意されていた。事件や事故に遭遇した際の事後処理を考えれば、一種の保険として船頭たちが穀宿に一定の礼金を支払っておくことも意味があったのかもしれない。しかし、通行の度ごとにこれを徴収されたのでは、小之字船に過大な負担となったに違いない。中には、それを拒否する者が現れても不思議ではなかった。村方の船主とは別に実際に船を操る雇いの船頭たちが茶銭支払いを忌避する場合もあったであろう。そこで運送奉行の指揮系統下にあった穀宿は、同奉行を通して小之字船を統率した郡奉行にも働きかけ右の命令にこぎつけたものと思われる。郡奉行は南領の村々に対して穀宿への宿付を通達し、その徹底化を図ったのである。これにより、船頭たちは茶銭を納め、その度ごとに穀宿から領収書を受け取って、後の検査に備えなければならなくなった。

これはつまり、藩が穀宿に小之字船からの茶銭二〇〇文ずつを取り立てる権利を保証し、それによって穀宿の経営を安定化させようとするものであった。すなわち、本来水戸藩がすべき穀宿への経済的支援を、領内の小之字船に転嫁させたのである。(21) しかしこうした法令で、小之字船の茶銭支払い拒否の動きを押し止められるものではなかった。

一江戸・枩戸・関宿・小堀四ヶ所御舟宿江船々ゟ茶銭差置、関宿平左衛門方ゟ請取書付上下毎ニ請取置、壱ヵ年両度宛ニ茂書上ケ差上候様、去秋中被仰□候ニ付、此度右請取書付可指上由被仰渡奉畏候得共、去年中御願置申候通、上下毎ニ銘々立寄申候而者、往来茂滞殊ニ者去年と違運賃高も減少仕渡世ニ罷成兼候上、茶銭差置候而も左程御船宿世話ニ相成候儀も無之、近年船々も利潤乏ク甚難儀仕候。尤正徳年中被仰出候節も、此度之様上下毎ニ立寄申儀ニ者無御座、弐上下三上下ニ壱度ヅヽ、茂見通候儀ニ御座候。併此度ハ去九月ゟ極月迄之分請取差上不申ニ者、御見済難被遊御儀与奉存候ニ付、居合不申船々手遠之義行届兼候間、村々ゟ立飛脚を以成共、壱艘切請取書付取揃、差上候様可仕候。乍去村内之下知与相違、村役人申付茂届兼甚迷惑仕候。自今之義者去年中申上置候通、初春ニ壱度づヽ立寄相済申候様幾重ニも奉願上候。右書付之儀も遠所ニ罷有候船々江立飛脚を以承糺、若茶銭差置不申類ハ十日迄ニ口延被仰付度奉願上候。以来之儀者御慈悲之御了簡を以、願之通壱ケ年壱度ヅヽ、立寄相済候様被成下候ハヽ、難有仕合奉存候。以上。(22)

（明和三年正月）

明和二年（一七六五）、水戸藩は小之字船の茶銭支払い義務を強化させようとしていることが右によって明らかである。それによれば、小之字船は江戸通船ごとに四ヶ所穀宿に必ず宿付して茶銭を支払い、それを証明する書付を関宿穀宿の青木平左衛門から請け取って、年に二回にわけて藩に提出するように命じられている。これは、江戸通船の往路には小堀・関宿の穀宿へ、復路には江戸・松戸の穀宿へ茶銭を支払い、小之字船の船頭はその都度領収書を受け取り、帰路の際にこれら四枚の領収書を関宿の穀宿へ提出して一枚の領収書に書き替え、これを年二回ずつ提出させようとしたものと考えられる。そうすることによって茶銭徴収の徹底化を図ろうとしたのであった。さらに、翌明和三年正月には、前年の九月から一二月迄の茶銭支払いの請取書を差し出すよう命じている。しかも、遠方に出かけて帰着していない船に対しては飛脚を差し向けてまで連絡し、前年の下半期分の領収書を必ず提出するように強く命じたのであった。

こうした藩の強い意向に対し、潮来村以下、飛地領の大洲新田・辻・延方・矢幡・堀ノ内・上戸・牛堀・富田村など九ヶ村の庄屋たちは右の文書を提出し、藩側に次の二点を要求したのである。第一は、遠方に出かけている船も多くあって連絡も十分に行き届きかねるし、仮りに前年分の茶銭支払いをまだ怠っている者がいたとしても、それは早急に納めさせるので領収書の提出を正月一〇日まで待ってもらいたい、ということであった。正徳年間以降も実際には、茶銭の支払いを拒否しようとする動きが断続的に続いていた状況が想像されよう。そして第二には、茶銭支払いを江戸上下の度ごとではなく、初春の頃、年一度だけにしてほしい旨を要求している。これは、前年の秋にも願い出ていたもので、これこそが船持たちの要求の核心であった。その理由として、毎度の宿付では船が混み合って通行の妨げになるとか、正徳年中の命令においても一上下ごとではなく二回か三回の往復ごとに一回の割でよいと定められていた筈だと主張している。しかしそれは、先にあげた正徳四年の史料にも確認できず、船持側の誤りであり、その主張に理はなかった。こうした動きからは、江戸へ就航するたびに穀宿に宿付して茶銭を支払うべき規定が原則としては貫かれていること、そしてそれにもかかわらず、二〇〇艘に近い小之字船の中には、時として宿付を怠り茶銭支払いを拒否しようとする船頭たちが跡を絶たなかったこと、そうした事実が読み取れるであろう。その結果、穀宿の収入は減少し、それ故にこそこの時期、穀宿は藩からの前借りを繰り返さなければならなかったのである。また、茶銭二〇〇文ずつの支払いは藩船の船頭に対しても同様に命じられていたのであったが、宝暦七年（一七五七）にはこれに代って年間五両を受給したい旨願い出、翌八年からはそのように変更されている。(23)

以上からは、小之字船からの茶銭の取り立てが穀宿の権利として認められていたこと、および穀宿の経営はこの茶銭収入にかなりな程度依存していたと思われること、この二点が明らかであろう。しかし、小之字船側の茶銭支払い拒否の動きはその後も跡を絶たず、年代を確定することはできないが、一上下ごとに二〇〇文ずつの支払いから年間五〇〇文の支払いに変更されたり、あるいは、それさえも守られなかったので今度は強行手段として小堀河岸の河岸場前に小屋を建てて小之字船の通行を厳しく点検し、従来通り一上下ごとに二〇〇文ずつを取り立てようとしたりしている様子が知られている(24)。

さてここで、小之字船の船頭たちが茶銭支払いを忌避した真の理由について考えなければならない。先にあげた明和三年の史料には、その点が次のように述べられていた。「去年と違運賃高も減少仕渡世ニ罷成兼候」つまり、運賃収入の減少をあげて茶銭を支払うだけの余裕がないというのである。そしてさらに続けて、「茶銭差置候ても左程御船宿世話ニ相成候儀も無之」とあって、穀宿に茶銭を支払っても、その支払額に見合うほどに穀宿の世話を受けることもなくなったと言うのであった。もともと茶銭支払いは、藩がすべき穀宿への経済的支援を小之字船の船持たちに転嫁させたものであった。江戸上下ごとに二〇〇文ずつの支払いは穀宿の実質的な働き以上の額で、小之字船の側にとってこれは掛け捨ての保険のようなものと捉えられていたのではないだろうか。小之字船はその辺の事情を熟知していたのである。それ故に、この点を割に合わないと、真正面から主張しているのであった。そして実は、次章で検討するように、水戸領以外の船頭が水戸領農民所有の㊌極印船を借り受けて操業する事態も進展していたのであった。それが、幕府川船役所の咎めを受けて問題が顕在化していくのは、天明五年(一七八五)からのことである。そのような擬装小之字船にとって、水戸藩穀宿への茶銭支払いは負担以外の何物でもなかったから、彼らがまず茶銭支払いを拒もうと動いたことは十分に予測できる。しかし、水戸領小之字船全体から見れば、それは一部の存在でしかなかった。大多数を占める本来の小之字船の船頭たちがこの時期、明和から天明年間になって、運賃収入が減少したり、穀宿に世話になることも少なくなったと訴えたその真の理由は何だったのだろうか。この点の解明が肝要である。

第三節　川船の改良

小之字船にとって、穀宿の世話になる必要性が少なくなったというのは何を意味していたのか、次の史料によって具体的に検討してみよう。

御領内小之字船之儀、先規ゟ上下毎宿附仕茶銭差置候様被仰渡候所、舟々如何相心得候哉、近年宿付不仕、万掛合難舟等御座候歟、又ハ立寄候舟茂正月年始計ニ立寄候様罷成、甚難義仕候。尤前々ハ小之字之儀茂大舟ニ而艀下渡世茂多御座候所、近年ハ一統小舟ニ罷成艀下渡世も無御座、其上凶作打続私義も甚困窮ニ相及候ニ付、御舟御艀下賃立替等ニ差支難義仕候ニ付、時前拝借仕御艀下取扱仕候様罷成、取続旁難儀至極仕候間、何卒御定之通上下毎宿附仕候様、村々江御達被下置候様奉願上候。尤上下毎宿附仕候舟茂少々者御座候得共、正月年始も立寄不申候舟々多御座候様罷成候間、偏ニ御仁恵之御了簡を以御極印舟有之候村々江御達被下置候様奉願上候。以上。(25)

（寛政五年二月）

これによれば、「先規ゟ上下毎宿附仕茶銭差置候様被仰渡候所」とあるので、先に見た明和三年の潮来村以下九ヶ村連名による茶銭支払を年一回だけにしてほしい旨の要求は、認められていなかったことが明らかとなる。穀宿への経済的支援を小之字船に肩代りさせようとする体制が維持されていたのである。しかし、そうした藩の意図とは裏腹に、茶銭支払いを拒もうとする小之字船の動きは益々増加する傾向にあった。江戸上下ごとに必ず宿付して茶銭を支払う者は僅かで、普段宿付して茶銭を支払うのは、「掛合・難舟」などの事件や事故が起った場合か、正月年始の挨拶の時だけという事態が続いていた。ところが、その正月年始の茶銭支払いさえも怠る者が多くなってきたというのである。そこで穀宿の重兵衛は、江戸へ就航する度ごとの茶銭支払い義務を徹底させてくれるように再び願い出たのであった。

ここで重兵衛は、小之字船が以前のように宿付して来なくなった理由を、「近年ハ一統小舟ニ罷成」と、小之字船が小型になったためであると述べている。以前は小之字船も一般に大型船で、それだけ小堀河岸に艀下船を依頼する必要度も大きかった。艀下船の派遣を依頼しておきながら茶銭の支払いを拒否することはできなかったので、それだけ重兵衛の茶銭収入は確実であった。ところが、寛政年間には小之字船が全般的に小船になってしまったため、艀下船を利用する頻度も減り、それに伴って必然的に穀宿への宿付も減少したというのである。ここで史料の文言には、「小舟ニ罷成」と述べられているが、それは操船に必要な水主乗組員の数を減らすような形で大型船から小型船に変更された事態を指しているのであろうか。そうではなくて、この「小舟ニ罷成」とは以下に検討する通り、浅瀬の場所でも艀下船に頼らなくても済むような形に船体構造の改良に主眼おいた船の小型化であったと考えられるのであった。

重兵衛家の別の史料によれば、「砂押以来凶作打続、其上川筋殊之外浅瀬ニ罷成」(26)と述べられている。天明三年(一七八三)七月の浅間山の噴火は凶作をもたらしただけでなく、利根川の浅瀬化の傾向を一挙に押し進めたのであった。基本的には、近世初頭の利根川東遷と呼ばれる無理な改修工事に原因があって利根川の中流域に土砂の堆積が進行し、一八世紀初頭にはこの地域での艀下船の利用が恒常化した。そして、この浅瀬化の進行によって小堀艀下河岸もその地位を確定していくのであったが、浅間山噴火による泥流の流出はその傾向を一挙に押し進め、水深障害を一層厳しくしたのも間違いなかった。その直後には、船持の側でも新たな川瀬の状況に対応できず、旧来の船を用いて運航していたが、しかし寛政期以降になると少しずつ船に改良を施し、浅瀬にも対応できるような船を造り出していくのであった。その改造の一端を『国用秘録』は次のように伝えている。

上総国望陀郡来里川平水深壱弐尺也、仍而通船なりがたく、船の敷ヲ広く造りて通行する也。利根川筋とても船の敷ヲ広ク造りて然るべし。しかし川幅広クして風ニ而波打入べし、此考ヲ定、御船敷広ニ造り替て便利なるべし。

つまり、船の「敷」と呼ばれる船底部分を広く造り替えて、積載量を減少させずに浅瀬を通過出来るような船を考案したというのである。また、川幅の広い利根川を通行するには風波で積み荷が濡れる心配もあったので、この点の改良にも注意すべきことが述べられている。そして右では、水戸藩の藩船もこれらの点に留意して造り替えた方がよいだろうと提案されていた。利根川水系の高瀬船は細長い船体構造が特徴で、強度の弱い壊れやすい造りの船だったので、船底の「敷」を広く造り替えると言ってもそれはおそらく船の長さではなくむしろ横幅を広げることを指していたのであろう。それとも逆に、こうした改良の結果が、あのような細長い船体構造の特徴を生み出したのであろうか。この点はさらに追求しなければならない課題だが、いずれにしても浅瀬を克服できるよう船に工夫が施されていったことは間違いないだろう。

あるいはまた、積載量そのものを減らして、それまでよりも一回り小振りな船を利用することも多くなったらしい。次にあげる史料からは、銚子方面より干鰯・魚粕等の海産物を積み込んで江戸に向った高瀬船も、次第に小振りなものに造り替えられていった様子が窺える。

一元文年中、干鰯百表ニ付江戸船賃銀七拾四匁之所、其後数年過、船賃相下ケ候様ニ被仰越候ニ付、任御意引方仕り、其後茂亦少々相下申候。然共其節者、川通水之深サも古来之通、さして替儀も無御座高瀬船通用家業相勤まり申候。六七年已前ゟ追年月浅瀬之所々多ク罷成、高瀬通用致難儀、家業ニ相兼申候。依之高瀬船次第ニ致減少、小船房丁船ニ造立仕、御荷物差滞不申候様ニ罷成候得共、小船故高瀬大船の船積仕候ゟ荷物不応俵数之高ニ、水主多相掛、其上水主扶持米・船中雑用入用共相増申候。給金之儀も元文・延享之頃ハ、水主壱人前ニ而金弐両三分ゟ五両弐分迄ニ御座候。尤岡人も元文頃ゟハ相増候へ共、船乗給金ハ格別成増分御座候。依之、ひしと行当無是非、少々増船賃別紙御願申上候通、御得心被成下、問屋船持御見続米永家業相勤候様ニ奉願候。

（中略）

亥八月　　　　　　　　　　　　　　　小舟木川岸

（他三河岸略）

永井村㊞三ヶ浜(27)

（他二八ヶ村略）

これは、銚子の小船木河岸以下四河岸の問屋八名が連名で、永井村以下二九ヶ村の九十九里浜沿岸村々に対し、干鰯・魚粕等を江戸へ廻漕する際の船賃を引き上げてくれるよう要求したものである。元文年中（一七三六～四一）は干鰯一〇〇俵に付銀七四匁の船賃だったが、その後は、荷主側からの船賃引き下げ要求に応じてたびたび船賃を安くしてきた。その当時は、利根川の水深も古来の通り変化なく保たれていたので問屋たちも高瀬船での運送業を続けることができた。ところが、六、七年以前から浅瀬の場所が多くなって、それまでの高瀬船に荷物を満載しての通行は難しくなり、家業に差し支えてしまった。そこで彼らは、旧来の高瀬船を廃し、「小船房丁船」に造り替えたというのである。これは、おそらく房丁高瀬船の意味で、それまでの高瀬船よりも一段小振りの高瀬船を指していると考えられる。しかし、船を小振りに造り替えて積載量が減っても、船を航行させる上で乗組員の水主を減らす訳にはいかなかったから、相対的に、積載量の割にこれまでよりも多くの水主を必要とする勘定になった。船賃は積載量の多少によって増減されたから、船持たちにしてみれば、雇いの船頭や水主に対する給金が割高になった訳である。そこへさらに、水主給金そのものが高騰してきたので、止むを得ず荷主側に船賃の引き上げを求めたのであった。「亥八月」とあるだけで年代を確定することはできないが、「六七年已前ゟ追年月浅瀬之所々多ク罷成」という部分が、もしも浅間山の噴火に関わってのことであるならば、寛政三年（一七九一）亥の年と判断される。

ここで言う銚子方面の高瀬船が、干鰯や魚粕などの商人荷物だけを廻漕し、年貢米の江戸廻漕には関係せず、したがってまた小堀河岸での艀下船に依存する必要度も少なかったという訳ではない。年貢廻米を請け負うような大型船は、年貢米のない夏場には様々な商人荷物を積み込んで江戸に廻漕していたのである。寛政四年（一七九二）、関宿河岸の北方利根川左岸に位置する境河岸においても、船の小型化が伝えられている。二〇年以前までは三四〇〜四〇〇俵積み程度の高瀬船で操業していたが、最近は浅瀬の障害がひどくなったために大体一四〇〜一九〇俵積み程度の小船を利用するようになった。それで小船故に運賃収入が減少したと嘆く史料が知られている[28]。川船の改良による小型化という潮流は、こうして利根川中流域を通過して江戸に向う川船一般に見られる傾向として現われたのであった。そしてこれに伴って、小堀河岸での艀下船需要も次第に低下していったのではないだろうか。

あるいは、旧来通りの船を用いたまま、その積載量を減らすことによって喫水を小さくし、浅瀬の場所を乗り越えようとする動きも認められる。

文化四巳十一月　運送奉行清水介左衛門代

一御手船御廻米五百五拾表積来候所、壱艘ニ付金壱両三分ツヽ被下候処、伺之上以来四百五拾表積、百表目商荷

積御免ニ相成、金壱両三分御引上ニ相成候事。(29)

これは、水戸藩々船への積載方法を示したものである。それまでは年貢米五五〇俵を積んで藩から船頭に金一両三分の運賃が支給されていたのであったが、文化四年(一八〇七)、以後は四五〇俵の積み込みとして差額の一〇〇俵分は御船頭に自分荷物の積み込みを許したのであった。ただしその代わり、一両三分の運賃支給は打ち切られている。享和二年(一八〇二)の規定によれば、水戸藩の御船頭は年貢米積み込みの後、もう一日は滞船し、運航の妨げにならない範囲で自分荷物を藩船に積み込むことが許されていた。(30)今回はその枠をさらに広げたことになるが、その分の艀下運賃は船頭が自弁しなければならなかったので、船頭としても無制限に自分荷物を積み込める訳ではなかった。このような船頭の帆待ち稼ぎの例は第一章でも確認しておいた。藩としては、蔵米を少なくすることによって船頭の自分荷物取り扱いの範囲を広げ、船頭への運賃支給をカットすると同時に艀下運賃も減少させるという二重の効果をねらったものであろう。そしてまた、このような工夫は一般の商船においても何かしらとられていたのではないだろうか。

以上のように、利根川中流域を通過する際の浅瀬の障害を克服していこうとするいくつかの試みが続けられていた。それは艀下船への依存度を小さくしていったに違いない。小之字船が茶銭支払いを拒否し、「茶銭差置候ても左程御船宿世話ニ相成候儀も無之」と言ってのける背景には、このような動きがあったと考えられるのである。

第四節　問屋・船持協調体制の崩壊

小堀河岸問屋寺田重兵衛は水戸藩穀宿の指定を受けて同藩江戸廻漕業務の一翼を担っていた。その第一の任務は同藩々船ならびに水戸領小之字船に対して滞ることなく艀下船を提供し、廻米業務を円滑に行なわせることにあった。これまでの検討により、穀宿は藩船が艀下船を利用した場合の艀下運賃を立替て支払っていたこと、しかし、その御定運賃はきわめて低額であったばかりか安値の現物米支給であったためにかなりな負担をしいられていたことなどが明らかになった。また、藩は、江戸に就航する小之字船から茶銭を徴収する権利を穀宿に認め、穀宿への支援を小之字船に転嫁していたのであった。ところが、一八世紀後半の時期は利根川の浅瀬化が一層進行していく時期で、小之字船の側では船を小型化したり、あるいは何らかの工夫を施したりして浅瀬の障害を乗り越えようとする努力を積み重ねており、艀下船に依存する頻度は次第に減少していく傾向にあったと考えられる。こうした事態を背景にして、小之字船の船頭たちは穀宿に対して茶銭支払いを拒否する動きを執拗に繰り返していたのであった。以上によって、水戸藩運送方役所・藩船・穀宿そして小之字船、これら四者をめぐる基本的な関係が理解できたであろう。

一八世紀後半のこのような艀下船依存の減少という事態は、小堀河岸の内部構造に深刻な影響を与えずにはおかなかった。最後にこの点について考えておきたい。

佐野川船・上州河船年々手船同様頼置候処、佐野船之儀ハ、私方ニ而趣意御座候ニ付、近年艀下船ニハ更ニ相雇不申、上州船之儀者年々相雇来リ候。(31)

これは、文政三年（一八二〇）五月、小堀河岸問屋と同河岸の船持たちの間に艀下稼ぎをめぐる対立が生じ、重兵衛が水戸藩運送方役所に願い出た際の文言である。同河岸では寛延元年（一七四八）、名主立ち合いのもとに河岸議定を締結し、問屋七軒と二四名の船持が相互に協調して同河岸の担う艀下輸送という特殊な機能を維持していくべく約束していたのであった。その後一八世紀の後半は次第に艀下船の出動は減少していく傾向にあったものの、重兵衛家の史料による限り、基本的には寛延期の協調体制が維持されていたと考えられる。ところが、化政期に至り、遂にこの体制も動揺を余儀なくされるのであった。右によれば、重兵衛家では小堀河岸の土地船だけでは艀下船の需要に応えきれないこともあったので、鬼怒川方面の佐野川船や上利根川方面の上州船に頼んで例年廻米の集中する冬期間は手船同様に利用してきたという。(32) ただし、この時期何らかの理由で佐野川船の雇用は中断されていた。

勿論土地舟之義ハ是迄迚も他所舟とハ相違、彼是私取扱ヲ以先番ニ艀下積立為仕差置候。

一方、土地船との関係で言えば、これら他所から艀下稼ぎに集まってきた船は土地船よりも不利な立場におかれ、右に見られる如く土地船の方が優先的に艀下船として出動することになっていた。先の議定によれば、土地船が五艘出動したあと他所船一艘の割で稼ぎに出るよう取り決められていたのであった。(33) それでも、艀下船の需要が多かったときは、他所船にも一定の稼ぎが保証され、右の順番制が守られていた。

去ル亥年所々川岸々不荷物ニ而右ニ順シ、艀下渡世も薄ク御座候得共、上州船手船同様ニ年々掛ニ参候船共艀下待致居候処、土地舟之者共不荷物ヲ申立、自分之勝手ニ我儘之渡世致候様、他所船相除候様舟行事ヲ以申之候。

ところが、「去ル亥年」とある文化一二年(一八一五)になると艀下荷物はいよいよ減少し、土地の船持たちは他所から集まってくる船の締め出しを計ってきた。船持仲間の代表である船行事を通して「他所船相除候様」と訴えてきたのである。

当年之義者世間一同不荷物之儀故、右之段埋害度々申聞候所、我儘相募一向不相用私共勝手次第何連之川岸へ成共参リ渡世仕候ニ付、艀下渡世不仕趣船行事ヲ以挨拶有之候ニ付、行事方江も色々与申含候得共更ニ承知不仕候ニ付、

問屋側では、当年の不荷物は小堀河岸に限らない世間一般の傾向である旨を告げて色々と執り成したのであったが、船持側の態度は強硬であった。もしも要求が受け入れられない場合には、自分たちは他所の河岸へ出向いてそこで船

稼ぎを行ない、今後一切小堀河岸での艀下稼ぎには従事しないというのである。彼らの船が主に二五〇俵積み程度の高瀬船であったことを考えれば、これは単なる脅しではあり得なかった。重兵衛は困り果て、たまたま付近を航行中の水戸藩々船の船頭に相談した所、藩船の船頭たちは次のように小堀船の切り捨てを決断したのであった。

土地艀下船共甚不埒之趣、御船頭衆も御承知之上私方江被仰聞候儀者、押付・布河船へ艀下可申付旨ニ而、両村呼出候様私方へ被仰付候。

すなわち、今後水戸藩々船および小之字船が艀下船を依頼する場合には押付・布川両村の船を利用すべく計画し、両村の船持代表を呼び出すよう重兵衛に命じたのである。両村は小堀河岸の下流にあって、押付村は小貝川との合流点に位置し、その下手の布川村は魚市の立つ繁華な河岸場であった(34)。このとき幸いなことに押付村の名主甚兵衛が居合わせたので、早速その旨を伝えた所、彼は次の如く即座に返答している。

甚兵衛承知仕御船へ罷出、艀下船之儀者両村江被仰付候義ニ者相及不申、私組下之船ニ而拾五艘差出可申候。其上御差支之節者私村方之舟御艀下御用差出候様御請仕候。

元来、押付村の船は重兵衛家との間に年来の取り引き関係があって、これまでも小堀河岸の寄船として艀下船の稼ぎに出向いていたらしい。そこで甚兵衛は布川船へ頼るまでもなく自ら名主を務める押付村の船を以て重兵衛からの艀下船依頼に応えるべき旨、水戸藩々船の船頭に申し出たのである。彼は自分一人で一五艘分の差配は可能で、それでも不足する場合には責任を以てそれ以外の押付船を用立てると約束したのであった。

おわりに

以上の経緯を経て文政三年（一八二〇）五月、重兵衛は以後水戸藩々船および小之字船からの艀下船依頼に対しては、小堀船に頼ることなく押付船を専用に利用することにしたいとして運送方役所に願い出たのであった。これを見れば、小堀河岸における問屋・船持相互の協調体制は完全に崩壊してしまったことが明らかとなる。かつて一八世紀の後半、同河岸七軒の問屋がそれぞれ個別に船持たちを組織・編成することはなかった。問屋七軒は一体となり、船持仲間全体に対して艀下船の出動を要請し、船持たちは自らの代表に船行事や船肝煎を選出し、問屋からの依頼に公平に応えていたのであった。ところが、艀下荷物の減少という事態に直面してその体制に亀裂がはいり、船持たちは不荷物を理由に問屋差配の他所船に攻撃の鉾先を向けたのである。その結果、問屋側は体制維持を放棄し、個別に艀下船を確保する方向を選んだのであった。一方船持側では旧来からの艀下稼ぎに捉われることなく、他河岸の船持たちと同様に江戸航路への運送業に活路を見出していくのである。小堀河岸の内部構造が大きく変質していく様子が明らかであろう。

重兵衛が押付船を個別に編成した翌年の文政四年（一八二一）、小堀河岸を震撼させる大問題が起こっている。小堀河岸の少し下流で利根川南岸の木下河岸が艀下船の取り扱いを開始する旨、通達してきたのである。ここは、利根川から手賀沼に入り込む地点にあって、鹿島・銚子方面から廻漕されてくる鮮魚荷物を船揚げして行徳へ宿継ぎ駄送する河岸であり、また、鹿島・霞ヶ浦方面への客船が発着する基地として賑わっていた。浅瀬の障害はこの付近にまで広がってきたらしく、「近年川筋浅瀬ニ罷成、当川岸下ニ岩場并附州有之、渇水之砌荷船通船難相成、当川岸より艀下船差出候様申越候方も有之」と、木下河岸に艀下船の派遣を求める元船が現れている。小堀河岸での艀下需要の減退は、浅瀬の障害がより下流域にまで広がったことにも密接に関わっていたのである。小堀に到着する手前の浅瀬で通船不能となる事態が続けば、わざわざ小堀まで艀下船の調達に行かなくても、より近場でそれを見つけようとする動きが出てくるのも当然であった。それが、木下河岸の策動となって現実のものとなったのである。対岸の布川河岸や上手の布佐村ではなく、木下河岸が選ばれたのは、木下茶船と呼ばれた客船を常時就航させていた同河岸の輸送力の大きさが見込まれたのであろう。小堀河岸にとって自らの存在意義をかけたこの木下河岸との争論は、幕府勘定奉行所へ持ち込まれ、同奉行より内済の勧告を受けてようやく落着している。その結論は、第三章でも述べたように、木下側の敗訴で終わっている。小堀河岸は自己の内部に旧体制の分裂という事態を抱えながら、他河岸に対しては一応艀下船差配の独占権を維持したのであった。

しかしその後、安政二年（一八五五）の序文をもつ『利根川図志』は巻一、運輸の項で利根川の艀下船について次のように述べている。

水涸れて河身《かわせ》高き時は、航《たかせぶね》船通ぜず。故に脚船《はしふね》を以て運送す。これを艑下船《はしけぶね》といひ（艑は俗字なり）これを業とする家を艑下宿といふ。又舟子少き時、或は洪水に逢へば土人を雇ふ。これを業とする家を引付宿といふ。共に処々に在り。(35)

艀下宿や引付宿が所々にある、と描写するところが印象的である。原則としては、小堀や関宿を中継基地とする水運機構が維持されながらも、一九世紀・幕末期には、その目を逃れて滞船場所で密かに艀下船をチャーターしてしまう事態が頻発していたのではないだろうか。かつて利根川の浅瀬化を理由に存立の基盤を確定した小堀艀下河岸は、今度は、浅瀬の障害が進行していくのに伴って河岸内部の構造転換を余儀なくされるのであった。この艀下船をめぐる動向の中に利根川水運転換期の様相が反映されているであろう。

註

（1）『古事類苑』器用部［川船書］。

（2）茨城県行方郡牛堀町、須田家文書（国立史料館収蔵、同館史料目録第四一集の一五八九番「川内ニて水戸御極印打替申ニ付仰付覚」）。

（3）①については、本書第四章、②〜④については第三章、また、艀下輸送機構については第二章で分析している。

（4）銚子の事例については、川名登『川岸に生きる人びと』（平凡社、一九八二年刊）三九頁参照。那珂湊については、『水戸市史』中巻（一）の六〇六頁。茨城県立図書館蔵「与聞小識草稿」第七冊によれば、仙台藩も延宝六年（一六七八）那珂湊に藩役人を常駐させていたことが明らかである。潮来の事例については、拙稿「東廻海運の初期段階―常陸国潮来を中心に―」（羽下徳彦編『北日本中世史の研究』吉川弘文館、一九九〇年）、同「東廻海運の展開―常陸国潮来をめぐって―」（柚木学編　日本水上交通史論集・第四巻『江戸・上方間の水上交通史』文献出版、一九九一年）を参照されたい。また、拙稿「海運と地域―難船処理と水戸藩の入穀禁止令を中心に―」（渡辺信夫編『近世日本の生活文化と地域社会』河出書房新社、一九九五年）で明らかにした通り、水戸藩は那珂湊での他領米の荷揚げを禁じていたため、米穀に関する限り、那珂湊から涸沼川を入り込んだ涸沼南西岸の海老沢や網掛河岸が東廻海運との接点に位置していたのであった。ただし、廻船が那珂川に入り込む際の海難事故が後を絶たず、その処理をめぐって那珂湊には仙台藩や南部藩が役人を派遣し、あるいは穀宿を設定することもあったことが知られている。

（5）『栃木県史』史料編・近世四、および茨城県取手市、寺田忠三家文書（『取手市史資料目録』七集、整理番号No. 27「御用留并諸大名様方御用留」）。

（6）林基「奥州・江戸間内陸水運路の初期段階（一）―今村仁兵衛の巴川通船を中心に―」（『専修史学』一六号）。

（7）本書第七章参照。

（8）『利根川図志』には、「船宿五家皆寺田氏なり。（徳基が家あり、今も勘兵衛といふ。）」と寺田勘兵衛家の隆盛を伝えている。

（9）前掲註（5）の寺田家文書No. 27に同じ。

（10）前掲寺田家文書　No. 46「水戸御用留」。なお、艀下運賃については第二章の表9も参照されたい。

(11) 茨城県史編纂委員会編『近世史料II』の『国用秘録』。
(12) 前掲寺田家文書　No. 145「乍恐以書付奉願上候（問屋口銭増額願）」によれば、年代不明だが冬期渇水時の場合、小堀～関宿間の艀下運賃が米一〇〇俵につき金三両との記述があって、ここで言う米一〇〇石の単位とは違っている。
(13) 本書第四章。
(14) 前掲寺田家文書　No. 46「水戸御用留」。
(15) 前掲寺田家文書　No. 29「水戸御用留」。
(16) 前掲寺田家文書　No. 50「諸用留」。
(17) 前掲寺田家文書　No. 46「水戸御用留」。
(18) ただし、茨城町史資料集第一集『大津忠順　当用手控』の三五頁によれば、天明六年（一七八六）江戸御船宿への茶銭支払いは一旦廃止されたとされている。
(19) 前掲寺田家文書　No. 48「水戸領小之字船茶銭仕切帳」。
(20) 前掲寺田家文書　No. 6「覚（小川御役所より御船宿小堀江参候御書付）」。
(21) 北原糸子氏は「利根川舟運転換期に於ける一河岸の動向―近世中後期の小堀河岸を中心にして―」（『海事史研究』一八号）において、小之字船の茶銭支払いを穀宿への単なる礼金として把握されているが、これは単なる礼金以上のもので、藩が小之字船に負担を転嫁したものと捉えるべきであろう。
(22) 前掲須田家文書　一〇六四番「江戸・松戸・関宿・小堀船宿船々茶銭差上日延願書付」。
(23) 前掲寺田家文書　No. 29「水戸御用留」。
(24) 前掲寺田家文書　No. 149「以書付申触候（先年之通小堀御船宿江茶銭差置候様）」。
(25) 前掲寺田家文書　No. 46「水戸御用留」。
(26) 前掲寺田家文書　No. 46「水戸御用留」。
(27) 千葉県銚子市　滑川泰男家文書。千葉県海上町史編纂委員会編『海上町史料所在目録』第三集、近世・状之部N・一五五番「書付（干鰯・〆粕江戸船賃引上げについて）」。
(28)『茨城県史料』近世社会経済編I、九九番「寛政四、五年境河岸船持百姓と船問屋の出入訴答控並に済口証文」。

(29) 前掲註(18)に同じ、『大津忠順　当用手控』の三七頁。
(30) 千葉県柏市　誉田守氏所蔵文書「一同勤方心得覚」による。誉田氏はかつて水戸藩お抱えの御船頭を勤めており、これはその際の勤務規定をまとめたもの。同家文書はかつて茨城県立歴史館に寄託されており、これは、その時の整理番号五番の文書。また、藩船々頭の自分荷物積み込みについては本書第一章にその実例を見ることができる。
(31) これ以下の引用史料はすべて前掲寺田家文書　No. 57「(乍恐)書付ヲ以奉願上候(小堀河岸艀下取扱之儀ニ付)」。なお、文化一二年の押付村甚兵衛による艀下船引受けについては、No. 56「差出申一札之事(艀下船差出方請書)」も参照されたい。
(32) 本書第二章参照。
(33) 本書第四章参照。
(34) 赤松宗旦『利根川図志』(岩波文庫版、一四八頁)。
(35) 前掲註(34)に同じ、五三頁。

第六章　水戸藩の藩船と農民船

はじめに

水戸藩は、藩船は言うまでもなく自領内の農民船に対して独自の極印統制をしいていた。関東の川船が幕府川船役所の極印統制下におかれ川船年貢・役銀を徴収されていたのに対し、これら水戸領の㊌極印船はそれから独立した存在であった。その農民船は紺地に白抜きで(小)と染め抜かれた小旗をかかげていたので、その旗印から一般に「小之字船」または丸小船などと呼ばれていた。(1) あるいは、藩の御手船と区別して、単に「商船」または「商人船」などと呼ばれることもあった。本章では、水戸藩から㊌極印を受けた水戸領農民船を便宜上、小之字船と呼んで統一する。貞享年間の「中川御関所御規定伝達」によれば、「(小)此印之船、則丸小舟ニて水戸殿御支配之舟ニて其数凡六百艘計り有之よし」(2)と記されている。この小之字船六〇〇艘にはやや誇張があるにしても、相当数の水戸領農民船が江戸に乗り入れていたことは間違いなかった。この小之字船はその後も増加傾向を示し、そればかりか、これらは一年間に十数回もの江戸往復を繰り返していた。(3) したがって、霞ヶ浦方面から利根川、江戸川に至る川筋には絶えず小之字船が行き交っており、勿論、江戸の内川にも何艘もの小之字船が係留されている、これが当時の利根川水系の状況であった。

また、水戸藩は霞ヶ浦北東岸の小川河岸に運送方役所を設け、ここに藩船を配備して江戸と国許をつなぐ直営の廻漕機構を維持していた。小之字船の(小)の旗印も元もとはこの小川運送方役所の「小」の字に由来するのではないかと考えられている。定府制をとった水戸藩は、これらの藩船や小之字船を用い、年貢廻米をはじめ江戸藩邸で必要とした様々な物資を国許から廻漕させていた。その際に、一〇艘前後におよぶ藩船にとって、小之字船が絶えず江戸に就航しているという状況が実は極めて重要な意味をもっていた。言うならば、藩船の物資輸送を円滑に行なう上で、小之字船の江戸就航は必要にして不可欠な存在意義をもっていたのである。本章は、こうした藩船と小之字船の有機的関連について解明しようとするものである。

第一節　水戸城付領からの物資輸送

水戸藩の藩領域は、常陸国北半分の茨城・那珂・久慈・多賀の四郡と、下野国那須郡の一部である武茂領とでその大部分を占めていた。また、これとは別に涸沼から霞ヶ浦にかけての茨城・鹿島・行方・新治の四郡にまたがる一帯と、霞ヶ浦と北浦にはさまれた行方郡南端部の飛地、潮来方面も水戸藩の支配する所であった。ここでは水戸城を中心にした涸沼以北の一円的な藩領域を指して水戸城付領と呼び、それ以南の部分を仮に同藩南領地域と呼んでおく。

文化年間に水戸藩が年貢米の納入方法について定めた「御城米納蔵方米摺定法之事」には、次のような項目がある。「一、小鶴・奥谷より南郷は米摺ニて江戸へ直納ニ付定法此方ニなし[4]」。すなわち、「小鶴・奥谷より南郷」では農民が籾摺りをして白米にし、それを江戸へ直接納めることになっていたので、水戸の御蔵方ではこの地域で何分摺りにしているのか、籾摺りに関する規定はわからないのだという。この「小鶴・奥谷より南郷」が、ここで言う水戸藩南領に相当しており、具体的には涸沼に流れ込む当時の小鶴川（現、涸沼川）を境として、ほぼそれより南方の領域を指していた。水戸藩では、この南領年貢米の江戸直納を原則としていたので、南領の農民たちは江戸小梅の同藩蔵屋敷まで年貢米を送り届けなければならなかったのである。

慶安元年（一六四八）の頃、水戸藩は領内を一一の行政区域に分けて支配していた。その際に、各区域ごとの蔵入地と給地分の比率を調べてみると、水戸より以北の七つの区域では大体半々から四対六の割合で給地分の方が多かったが、城下より南方の小幡・吉田・大野・鯉淵・宍倉村方面と紅葉・宮田・大貫・足黒村方面の二区域では七対三と逆転し、また長岡・坂戸・潮来村方面に至っては約八対二と蔵入地の方が圧倒的に多くなる。(5) これら城下南方の地域が、そのままここで言う小鶴・奥谷以南の同藩南領に相当する訳ではないが、霞ヶ浦と利根川水系の水運を利用して江戸に直結しうる地域においては、蔵入地の占める割合が非常に高くなっていることが明らかである。この蔵入地は、同藩江戸藩邸での必需物資の供給地としての役割を果たしていたのであった。このような慶安期の蔵入地の配置状況を見ると、蔵入地年貢米を南領農民に江戸納めさせる体制は相当早い時期に成立していたのではないかと考えられる。

一方、水戸の城付領から江戸に送られる廻米は、まず、水戸城下杉山に設けられた藩の蔵屋敷に集められることになっていた。ここには三〇棟の板蔵があり、これとは別に城下北側を東流する那珂川に面して河岸御蔵とよばれた一三棟の板蔵もあって、江戸への廻米はこれらの蔵屋敷から那珂川の高瀬船に積み込まれたのであった。たとえば、城下を少し下った細谷村と枝川村には民間の高瀬船が五、六艘ほどあって、杉山御蔵から涸沼南西岸の海老沢河岸へ廻米を積み送り、一年間に延約六〇回ほども就航したという。また、藩営の高瀬船も二艘あったが、こちらはその半分で年間三〇往復ほどであった。規模を明確にできないが、おそらく、高瀬船とは言っても利根川筋のものに比べれば一回り小振りなものであったと思われる。

上之御船弐艘御蔵方ニ有り、壱ケ年ニ壱艘ニ付三十度位往来する也。商船の半分致往来候。追風悪敷由申立嶋田・小川辺へ御船ヲ置、御船頭共忍ニ私宅ニて農業をする也。御船頭壱人ニ付弐人御扶持金三両ツヽ、被下候所、

商船のごとく壱度七百文ツヽ被下、川筋見届横着無之様取〆度事。(6)

と述べられているように、藩船二艘を操る船頭には二人扶持金三両ずつが支給されていた。しかし、藩船の船頭とはいえ那珂川から涸沼までの区間を帆走するのに風向きが悪いなどと理由をつけては滞船し、その間に私宅に帰って農作業を行なうような者たちであった。それればかりか、右の史料に続く部分によれば藩の積荷を抜き取っては自分の荷物として売り捌くなど、悪事を働くこともあったという。一方、農民船の方は一回に付七〇〇文ずつの運賃積みだったので、六〇往復ほどして年間に約六両ほどの収入になった。また、海老沢からの帰り荷には塩などを積んで城下まで廻漕して来たので、こちらからも年間約一〇両ほどの運賃収入が得られたという。農民船は運送回数の増減がそのまま収入の増減につながったから海老沢への運航回数を増やすよう努力したのであった。藩船々頭の悪事を憂慮した同藩南領の地方役人坂場流謙は、右のように述べて彼らへの扶持支給を中止し、農民船と同様に運賃制へと切り替えることによって、「横着無之様取〆度事」を願っている。

ここからは、細谷・枝川両村だけを取り上げてみても、文化年間には農民船の年間輸送回数は延べ三〇〇回ないし三六〇回、対する藩船の方は六〇回程度で、船の大きさを同程度と仮定すれば、水戸城下と海老沢を結ぶ輸送力に占める藩船の割合は僅か一四〜一七パーセントにしか過ぎなかったことが明らかとなる。藩船は農民船に比して大型のものであったと予測されるが、それにしても自領内の水運輸送には、農民船に大きく依存していた事態が見えてこよう。それはまた、藩が水運機構を直接編成しなくても済むだけの民間輸送力がここにあったことの証明でもあり、あるいは、藩が農民船に稼ぎの場を保証した結果でもあると、考えられよう。

海老沢に荷揚げされた廻米は、霞ヶ浦の北東岸で水戸藩領の小川村まで駄送され、そこで再び江戸へ就航する藩営の高瀬船に積み込まれることになった。ここには近世の早い段階で「小川御屋敷」が建設されていた。

一小川御屋敷定番之者壱人抱可被申候。但ふち切米〔　　〕へき事。
一小川ニ江戸ニ〔　　〕米船三艘〔　　〕たまりより八木渡しふね弐そう、郡奉行衆ヲ〔　　〕相談作可被〔　　〕。

以上

元和拾子三月一日　　中　備前
三木仁兵衛
御代官中(7)　　芦沢伊賀

元和一〇年（寛永元年、一六二四）には、右に見られるように小川御屋敷に扶持切米取の「定番之者」一名が召し抱えられている。また第二条では玉里村と八木村の間に霞ヶ浦の渡船二艘が配置されると共に、江戸への「米船三艘」も配備されており、詳細はわからないが、この小川御屋敷が同藩の江戸廻漕機構における国許側の基地として重要な役割を担っていたことは間違いないだろう。実は、この小川地方も涸沼に面した海老沢付近も水戸藩が成立した当初、その支配領域には含まれていなかった。小川地方に関しては、当初常陸国多賀郡松岡を本拠地とした戸沢氏四万石の支配する所であった。それが、元和八年（一六二二）「松岡・小川三万石ノ地ヲ増封セラル、前ヲ合テ二十八万石ナリ」(8)とあるように、戸沢氏が出羽国新庄に移封されたのに伴って幕府から加増されて獲得した場所であった。初代頼房のときである。これによって、小川を中心とした霞ヶ浦北東岸の一帯が水戸藩領に編入されることになった。そしてその二三年後の正保二年（一六四五）、今度は宍戸藩秋田氏五万石の領地であった海老沢方面も同氏の陸奥三春への転封に伴って水戸藩領に組み込まれたのであった。その直後の正保四年、水戸藩は逸早くここに津役所を設け、流通統制に乗り出している。(9)一七世紀の前半、この時期は利根川の河川改修が繰り返された時期であり、常陸・霞ヶ浦方面から江戸に通じる水運輸送もまだ後世のように整備されたものではなかった。しかし、水戸藩が霞ヶ浦北東岸地域を獲得した直後、ここに江戸への「米船三艘」を配置しているのは、霞ヶ浦と江戸を結ぶ水上の輸送機構を構築しようとしていたことの反映と見てよいだろう。そして、初期東廻海運の廻着地であった潮来が、当初より飛地領の形で水戸藩領に編入されていたことを考えれば、同じく海上廻船が直接乗り入れた涸沼の海老沢方面が水戸藩領に組込まれていくこともうなずけよう。水戸藩は涸沼から霞ヶ浦北東岸にかけての一帯を手に入れることにより、水戸城下と江戸をつなぐ輸送機構を構築する上で、非常に有利になったことは間違いなかった。

その後、寛永年間には同藩の江戸廻漕業務を指揮する運送奉行も任命され、その運送方役所が小川に設けられた。ここには運送奉行の配下に元締と三、四名の手代、そして数名の中間が配属されており、杉山御蔵・河岸御蔵→海老沢→小川と運ばれてきた同藩廻米の江戸廻漕を指揮したのであった。この運送方役所に関しては、藩船の船頭を勤めた者の記録が残されているのでその概略を知ることができる。[10] それによれば、水戸藩には常時一〇艘前後の藩船があって、それぞれ船頭・水主合わせて四名ほどの乗組員で運航されていた。規模は小さいものでも五五〇俵積み程度、大きいものは八〇〇俵積みからそれ以上もあったので、川船としては他に例を見ない大型の高瀬船であった。民間の船が一年に一五回ないし一六回の江戸往復をこなしたのに比べ、これらの藩船は大型であるが故に船脚が遅く、おおよそ八、九回ほどの江戸往復であったという。

他藩の場合、利根川水系に江戸廻米用の藩船を所持したにしても多くは一、二艘を有するに過ぎなかった。多い藩でも、下野佐野方面に飛地領を有した彦根藩が五、六艘程度、会津藩が鬼怒川と北浦方面に八、九艘、そして田安家が一〇艘ほどを抱えていた程度である。[11] ただし、会津藩や田安家の場合には農民船を雇いあげて「定御雇船」としたものも含んでいたが、水戸藩の藩船は原則としてすべてが藩営で建造されたものであった。水戸藩の突出ぶりが窺えよう。ただこれらの藩船で間に合わない場合には、民間の船を乗組員ごと雇いあげることもあって、これを「立船」

と呼んでいる。しかし、それはあくまでも臨時的な手段で、基本的には江戸への一航程だけの措置であった。そうした「立船」も含めて、各藩が専用の輸送船として用いた船には、水戸藩が㊛の旗印を立てさせたのと同じように、各藩固有の旗や提灯などを立てさせて大名手船であることを識別させたのであった。

乗組員の編成については、船頭・水主共に藩から扶持を支給される身分の者と雇いの者との別があった。扶持支給の御抱え船頭ももとはみな農民出の者たちであったが、藩の身分格式上は町同心並と位置づけられて優遇された。藩船の数だけ船頭がいて、その中の扶持支給の船頭は約七割程度、残りが給金制の雇船頭たちであった。運送方役所では藩船の船頭に欠員が生じると民間から新規に船頭を採用し、数年間の雇船頭の期間を設け成績のよい者を正規の御船頭として登用したようである。その間、藩船の船頭として適格でないと判断された場合には即座に解雇された。御船頭の中から長年経験を積んだ者二名が組役に任命され、これら十数名の船頭と数十名におよぶ水主たちの船乗り集団を統率していたのである。彼らは先に見た那珂川・涸沼方面に配属された藩船の船頭とは違って、船乗り専業の者たちであった。たとえその家族が農作業に従事したにしても、自らは藩船に乗り込んで藩有物資の江戸廻漕に専従したのである。また、水戸城下から海老沢までの自領内を航行するのとは違い、他藩の藩船も行き交う利根川の水系を航行し、江戸の内川にまで乗り入れたので、操船上の注意のみならず運航のすべてにおいて水戸藩の体面と威厳を傷付けることのないよう細心の注意を払わなければならなかった。彼らはまさに水戸藩を体現した船乗りたちであった。

近世初期以来、この小川運送方役所が水戸藩江戸廻漕機構における国許の積み出し基地であったが、安永年間になって北浦北岸の串挽河岸積み出しへと変更されている。

運送奉行小瀬伊兵衛様代

一、御米北浦廻り安永八亥年六月ゟ廻り初ル。(12)

これにより、海老沢から小川までの約四里の陸送区間が一挙に半減され、駄送は海老沢から北浦に注ぎ込む巴川右岸の下吉影までで済むようになった。安永八年（一七七九）六月からだという。巴川の細流に船を通す事業は、すでに慶安四年（一六五一）磐城平藩の手によって完成されており、東北地方南部の諸藩によって広く利用される所であった。[13] 下吉影は水戸領で、巴川河口の串挽までは小船を用い、串挽河岸において藩船に積み替えたのである。したがって、これ以降しばらくの間は運送方役所をはじめとして藩船の運航を維持するのに必要な船頭・水主そして船大工などを小川に配置したまま、船積みは串挽河岸で行なわれるという変則的な事態となった。しかし、その体制もやがて、享和三年（一八〇三）には「小川ノ運送ヲ今後潮来領ニ移ス」[14]と言われるように、小川の運送方役所が潮来領の上戸村に移転され、その後さらに天保三年（一八三二）には下吉影村へと移されていく。このような小川運送方役所の移転やこれと連係した海老沢津役所の開設と組織替えをめぐる問題などについては、いまだに解明されていない点が少なくない。しかし、ここではこれ以上詳しくは立ち入らず、この点は別に稿を改めて考えたい。

『国用秘録』によれば、寛政二年（一七九〇）より文化二年（一八〇五）までの一六年間に水戸藩が江戸で売り払った米の総量は一七万五三四一石六升一合七勺にのぼっている。[15] 年に平均して一万九五八石八斗一升六合余、四斗二升俵に換算して二万六〇九二俵余であった。また、同書の別の部分によれば江戸廻米一万二〇〇〇石との記述も確認できる。[16] このような藩財政上の販売米に加え、定府制をとった水戸藩が江戸藩邸で消費する台所米や江戸詰家臣団の扶持米を合わせると例年三万数千俵ほどの米が江戸に廻漕されていたと考えられる。また、米以外の様々な物資も江戸に送られていた。それには、大豆や味噌などの食料品、燃料としての炭・真木・薪、建設資材として松・杉や竹などの材木類、あるいは屋根葺き用の蘆など、多種多様な物資が含まれていた。運送方役所では米や大豆に比べて相対的に軽い荷物を軽荷とし別扱いで藩船に積み込ませていた。また、藩の蔵物に限らず家中荷物もこの機構を通して江戸に送られた例も見られる。つまり国許と江戸を結ぶ水戸藩の廻漕機構は年貢廻米の時期に限らず一通を通して維持されたのであり、絶えず一〇艘前後の藩船が霞ヶ浦・北浦〜利根川〜江戸川〜江戸間の航路を就航していたのであった。これにより、水戸城付領から江戸に向かう同藩輸送機構の輪郭をつかむことができたであろう。それは運送方役所を核とした藩直営の廻漕機構であった。

第二節　擬装小之字船

水戸藩の地方支配制度は何度か変更され、享和二年（一八〇二）には再び一一郡制となった。このときは城下近隣を除く各郡に郡奉行が常駐する任地在勤の制がしかれている。そしてその翌享和三年、一部が統廃合されて一〇郡制に改変されると、ここで言う南領一帯の六八ヶ村が紅葉郡として一括支配されることになった。ここに郡奉行として派遣されたのが小宮山次郎衛門昌秀（楓軒）である。彼は農政学者であると共に、後に水戸藩天保改革を推進した藩主徳川斉昭の側用人を務めるなど有能な政治家としても活躍した。紅葉郡の郡名は、彼の陣屋が置かれた巴川の左岸、紅葉村の村名によっている。この時に作成されたと思われる『常陸紅葉郡鑑』と題する一冊の横帳が残されている(17)。それは、紅葉郡六八ヶ村の村明細帳を集成した内容で、各村所有の船数と藩へ上納する船役金の合計なども書きあげられており、当時の南領農村を知る上で極めて有効な史料となっている。それによると、涸沼に面して一艘のみを所持した海老沢村を除き、川船の配置状況から大きく三地域に分けて考えることができる。すなわちそれは、北浦に流れ込む巴川の上流域地帯、小川村など霞ヶ浦の北東岸地帯、そして潮来方面飛地領という三ブロックで、地域ごとの船数合計は、順に五七艘、二三〇艘、八三六艘という結果になる。これらを合わせると実に一一二三艘という莫大な数に達するのであった。それがさらに、文化年間には「南御郡下海川共江」として「一、惣船数千七百五拾八艘、此役金弐百三拾七両壱分本三百文」[18]と見られるように、海船・川船あわせて総数で一七五八艘を数えるまでに増加している。小之字船は確実に増加していったのでる。

巴川の上流域にあった五七艘は、おそらく規模も小さく河口の串挽河岸までの運航で、江戸小梅の蔵屋敷にまで乗り入れるものではなかったと思われる。城付領年貢米を藩船へ積み込む基地が霞ヶ浦の小川から北浦の串挽河岸に変更された安永年間以降、特に巴川積下しの輸送力として重要度を増していったであろう。あとの二地域では潮来領牛堀村の三五九艘が最大であった。この数字は、水戸藩独自の極印統制に基づいて船役金を徴収された船の総数であって、船の種類も規模・運航形態も、また利用のされ方も区々で、これらがみな江戸に就航する輸送船であった訳ではない。しかし、水戸藩南領の農民たちが年貢米を江戸に直納するにあたって輸送力の面では必要にして十分な数の船を保有していたことは間違いないだろう。

小之字船が年貢米を積み込んだ実際を見てみよう。

卯御城米船積請取申手形之事

一　米八拾四俵者通表　但四斗二升入

一　稗拾俵者右同断

二口〆九拾四表也

外ニ米三俵三斗二升七合六勺　右之運賃四分半積請取申候。

右之通升目俵数、舟積請取申所実正ニ御座候。重て船主方ゟ舟積うけ取手形指参所、此手形ニ引替可申候。為後日仍如件。

板久村助衛門舟
舟頭喜兵衛㊞

貞享四年卯極月拾八日

牛堀村庄や平十郎殿
惣御組頭中(19)

右は、貞享四年（一六八七）、南領牛堀村の年貢米八四俵と稗一〇俵、合わせて九四俵を、潮来村の助衛門船が江戸に廻漕していることを伝えている。「運賃四分半積請取」とあるのは、積み込んだ年貢米八四俵の四・五パーセントにあたる三俵余を運賃として現物の米で請け取ることを意味している。この時期、基本的に廻漕量の五パーセント分を廻米運賃として規定している例を他のいくつかの史料によって確認することができる。船頭はこの運賃米を年貢米と一緒に廻漕し、江戸で販売し換金したのであった。ただし、幕末期の史料には「運賃百俵ニ付金弐両三分五厘ニ相定」(20)などと見えるように、運賃の現物米渡しはやがて現金支払いへと変更されていった。また、船主は潮来村の助衛門であったが、実際に船を任されて江戸に就航したのは船頭喜兵衛であった。一連の史料によれば、こうした船主と船頭の関係は当該地方のごく一般的なあり方であったと考えることができる。そして、このように年貢廻米など藩の蔵物を積み込んで江戸に廻漕する場合には藩から㋛印の旗が貸与され、その船印を立てて航行することになっていた。

覚

一、御船印弐枚　但まねき共也

右之通此度御渡しニ相成、慥ニ受取申候。帰船次第御返上可仕候。仍て請書差上申候所、如件。

舟主　三郎平
同　市郎左衛門

丑十一月四日　　　　　　　　　　延方村長　柳原啓介㊞

牛堀村　大御山守　須田源之丞様(21)

これは年代を特定できないが、延方村の庄屋が二名の船主から㊇の船印を借用したい旨、連絡を受け、水戸藩南領の「大御山守」で牛堀村の庄屋であった須田氏から船印二枚を受け取り、その証しに提出した受領書である。大山守は南領地域以外では山横目とも呼ばれ、郡奉行支配下で本来藩有林の管理にあたる者であったが、その後、藩の地方支配全般に広く関わるようになり、各村の庄屋・組頭をも監督する地位につくようになった。一般に庄屋の中から適任者が選ばれ、十数ヶ村から二十数ヶ村分をまとめて管轄した。牛堀村の庄屋須田氏は天保年間に大山守を勤めていたので、右によればその時期、大山守が南領年貢米の江戸廻漕に関わって㊇船印の管理をしていた事実も明らかとなる。つまり、大山守は郡奉行の下で廻米の船積みから船印の貸与に至るまで、廻漕業務を取り仕切っていたのである。したがって、水戸藩南領年貢米の江戸納めは地方支配の一環に組み込まれていたのであり、河岸問屋を介在させるものではなかった。郡奉行の指揮のもと大山守が、年貢を納める村の庄屋・組頭を差配し、彼らの指示を受けた船持・船頭たちが廻漕の実務を担当したのであった。また、運送方役所もこれには関わるものではなかった。

天明五巳十月十九日、水戸殿御城附横山甚左衛門より差越候書付左之通

水戸領分之儀、川筋通用弁利宜有之ニ付、米穀・薪炭ハ勿論、紙・たはこ・燈油・魚・鳥其外勝手向用事諸品、又は普請入用之材木等ニ至迄、国許より取寄申候所、手船之外、領分より御当地へ積登候所商船共用物積合運送いたし候ニ付、古来より領分之船は一統極印打、船印をも相渡通船致来候。百姓町人持之船よりハ少分之船年貢取立申候。尤他領之者ニても用物申付運送為致類へハ、領分之者同様船印をも相渡、為通船候由、国許より申来候。(22)

これは、幕府川船役所が小之字船の実態調査にあたり、水戸藩側から提出された回答をまとめたものである。ここに見られるように、小之字船は年貢廻米に限らず様々な藩用物資の江戸廻漕に従事していたのであった。それは、江戸藩邸で用いられた米穀・薪炭・紙・煙草・魚や鳥肉などの台所物資から土木・建設資材にまでわたっている。また、これら小之字船が蔵物以外の商人荷物も広く取り扱っていたことは言うまでもなく、とりわけ江戸からの帰り荷には酒や塩をはじめとした様々な商品が積み込まれたのであった。蔵物の廻漕には藩船が用いられた他に、領内の「商船」、すなわち小之字船も利用され、それにはみな同じ「極印」が打たれ、同じ「船印」を立てて通船していた様子が述べられている。それはおそらく、㊌の極印であり、(小)の船印であったろう。幕府川船役所では、水戸藩がこれら小之字船から「少分之船年貢」を徴収していた点も承知していた。そしてまた、水戸藩では他領の川船を雇って藩有物資を江戸に廻漕させることもあって、それにも同様に(小)の船印を立てさせていたというのである。この船印もかつては船主ごとにそれぞれ区々の船印を立てていたらしい。それが、貞享四年（一六八七）になって㊌の船印に統一されたのであった。それがさらに、享保五年（一七二〇）に至り、藩船の船印を旧来通り㊌とし、それ以外の農民船が蔵物を積み込んだ場合の船印を(小)として区別したのであった[23]。そして右史料によれば、水戸藩は他領船にも同様にこの(小)印の旗を貸与したのであり、天明年間にはこの船印の授受が必ずしも厳密には行なわれていなかったらしい。ことによると船頭が勝手に(小)印の旗を作って立てることもあって、そうしたことも原因の一つとなって、「然る処、右之類ハ多分小川船之由ニて、紺地丸ニ小之字御船印相立候処、右小旗之内、大小有之、文字も不同ニ御座候[24]」と言われるように、旗の大きさも、紺地に白抜きの丸小の字体もまちまちで色々な種類の旗が用いられていたという。この点が幕府川船役所の追求する所であった。

実はこの時期、一八世紀後半の天明年間、水戸領以外の農民が水戸領農民の名前を借りて㊌の極印を受ける事態が展開していたのである。幕府側ではその様子を次のように見抜いていた。すなわち、「御領内百姓名前を借、丸水極印船他領之百姓共改所持、他領之河岸ニより荷物運送いたし候類も有之旨相聞」[25]と。彼らは㊌の極印を打って幕府川船役所への川船年貢・役銀の上納を逃れたばかりか、必ずしも水戸領の荷物を専門に廻漕する訳でもなかく、むしろ水戸領以外の河岸から荷物を積み込む者もあったという。幕府側は徴税と江戸に乗り入れる川船統制の観点から、これらの点を問題にしたのであった。のみならず、㊌の極印を受けていることをいいことに、彼らの中には勝手に㊍の船印を立てる者もあったらしい。いわゆる擬装小之字船である。天明年間、幕府はこうした事態の展開に頭を痛めていた。そこで幕府は、この事態を打開すべく次のような強い態度を打ち出してきた。

且御改之上、是迄他領他国之者、御百姓名前を、或は縁を求メ丸水御極印請居候分は、御極印被成御取上、公儀川船役所へ御引渡被成候哉、又は御極印御取上御切抜被仰付候迄ニて御座候哉、此度承知仕度候。[26]

天明七年（一七八七）一二月幕府は、小之字船一艘ごとの総点検を計画したのである。それにはまず、船主から印鑑証明を提出させ、船主が間違いなく水戸領の農民であることを確認している。その上でさらに右に見るような対応を水戸藩側に迫ったのであった。すなわち、水戸領農民の縁を頼って㊌の極印を受けていた他領船、いわゆる擬装小之字船を発見した場合には、幕府川船役所がその船を押収するか、あるいは、㊌の極印部分を切り取って押収することにしたいので、この点について水戸藩側でも了解されたいとのことであった。水戸藩側では、この問題が顕在化した当初の天明五年八月段階では「船印小ノ字附候分、古来より改請候儀は無之通船致来候」[27]と、小之字船に対する旧来の独自統制権を主張し、幕府川船役所の介入を拒もうとする動きを見せていた。しかしその後、積極的な対応策を講じる訳でもなく、藩上層部からの働きかけもなされなかったらしい。そして幕府としても、そう簡単に水戸領の川船に手をつけることができず、ようやく天明八年四月になって小之字船の総点検が実施されたのであった。このとき、水戸藩側でも幕府に対応するかのように次の通り極印統制のあり方を再確認している。

右丸水の極印打候節、五太力以上の大船は船の表に打候。右以下は内面へ打可申候。極印在之最寄修覆仕候ハ、打替可申旨、天明八申三月極ル。尤公儀御極印は船の右へ三通並打也。水戸御家ニてハ船の左へ壱ツ打也。江戸通船の船へは印証札相渡候事。(28)

すなわち、五大力船などの大型船、具体的には高瀬船や・艜船を指すが、それには船の外側に㊌の極印を打ち、それ以外の小船には船の内側に打つことにしている。また、幕府川船役所の極印が船首の右側部分に三つ並べて打たれたのに対して、水戸藩ではこれを左側に一つとした。そして、江戸へ就航する船には水戸藩の「印証札」を発行するとしている。このような事柄が天明八年三月中に定められたのであった。ここでは、問題の(小)船印について触れられていないが、先にも見たように幕末期にも南領年貢米の江戸廻漕にあたって(小)船印の授受が継続されており、この点で基本的な変更はなされなかったものと考えられる。

水戸藩独自の㊌極印打ちは、天和・貞享年間から確かめることができ、それ以来、他領農民に船を売却する場合には、その極印部分を切り取ってから引き渡すなど、船極印の取り扱いには特別の注意が払われてきた。また、幕末期には船の売買に売り主側の村方庄屋から買い手の村方庄屋へ船送り状が発行されており、村単位に川船を掌握しようとしていたことも確認できる。船役金についても、海船を含めて船の種類や大きさに従って決められており、あるいは、川船の場合、正月より四月までの廃船と一〇月から一二月までの新船建造には船役金を免除し、それ以外の廃船・新船にはその年の船役金を徴収するなど細かい規定を設けていた。ただし、天明年間のこのような小之字船に対する統制のあり方からは、擬装小之字船を排除しようとする水戸藩側の積極的な姿勢は認め難い。水戸藩にとって、霞ヶ浦や北浦方面の他領農民が偽って㊌の極印を打つことを禁止しなければならない積極的な理由は何もなかった。

それはむしろ、船役金の増収につながった筈である。ところが、幕府にとっては川船役所による極印統制の根幹を揺るがしかねない大問題であった。水戸藩側に慎重な配慮を払いつつ、何としても擬装小之字船は摘発しなければならない問題であった。

「小鶴・奥谷より南郷」と言われた水戸藩南領の一帯には必要にして十分な小之字船があって、運送奉行配下の藩船に依存するまでもなく江戸藩邸への物資輸送が実現されていたのである。極印改めや船の売買、あるいは船役金の徴収に至るまで小之字船の管理はすべて村を単位になされていたのであり、江戸廻漕業務は郡奉行—大山守—庄屋という地方支配機構に基づいて運営されていた。こうした中、天明年間に擬装小之字船の問題が顕在化していったのである。そして、幕府による総点検とその後の統制にもかかわらず擬装小之字船は一向に跡を絶たなかった。他領農民が合法的に㊌極印船を貸り受けている以上、幕府としても、その摘発が難しかった。彼らが勝手に㊋船印を立てて江戸に乗り入れる事態が繰り返されていたのである。

川筋を通行する際の㊌極印船の優越性、幕府中川番所通行時および江戸内川での㊋船印が放つある種の権威性、それらは擬装小之字船にとって幕府川船役所の極印統制から逃れるのと同じくらいに魅力ある存在であった。水郷地帯の船乗りたちが、水戸領農民名義の㊌極印船を借り受けようとした理由は十分に汲み取ることができる。先に見た貞享四年、牛堀村年貢米の江戸廻漕には、潮来村船主助衛門の船が使われ、その船頭は善兵衛であった。㊋船印の貸与申請は船主の助衛門が行なったのであり、この船頭は関与していなかった。文書の文面から考えて、善兵衛はおそらく船主と同じ潮来村の者であろうが、中には他領の農民が船頭となって船稼ぎをすることもあったであろう。藩にとって、冬期年貢廻米の時期に、廻米輸送を担当するのであれば、船の貸借にまで介入する必要はなかった。したがって、夏場は水戸領農村に関係しない物資輸送に従事することもあったであろう。貸借契約もそこまで規制するものではなかった。

幕府はすでに享保年間から江戸に就航しない在方小船にまで極印打ちの統制を積極的に押し進めており、安永期には、川船役所役人を現地に派遣してまで無極印船の摘発に乗り出していたのであった。この点については、第八章を参照されたい。つまり、幕府は一貫して川船への極印統制策を維持・強化しようとしていたのである。そうした流れの中で、なぜこの時期、天明年間になって擬装小之字船の問題が顕在化したのか。それは、何か幕府政策上の展開があったのか、それともそういう事実自体が天明年間になって急増してきたことに本質的な問題があったのか。確かにこの点は重要な問題であろう。しかし、ここではこれ以上その点には触れず、むしろ、こうした擬装小之字船への水戸藩の対応振りに注目しておきたい。幕府川船役所が摘発を進めていく中、水戸藩は独自の極印改め制を再確認したもののついに擬装小之字船に対する積極的な統制策には乗り出さなかった。見方によっては、擬装小之字船を放任したと言ってもよい対応であった。それは実は、水戸藩ならではの小之字船の存在意義がこの背後に隠されていたからに他ならない。

第三節　小之字船の藩船御用

『利根川図志』には、幕末の安政年間、大小様々の川船が賑やかに利根川を上り下りする様子が伝えられている。著者赤松宗旦は、「公用の船を御用船といひ、諸侯の御手船を御船といひ、他の船を以て貢米を運送するを御雇船といふ（また定御雇船あり）。この他は売船なり(29)」と述べて、諸藩蔵物を廻漕する藩関係の船と商人荷物を積み込んだ農民船の「売船」が互いに交じり合って航行する様を描き出していた。水戸藩の藩船を任された船頭の記録によれば、享和元年（一八〇一）時点で、「御手船・商船、弐千艘余も通行可仕」[30]と見える。この数字には少し誇張があるかもしれないが莫大な数の船舶がこの川筋を行き交っていたことは間違いなかった。

利根川筋では減水障害が甚だしくなると、艀下船に依存しなければならなかったが、僅かの浅瀬ならば伝馬船でも対処可能であった。大抵の藩船は大型船だったので小型の伝馬船を牽いており、これに積み荷の一部を分載して自船の喫水を小さくして浅瀬の場所を通り抜けることもしばしばであった。この伝馬船は藩船が空荷の時には藩船に積み込まれてしまうほどの大きさで、それ専用の乗組員が用意されていた訳ではなかった。そして、この伝馬船に荷を積み移し、浅瀬を通過した時点で再び藩船に積み戻すには、それ相応の労働力を要したが、これも藩船の水主だけで足りるものではなかった。そこで求められたのが、付近を航行する船からの労働力調達である。

今日押付河岸において水戸様御手船御滞船罷在候処、拙者過船仕候ハヽ、水戸様御船頭并御水主三人藤之間ニ罷出候て水主人足貸呉候様被申候得ども、手前乗船も御用物御急之由申上、人足之義は何分御用捨可被成哉と申上過船致当河岸迄罷登り候処、[31]

右によれば、水戸藩々船が利根川と小貝川が合流する付近の押付河岸に滞船しており、そこを通りがかった船に水主人足を貸してくれるように依頼したのであった。しかし、この船は農民船ではあったが、この時「紀伊殿御用船」に登用されており、紀州藩関係物資を急ぎ廻漕する任にあたっていた。その船頭甚助はその旨を説明し、人足提供の依頼には応じないまま水戸藩々船の脇をすり抜けて小堀河岸まで遡上してしまったのである。ところが、右に引用した部分に続く史料によると、少し遅れて水戸藩の藩船も小堀河岸に到着し、甚助船が停船しているのを見付けると、「其方ニては人足不遣ニおゐてハ御話事申越有之ニ付直様同道可仕」と、人足提供に応じなかった甚助を非難し藩船へ出頭するよう求めてきたのであった。この船頭甚助が何村の者であったかはわからない。しかし、この時、紀州藩の御用船を勤めていたのは確かであった。おそらくそれを示す紀州藩御用船の船印を立てていて、水戸藩々船の側でもそれを承知していたのではないだろうか。にもかかわらず、それに水主人足の提供を求めたのであり、水戸藩々船の相当な「権柄」ぶりが知れよう。小堀で甚助船に追いつくと彼を執拗なまでに追求しているのは、水戸藩々船の権威が傷つけられたという思いと、もしかすると甚助船が水戸領の農民船であったからかもしれない。

諸商船之船頭ヲ無賃ニて召仕候類之義ハ往古ゟ前往申上候通、浅瀬等之節ハ水主伝馬共ニ其場所ニ居合シ申候舟ゟ呼集、御米瀬はしけ仕通行仕候。[32]

すなわち、藩船の伝馬船利用に際しては「諸商船」とあるように一般の農民船から無賃で人足を調達していたのであった。しかもそれは「往古ゟ」、古くからしてきた当然のことだと言うのである。水戸藩々船のかなりな強引さが想像されよう。だが、甚助船の例でもわかるように、必ずしもこうした強制力が常に通用した訳ではなかった。そしてまた、藩当局も藩船がこうした「権柄かさつ」な振舞いをすることのないよう繰り返し戒める所であった。実は、ここで言う「諸商船」の大半は水戸領の農民船、いわゆる小之字船がその中心をなしていたのである。小之字船は(水)の極印ですぐに識別できたし、まして蔵物を積み込んで(小)の船印を立てていれば一目瞭然であった。また、南領の小之字船は、その多くが江戸に就航し、川筋のどこかを絶えず運航していたので、藩船が臨時の労働力を必用とした時にはそこで少し待てば難なくこれを見つけ出すことができたのである。藩船にしてみれば、小之字船は都合のよい労働力の供給源であった。自領の農民船であればこそ、このような「無賃ニて召仕」うことも許されたのであろう。しかしここには、また逆の関係も成り立っていたのである。

御領内御請印舟共、於川條破船等御座候節ハ、御船ヲ留置、通ヲ相頼荷物等取移シ流失無之様せ話仕、大破ニ無之舟ハ御船宿相談之上浮へ遣申候。[33]

もしも小之字船が破船した場合には、付近を通りかかった藩船に助けを求めることになっていた。すると藩船は現場に急行し、積み荷の流失防止や濡れ荷の処分など難船処理の一切を取り仕切ったのである。また、破船の程度がそれほどでない場合には、応急処置を済ませた上で再度出帆させることもあった。そしてこれは、小堀・関宿・松戸など川筋に設けられた水戸藩の穀宿と密接に連絡を取り合いながら処理されたのであった。あるいは、難船事故に限らず船同士の接触事故や船頭・水主たちの喧嘩・口論など争いごとの火種は尽きなかったが、藩船はこういった小之字船の航行上の安全に関わる事柄には常に関与し、小之字船の保護者として事件や事故の処理にあたったのである。一〇艘前後の水戸藩々船は上り下り含めて必ず川筋のどこかを運航しており、小之字船は間違いなくいずれかの藩船に助けを求めることができた。これがもし水戸領以外の船であれば、難船した場合、川筋のどこかに取り引き関係のある河岸問屋があったにしても、それ以外に頼るべき術はなく、基本的には、難船場近くの村方に、難破船および積み荷の管理を任せる他はなかった。それに対して小之字船の場合、藩船への人足提供が負担であった反面、その庇護を間近かに、そして確実に受けることができた訳である。

ただし、水戸藩々船の船頭には、難船事故に際しては小之字船・他領船の別なく公平に取り扱うべき心懸けが求められていた。「他所舟迚も串挽御米積立、川條・小梅ニて御米揚人足等相雇申候ニ付、破船水難等之節は見捨ニ罷成不申候、右等之せ話仕候(34)」と述べられている。それはつまり、川筋での伝馬積みの場合に限らず、串挽河岸での藩船への廻米の積み込み作業、あるいは江戸小梅蔵屋敷での荷揚げ人足に諸船の水主を徴発することがあったからだという。運送方役所があった小川河岸で船積みが行なわれていた時期には、人足の調達に苦労することはなかった。しかしそれが、巴川水運利用による串挽積み立てに変更されて以降、藩船の船頭は自らの責任で船積み人足を集めなければならなくなった。巴川筋の下吉影などには㊌の極印船があって、これを以て河口の串挽河岸まで廻米を積み下したので、当然その乗組員も藩船への廻米積み込みに動員されていた。しかし、それだけでは足りず他領船の水主たちを徴発することもあったのだろう。そこで、「御米於串引御舟手人計ニてハ廻り兼申候間、積立之砌居合候商船之者共呼集メ無賃ニて揚申候。北浦廻ニ相成候節ゟ尓今召仕来申候[35]」と言われるように、串挽では他領農民船の水主たちを無賃で使役したという。それ故に、川筋での破船や水難事故に際しては他領船であろうとも小之字船同様に世話をするよう心がけられていたのである。そして実は、こうした水戸藩々船による一般商船乗組員の無賃使役は江戸での蔵納め、荷揚げ作業においても同じように採られた方策であった。

水戸藩の江戸藩邸は、文化年間に小石川の上屋敷に土蔵が一棟、駒込の中屋敷に板蔵が一棟、そして小梅の下屋敷に土蔵七棟という状況で[36]、廻米は隅田川左岸に設けられた小梅の下屋敷に納められることになっていた。廻米輸送船は、江戸の内川に入ると潮の満ち引きがあったので、橋げたに触れないように引き潮の時を見計らって通行しなければならなかった。勿論それは、帆柱を倒しての通行である。また、雨天での荷揚げ作業はできなかったので天候にも注意が払われた。小梅蔵屋敷から隅田川を少し下った、本所一ツ目、水戸街道が大川を渡る付近に御石場と呼ばれる水戸藩の役所が設けられており、藩船の船頭はこの御石場役人とも連絡を取り合いながら江戸での作業を進めたのであった。荷揚げ・蔵納めは、原則として一日で終わさねばならず、五五〇俵から八〇〇俵以上もの廻米を積み込んできた藩船が、その乗組員四名程度でこれをやりとげるのは不可能で、これには一時に大量の労働力が必要とされた。

御手船御米・御軽荷積共ニ江戸入津小梅御蔵揚之節ハ、宵日御舟御用水主差出シ、本所・深川・箱崎辺走廻セ、御領内小之字舟多分居合候得者、壱艘ゟ壱人ツヽ、相雇、折悪敷小之字船少キ節ハ他所舟ゟも相雇、御舟壱艘前分弐拾四五人ツヽ、ニて御荷物水揚御蔵詰共ニ仕候。尤人数之内ニハ老若も御座候。御蔵詰御戸前遠キ節ハ終日相掛り、平生賄壱飯ツヽ、ハ為給申候所、相様(マヽ)等節ハ賄弐度ツヽ、或ハ三度位も為給申候義ニ御座候。何之故ヲ以人足同

様ニ遣来候と申伝も無御座候。往古ゟ仕い来申候。(37)

（享和元年八月）

荷揚げの日時が決まると、藩船の船頭は前日の夕方の内に本所・深川・箱崎の辺りに御用水主を派遣し、領内の小之字船に対して翌日早朝からの荷揚げ作業に人足を差し出すよう命じさせたのであった。藩船一艘につき大体二五名程度が必要で小之字船一艘から一人の割で徴発したという。これも㊌の極印と㊇の船印で一目瞭然であったろう。ただ、小之字船の少ない時には他領船からも水主を雇うことがあったという。こうして集められた水主たちは老若様々で、しかも「御米之儀ハ別て重俵ニて并之もの共ニてハ持運ニ罷成不申候。大勢相雇之内ニても自由ニ取廻シ候者少ク御座候(38)」という具合であった。つまり、四斗二升入りの水戸藩の重俵は普通の者には扱いきれず、大勢の水主人足を呼び集めてきても役に立つ者は少なかったという。また、七棟もある小梅蔵屋敷の奥の方の蔵に搬入する場合にはまる一日がかりであった。通常、彼ら荷揚げ人足たちには昼食が賄われ、特に手間取る場合には二度、三度と食事が支給された。これは、藩船々船頭の指図により藩船に備え付けられた釜から炊き出され、その費用は藩費で賄われたのであった。そしてまた、このような藩船積み荷の荷揚げ・蔵納めに小之字船の水主人足を徴発し無賃で働かせる方式は、「往古」からのもので、いついかなる理由で始められたかは御船頭たちにもわからないという。

只今迄小梅御蔵江御荷物揚候節、江戸川岸々ニ居商船宵日ニ人足相雇候所、御支配御極印舟計ニても無御座候間、人足弐拾人も入申候と存候節は四五拾人も参候様ニ雇置候て弐拾人位宛集り申候。只今迄さえ右之様ニ御座候所、此上ハ宵日ニ雇置候ても更ニ参り不申差支ニ罷成、御荷役遅滞ニ及、其上賃銭を以揚人足雇申候様ニ罷成候節、右賃銭上ゟ被下置候てハ御不益ニ罷成、又私共之弁仕候てハ御奉公取続不罷成難儀仕候事。(39)

（寛政五年）

右によれば、藩船積み荷の荷揚げ作業に徴発された水主たちには賃金が支払われていなかった事実が明らかとなる。人足の調達に出向いた藩船の水主たちは、小之字船に限らず他領船にも召集をかけ、実際に必要な人数の倍以上を

「雇置」いたという。しかし、他領船の中にはこれに応じない者も多く、結果として半数ほどが集まってきたのであった。「諸商舟之者共難渋ニハ存なから も御役同様ニ相心得、三拾人位ツ、相雇候て弐拾人或ハ弐拾四五人位罷出候」[40]と言われるように、小之字船の者たちは「御役同様」に心得て、藩船の荷揚げ作業を勤めたのであった。しかし、江戸の内川には相当数の小之字船が乗り入れていたが、中には人足提供を拒む者もいたらしい。そこには、水戸領の㊌極印を受けながら、実際には水戸領以外の者が操業しているという事態が関係していたのかもしれない。そういった状況が人足の集まりを一層悪くしたものと思われる。しかし、㊌極印を打っている以上、荷揚げ作業を拒否できない慣行がすでにできあがっていた。面と向かって御用水主の命令に反することはできなかったし、これを忌避するには、後日藩船の庇護を受けられないかもしれない覚悟が必要であった。

ここで重要なのは、「雇う」という言葉に惑わされがちだが、右の史料からも明らかなように、少なくとも寛政年間に至るまで、徴発された水主たちには賃金が支払われていなかった、この点であろう。とはいえ、自領内の小之字船はともかくとして、他領船の水主までも一律に無賃で使役してきた点については藩当局も何らかの対応をせまられていたらしい。そこで藩は藩船の船頭たちにこの賃金を支払わせようと考えたのであった。しかし、御船頭の側では「私共之弁仕候てハ御奉公取続不罷成難儀仕候」と、荷揚人足賃の自己負担は無理だと訴えている。ところが、藩側も譲ろうとはせずに享和元年（一八〇一）には、「此度御達シ江戸入津之砌、諸商舟之船頭無賃ニて遣ひ候義旁重キ御達」[41]、あるいは「此度無賃等ニて召遣候義別て奉蒙御達恐入奉存候」[42]として、荷揚げ人足賃を誰が負担するか、その問題に触れないまま、諸商船乗組員の無賃使役の禁止令を通達している。すると今度は、「御荷物小揚取扱ニ被仰付可下置候様仕度奉存候」[43]として御船頭たちは即座にこれに反対した。その意図する所は、藩船の勤めは小梅の蔵屋敷に藩船を着岸させるまでで、その後の荷揚げ作業については関知しない、「御荷物小揚取扱」つまり、藩当局が直接、荷揚人足を用意すべきだと主張したのであった。

この一件の明確な結末を明らかにすることはできない。しかし、小之字船水主の無賃使役をめぐって藩当局と藩船々船頭との間に本質的な矛盾がある訳ではなかった。先にも指摘したように、天明年間、水戸領以外の農民の中には幕府川船役所の統制を逃れ、水戸領農民と結託してその名前を借り、形式的に㋯の極印を受ける者が現れて、幕府からその点を追及されていたのであった。中には勝手に㋛の船印を立てて江戸に乗り入れる者もいて、幕府川船役所ではその取り締りに苦慮していた。そうした状況下で、水戸藩側にこれら擬装小之字船を制限する積極的な姿勢は見られなかった。それは、以上の検討からもわかるように水戸藩々船の江戸廻漕にとって小之字船が不可欠な労働力の供給源として存在していたからに他ならない。小之字船水主の無賃使役は開始年代も不確かなまま、藩船と水戸領の船持・船頭たちにとっては役同然に考えられてきたのである。たとえ擬装小之字船であれ、その船頭が他領農民だとしても㋯極印船を操業している以上、藩船から水主労働力の提供を求められれば決して拒めるものではなかった。藩船の運航上、小之字船が無賃労働力の供給源として存在している限り、自他領どこの農民が船頭でもよかったのである。水戸藩にとって、これを制限すべき理由はなかった。

ただ、幕府がこの擬装小之字船の摘発に躍起になっている時期に、それらの水主労力を無賃で使役してきたことから、何かトラブルが発生するのではないかと懸念したのも無理はないだろう。このような幕府と水戸藩の立場の違いは別に詳しく考えなければならない問題だが、以上により水戸藩々船が無償で調達できる労働力の供給源として小之字船が存在していた点については明らかになったであろう。藩側が「諸商舟之船頭無賃ニて遣ひ候義旁重き御達」としながらも、荷揚げ人足の調達方法やそれへの賃金支払いについて明確にしなかったのは、幕府に配慮して他領船の無賃使役を憚りつつも、基本的には小之字船から水主を徴発する体制を維持しようとしていたからに他ならない。その証拠に、幕府が小之字船の総点検を実施した直後の天明八年八月、小梅蔵屋敷の藩役人は小之字船からの人足徴発をめぐって次のように述べている。「人足間違、揚ニ懸り逃候人足も有之候ハヽ、其舟之名前書付此方江申出候様、其節御国御郡方御代官方江申遣、重て間違無之様ニ可致」(44)。つまり、小之字船の水主で藩船の荷揚げ作業に応じなかったり、作業の途中で逃げ出す者がいたならば、よく調査してその小之字船の船主を突き止め、国許の郡奉行・代官にまで通達し、重ねて間違いがないよう徹底させるべきだと主張しているのであって、あくまでも小之字船からの人足徴発体制を崩そうとはしていないのでる。水戸藩江戸廻漕機構における小之字船の存在意義がここに明確に示されているであろう。

おわりに

水戸藩は藩直営の江戸廻漕機構を組織していた。それは、運送奉行指揮のもとに一〇艘前後の藩船を江戸航路に就航させ、国許の水戸城付領から藩有物資を江戸の藩邸に送り届けるための組織であった。この廻漕機構に関わって利根川・江戸川の要所には中間基地としての穀宿も設置されていた。他方、霞ヶ浦に面した同藩南領地域では農民役による年貢諸物資の江戸納めが義務付けられていた。ここは蔵入地の占める割合が高く、同藩の江戸藩邸が必要とする生活諸物資を供給する場として期待されていた。それ故に南領の農民たちは、運送奉行配下の藩船に頼ることなく自らの船を以て江戸に就航しなければならなかった。その江戸納めは、郡奉行指揮の下、大山守、庄屋、船持、船頭という村単位の行政機構に基づいてなされたのであり、その船もまた郡奉行の管轄下におかれていた。㊌の極印改めから船役金の徴収、そして蔵物輸送に際しての㊓船印の貸与に至るまで、そのすべてが村単位に掌握・運営されていたのである。

したがって、藩有物資の江戸廻漕という観点から捉えた場合、水戸城付領と南領とはそれぞれ別個の機構のもとに編成されていたのであった。それは、運送奉行―藩船による藩直営の輸送機構と、郡奉行―小之字船の農民役による直納体制との二つであった。その際に、運送奉行指揮下の穀宿は、その経営を維持する上で郡奉行配下の小之字船から徴収する茶銭の収入に大きく依存していた点については前章に見た通りで、藩は穀宿への経済的支援を小之字船の側に転嫁させていたのであった。ところが、本章の分析により、小之字船は藩船が廻漕業務を実現する上で、それに止まらないより重要な役割を果たしていたことが明らかになった。すなわち、小之字船は藩船が必要とする労働力の供給源としても機能していたのである。

減水時、軽度の浅瀬であれば藩船が伝馬積みを行なう場合もあったが、それも小之字船から水主労働力を徴発できるという前提があればこそ可能であった。そしてそれにも増して、江戸下屋敷での蔵納め、荷揚げ作業には、小之字船水主の無賃労働が、決定的に重要な意味を持っていた。廻米だけでも例年三万数千俵ほどが江戸に送られていたのであり、その荷揚げ作業には莫大な労働力を必要とした筈である。それを江戸に就航していた小之字船の水主労働力で賄い、しかもそれを無賃で使役していたのである。これは、藩財政にとって大変な節減であったに違いない。水戸藩南領は、まず第一義的には江戸藩邸の生活必需物資を供給する場としての役割を担ったが、その廻漕を農民役とすることによって川筋および江戸で南領農民を無賃で使役することが可能になった。南領の小之字船が城付領物資の廻漕にあたる藩船の運航を労働力の面から支えたのである。その一方で、小之字船が領地を離れた川筋で事件や事故に遭遇した場合には、藩船がその保護者となって、その庇護を受けられるよう配慮されていたのであった。これによって、水戸藩江戸廻漕機構における藩船と小之字船の相互補完的な連関が理解できたであろう。

註

(1)『東京市史稿』産業篇　第二十九、七三五〜七五六頁。
(2) 茨城県猿島郡境町　小松原康之助家文書　三二八番。なお、同家文書については本書第三章の註(3)参照。
(3) 茨城県史編纂委員会編『近世史料II　国用秘録（下）』三一一頁。
(4) 前掲註(3)に同じ、二一二頁。
(5)『水戸市史』中巻（一）二〇九頁。
(6) 前掲註(3)に同じ、二七六頁。
(7) 茨城県立図書館蔵「与聞小識草稿」二。この史料は水戸藩の町人学者加藤松羅が筆録した編纂物で、彼は原史料の虫喰いの跡をそのまま書き写している。本文に引用した史料の〔　〕は原史料が虫損であることを示す。
(8)『茨城県史料　近世政治編I』所収『水戸紀年』四四一頁。
(9) 前掲註(8)に同じ、四五三頁。
(10) 千葉県柏市　誉田守家文書。なお、同家文書については本書第一章の註(1)参照。
(11) 本書第二章の表4参照。
(12) 前掲註(10)に同じ、誉田守家文書　No. 43「諸々留書」。また、『茨城町史資料集』第一集『大津忠順　当用手控』の三九頁にも「安永八亥年　一、御廻米下吉影廻りニ相成候事」とある。
(13) 前掲註(8)に同じ、四五五頁。
(14) 前掲註(8)に同じ、五九六頁。
(15) 前掲註(3)に同じ、二一七頁。
(16) 前掲註(3)に同じ、二三二頁。
(17)『玉造町史資料』第三集（茨城県行方郡玉造町、同町史編纂委員会編、一九八八年）。
(18) 前掲註(3)に同じ、二九頁。
(19) 茨城県行方郡牛堀町　須田家文書（国立史料館所蔵、同館史料目録第四一集、第一〇四七番「御城米船積請取申手形」）。
(20) 前掲註(19)に同じ、第一〇九九番「御城米積代金指引滞ニ付願上書付」。

(21) 前掲註(19)に同じ、第一〇五一番「潮来村他御城米用船印拝借覚」。
(22) 前掲註(1)に同じ、七三七頁。
(23) 前掲註(1)に同じ、七三九頁。
(24) 前掲註(1)に同じ、七三六頁。
(25) 前掲註(1)に同じ、七四七頁。
(26) 前掲註(1)に同じ、七四三頁。
(27) 前掲註(1)に同じ、七四六頁。
(28) 前掲註(3)に同じ、三一頁。
(29) 岩波文庫版、五二頁。
(30) 前掲註(10)に同じ、誉田守家文書　No. 3「川筋取扱書上控」。
(31) 茨城県取手市、寺田忠三家文書。『取手市史資料目録』第七集の整理番号 No. 159「乍不調法（水戸様御船頭らの水主人足不遣ニ付書状）」。なお、同家文書については本書第二章の註(4)参照。
(32) 前掲註(10)に同じ、誉田守家文書　No. 3「川筋取扱書上控」。
(33) 前掲註(10)に同じ、誉田守家文書　No. 3「川筋取扱書上控」。
(34) 前掲註(10)に同じ、誉田守家文書　No. 3「川筋取扱書上控」。
(35) 前掲註(10)に同じ、誉田守家文書　No. 3「川筋取扱書上控」。
(36) 前掲註(3)に同じ、二一二頁。
(37) 前掲註(10)に同じ、誉田守家文書　No. 3「川筋取扱書上控」。
(38) 前掲註(10)に同じ、誉田守家文書　No. 3「川筋取扱書上控」。
(39) 前掲註(10)に同じ、誉田守家文書　No. 1「諸々留書」。
(40) 前掲註(10)に同じ、誉田守家文書　No. 3「川筋取扱書上控」。
(41) 前掲註(10)に同じ、誉田守家文書　No. 3「川筋取扱書上控」。
(42) 前掲註(10)に同じ、誉田守家文書　No. 3「川筋取扱書上控」。

（43）前掲註（10）に同じ、誉田守家文書　No. 3「川筋取扱書上控」。
（44）前掲註（10）に同じ、誉田守家文書　No. 43「定」。

第七章　上流域の艀下輸送

はじめに

本章の目的は、利根川上流域の水運機構を解明することにある。これまでの関東河川水運史の研究は、大きく次の二つの観点から進められてきた。(1) まず第一は、個別の河岸に視点を据えた水運史研究である。ここでは、河岸の内部構造、河岸問屋と船持層との対立、新道・新河岸の開設、新たな農民的商品流通の展開と言った問題が主に検討されてきた。そしてもう一つの視点は、幕府政策を通しての水運史研究である。これは、幕府川船奉行の成立とその展開、川船の極印改め、河岸問屋株の公認などといった問題がその中心的課題とされてきた。幕府が元禄三年（一六九〇）、関八州および伊豆・駿河を加えた国々から幕領年貢米を江戸へ輸送する際に運賃を公定した問題も、こうした観点に立った研究と言ってよいだろう。

関東地方の河川水運は広大な後背地の広がりを持っていた。単に関東在方と江戸を結ぶのみならず、東北・信越方面から江戸へ向けて諸物資を輸送するのにも積極的に利用されていたのである。東廻海運は潮来や銚子から利根川水運に接続していたし、会津藩など南東北の内陸部からは、鬼怒川や那珂川の水運を利用して年貢廻米を中心とした諸物資が江戸へ向けて廻漕されていた。また、越後方面からは利根川が、また信州方面からの物資は利根川に接続する烏川の水運が利用されていたのであった。関東内陸水運はこのように広大な後背地を有していたのであり、これら後背地の荷主たちは輸送費用を少しでも軽減させようと、陸上輸送の距離を短縮し、なるべく各河川の上流域から船積みして水運を利用するよう務めたのであった。その結果、上流域での水運路が積極的に開発され、船の遡上できる最上流の船積み河岸の位置がひきあげられていった。しかし、これら上流域の河川水運においては、水深が浅く大型船が使えないという難点をかかえていた。そのため、これら上流域から江戸に至る水運利用にあっては、上流域の小船から下流域の大型船への積み替え輸送が必要とされたのであった。

このように、各河川の上流域には、一艘の船だけでは諸物資の江戸廻漕が実現できない地域が存在した。この場合、小型船から大型船に積み替えを行なう河岸を、これまで主に歴史地理学の観点から中請積替河岸と規定し、その河岸の位置や立地条件などについて研究が進められてきた(2)。本章は、この視点を継承しつつ、より具体的な水運輸送の機構解明を目指して、従来の個別河岸の分析や幕府政策の観点からではなく、輸送主体であるところの船の側に立った分析を試みる。その理由は、近世後期にかけて新興の小船持層が積極的に水運輸送に参入していく事態が知られているが、実は上流域で活躍したこれらの小船にこそ、その原型を見ることができると考えるからである。本章は、この点を解明するための基礎作業であり、利根川上流域を対象に、小船が不可欠の存在として活躍の場を有していた水運の輸送システムについて検討したい。

第一節　艀下輸送の三形態

最初に、関東地方にはどのような川船が就航していたのか、その概略を見ておこう。表20は、享和二年（一八〇二）の時点で江戸の内川に乗り入れた船を中心に、海船を含めた四〇種類について概括的に整理したものである(3)。これに

表20　関東地方の川船

享和2(1802)年か

	船名	使用地域・その他		長さ	横幅	用途
1	高瀬船	関東川々所々		3丈1・2尺～8丈8・9尺	7・8尺～1丈6・7尺	（物資輸送船）
2	房丁高瀬船	下利根川通		4丈3・4尺	8・9尺	
3	小鵜飼船	鬼怒川通		4丈1・2尺	7・8尺	
4	部賀船	巴波川・思川・渡良瀬川通		4丈4・5尺	8・9尺	
5	艜船	上利根川通　俗ニ上州ヒラタ		5丈1・2尺～8丈	1丈～1丈3・4尺	
6	艜船	荒川通　俗ニ川越ヒラタ		5丈1・2尺～7丈7・8尺	1丈～1丈4・5尺	
7	中艜船	見沼通船ト伝		3丈4・5尺	7尺位	
8	中艜船	土舟・鬼丸ト云		4丈1・2尺	9尺位	
9	土艜船	俗ニ土舟ト云		2丈8・9尺	8尺位	
10	艀艜船	俗ニ土舟ト云		2丈4・5尺	7尺位	
11	似土船	俗ニ土舟ト云		2丈8・9尺	8尺位	
12	修羅船	俗ニヒラタト云　石船		4丈2・3尺～4丈7尺	1丈2尺位	
13	石積艜船					
14	水船			2丈3・4尺	6・7尺	
15	茶船	俗ニ大茶船・瀬取茶船ト云		2丈5・6尺～4丈1・2尺	7・8尺～1丈位	
16	茶船	俗ニ荷足船ト云		2丈4・5尺	6尺位	
17	茶船	俗ニ猪牙船・山谷船ト云		2丈4・5尺	4尺5・6寸	
18	茶船	俗ニ葛西船ト云		2丈7・8尺	7・8尺	
19	茶船	海猟茶船・猟船造茶船　俗ニ投網船・釣船ト云		2丈2・3尺	5尺	
20	伝馬造茶船			2丈1・2尺～3丈	5・6尺～7・8尺	
21	房丁茶船	下利根川通		3丈1・2尺～3丈5・6尺	6・7尺	
22	作渡船	在方所々ニ有之		3丈4・5尺～5丈4・5尺	8・9尺～1丈6・7尺	（渡船）
23	馬渡船					
24	渡船	江戸並近在ニ有之		2丈4・5尺	6尺～7・8尺	
25	川下小船	関東川々所々ニ有之	右五品ハ江戸往来無之	1丈4・5尺～2丈2・3尺	3尺7・8寸～4尺4・5寸	（艀下専用船）
26	所働船	上戸(利か)根川・鳥川通ニ有之				
27	引船	西葛西領用水堀之内ニ有之				（耕作船）
28	雑喉取田船	近在川付村々ニ有之				
29	作場田船					
30	五大力船		武蔵・伊豆・相模・安房・上総辺海付ニ有之所ニヨリ鰯商船・小羅舟トモ云	3丈1・2尺～6丈4・5尺	8・9尺～1丈6・7尺	（漁業関係）
31	五大力船			3丈1・2尺～6丈4・5尺	8・9尺～1丈6・7尺	
32	五下船	所ニヨリ小廻り舟トモ云		3丈6・7尺	8・9尺	
33	押送船	所ニヨリ縄舟・生魚小舟トモ云		3丈4・5尺～4丈5・6尺	8・9尺	
34	猟船	深川・佃島・行徳辺其外海付ニ有之		2丈1・2尺～3丈1・2尺	5・6尺	
35	旅猟船					
36	屋形船			2丈7・8尺～5丈	8・9尺～1丈4尺位	（遊興用）
37	日除船	俗ニ屋根船ト云		2丈5・6尺	6尺	
38	箱造日除船			3丈1・2尺	7・8尺	
39	日除造二挺立船	俗ニ仮日除		2丈4・5尺	5・6尺	
40	湯船			2丈1・2尺	6・7尺	

よって、それぞれの船の名称、活動地域や積荷、そして、おおよその大きさなどについて知ることができる。

近世の関東各河川には実に多様な川船が就航していた。これらの川船はその機能面から、主に諸物賀の輸送用に用いられた船、漁業や農耕用に利用された船、そして日除船や屋形船など遊興の船、と大きく三つに分類することができよう。農耕用の船とは、主に農具や収穫物の運搬に利用された船であるが、ここで分析の対象となるのは当然、諸物資の輸送船である。そしてこれも、関東在方と江戸を結ぶ水運輸送に従事するものと、川を横切る渡船とがあって、この渡船は、街道と街道をつないで、むしろ陸上輸送を連結するものであった。また、前者の輸送船も、主に旅客を中心に運ぶものと、諸物資の廻漕を専らとする船とがあり、さらにそれは、水船・石積艜《ひらた》船・土船などのように、江戸近辺にあって特定荷物を専用に積み込む船と、高瀬船・小鵜飼船・部賀船・上州艜船などのように、関東在方と江戸との間を往復して不特定の様々な物資を輸送する船とに分けられる。このように多種多様な川船が就航した中で、関東在方と江戸を結ぶ河川水運の根幹を担ったのはやはり高瀬船や艜船であり、それらの輸送船がまず分析対象の中心になってくる。

そこでまず、高瀬船と滞船について次の点を確認しておきたい。それは、同一の名称でありながら、規模の異なる色々な大きさの船が存在したことである。表20によれば、「関東川々所々」にある高瀬船は小さいものが三丈一尺から三丈二尺程度、大きいものは八丈八尺から八丈九尺ほどもあり、その差は最大で五丈八尺、約一七・六メートルにもなる。同様のことが上利根川筋の「上州ヒラタ」や荒川通りの「川越ヒラタ」についても言える。このような高瀬船や艜船については、規模が全く違っているにもかかわらず、同一の名称であるが故に同じ機能を担っていたかのような誤解をまねく危険性がある。高瀬船や艜船だからと言って、必ずしもそれらがみな同じ輸送機構の中で利用されたとは限らない。この点は以下に明らかにされるであろう。このように船の大きさを問題にするのは、地域ごとにそ

表21　佐原河岸の高瀬船

正徳3(1713)年

積載量	船　数
170俵積	1艘
200　〃	1〃
250　〃	4〃
270　〃	1〃
280　〃	4〃
290　〃	1〃
300　〃	6〃
330　〃	1〃
350　〃	1〃
370　〃	1〃
380　〃	1〃
400　〃	1〃
600　〃	2〃
700　〃	1〃
合計	26艘

註　佐原市 伊能康之助家文書より作成.

表22　佐原河岸の川船

享保20(1735)年

船頭・水主乗務人員	船　数	1艘に付1年間の江戸通船回数
1人乗	13艘	5回
2　〃	13〃	8〃
3　〃	15〃	7〃
4　〃	3〃	6〃
	船数合計 44艘	平均江戸通船回数 6.6回/年

註　佐原市 伊能康之助家文書より作成.

れぞれの流路状況に応じた規模と構造の船が使われていた筈で、それを知ることがその流域の水運機構を解明する上で不可欠と考えるからである。

また、表20からは次の点についても注意しておきたい。それは、関東在方で諸物資輸送に従事した船の中で、「関東川々所々ニ有之」と註記される「川下小船」や、「上戸《(利)》根川・烏川通ニ有之」とされる「所働船」の存在についてである。これらは「江戸往来無之」とあって、輸送船でありながら江戸にまで乗り入れることはなく、専ら地域間の輸送業務を担っていたのであった。これらの地域間輸送に従事する小船こそが、本章で検討の対象となる上流域の艀下船である。

このように多様な川船の存在を確認した上で、次に利根川の上流域と下流域とで就航した船の違いについて、上州倉賀野河岸と下総佐原河岸を取り上げて具体的に考えてみよう。まず、佐原河岸について。表21によれば、正徳三年（一七一三）の同河岸には、一七〇俵積みを最少として最大七〇〇俵積みまでの高瀬船が、大小合わせて二六艘ほど存在している。この表の基になった史料である「高瀬船々改」の奥書には、「福島領御城米銚子入之分、高瀬引舟ニ被成候ニ付御改也」とあって、これらの高瀬船は佐原から江戸へ向けて諸物資を輸送しただけでなく、銚子まで出

表23　倉賀野河岸の川船

天明6(1786)年

江戸廻り船		30艘
内訳	100俵積み	11艘
	150　〃	6〃
	200　〃	12〃
	300　〃	1〃
小船		2艘
是者荷物弐・三駄ゟ拾弐・三駄積江戸往来仕候		
艀下船		22艘
是者五拾俵積ニ御座候得共，水之浅深次第ニ積高増申候		

註　『群馬県史』資料編10，P. 731，No. 317「倉賀野河岸船数書上帳」より作成.

向いて「福島領御城米」まで積み受けていたのであった。これはつまり、東廻海運によって廻漕されてきた福島地方の幕領年貢米をも積み込んで、江戸へ向けて利根川を積み登せたことを表している。また、これ以外にも銚子付近の高瀬船が東北諸藩の年貢廻米を引き受けて、一艘で六〇〇俵から七〇〇俵もの年貢米を積み登せている例を確認することができる。(4) 水郷地帯の船の大きさが知れよう。あるいは、水戸藩の調査でも水戸領内の高瀬船は大中小の三段階に分けられ、大が一二〇〇俵積み、中が八五〇俵積み、小が五八〇俵積みであった。(5) これらから、水深の大きい利根川下流域からの江戸航路には、相当大型の高瀬船が用いられていた状況を窺い知ることができるだろう。

しかし、この地域ではこれらの大型船だけが江戸廻漕を行なっていた訳ではなかった。同じく佐原河岸の享保二〇年（一七三五）の例を表22にあげてみた。これによれば、船頭一人乗りの小船が全体四四艘の約三〇パーセントにあたる一三艘ほどもあって、これらが毎年平均して五往復ずつ江戸輸送を行なっていたのである。この船がどれほどの積載量で、どのような構造の船なのかはわからない。しかし、利根川下流域にあっては大型船に限らず大小様々な輸送船が就航し、それらが江戸にまで乗り入れていた事実を知ることができる。この表で船頭と水主合わせて四人乗りの船は、大体六〇〇俵から七〇〇俵積み程度に相当するのであろうか。この時期、この大型船は年間六回ほどの江戸往復であったという。積載量と江戸就航の回数を勘案すれば輸送力の面では、船頭と主水合わせて二人ないし三人乗り程度の船が最も主要な船であったと考えてよいだろう。

続いて利根川上流域で支流・烏川筋の上州倉賀野河岸に所属する船を見ると、表23にまとめたように天明六年（一七八六）の例をあげることができる。まず第一に、佐原河岸の場合と比較して全般的に船の規模が小さいことに気付く。やはり、水深の浅い上流域では下流域で使われたような大型船を運航させるには無理があった。倉賀野から江戸へ就航する三〇艘のうち最大規模の三〇〇俵積み一艘を除く残りの二九艘はみな一〇〇俵積みから二〇〇俵積みの規模に集中している。倉賀野と江戸を結ぶ水運輸送にあっては、この規模の船が中心的役割を担っていたと考えられる。表20によれば、これらの「江戸廻り船」は、大小様々な規模をもって「俗ニ上州ヒラタ」と呼ばれた艜船ではなかったかと思われる。そして、これとは別に「荷物弐三駄ゟ拾弐三駄積、江戸往来仕候」という小船二艘もあったが、数から言っても規模から言ってもこれは輸送船の主体ではあり得なかった。

また、倉賀野河岸の場合これとは別に「是者五拾俵積ニ御座候得共、水之浅深次第ニ積高増申候」という「艀下船」が存在した点に注目される。しかもそれは、全五四艘の約四〇パーセントにあたる二二艘も存在していた。これらの艀下船は「江戸廻り船」と違って、江戸まで行く船ではなかった。これは、表20によれば「上戸《(利)》根川・烏川通ニ有之」あるいは、「江戸往来無之」と見える「所働船」に比定できよう。こうした船の存在は、先に見た佐原河岸など利根川下流域の場合とは大きく異なっている。勿論、下流域においてももっぱら地域間輸送に従事して江戸に乗り入れない小船が存在しなかった訳ではない。江戸に就航しない耕作船も多数存在したが、それは文字通り水郷地帯に開かれた水田への移動と農具や稲の運搬用に使われた船であった。したがって、倉賀野河岸に所属する船は、一〇〇俵ないし二〇〇俵積み程度の規模を以て江戸へ就航する船と、五〇俵積み程度で江戸までは運航しなかった艀下船とに二分することができる。このような江戸に就航しない小型輸送船の存在は、下流域と比較して特徴的で、しかもこれら上流域の艀下船には下流域の小船には見られないある特色をもっていた。そこで以下に、この上流域の艀下船について、これまでに明らかにしてきた中流域の艀下輸送の方法と比較しつつ考えてみよう。

それにはまず、関東地方の内陸河川で利用された艀下船について、もう一度要点を確認しておく必要があるだろう。現在一般的には、艀下船は、本船が荷物の積み下ろしをする際に大型で接岸できない場合、本船と港との間を往復し、その荷物の積み下ろしを行なう小船と考えられている。このような理解に従えば、艀下船は本船から陸地までのごく短い距離を往復して本船への荷物の積み下ろしに利用される小船ということになる。しかし、近世の関東各河川で利用された艀下船はそうではなかった。同じ名称故に混乱をまねきかねないが、それは本船への荷物の積み下ろしを助けるというよりは、本船と一緒に一定区間を航行し、本船の輸送を助ける船であった。前に分析した利根川中流域の艀下輸送システムを思い起こしてもらいたい。そこでは、本船が荷物を満載して江戸へ向かう航程で、少ない水量故に船底がつかえて運航できなくなったとき、本船から積み荷の一部を分載されて、水深の浅い区間を本船に従って伴走した補助輸送船を艀下船と呼び、また、その行為を指して艀下または艀下積みと呼んでいたのである。つまり、艀下船とはそうした機能面からの呼び名であって、必ずしも小船を意味するものではなかった。この点を注意しなければならない。そうした艀下船の運航実態を窺い知れる好事例として、次の史料をあげてみよう。

私共河岸〳〵ニ而口銭或艀銭請取候仕来之儀御吟味ニ御座候。

此段新波河岸之儀は、吾妻川端ニ而前々問屋三軒有之候処、壱軒ハ先年ゟ休株ニ相成、当時弐軒問屋相稼、船持と相定候もの無御座、問屋弐軒ニ而高瀬船弐拾艘致所持、別段ニ艀ハ無御座、例年四月ゟ八月頃迄之間ハ水多分ニ御座候間、河岸ゟ諸荷物□□（虫損）積立、九月ゟ二三月頃迄ハ水無数、川瀬も浅相成、河岸ゟハ多分之荷物直積難成候間、相応ニ積立、村内ニ而川瀬深所江乗下置、猶又外高瀬船江荷物積立、右場所江乗附積移を艀と唱申候。(6)

（年不詳・未三月）

これは、下野国都賀郡で思川沿いの網戸・乙女・友沼の三河岸と同郡巴波《うずま》川沿いの新波・部屋両河岸が、幕府から問い合わせを受けた際に各河岸の状況と河岸問屋の受け取る口銭、それに艀下船のあり方などについて答えたもので、その中から新波河岸の箇条を抜き出してみた。各河岸の位置については、後掲の図8を参照されたい。ここには、巴波川で利用された艀下船の様子が明快に述べられている。新波河岸には三軒の河岸問屋があって、当時一軒は休み株となっており二軒が営業にあたっていた。その二軒の問屋が二〇艘の高瀬船を所持し、それ以外に船持はいなかった。船はみな高瀬船であったという。そして、毎年四月より八月頃迄の豊水期であれば、河岸の船着き場から直接高瀬船へ荷物を積み込むことができたが、その後九月を過ぎて翌年の二、三月頃迄は減水期にあたるため、河岸場での直積みが不可能になってしまった。新波河岸で荷物を満載すると水深が浅く船底がつかえ、船が動けないのであった。そこで採られた方法が艀下船の利用である。「高瀬船弐拾艘致所持、別段ニ艀ハ無御座」と言われるように、新波河岸には高瀬船以外の船はなく、取り立てて艀下船という形の船はないというのである。そこでどうしたかと言うと、まず江戸へ就航する高瀬船に、浅い水深でも通行できる程度の荷物を積み込んで、河岸から少し下った「川瀬深所」まで出航させ、そこへ停船させておく。その後で、別の高瀬船がやはり浅瀬を通過できる程度の荷物を積んで行き、先の高瀬船にその荷物を積み移して艀下船の役割を果したのであった。

豊水期ならば江戸へ就航できる高瀬船が、冬期減水期には他の高瀬船への艀下船として利用されていたのである。つまり、高瀬船が他の高瀬船の艀下船になるというように、艀下船という特定の型の船が存在したのではなかった。艀下船はその機能面からそう呼ばれていたのである。この点理解できたであろう。また、これに関連して艀下船を利用する側の船を本船といい、これは他に元船と記されることもあって、「もとふね」と呼ばれていたことがわかる。艀下船についても艀船・艀船などいくつかの文字使いが見られ、「はしけ」に「橋下」の文字があてられることもあ

表24　艀下輸送の三形態

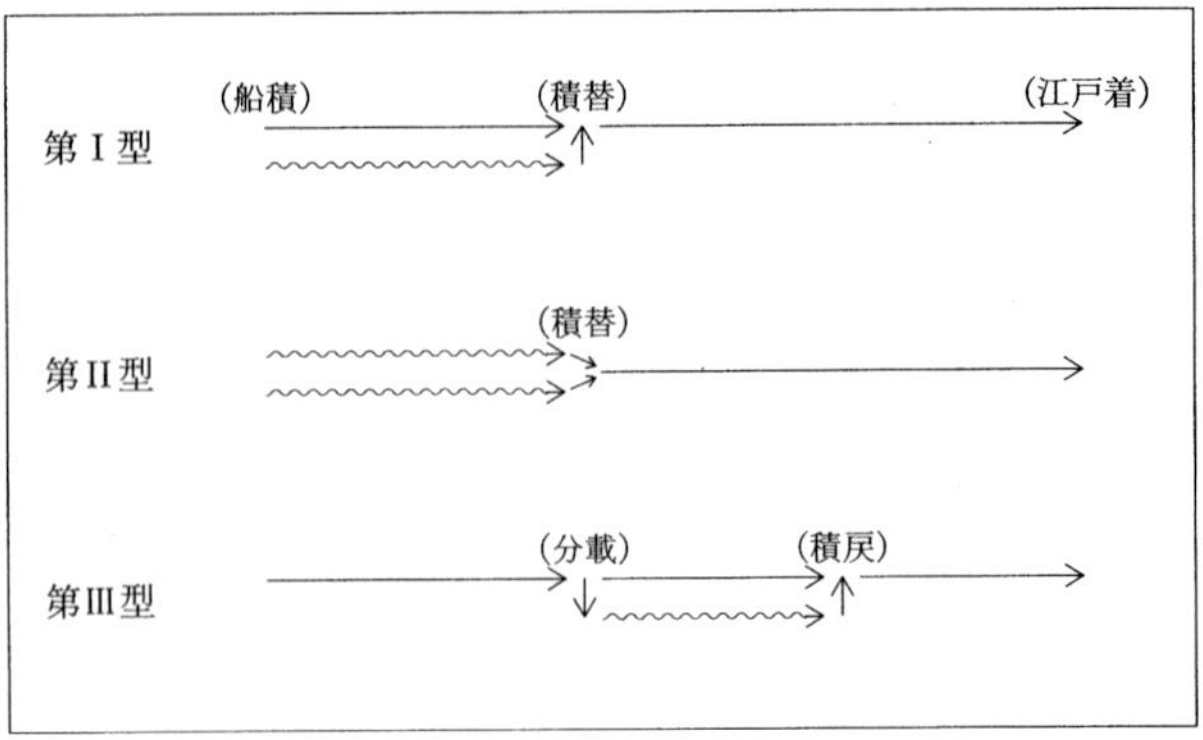

註　──→：本船　〰〰→：艀下船

った。本章では便宜上、本船と艀下船とに統一して表記する。

右にあげた巴波川の新波河岸の例では、本船が河岸に接岸できなくても、村内で一定の水深が得られる地点に係留されていたので、艀下船の輸送距離は短かった。しかも本船への荷物の積み込みに利用されているので、高瀬船が艀下を行なった以外には、現在一般的に理解されている意味でも矛盾はないだろう。しかし、右の史料に関連して言えば、史料の引用を控えたが思川筋の網戸・乙女・友沼の三河岸では、減水期には江戸へ就航する高瀬船を村内にさえ係留することができなかった。思川では冬期の減水障害が一段と厳しく、江戸へ就航する高瀬船は下流の古河近辺にまで乗り下げておかなければならなかったのである。そしてその区間を、やはり高瀬船を用いて艀下輸送していたのである。それはもはや、本船への荷物積み下しを助けるという範囲を超えていた。本来本船が輸送すべき分の荷物を分載し、その補助輸送にあたっていたと考えた方がよいだろう。これによって、本船が水深の影響をを受けて荷物を満載しての航行ができなかったとき、その積荷の一部を分載輸送し、水深の小さい区間を補助輸送した船、これをもって艀下船と規定することができるだろう。

以上を踏まえると、関東各河川で利用された艀下船は、その輸送型態によって表24に示すような三型態に分けて考えることができる。右に引用した巴波川の新波河岸の例では、江戸へ就航する本船が積み荷を満載できないながらも、新波河岸から出航し他の高瀬船がその積み切れなかった分を艀下輸送したのであった。これは第Ⅰの型態を示している。これに対して、第Ⅱ型では、江戸へ諸物資を輸送するのに本船への船積みを一切行なわず、本船は下流の別の場所に係留されていてそこまでの積み出しはもっぱら艀下船の輸送に任されていた。この二形態は、多くの河川の上流域で一般的に採用された輸送方式であった。

一方、第Ⅲ型の艀下輸送は、利根川下流域から江戸へ向かう過程で採用された輸送方法であった。霞ヶ浦や北浦方面、そして銚子・佐原方面からは大型船が荷物を満載し、利根川を遡って江戸へ廻着していたが、途中の小堀〜関宿〜松戸付近にできる浅瀬では、荷物を満載したまま航行するのが難しいときもあった。そこで、艀下船を雇い、積み荷の一部を分載輸送させたのである。ただし、本船の輸送を支援した艀下船の数に違いがあった。中流域で採られた第Ⅲ型は基本的に本船一艘に艀下船一艘が原則とされたのであったが、上流域のⅠ、Ⅱ型の場合、後の表27部分で確認するように一艘の本船が複数の艀下船を必要としていたのである。その意味で表24は正確さを欠くが、これはあくまでも模式図であって、この点を了解されたい。艀下船を利用した輸送システムについては、このような広い視野に立って検討する必要があるだろう。第Ⅲ型の艀下輸送については前章までに詳しく分析したので、ここでは上流域に特徴的な輸送型態であった第Ⅰ・第Ⅱ型に的を絞って考えていきたい。

第二節　上流域の一四河岸組合

これまで、利根川上流域の艀下輸送の意義についてはほとんど問題にされることはなかった。この地域で水運を利用した最上流の河岸が、支流の烏川筋で中山道の宿場町でもあった上州倉賀野河岸であることは広く知られている。

図8　利根川上流域の河岸組合

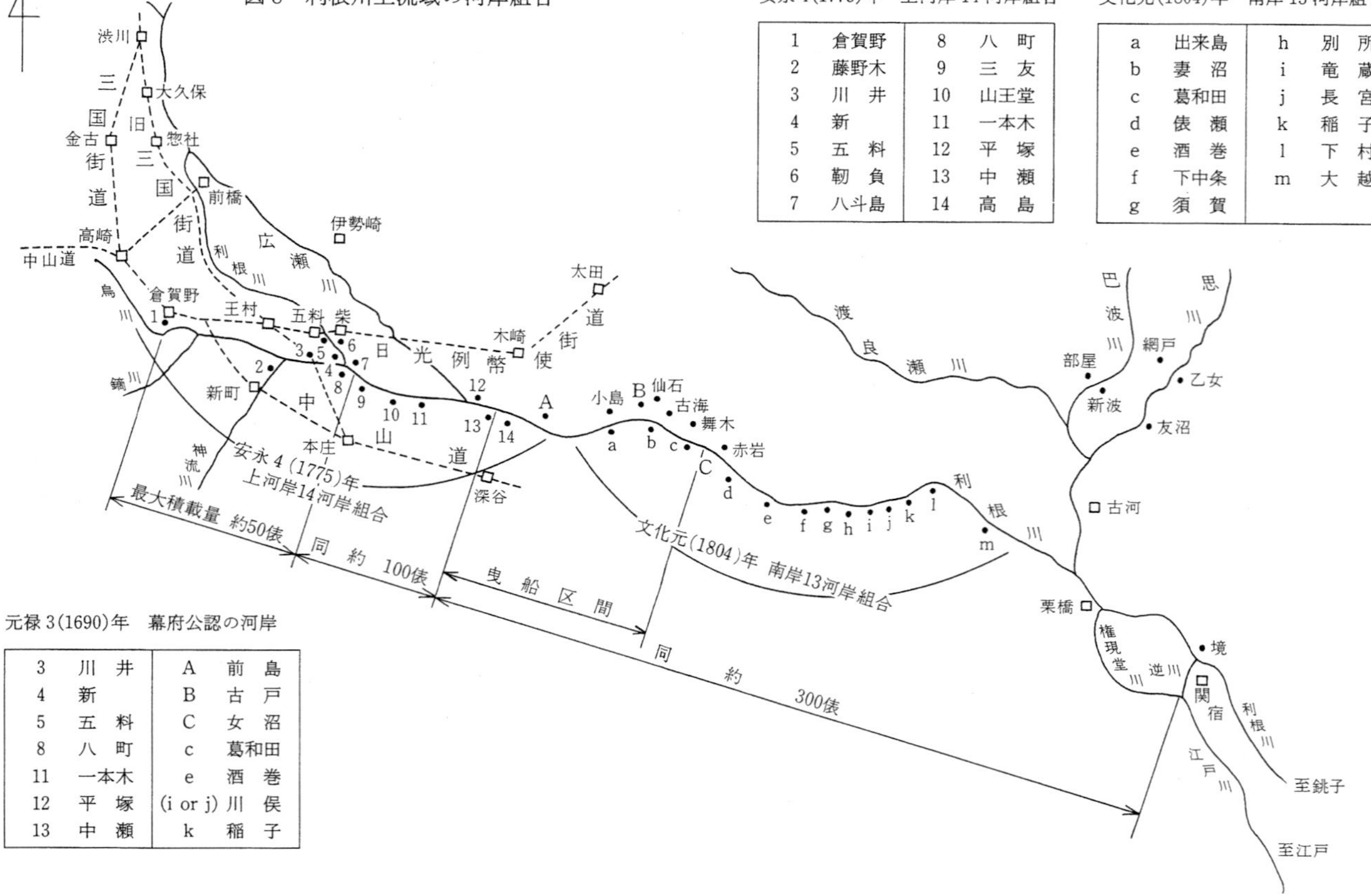

安永4(1775)年　上河岸14河岸組合

1	倉賀野	8	八　町
2	藤野木	9	三　友
3	川　井	10	山王堂
4	新	11	一本木
5	五　料	12	平　塚
6	靭　負	13	中　瀬
7	八斗島	14	高　島

文化元(1804)年　南岸13河岸組合

a	出来島	h	別　所
b	妻　沼	i	竜　蔵
c	葛和田	j	長　宮
d	俵　瀬	k	稲　子
e	酒　巻	l	下　村
f	下中条	m	大　越
g	須　賀		

元禄3(1690)年　幕府公認の河岸

3	川　井	A	前　島
4	新	B	古　戸
5	五　料	C	女　沼
8	八　町	c	葛和田
11	一本木	e	酒　巻
12	平　塚	(i or j)	川　俣
13	中　瀬	k	稲　子

しかし、その場合、江戸で荷物を積み受けた船が利根川を遡上していくのに、独力での廻着は不可能であった。従来、この点を正しく押えないままに利根川上流域と江戸との間は一艘の船で単独運航が可能なものと想定し研究が進められてきた。(7)言うならば利根川の上流域も下流域も同一の輸送機構として理解されてきたのであった。しかしながら、上流域と下流域とでは運航の条件が大きく異なっていた。水深の大きい下流域ではより大型の船を用いた方が有利だが、それらの大型船は水深の制約を受けて、上流域では十分に活躍することができなかった。それ故に、前節で確認したように上流域では下流域に比べて概して小型の船を用いると同時に、艀下船を以て江戸へ就航する本船の輸送を支援する体制を構築しなければならなかった。この本船と艀下船の連係システムについては後述することにして、まずそのような艀下船の運航を不可欠とした地域について押さえておきたい。そこで、当該地域の河岸組合の結成状況から考えてみよう。

利根川北岸の上州側に未確認の地域を残しつつも、渡良瀬川と合流する付近より上流域の利根川には、上下二組に分れて河岸組合が結成されていた。すなわち、安永四年(一七七五)に結成された上河岸一四河岸組合(8)と、文化元年(一八〇四)に確認できる武州側一三河岸組合(9)との二つである(図8参照)。いま、便宜的にこれらを上組・下組と呼んでおく。

上組については、「先達而石谷備後守様、河岸々御糺問屋株御運上被為仰付候。新規之河岸場新問屋以後不相成旨口書印形指上候上者、上拾四河岸組合ニ罷成(10)」とあることから、勘定奉行石谷備後守清昌が主導した明和・安永期の幕府河岸改の時に結成されたものであることがわかる。この河岸改めは、幕府が河岸問屋の株を公認し固定する代りに、運上金を徴収しようとする政策であった。しかし、この地域の河川水運はこれ以前からすでに十分な発展を遂げていたから、それまで慣行的に行なわれてきたものが、この時の河岸改めを契機に河岸議定として成文化され、組合の結成につながったと考えてよいのではないだろうか。これ以後も文政九年[11]（一八二六）、天保四年[12]（一八三三）、明治四年[13]（一八七一）と引き続いて河岸議定が取り替わされており、上組の諸河岸が水運の新局面に、絶えず一体となって対処しようとしていたことが窺える。

一方、下組については文化元年の河岸議定が知られている唯一のもので、この地域の河岸組合が最初に結成された時期を明確に押えられる史料はまだ見つかっていない。考えられることは、上組の場合と同様に明和・安永期の幕府河岸改を契機に結成された可能性が強い。というのは、元禄三年（一六九〇）の「関八州伊豆駿河国廻米津出湊浦々河岸之道法并運賃書」[14]によれば、下総関宿河岸より上流の利根川方面には図8に表示したような合計一四の河岸が記載されている。これは、幕領年貢米を江戸へ廻漕するにあたって、幕府がその運賃を公定したもので、ここに登場する諸河岸は幕領年貢米の積み出しを認められた幕府公認の河岸であったと言える。それでいながら明和・安永期の河岸改めに際し、川井河岸より中瀬河岸に至る上流の七河岸については付近の河岸と共に公認を受け、下流の前島河岸より稲子河岸までの七河岸については公認されなかったというのであろうか。それは不自然で、関東の広い範囲にわたって河岸問屋株が公認された状況からすれば、史料的に確認できないものの、やはり下組に属する諸河岸の問屋もまた、この河岸改の際に株立が認められたと考えてよいのではないだろうか[15]。そして、それに伴って下組の一三河岸組合も結成された可能性がある。

しかしながら、文化元年の河岸議定の第一条に見える「此度利根川通問屋仲間一統評談之上、左之通取極候趣、皆相守可申候[16]」という部分を「今回、仲間全員が話し合って」と素直に読んで、下組の結成を文化元年と捉えても本論の主旨には少しも反しない。つまり、下組の諸河岸は上組に比べて、付近の河岸と連合して組合を結成すべき必然性が弱かったのであり、それ故に上組よりも遅れて文化元年に至って初めて河岸組合がつくられたとも考えられる。それでは、河岸組合が結成される必然性とは何なのか。しかも、同じの河川でありながら上下に分れて別々に組合がつくられたのは何故なのか。それは単に便宜的に結成された訳ではないだろう。結論的に言うならば、それは流路状況による船の運航条件の違いであり、それに基づくところの輸送システムの相違に起因していたのであった。

そこでまず、上組・下組を含めてこの地域の利根川水運がどのような物資を廻漕していたのか、その流通事情を概観しておこう。次にあげる史料は、下組に属する竜蔵・稲子・長宮の三河岸から江戸までの船賃を取り決めたものである。虫損のために、年代は「寅六月」としかわからないが、表題から判断して、天保改革による諸物価引下令に呼応したもので、寅年は天保一三年（一八四二）を指すと考えられる。

今般御趣意弥堅相守可申事、江戸積運賃直下(17)

一、御年貢米　百俵　金壱両弐分

一、商人売荷　百俵　金壱両銀六匁

一、酒　　　拾駄　金壱両銀五匁

　　江戸ョリ登運賃直下

一、赤穂塩　百俵　銀□□

一、才田　　同　　□□

一、醤油　　小壱樽銭三拾弐文

（以下略）

これ以下の史料引用を省略し、その内容を表25にまとめてみた。江戸への輸送物資の第一は何と言っても年貢米で、他に酒と商人売荷とがあるがその具体的な内容は判明しない。一般的には、各地の特産品農産物や薪・炭などの燃料

表25　下組，竜蔵・稲子・長宮～江戸間の船賃

天保13(1842)年か

	荷　種	数　量	船　賃
〈江戸出荷運賃〉			
1	御年貢米	100俵	金1両2分
2	商人売荷	100俵	金1両銀6匁
3	酒	10駄	金1両銀5匁
〈江戸より積み登せ運賃〉			
1	赤穂塩	100俵	銀 □□
2	才　田	100俵	□□
3	醤　油	小 1樽	銭 32文
4	水油・魚油	1樽	銭116文
5	酒・酢	1駄	銭200文
6	粕	100俵，12貫～15貫	銭5貫500文
7	干　鰯	100俵，10貫～13貫	銭4貫500文
8	赤　糖	100俵	金3分2朱
9	尾張糖	100俵	金 3分
10	大島樽	1挺	銭116文
11	砂　糖	1樽，15貫～19貫	銭 80文
12	〃	1樽，5貫	銭 40文
13	琉　球	1個，3束入	銭 64文
14	紙	1個	銭 48文
15	砥石・傘	1個	銭 56文
16	藍　玉	1本	銭116文
17	太　物	大 1個 小 1個	銭124文 銭112文
18	鰹　節	1樽	銭 72文
19	塩　引	大 1個 小 1個	銭 64文 銭 56文
20	鯣干さんま	1個	銭 64文
21	青切昆布	合 1個	銭 56文
22	しふきかりゆす	大 1個 小 1個	銭 72文 銭 64文
23	蠟	1俵	銭100文
24	酒	100樽，空樽	銭2貫400文
25	醤　油	100樽，空三ツ合	銭2貫400文
26	油	100樽，空樽	銭3貫200文
27	線香源氏箱	1櫃	銭 46文
28	抹　香	1俵	銭 40文
29	みかん	合六ツ付	銭2貫48文
30	瀬戸物	大 5個 中 8個 小10個	銭200文
31	摺　鉢	大 1個 中 1個 小 1個	銭 80文 銭 72文 銭 64文
32	石	1抱	金3分2朱
33	薬　種	大 1個 中 1個 小 1個	銭 72文 銭 64文 銭 56文

註　『羽生市史』上巻，P. 676より作成.

類、および材木・建設資材などが考えられよう。一方、江戸から積み登せられる諸物資は三三項目に及び非常に多彩である。生活必需品として塩・醤油・砂糖、それから酒、あるいは干魚類などの食糧品、粕・干鰯などの魚肥類、木綿太物などの衣料品、および紙や蠟・油などがその主要なものであった。そしてこの内容は、竜蔵・稲子・長宮の三河岸に限られたものではなく、おそらく江戸から関東在方へ輸送された一般的な内容を示していると考えてよいだろう。このように、輸送物資の概略を押えた上で次に、利根川の上下二地域に分れて河岸組合が結成された理由について、を考えてみよう。手順としては、船の単独運航が可能な最上流の地点を確認することから、この問題に接近して

みたい。

第三節　利根川の曳船

江戸へ廻着した船が利根川を遡上して帰船する場合、上流へ行くにつれて次第に水勢が強くなり、帆走のみではもはや進行できなくなる地点が存在した。まして冬期減水期には北西よりの逆風が強くなって帆が使えなかったから、船頭・水主たちの棹働きではどうすることもできなかた。そこで、船に綱をかけて陸上の人足に曳き登せてもらう曳船の航法が採られたのであった。すなわち、次の如くである。

上州邑楽郡赤岩村外壱ヶ村名主訴上候者、両村并舞木村ハ利根川付ニ而、武州・上州・信州・越後辺登り下り之諸荷物、江戸ゟ倉賀野河岸之間通船有之、登之節ハ船頭水主計ニ而者難成候間、正徳年ゟ荷物積高・賃銭等議定いたし置、賃銭請取、右三ヶ村引船人足差出来候。(18)　(安永九年)

史料中に「赤岩村外壱ヶ村」とあるのは、上州邑楽郡葛和田村を指している。右は安永九年（一七八〇）の史料だが、ここには赤岩・葛和田・舞木の三ヶ村がすでに一八世紀初頭、正徳年間から、利根川を遡上する船に対して曳船人足の提供を請け負っていた事実が述べられている。赤岩村などの三ヶ村は、最上流河岸の倉賀野と、利根川と江戸川とが分岐する下総境・関宿とのほぼ中間に位置していた。江戸より荷物を満載して遡上してくる船は、この付近で強い水勢にあって進行が困難となり、船頭たちは、曳船人足を雇ってこの難所を切り抜けたのであった。ところが、江戸から武州・上州・信州・越後方面へ廻漕される物資があまりに莫大であったため、曳船人足が不足し、ここでしばらく滞船しなければならない事態もたびたび発生したらしい。殊に流水量が減少し北西風の吹く冬期にはその問題が顕在化した。そこで、曳船人足の調達に支障をきたすことのないよう、上流域の船持たちは正徳年間（一七一一～一六）から赤岩・葛和田・舞木村の三ヶ村と議定を取り交わし、人足調達の円滑化を計っていたのであった。右の史料によれば、その上流域の船持ちは、倉賀野河岸から藤野木・川井・新・八町・三友・山王堂に至る合計七河岸の者たちであった。

この直後、天明三年（一七八三）七月に起こる浅間山の噴火は、泥流を押し流し利根川の浅瀬化を一気に進行させたから、曳船人足はその必要性を益々強めていったに違いない。しかし、そのような河川状況の大きな変化が考えられない正徳年間に曳船人足に関わる取り決めが締結されたのは何故だろうか。それはまず、商品流通の展開、江戸と関東在方を結ぶ水運輸送量の増大に大きく関係していたと考えられる。そしてそれに関連して、輸送量の増大を満たすための船の大型化も進行していたのではないだろうか。曳船人足が一八世紀の初めに恒常化していく理由については、この二つを考えておきたい。実はこの頃、第二章で検討したように下流の利根川中流域でも艀下船の出動基地となる艀下河岸が次第に形成されていく時期にあたっていた。そしてそれも商品流通の展開に伴う船の大型化に関係しているのではないかと考えられたのであった。

ここで、船を曳き登せる区間について注意しなければならない。赤岩村付近から必ずしも倉賀野河岸など最上流地点まで、継続して曳き登せる訳ではなかった。この安永九年の取り決めでは、曳船人足の雇賃銭が「平塚村迄人足壱人ニ付銭八拾文、中瀬村迄七拾文宛船頭ゟ請取、引登来候」と決められていたことからもわかるように、平塚村あるいは中瀬村までの三里ないし四里の距離が、曳船を必要とする区間であった。平塚・中瀬の両村は利根川が支流の広瀬川と合流する付近にあって、共に河岸場を持っていたから、議定を締結した倉賀野以下山王堂までの七河岸の船は、ひとまず平塚・中瀬両河岸まで曳き登せられたのである。

それでは、平塚河岸や中瀬河岸の船は、曳船人足に頼らなかったかと言うと、そうではなかった。この議定は、その辺の状況を次のように述べている。

前々ゟ右三ヶ村と上州邑楽郡古海・千石五ヶ村ゟ人足雇来候処、十八九年以来、川瀬替り、古海・千石両村迄船登り兼、赤岩・葛和田・舞木三ヶ村之人足相雇曳登せ来り候。

「右三ヶ村」とあるのは、平塚・中瀬両村に島村を加えた三ヶ村を指している。これによれば、平塚以下三ヶ村の船は、かつては赤岩村付近は通り過ぎて、それよりも少し上流に位置した古海・仙石両村付近までは自由に遡上できたて、そこで曳船人足を雇っていたという。しかし、安永九年からさかのぼって「十八九年以来」の宝暦一〇年頃より河道が変化し、それも困難になった。そこで、上流船と同じように赤岩村付近で曳船人足の供給を受けなければ、自らの河岸にまで廻着できなくなってしまったというのである。勿論、この曳船人足も風向きと流水量によっては必ずしも必要とする訳ではなかったが、一八世紀の後半には、平塚・中瀬両河岸を含めて、それよりも上流域の船が江戸へ就航し、帰り荷を積み登せる場合、赤岩村付近から平塚・中瀬両河岸に至る区間で、曳船人足を必要としていた事態について了解されたであろう。

平塚・中瀬両河岸は利根川が広瀬川と合流して流水量を増大させる地点に位置しており、これより上流域では水深が一層浅くなるので下流域よりも走行が容易になるとは考えにくい。平塚あるいは中瀬河岸まで曳き登せられた船は、その後、人足に頼ることなく独力で遡上することができたのであろうか。実は、江戸へ就航した船が荷物を積み込んだまま遡上できたのは、ここまでであった。これより上流域では、江戸からの荷物を積み込んだままの状態ではもはや船を進退めることはできなかったのである。

そこでどうしたかと言うと、平塚・中瀬付近まで遡上した船は、ここで他に何艘かの空船を雇い、それに積み荷の一部を分載させ、自船の喫水を小さくすることによって少ない水深を克服する方法を採らなければならなかった。そうすることによって、ようやく上流域での航行が可能になったのである。これは先に見た下野国の思川や巴波川筋の上流域から荷物を積み下したのとは逆の形式で、江戸から関東の内陸部に向けて諸物資を水運輸送していく場合、このように上流のある地点で他の空船を雇って、これに分載して輸送する航法が広く採られていたのである。鬼怒川でも渡良瀬川でも上流域では同様の方法が採られていた。江戸で荷物を積み請けた船が、そのまま単独で上流域の諸河岸へ廻着できたと考えるのは誤りである。この場合、江戸より遡上してくる船を本船、これより積み荷を分載される船を艀下船と規定してよいだろう。そこで、中瀬河岸からより上流域へ向けて艀下船が利用されていた具体例について次に見てみよう。

船賃割合覚

江戸登　　　八町川岸・新川岸迄

一、荷物壱駄ニ付　　　四百八拾六文

塩荷物　　　中瀬川岸ゟ

船賃壱太ニ付　　　百弐文

塩荷物　　　右両川岸迄

一、金壱両ニ付　但　大俵ニ而　　　五拾四俵積直

中瀬川岸ゟ

船賃壱太ニ付　　　九拾三文

（中略）

表26　上組11河岸の船賃・艀下賃

天保14(1843)年か

	江戸より登せ荷物		塩荷物	
	船賃(1駄に付)	艀下賃(中瀬河岸より1駄に付)	船賃(金1両に付)	艀下賃(中瀬河岸より1駄に付)
1八町河岸	486文	102文	54俵積直	93文
2新〃	486〃	102〃	54〃	93〃
3藤野木〃	514〃	107〃	52〃	102〃
4三友〃	463〃	93〃	55〃	88〃
5靭負〃	514〃	108〃	52〃	108〃
6五料〃	514〃	108〃	52〃	108〃
7山王堂〃	416〃	83〃	57〃	80〃
8一本木〃	365〃	—	71〃	—
9平塚〃	—	—	80〃	—
10中瀬〃	—	—	80〃	—
11高島〃	—	—	80〃	—

註　『群馬県史』資料編10，P.754，No.326より作成．

右者此度諸式直段引下ヶ方、御触御趣意ニ付、河岸々仲間相談之上、霜月十日より前書之通運賃引下ヶ渡方致候。以上。

卯十月　組合河岸々

船問屋行司㊞(19)

これは、利根川上流域の上組に属する一一の河岸問屋仲間が、運賃の引き下げに関して取り決めたものである。年代が不明だが、内容から判断して天保改革による物価引下令に関わるものとみて間違いないだろう。史料の引用を省略した部分も含め、この内容を表26にまとめてみた。引用した史料に「江戸登」とあるのは、関東の河川水運史関係史料にしばしば見られる用語で、諸物資を江戸へ上せるのか、それとも江戸から利根川を登せてくることを表わしているのか注意を要する点である。ここでは記載の内容から、江戸から関東在方へ向けての物資輸送であると判断できる。

下組所属の竜蔵・稲子・長宮の三河岸から江戸までの船賃を取り決めた先の史料、表25と比べ、この表26には江戸からの運賃とは別に艀下賃が決められている点に注目される。これは下組の場合と大きく異なっている。たとえば、江戸から八町河岸あるいは新河岸までの船賃は、荷物一駄につき四八六文で、もしもこの荷物を途中の中瀬河岸から艀下船を利用して八町・新両河岸まで廻着させる場合には、荷物一駄につき別途一〇二文の艀下賃が必要であった。つまり、本船が八町・新両河岸まで直航できる場合には一駄分四八六文の船賃で済んだが、中瀬河岸から艀下船を利用する時には、これに一〇二文の艀下賃を加えた合計五八八文を支払わなければならなかったのである。

また、この表26によれば全体で一一の河岸の中には、艀下賃を決定めている河岸と、艀下賃規定のない河岸とがあることに気付く。すなわち、藤野木・五料・靭負・新・八町・三友・山王堂の七河岸に関しては、「艀賃壱駄ニ付、中瀬川岸⑥」として中瀬河岸からの艀下賃が決められているのに対して、残りの四河岸、一本木・平塚・中瀬・高島については艀下賃の規定がない。これはつまり、江戸で荷物を積み込んだ船が、これら四河岸については艀下船に頼らなくても、単独で廻着することができたからであった。ところが、ここを通過して山王堂河岸よりも上流域に遡上するためには、中瀬河岸で艀下船をチャーターしなければならない事態がたびたびあった、ということを示している。

ところで、この運賃・艀下賃の規定には上組一四河岸の内、倉賀野・川井・八斗島の三河岸が入っていない。これは何故か。川井・八斗島両河岸については、文政期より明治期に至る一連の河岸議定にも加盟しているので、河岸の営業が継続されていることは間違いなかった。しかし、いまはそれ以上この問題を考えるだけの材料がない。ただ、倉賀野河岸についてはその理由を明らかにすることができるので、後の第五節でその点について考えたい。

以上をまとめると、まず第一に、江戸へ就航した船が帰り荷を積み込んで利根川を遡上する場合、おおよそ利根川と広瀬川が合流する付近までが単独で航行できる最上流の地点にあたっていた。これより下流であれば広瀬川の流水を得て、船の運航に水深の制約を受けることも少なかった。しかし、広瀬川は一定の水深を保証してくれる反面、水勢を強めたのもまた事実で、北西からの逆風が吹いて帆が使えない冬期には特に、赤岩村付近から平塚・中瀬両河岸に至る区間で曳船人足を必要とする事態も発生していた。ところが、この区間を遡上すると、今度は水勢は弱まるもの流水量が減少して水深が浅くなり、荷物を満載したままでは船底がつかえて進退もままならなくなってしまうのであった。そこで艀下船への分載輸送が必要とされたのである。ただし、平塚・中瀬両河岸より上流域であっても、天候による流水量の増加・船の大きさおよび積載量如何では、必ずしも艀下船に依存することなく、自力で目的の河岸まで廻着することができた。しかし、この地域の利根川水運全般を広く見渡した場合、江戸へ就航した船は主に一〇〇俵積み程度から二〇〇俵積み規模のものが中心であったから、平塚・中瀬付近よりも下流域では、それぞれの河岸から江戸までの単独運航が基本であり、これより上流域では水深の制約を受けて艀下船への分載輸送に頼ることがあった、と概括してよいのではないだろうか。

つまり、この平塚・中瀬河岸付近が単独運航の可否を分ける航法上の境界線であったのである。ここに、利根川の河岸組合が上下二組に分れて結成された理由があった。利根川の上流域では運航条件としての水深が広瀬川との合流点付近を境にして大きく異なっていたため、これより下流域では船の単独運航が可能であったが、これより上流域は艀下船の補助輸送を必要とする地域であった。この艀下船を円滑に調達し利用していくためには、地域が一体となった特別の輸送機構を構築する必要があった。上組の一四河岸組合は、この要請に基づいて結成されたと考えられるのである。

第四節　上流域の艀下船

本節では、本船と艀下船の連係システムについて検討してみたい。艀下船の輸送実態を具体的に知ることができる史料は限られている。しかも、このような史料の絶対量が少ない上に、現在一般的に理解されている艀下船の概念で考えてしまうと、上流域で利用された艀下船の運航形態を見誤ってしまうおそれがある。そこで、艀下船の運航形態がわかる具体的な事例として、前橋藩年貢米の江戸廻米を取りあげ、その輸送方法について考えてみたい。次の史料は、前橋藩領川井・新・五料の三河岸から同藩年貢米四〇〇俵を江戸へ廻漕する場合の輸送方式について規定したものである。

覚

九月中旬ゟ十月迄
　御米四百俵　大船壱艘
　　此積方
当河岸ゟ中瀬かし迄三里之所
　小はしけ四艘
是れゟ関宿かし迄
　長はしけ壱艘
中瀬かしゟ小嶋かし迄
　小はしけ壱艘
十一月ゟ正月下旬迄
　御米四百俵　大船壱艘
　　此積方
当かしゟ中瀬かし迄

小はしけ六艘
是れ〆関宿かし迄
長はしけ壱艘
中瀬かし〆小嶋かし迄
小はしけ壱艘
二月〆八月末迄
［　　］
御米四百俵　大舟壱艘
此積方
当かし〆中瀬かし迄
小はしけ三艘
是れ〆関宿かし迄
長はしけ壱艘
中瀬かし〆
小はしけ壱艘
右之通ニ而大概出舟仕候。尤はしけ積方之義水之多少ニ而増減御座候。長はしけ之儀、金壱両弐分〆弐両位迄相願申候而直段高下御座候。水多少ニ付御舟賃直段切り仕候。
一御米積方之義者、御舟方様〆被仰付、問屋共立合貫目ニ而請取、江戸納之儀貫めニ而相納申候。御送状之儀御舟方様御判形ニ而も差遣申候。

右之通大概御書上候。以上。[20]　（寛延二年）

これは前橋藩年貢米四〇〇俵を江戸へ廻漕するのに、四〇〇俵積みの大型船を用いると仮定した場合の輸送方法を示したものである。水深の変化に応じて何艘の艀下船を利用すべきかその割合が決められている。関係史料の少ない中で、艀下輸送の実態を窺い知ることができる貴重な史料である。[21]

右の内容をわかりやすくするために、表27に整理してみた。これによれば、一年を三期に分け、さらに江戸までの輸送距離を四区間に分割することによって変化する水深に対応させようとしている。この上流域で四〇〇俵も積める大型船を本船として江戸へ就航させるためには、中瀬・小島・関宿の三地点において艀下船から本船へ年貢米を積み移さなければならなかった。表に示したように荷物の積み替え地点ごとに輸送区間をそれぞれA・B・C・Dとしてみると、前に見た上組河岸組合はA区間に、下組の一三河岸は主にC区間に相当し、Bはその中間部分にあたっている。江戸へ就航する本船が四〇〇俵の年貢米を満載できたのは、関宿を過ぎて江戸川に入ってからのD区間においてであ

表27　前橋藩廻米の船積み規定

寛延2(1749)年

		五料 新 川井	A	中瀬河岸	B	小島河岸	C	関宿河岸	D	江戸
2月〜 8月			100俵		200俵		300俵		400俵	
	a		100							
	b		100		100					
	c		100		100		100			
9月〜10月			100		200		300		400	
	a		75							
	b		75							
	c		75		100					
	d		75		100		100			
11月〜 1月			100		200		300		400	
	a		50							
	b		50							
	c		50		100					
	d		50							
	e		50		100		100			
	f		50							

註　1　本船：———→　小艀下：--------→　長艀下：〜〜〜〜→

2　丹治健蔵著『関東河川水運史の研究』付録史料 P. 428,　No. 41 より作成.

った。利根川の部分では、数艘の艀下船に補助輸送を頼まなければ、これだけの大型船を運航することはできなかったのである。ここで活躍した艀下船は、川井・新・五料の三河岸より中瀬河岸までのA区間と、それより小島河岸までのB区間の短距離を運航したるものを小艀下と呼び、そこを越えて関宿までの長距離を運航するものを長艀下と呼んでいる。

まず、中瀬河岸より下流のB・C両区間を見ると、この区間では艀下船の利用状況が一年を通じて同じであり、季節性が認められないことに気付く。前節でみたように、この部分の利根川は広瀬川の流水が得られるので、船の運航に水深の制約を受ける度合いが比較的少なかったと言うことができよう。これに対して上流域のA区間では、艀下船の利用に著しい季節性が認められる。二月から八月までの豊水期には三艘の小艀下で済むところを、一一月から正月までの最大の減水期には、二倍にあたる六艘の小艀下を必要としたのであった。仮に、本船も小艀下も同量の年貢米を積み込んだとして単純計算してみると、豊水期には合計四艘で一艘が平均して一〇〇俵ずつを、減水期には合計七艘だから一艘平均で約五七俵ずつを輸送した勘定になる。この区間では、「尤はしけ積方之義水之多少ニ而増減御座候」と言われるように、豊水期と減水期とでは艀下船一艘あたりの積載量が約二倍ほども異なると考えられるのであった。この地域では船の運航が流水量に大きな影響を受けていたことの証であろう。また、ここで活躍した小艀下は最大でも約一〇〇俵積み程度の大きさの船であったことも見えてこよう。

先の検討によれば、A区間の上組に所属する船が、江戸へ就航して帰り荷を積み登せる場合、艀下船に依存せずとも独力で遡上できた最上流の地点は、ほぼ平塚・中瀬河岸付近までで、下組の所属するCとBの区間では艀下船の応援はいらないと考えられたのであった。にもかかわらず、ここでは明らかに小艀下・長艀下が必要とされている。これは何故か。この問題は江戸へ就航する本船の大きさと、これを補佐した艀下船の大きさとの相関関係から解明されよう。

A区間に限らず史料に表現される小艀下の最大積載量を約一〇〇俵積み程度と仮定し、さらに艀下船が特定の船の名称ではなく、艀下を行なう船としてその機能面からの呼び名であったことから、長艀下と小艀下とは運航距離を異にするものの同一規模の船であったと仮定してみよう。つまり、本船に四〇〇俵積みの大型船を用いたとしても、減水時にはこれに最大でも一〇〇俵程度しか積むことができず、残りの三〇〇俵は艀下船に依存するしかなかったと考えるのである。こう考えると、本船と艀下船の連係システムがすんなりと理解できるし、そればかりか先の問題も同時に解決できるのであった。

すなわち次の通りである。表27で豊水期を例に説明してみよう。まず川井河岸では三艘の艀下船を用意して、本船を含めた合計四艘に一〇〇俵ずつの年貢米を積み込む。艀下船aはここを出船して中瀬河岸に至ると、積み荷の一〇〇俵を本船に移して艀下の役目を終える。本船はこれより二〇〇俵を積み込んで小島河岸に向かう。すると、中瀬河岸で積み荷の移動を行なわなかった艀下船bは、小島河岸で一〇〇俵を本船に積み移して、本船はこれで三〇〇俵を積みとなる。一方、艀下船cは中瀬・小島両河岸をそのまま通過して本船に伴走し、関宿に至って本船へ荷物を積み移した。ここで初めて本船は、四〇〇俵全部を積み込んで江戸へ向かうのであった。

これに対して最大の減水期の場合、次のように想定される。川井河岸では六艘の艀下船a～fを用意し、これらに平均五〇俵ずつ合計三〇〇俵を積み込み、残りの一〇〇俵を本船に積む。あるいは、本船が七〇俵で艀下船が五五俵ずつであったかもしれない。どちらでも同じなので、ここでは説明を単純にするために右のように仮定しておく。中瀬河岸に到着した七艘の船団は一斉に積み替えを行なって、艀下船a・bは積み荷を本船に移し、本船はこれより二〇〇俵を積み込んで小島河岸に向かう。そして、艀下船dはcに、fはeにそれぞれ積み荷を移し、c・eは共に一

○○俵ずつ積み込んで小島河岸に向かう。あとは、豊水期の場合と同様である。また、たとえ川井河岸で本船七○俵、艀下船五五俵ずつであったとしても、中瀬河岸で積み替えを行なって本船に二○○俵、他の二艘の艀下船に一○○俵ずつにしたのではないだろうか。このように想定すれば、下組の属するCの区間（小島～関宿）では、一艘の船が最大限で約三○○俵程度を積み送ることができたことになる。

利根川上流域では船の積載量を窺い知れる確実な史料がほとんどない。表23に示した倉賀野河岸に所属する船の例が、積載量を確認できる唯一のものではないだろうか。したがって、推測の部分が多くならざるを得ないが、右のように考えれば本船と艀下船の連係システムが無理なく理解できるし、それだけでなく、このシステムで倉賀野河岸の船を運航させても一向に矛盾を生じない。すなわち、倉賀野の「江戸廻り船」三○艘は三○○俵積みの一艘を例外として、残りの二九艘はみな二○○俵積み以下であったから、中瀬河岸よりも下流であれば艀下船に頼らなくても独力で運航できたと考えられるのであった。その例外の一艘も小島河岸より下流ならば自由に運航できた。しかし、倉賀野より中瀬河岸までの区間では、これらの「江戸廻り船」は艀下船の助けを受けなければ運航が難しかった。ただ、豊水期であれば一○○俵積みの一艘は艀下船を必要としなかったかもしれない。しかしそれも、冬期減水期には必ず艀下船に頼らなければならなかった。そのために倉賀野河岸には五○俵積み程度の艀下船が専用に二二艘も用意されていたのである。

右に引用した史料で、前橋藩が年貢米を江戸へ廻漕するのに想定した四○○俵積みの本船は、藩船またはそれに準じて藩に雇用されたこの地方では特別に大型の船であったのではないだろうか。だからこそ、あえて「大船壱艘」と記されたのではないか。一般には、この地域から江度へ就航した船は、倉賀野河岸の例に見られるように一○○俵積みないし二○○俵積み程度、大きくても三○○俵積みぐらいの規模の船が主体であったのではないだろうか。明治八年頃の調査だが、下組に属した長宮・稲子・下村君河岸などの船は、最大でも一二〇石ないし一五〇石積み程度であった。(22)一俵を四斗入りと仮定すれば、これは三〇〇俵積みから三七五俵積み程度に相当する。こうした点からも、上流域の上組に所属する船で四〇〇俵積みというのが、江戸へ就航する船の一般的な規模であったとは考えにくく、やはり、倉賀野河岸の例に見られるように一〇〇俵積みないし二〇〇俵積み程度というのが、上流域から江戸へ就航した船の主力を占める規模であったと考えてよいであろう。

以上により、史料の少なさから推測の部分も多くならざるを得なかったが、利根川の上流域では艀下船が利用され、それと本船との連係によって諸物資の江戸輸送が実現されていたことを確認することができた。次に、倉賀野河岸における艀下船の運航型態を分析することによってこの推測を補いたい。

第五節　烏川の艀下船

上州高崎藩領倉賀野は、利根川の支流烏川の河岸であると同時に中山道の宿場町でもあった。ここには上州北西部および信州方面から江戸へ送られる大量の物資が集中した。(23)中でも諸藩年貢米の江戸廻米がその中心であった。また、河岸としてはこの付近で最上流に位置したため水深が浅く、大型船を利用することができないという難点をかかえていた。倉賀野河岸発展の鍵は、多量な物資が集中するにもかかわらず、大型船が利用できないという条件を克服し、これに適合する形の輸送機構を如何に構築するかにかかっていた。倉賀野はこの問題を艀下船を利用することによって解決しようとした。前述したように、艀下船の利用そのものは上流域の諸河岸に共通して見られるものであったが、倉賀野河岸の艀下輸送はさらに一段と特殊なものであった。それはつまり、江戸へ就航する本船が倉賀野河岸から出発しないこともあったのである。次の史料を見てみよう。

一、倉賀野町元船之儀、川井かし新かしニ掛ケ置、くらかの6艀下斗ニ而積下シ申候。但シ道法三里程御座候。

一、くらかの問屋共請候荷物之内、藤木河岸八町かし川井かし新かし山王堂かし問屋江引請積申候。(24)

(宝暦二年)

これは、宝暦二年(一七五二)、倉賀野河岸から江戸へ就航する本船と艀下船のあり方について規定したものである。それによれば、本船は倉賀野河岸にはなく、三里ほど下流の川井河岸と新河岸に係留してあって、倉賀野河岸ではもっぱら艀下船だけを用いて諸物資を積み出していたという。つまり、倉賀野河岸ではこの時期、烏川の部分をすべて艀下船の運航で賄っていたのである。そして、川井・新両河岸で本船に積み替えて江戸へ就航させたのであり、しかも、本船には必ずしも倉賀野河岸の船があてられた訳ではなく、藤野木・八町・川井・新・山王堂など他河岸に所属する船もまた本船として利用していたのであった。

ここで、一艘の船が輸送した最大の積載量について、もう一度確認してみると、利根川が広瀬川の流水を得て水深を増大させる平塚・中瀬河岸付近より上流では約一〇〇俵程度、そしてこの合流点よりも下流であれば約二〇〇俵程度、もう少し下った小島河岸からは約三〇〇俵程度と考えられたのであったが、最上流の烏川部分では表23でも見たように水深の制約が一段と厳しくなって、約五〇俵前後が一艘で輸送できる最大の積載量であったらしい。そうすると、倉賀野河岸に所属して江戸へ就航した本船は、一〇〇俵積みから二〇〇俵積み程度であったから、このうち一〇〇俵積み程度であれば夏の豊水期には、中瀬河岸付近より上流の利根川を支障なく航行することができたが、それでも烏川部分では絶えず艀下船に依存しなければならなかった訳である。したがって、倉賀野河岸の「江戸廻り船」の大半は、烏川部分は勿論のこと、その下流、利根川が広瀬川と合流する付近までの区間では、艀下船を必要不可欠としていたのであった。

このように考えるならば、先の第三節で残された疑問点、利根川上流域の諸河岸が江戸から諸物資を積み登せる場合の運賃を取り決めた際に、倉賀野河岸までの運賃と艀下賃が規定されなかったのは何故か、その理由について知ることができる。それはつまり、倉賀野河岸に所属して江戸へ就航した船が利根川を遡上する場合、中瀬河岸から艀下船を利用しても、それだけでは倉賀野河岸まで廻着することができなかったからである。江戸へ就航した倉賀野河岸の船は利根川から烏川に入る付近で再度新たな艀下船を雇わなければならなかったのである。たとえ季節により、中瀬河岸で艀下船を利用しないで済んだとしても、烏川の部分では必ず艀下船に依存しなければならなかった。だから、江戸から倉賀野河岸へ積み登せられる諸物資については、烏川の入口付近で艀下船へ分載する時、表26の運賃規定とは別にその区間の艀下賃を規定する必要があった。それ故に、先の運賃・艀下賃規定には倉賀野河岸が登場しなかったものと考えられる。

ところで、右にあげた宝暦二年（一七五二）の史料によれば、この時期、江戸へ就航する「倉賀野町元船」は、倉賀野河岸の船でありながら倉賀野まで遡上することなく、すべて下流の川井・新両河岸から発着していたかのようである。しかし、この点を近世全般にわたる事実として確認することはできず、後に見るように、倉賀野河岸から艀下船に補助されつつ江戸へ就航する本船が運航されることもあったのである。したがって、烏川は上流域故に河道の変化が大きく、それに応じて本船を発着させることができた時期と、それができずに本船を下流の川井・新両河岸に係留し、そこまでの区間をもっぱら艀下船で輸送していた時期とがあったと考えておきたい。

続いて、倉賀野河岸から年貢米を廻漕する場合の本船と艀下船の連係システムについて検討しよう。表28は元禄三年（一六九〇）のものと考えられる史料によって、倉賀野河岸から年貢米を積み出した諸藩・領主とその担当商人、および輸送方法などについてまとめたものである。この段階では、一一軒の御米宿が合計二二家分の年貢廻米を取り扱っていた。御米宿とは、特定の諸藩・領主と契約を結び江戸へ送る年貢米の保管と輸送を請け負う者で、倉庫・保管機能を持った倉賀野宿の問屋たちが、諸藩の指定を受けて右の業務を遂行したものと考えられる。ただし、彼らが輸送手段として船を所持していたかどうかなど、その詳細を明らかにすることはできない。

倉賀野河岸から年貢米を江戸へ廻漕するのに、本船と艜下船とをどのように連係させていたのか、表28のBにその概略を整理してみた。それは、次のような四形態に分けられる。まず第Iの型は、「はしけ・江戸舟共ニ倉賀野御宿被仰付候」とするものである。これは、倉賀野河岸の諸藩米宿が江戸へ就航する本船とそれを補助する艜下船を共に用意し、それら双方へ船積みを行なうものであった。本船は倉賀野河岸から艜下船を従えて出航し、おそらく烏川を通過した時点で、艜下船の荷物を積み移したのであろう。あるいは、本船が大型であったり、また減水障害が甚しかったりした場合には、さらに利根川が広瀬川と合流する中瀬河岸付近までも艜下船を必要としていたかもしれない。

次の第II型は、「倉賀野御宿江戸舟積、あまり川井かし払」とするものである。基本的には第I型と同様であるが、その方式に加え、倉賀野河岸で本船が不足する場合もあったらしく、その時には川井河岸まで艜下船だけで積み下し、そこで、本船に積み移したのであった。本船の用意は川井河岸の問屋に任せたのであろう。この場合、「川井かし払」の「払」の意味に注意しなければならない。これは決して荷主である諸藩・領主が、川井河岸で年貢米を地払いしたことを意味しているのではなかった。そのためには、ここにそれだけの米穀市場が成立していなければならず、元禄年間にそれを考えるのは難しい。そうではなくて、倉賀野河岸の諸藩米宿が艜下船を以て川井河岸まで年貢米を積み下し、そこで本船に積み替えることを指して「川井かし払」と言ったと考えた方が妥当であろう。それは、後に述べる第IV型で、「はしけニ而川井河岸払」と見えることからもそうした推測が成り立つのであった。第III型は、右に見

表 28　倉賀野河岸の諸藩米宿

元禄 3(1690)年か

A	1 須賀長太郎		
	1 甲府様御城米	八丁かし払	Ⅳ
	2 御家老様御城米	はしけ・江戸舟共ニ倉賀野御宿被仰付候	Ⅰ
	2 須賀喜多郎		
	3 松城御城米	三友・新かし払	Ⅳ
	4 小幡三郎左衛門	はしけ・江戸舟共ニ倉賀野御宿	Ⅰ
	3 須賀庄兵衛		
	5 板倉内膳正	同上	Ⅰ
	6 堀郷右衛門	同上	Ⅰ
	7 板倉伊予守	倉賀野御宿江戸舟積・あまり川井かし払	Ⅱ
	4 小林藤右衛門		
	8 堀長門守	はしけニ而川井河岸払	Ⅳ
	9 川田六郎左衛門	はしけ・江戸舟共ニ倉賀野御宿	Ⅰ
	5 梅沢又兵衛		
	10 品川内膳	御手船御座候，倉賀野御宿ニ御預ケ	Ⅲ
	6 鈴木市之丞		
	11 酒井大和守	はしけ・江戸舟共ニ倉賀野御宿	Ⅰ
	12 石丸権六	同上	Ⅰ
	7 水谷又右衛門		
	13 石川美作守	同上	Ⅰ
	14 本田土佐守	同上	Ⅰ
	15 松平釆女	艀下ニ而新河岸払	Ⅳ
	16 下曾根三十郎	同上	Ⅳ
	8 勅使河原八左衛門		
	17 仙石越前守	倉賀野宿船ニ積，残リ艀下ニ而飯倉・新かし払	Ⅱ
	9 黛新右衛門		
	18 水野隼人正	はしけ飯倉かし払	Ⅳ
	19 佐久間権之介	はしけ・江戸舟共被仰付候	Ⅰ
	10 堀口八右衛門		
	20 柴田三左衛門	御手船御座候，倉かの御宿ニ御預ケ被遊候	Ⅲ
	21 北見若狭守	はしけ・江戸舟共ニ被仰付候	Ⅰ
	22 都築三四郎	同上	Ⅰ
	11 春山五郎兵衛		
	23 松平遠江守	御手船御座候，倉かの御宿ニ御預ケ残リハはしけ舟ニ而飯倉かし払	Ⅲ
B	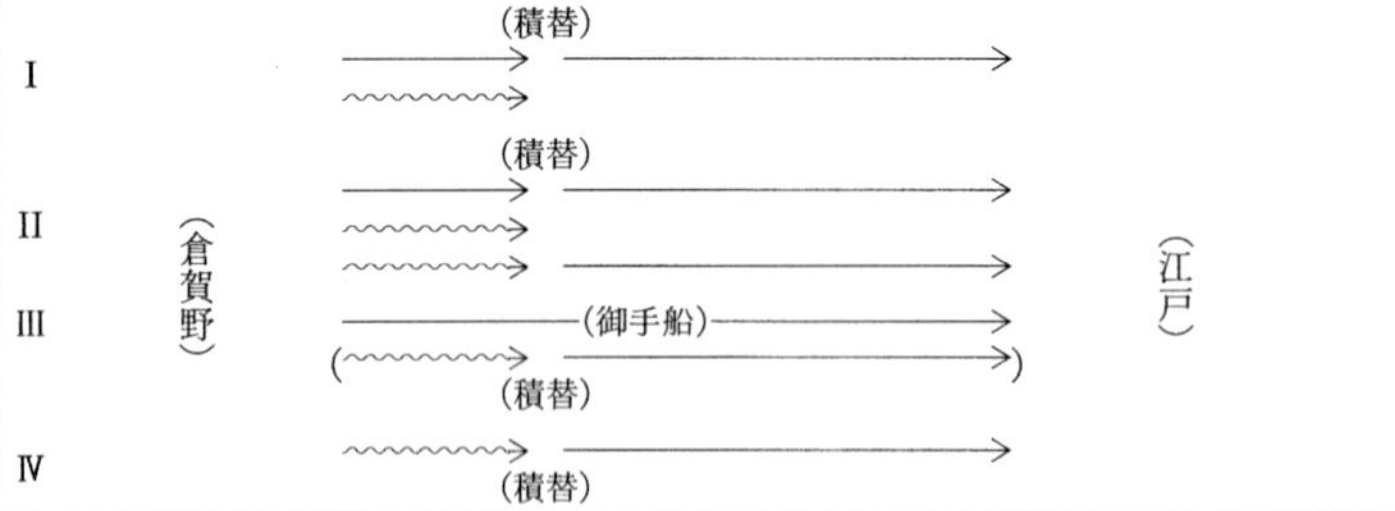		

註 1 『群馬県史』資料編 10，P697，No. 302 の文書より作成.
2 本船（江戸船）：———→　艀下船：〰〰〰→

た第II型とほぼ同様だが、ただ倉賀野からの本船に領主の御手船が使われている点が異なっていた。そして第Ⅳの艀下輸送の型態は、倉賀野河岸では本船への積み込みを行なわず、艀下船への積み込みだけなのが他の三型態と大きく異なっている。ここでも、「八丁かし払」あるいは「三友・新かし払い」と「払い」の文言が使われており、その意味が艀下船から本船への荷物の積み移し作業を指していたのは間違いなかった(25)。倉賀野河岸から烏川の水運を利用して、上・信方面より駄送されてくる諸物資を江戸へ送り届けるためには、以上のように、ほぼ烏川が利根川に合流する付近までの区間で、艀下船による本船の補助輸送が絶対的に不可欠であったのである。

これによって、表23で見た天明年間の同河岸に所属した合計五四艘の船の中には、「江戸廻り船」とは別に五〇俵積み程度の艀下船二二艘が存在したことの意味が理解できたであろう。倉賀野河岸では烏川の水運が河道の条件に大きな影響を受けたため、恒常的に艀下船の運航を心要とし、五〇俵積み程度の小型船を艀下輸送専用船として、就航させていたのである。関東地方の川船について概観した表20に戻るならば、「上戸(利)根川・烏川通ニ有之」とされた「所働船」がこのような艀下専用船として関東在方の区間輸送に活躍した船であったのではないだろうか。

それならば何故、大型船を利用できないこれら上流域から諸物資を江戸へ輸送するのに、運航に便利な小型船だけを用いようとしなかったのか。何故、江戸へ就航する本船には比較的大型の船を用い、小型の艀下船を用いてその補助にあてるという煩雑な輸送システムを採ったのか。その理由は、次のように考えられる。まず、五〇俵積み程度の小型船だけを用いて江戸廻漕するには、大型船を利用する場合に比べて総体としてより多くの船頭・水主の労働力を必要とし、その分だけ労賃が割高になって荷主側に不利となった。またそれは、船持たちが船頭・水主を雇う場合にも同様であった。さらに、河岸問屋の側でも、そのような小型船だけを用いて上・信方面から集中してくる多量な物資を江戸へ輸送するとなると、莫大な数の船を準備しなければならなかったが、それは非現実的な方法で不可能であった。だから、水深の大きい下流域を運航して江戸へ就航する本船には一〇〇俵から二〇〇俵積み程度以上の比較的大型の船を用い、それが十分に活躍できない最上流域では、五〇俵積み程度の小型船を艀下船として本船の補助輸送にあたらせたのである。

以上により、倉賀野河岸では恒常的に艀下船を運航させて諸物資の輸送にあたっていたことが理解できたであろう。そこで次に、艀下船・本船間の積み替えはどのように行なわれたのか、この点について確認しておきたい。

上田御城米江戸御屋敷江御廻米被成候ニ付、艀下・元船共船積御宿私江被仰付難有奉存候。然者向後随分大切ニ仕、念を入相改請取、江戸着迄之支配可仕候事。

但、八丁河岸・川井河岸迄艀下計之義も御請合申上候。何分ニも御間欠無之様ニ相働可申候。浜出之節入念相改、艀下船頭へ相渡、靭河岸問屋江艀下船ゟ御米御渡候節、小揚仕貫目等急度相改相済可申候。艀下船ゟ元船江直ニ相渡候事仕間鋪事。[26]

（寛保二年）

これは倉賀野河岸の上田藩御米宿が、同藩年貢米の江戸廻漕を請け負った際に、その取り扱いを規定した条項の一節である。上田藩年貢米に関しては、倉賀野河岸では本船と艀下船を共に準備し、双方に船積みしたが、場合によっては藩の指示にしたがって、艀下船だけで八町河岸あるいは川井河岸まで積み下すこともあった。つまり、先の表28Bの分類に従えば、上田藩の御米宿は第Ⅱ型の輸送方法に依っていた訳である。領主側は年貢米の早急な江戸廻着を期待していたから、倉賀野河岸で本船を準備できない場合には、とりあえず艀下船で八町、川井両河岸まで積み下し、そこの河岸問屋に任せて本船を調達し、艀下船の荷物を積み移すよう計画したのであった。

ここで、但し書きの部分に注目したい。靭河岸が突然登場する理由はわからないが、「靭河岸問屋江艀下船ゟ御米御渡候節、小揚仕貫目等急度相改相済可申候」という所に、艀下船から本船への積み替え方法が明示されている。[27]それによれば、艀下荷物は一旦「小揚」げされたのであり、その際に河岸問屋が俵数や重さなどを点検するように決められたのであった。「艀下船ゟ元船江直ニ相渡候事仕間鋪事」と、艀下船から本船への直渡しは禁じられ、本船への積み込みは積み替え地点の河岸問屋に任されたのであった。倉賀野河岸で本船を用意できれば、それに積み切れない分の年貢米を艀下船の補助輸送に任せたので、後で艀下船から本船に積み移すのに問題はなかった。

しかし、倉賀野河岸で本船が用意できなかった場合には、事態は少し複雑で、艀下船が倉賀野を出船する時点では、その荷物を積み受けるべき本船が確定していないこともあったであろう。その際にもし、積み替え地点に到着した艀下船が、適当な本船が見つかるまで荷物を積んだまま待機させられたならば、彼らは運賃稼ぎの回数が減ってその分だけ不利益を被った。また、倉賀野河岸の側でも限られた数の艀下船で積み替え地点までの往復輸送を繰り返さなければならなかったから、艀下船の滞船は避けたかった。したがってその場合には、艀下船の輸送した物資は積み替え地点の河岸に一旦陸揚げされ、ひとまずそこに保管されてから、本船が調達できた時点で順次、それに積み込まれたのである。本船は数艘分の艀下荷物を積み込んだから、艀下船の側が積み替え地点で適当な本船を探し出すのは困難だった。それよりは、艀下船はそこまでの往復輸送に専念し、あとは積み替え地点の河岸問屋に任せた方が、より効率的であったと考えられる。勿論、積み替え地点の河岸であらかじめ本船が用意できていれば、艀下船から陸揚げされることなく直接本船に積み移すこともあったであろう。しかし、その場合でも必ずそこの河岸問屋が立ち会って、受け渡しを確認し、本船への直渡しをしてはならない、というのが右の主旨であった。史料上の「小揚仕貫目等急度相改」という文言には、そうした事態をも想定されていたと考えてよいのではないだろうか。

以上により、倉賀野河岸で本船を用意できれば、積み替え地点ですぐに本船への積み替え作業に着手できたが、しかし、倉賀野でも積み替え地点でも本船をすぐに用意できるとは限らず、時として艀下荷物は積み替え地点で一旦陸揚げされ、たとえわずかな期間ではあれ、適当な本船が調達されるまでそこに保管されることもあった、そのように考えてよいであろう。それ故にこそ、上流域の諸河岸は河岸組合を結成して互いに連絡を密にしなければならなかったのである。

第六節　艀下稼ぎの順番制

最後に、倉賀野河岸における艀下輸送のシステムについて考えてみよう。同河岸の構成は、基本的に河岸問屋と船持とから成っていた。河岸問屋について言えば、輸送手段たる船を所持している場合もあれば、船を所持しない者もいて、ここではそれよりも、倉庫・保管機能を有していることがまず何よりも重要であった。彼らは荷物を預り、適当な船を手配して彼らに輸送の実を任せたのである。そればかりか、河岸問屋は積み替え地点の問屋たちとも連絡を取り合い、艀下船から本船への積み替えから江戸廻着に至る輸送業務の全体を統括する責任を負っていた。中には商業活動を繰り広げる者もいたが、それは河岸問屋一般に言えるものではないだろう。一方、船持については、自ら船乗り稼業に従事する者と、自分は船に乗らず雇いの船頭に船を任せている者とがあって、問屋から積み荷の配分を受けて輸送業に従事した。その際に、特定の問屋と契約を結んで、その差配を受けて積み荷を獲得していたとは限らず、積み荷の配分方法については河岸の性格に従って、個々の河岸ごとに検討されなければならない。

倉賀野河岸の問屋に関しては、倉賀野は中山道の宿場町でもあったから、宿場の問屋が河岸問屋を兼務し、諸藩領主より御米宿に任命されて年貢米の江戸廻漕業務を請け負っていたと考えられる。そこで、艀下船への荷物の配分方式という側面から倉賀野河岸の内部構造について、考えてみたい。

倉賀野河岸の運賃や艀下賃などについては次のようであった。元禄一〇年（一六九七）の例では、「御米川岸出之節、はしけ賃先規之通壱駄ニ付三月ゟ八月晦日迄三拾弐文、九月ゟ弐月晦日迄四拾弐文宛相定候事[28]」とあって、艀下賃については三月より八月までの豊水期と九月より翌年二月までの減水期というように、一年を二期に分けて規定されており、減水期には艀下船の積載量も減らされたので、一駄に付一〇文ずつ割高に艀下賃が設定されていた。また、中山道の倉賀野宿は烏川から少し離れた所に位置していたので、烏川の水運を利用するためには宿場から河岸までの間を馬で運ばなければならず、これについても、「倉賀野町ゟ川端迄浜出し賃、壱駄ニ付九文宛相定候事[29]」とあって、一駄九文ずつの浜出し賃が決められていた。

表29は、信州飯山藩の年貢廻米を例に、倉賀野河岸から江戸までの運賃および艀下賃・浜出し賃についてまとめたものである。史料に偏りがあるために、近世中期のものしか明らかにできないが、それでも艀下賃については豊水期と減水期とに一年を二分し、減水期の方が一駄に付一〇文ずつ割高に設定されているのは先の元禄一〇年の場合と同じであった。また、江戸までの運賃についても一年を三ヶ月毎に四分割して、流水量が減るにつれて運賃が割高になるように決められている。これは必ずしも一年を四分割するとは限らず、藩により、あるいは時代によっては一年を三分割して規定することもあったらしい。いずれにしても、運賃と艀下賃が共に流水量の減少するのに伴って少しずつ割高になるよう決められていたことは間違いなかった。倉賀野と江戸を結ぶ水運輸送が如何に水深の影響を強く受けていたかが了解されよう。

倉賀野河岸では江戸へ就航する本船と、主に烏川の部分を運航した艀下船という性格の異なる船が利用されていた。そして、両者の運賃獲得の方法もまた大きく違っていた。本船は江戸までの長距離輸送に従事し、艀下船を利用しつつも最終的にできるだけたくさんの積荷を得ることによって、より多くの運賃収入が約束された筈である。それに対

表29　倉賀野河岸より飯山藩廻米の運賃・艀下賃

	宝永5(1708)年	享保3(1718)年	享保4(1719)年
江戸迄運賃金1分ニ付			
1　〜 3月	14俵半	14俵半	12俵半
4　〜 6月	17俵半	15俵半	15俵半
7　〜 9月	18俵	16俵	16俵
10　〜12月	13俵7分	11俵半	9俵半
元船迄之艀下賃・米1駄ニ付			
9　〜 2月	銭42文	(9〜3月)銭50文	(9〜3月)銭50文
3　〜 8月	銭32文	(4〜8月)銭40文	(4〜8月)銭40文
浜駄賃・米1駄ニ付	(銭9文か)	銭11文	銭11文

註　『群馬県史』資料編10，P. 703，No. 307の文書より作成.

して艀下船の方は、輸送の回数を増やすことによってしか運賃収益を多くすることができなかった。艀下船は水深の制約を受けて一艘あたりの積載量に限界があったので、積み荷の量を多くして運賃収入を増やそうとしても、それは難しかった。積載量には限界があり、輸送距離も決まっていたから、艀下船が一回の運航で得られる運賃収入はほぼ固定され、艀下船の船持たちがより多くの運賃収入を得るには、積み替え地点までの輸送回数を増やすこと以外には方法がなかったのである。したがって、どういう順番で積み荷の配分を受けるか、この点が艀下船にとって重要な問題となった。また、艀下船一艘あたりの輸送力に限界があり、広い後背地から集まってくる輸送物資の量と艀下船の数を勘案すれば、必ずしも艀下船が十分に満たされた状況にはなかったことも間違いないだろう。河岸問屋はこうした条件を前提とした上で、諸藩米宿の指定を受け、艀下船を用意し滞りなく年貢米を廻漕しなければならない義務を負っていた。そこで彼らは艀下船の船持と協議し、次のような積み荷の配分方法を採ってお互いの要求を満たしたのである。

倉賀野河岸を領した高崎藩では、同藩年貢米の江戸輸送にあたって次のような規定を設けていた。すなわち、「高崎米川岸出し之節、艀下船之順ニ無構、船有合次第少も無遅滞、本船迄はしけ可申候」(30)とあって、艀下の順番に関係なく優先的に本船まで積み下せというのであった。これはつまり、倉賀野河岸の艀下船には船積みの順番制がしかれていたことを意味している。順番が決められていたからこそ、自領の年貢廻米は特別にその順番に関係なく優先して船積みすべきことが命じられたのであった。倉賀野河岸では、艀下船に順番を決めておき、艀下荷物の荷主や、それと契約していた河岸問屋とは関係なしに、その順番に従って公平に荷物を配分していたと考えられる。もし、こうした艀下稼ぎの公平性を考慮しなかったならば、いつでも積み荷を配分できる特定の有力な河岸問屋にばかり艀下船が集中し、他の問屋が艀下船を用立てるのが難しくなる場面も起りうるであろう。そうなったのでは、艀下船による円滑な物資輸送は阻まれ、倉賀野の河岸機能そのものが低下することになりかねなかった。それ故に、倉賀野河岸では艀下船にあらかじめ順番を決めておき、艀下稼ぎの機会を平等に分かち合っていたと考えられるのである。それはまた、問屋側が本船の待つ積み替え地点まで艀下船を往復輸送させる体制でもあった。

倉賀野河岸における艀下稼ぎの順番制について予測できたであろう。艀下船は積み荷の配分を受けるのに特定の河岸問屋と契約し、それとの個別的な関係においてではなく、同河岸の艀下船は全体として順番を定め、稼ぎの機会を公平に獲得していたものと考えられる。この点は、中流域で艀下船の出動基地となった下総・小堀河岸の事例からも類推できるもので、艀下荷物の配分をめぐって船持仲間と問屋仲間が協調して河岸機能を維持しようとしていた様子が想定されよう。

おわりに

以上の検討により、利根川の上流域では水深の制約を受けて大型船を利用することができず、江戸とこの地域を結ぶ水運においては、本船と艀下船との有機的な連係によって諸物資の輸送が実現されたこと、および、その具体的な連係システムについて解明することができた。最後に、この連係による物資輸送が近世後期に至るまで維持されていたことを確認し、今後の展望を述べて本章のむすびとしたい。

断片的ではあるが、寛政四年（一七九二）の史料によれば、一年間に倉賀野河岸から藤野木河岸へ下った船は延べ一〇六艘、逆に倉賀野河岸へ登った船は二六艘ほどであったことが確認できる。(31) この差は、艀下船が主に年貢米を積み下していたことによると思われる。総数としては少なすぎる気もするが、艀下船の運航は藤野木河岸との間に限定された訳ではなかったから、寛政年間に倉賀野河岸を発着した艀下船の運航回数は総数でこれの数倍に及んだであろう。

幕末期には、次の嘉永七年（安政元年、一八五四）の例をあげることができる。倉賀野河岸から艀下船によって諸物資を積み出す場合、どこの河岸で本船に積み移し、かつそれらの河岸相互でどれくらいの荷物を取り扱うべきか、この点をめぐってはしばしば紛争が起っており、これに関して、次のような内済を取り交わしている。「倉賀野・新川岸右両川岸船々ニ而六分之積方、両藤ノ木・八丁・三友・山王堂右五ヶ川岸船々ニ而四分之積方、三艘弐艘両船之割合を以て、示談行届申候。(32)」これによれば、江戸に就航する本船を倉賀野・新両河岸に所属するものと、上・下藤野木河岸以下五河岸に所属するものとの二グループに分け、その上で両グループの本船が三対二の割合になるように荷物の配分比率を取り決めたことがわかる。これは一面で、倉賀野河岸から江戸へ向けて積み出される物資を、同河岸に所属する本船だけでは輸送しきれなかったことを意味しており、また、幕末期に至ってもなお倉賀野河岸から大量の物資が積み出されていたことの証明でもあった。西上州や信州方面の荷主、諸藩領主側にしてみれば、利根川の河岸まで駄送し、そこから船積みするよりは、艀下船に依存しながらも倉賀野河岸からの烏川水運を利用した方が効率的で、駄送費用の節減にもつながった。だからこそ、倉賀野河岸には大量の廻漕物資が集中したのである。これを見ても本船と艀下船の連係による廻漕体制がいまだ維持されていたのであり、幕末に至ってもなお採用されていることは明らかであろう。

しかしながら、こうした連係方式も、天明三年（一七八三）の浅間山噴火を契機として一定の変更を余儀なくされていく。土砂の大量流出によって上流域に限らず、利根川の水運全体が浅瀬の被害を強く受けるようになり、それまで使われていた船では船底がつかえて円滑に運航することができなくなったのである。そこで台頭してきたのが浅瀬の影響をあまり受けない一段と小振りな船たちであった。それは、それまで農耕用の運搬船とか、漁業用に使われていたと思われるごく小型の船で、輸送船として建造されたものではなかった。これまでの水運史研究においても、近世中期以降、小船の活躍が著しくなることは指摘されてきた。しかし、それらの小船が果した役割について、その機能面を明確にしないまま、それをあたかも江戸まで就航するかのように想定してその活躍を評価してきた面を否定することはできないだろう。ところが、それらの小船が江戸に乗り入れることはなかったのである。そうではなくて、関東在方の地域間輸送の場に参入したのであった。本章で明らかにしたように、上流域には小型の艀下船による補助輸送を不可欠とする水運機構が形成されていたのであり、それを有力な前提条件として、この地域特有の所働船が活躍していく道が開かれていくのであった。この点については、次章の検討にゆだねたい。

註

（1） 関東河川水運史研究は、丹治健蔵・川名登両氏を中心に進めてこられ、丹治健蔵『関東河川水運史の研究』（法政大学出版局、一九八四年）、同『近世交通運輸史の研究』（吉川弘文館、一九九六）、川名登『近世日本水運史の研究』（雄山閣、一九八四年）に研究がまとめられた。これ以外に個別河岸の分析を行なった主要なものとして以下をあげることができる。北原糸子「利根川舟運転換期に於ける一河岸の動向―近世中後期の小堀河岸を中心として―」（『海事史研究』一八号）、同「河岸機構と村落構造―利根川の陸付河岸を中心として―」（『茨城県史研究』二〇号）、難波信雄「近世中期鬼怒川―利根川水系の商品流通」（『東北水運史の研究』所収）、田畑勉「河川運輸による江戸地廻り経済の展開―享保・明和期を分析の対象として―」（『史苑』二六巻一号）、手塚良徳「那珂川上流の水運」（『地方史研究』一三九号）、長野ひろ子「幕藩制市場構造の変質と干鰯中継河岸」（津田秀夫編『解体期の農村社会と支配』所収）。

（2）　奥田久著『内陸水路の歴史地理学的研究』（大明堂、一九七七年）。

（3）　東京都公文書館所載『府治類纂』舟車ノ部「川船年貢盛附置証文」に基づいて作成した。この竪帳には表20に示した四〇種類に及ぶ船が、彩色をほどこされて描かれている。同書は、明治初年『東京市史稿』を編纂するために、近世期の文書・記録類を集収編纂したもので、「川船年貢盛附置証文」は『同稿』の港湾編（三）五一三頁に収録されている。船の図もまた、略図として同部分に挿入された。

丹治氏は前掲『関東河川水運史の研究』の二一八頁において、『府治類纂』におさめられた船の図は享保期の関東に就航した船を表わしているとの理解を示されている。しかし、確かにここでの「川船年貢盛附置証文」は幕府による享保期の川船極印改の内容を示したものだが、これに添えられた船の図が享保期の船を示しているという確証は得られない。明治初年に収集編纂された時点で、享保期の川船極印改を示す部分にその内容をわかりやすくするために、関東の川船を描いた別の史料が付け加えられた可能性がある。『東京市史稿』でも、挿入された船の略図が享保期の船を示しているとは明示されていない。

財団法人日本海事科学振興財団・船の科学館には、享和二年（一八〇二）の奥書をもつ『川船鑑』が収蔵されている。ここには、関東の川船が海船を含めて三三種類にわたって精彩に、しかも精密に描かれている。現在は表装されているが、成立時には竪帳の形態をとっていたようである。また、『川船鑑』という名称についても、成立時のものか、それとも表装された時点でつけられたものか判明しない。しかし、享和二年の奥書には疑問の余地がない。『府治類纂』は、このような船の実態を示す諸種の史料を集めて編纂されたのではなかろうか。より積極的に言うならば、『府治類纂』におさめられた船の図は『川船鑑』を基礎史料として享和年間の関東地方川船の概要を表していると考えられるのである。関東河川水運は、天明三年の浅間山噴火を契機にして浅瀬による障害が一段と厳しくなり、輸送機構の改変を余儀なくされる。その意味で表20にあげた川船が、享保期のものであるか、それとも享和期の船を示しているのか、この点は大きな意味を持っている。

（4）茨城県取手市、寺田忠三家文書。
（5）『国用秘録』巻之三「海川船役銭改之事」（茨城県史編さん委員会編『近世史料II　国用秘録下』二八頁）。
（6）『古河市史』資料近世編（町方地方）七〇九頁「野州新波河岸外四ヶ河岸口銭・艀銭仕来に付書上状（未三月）」。
（7）島崎隆生「利根川筋河岸場紛争―本庄宿外港としての一本木河岸および山王堂河岸――」（『三田学会雑誌』四七巻三号）では、江戸から遡上してくる船が自由に航行できたのは、一本木あるいは山王堂両河岸付近までであったことが明らかにされている。しかし、そこでの視点は一本木、山王堂両河岸に限定されており、上流域一般の問題としては展開されていない。
（8）『群馬県史』資料編10　七二六頁「三一六　安永四年十一月、安永五年十月、上利根川十四ヶ河岸組合船問屋規定証文」。
（9）『羽生市史』上巻　六七五頁（早川家所蔵文書）。
（10）前掲『群馬県史』の註（8）に同じ史料。
（11）前掲丹治健蔵『関東河川水運史の研究』一五六頁〈史料1〉「議定一札之事」。
（12）前掲『群馬県史』七四三頁「三二二　天保四年二月　岩鼻村船稼ぎにつき利根川十四ヶ河岸問屋出入済口証文并議定」。
（13）前掲註（11）の丹治氏著三九〇頁　付録史料「11　明治四年二月　新規河岸場取り立て反対陳情書」。
（14）『徳川禁令考』六十章、三五四八番。
（15）明和・安永期の幕府河岸改を分析された川名登氏は、この時幕府から河岸問屋株の公認を受けた河岸について、前掲書二一二〜二一五頁にまとめて表示されている。そこでは本章で言う下組の諸河岸が完全に抜けているが、史料的に確認できないものの下組の諸河岸も、やはりこの時に幕府からの公認を受けていたと考えてよいのではないだろうか。
（16）前掲『羽生市史』の註（9）に同じ史料。
（17）前掲『羽生市史』の六七六〜六七七頁。
（18）前掲註（11）の丹治氏著三七四頁　付録史料「4　安永九年　利根川通り登り船引き人足出入り和解につき一札」。以下曳船に関しては同史料による。
（19）前掲『群馬県史』七五四頁「三二六　年次不詳（天保十四年十月か）利根川通り河岸船賃割合覚」。
（20）前掲註（11）の丹治氏著四二八頁　付録史料「41　寛延二年十一月　前橋藩廻米船積運送の覚」。
（21）丹治健蔵氏は、前掲註（11）に同じ一七三頁において前掲註（20）にあげた史料に基づいて次のように述べられている。「なお、廻米の江戸輸送について付言すれば、季節により水深が変動するため、船への積載量を加減していたとある。たとえば、九月中旬より十月までの期間は、大船一艘に四〇〇俵積みのところを小艀下四艘（一艘一〇〇俵積）をあて、中瀬河岸より下流関宿河岸までは長艀下一艘（四〇〇俵積）をあて、渇水期にあたる十一月より正月下旬までは川井河岸より中瀬河岸まで大船一艘分について小艀下六艘をあて、比較的水量の豊富な二月より八月までの間は小艀下三艘で運送していたと記載されている。また、長艀下の船賃は水量の増減により、金一両から三両位まで高下していたとも記録されている。」しかし、この史料を詳しく検討するならば、このような氏の理解には誤りがあり、艀下輸送の方法は本論で述べる如く理解するのが妥当と考える。

(22)　前掲『羽生市史』の六七〇頁。

(23)　前掲『群馬県史』の七一四頁「三〇九　享保九年十二月　倉賀野河岸武家御米宿覚」。これによれば、享保期には一〇軒の御米宿が合計三八家分の年貢廻米を取り扱っており、一年間の平均取り扱い量は五万俵余に達している。

(24)　前掲註(11)の丹治氏著四三二頁　付録史料「46　宝暦二年三月　三河岸荷物総高・倉賀野町積下し荷物覚」。

(25)　丹治健蔵氏は、本書の表28で利用した前掲『群馬県史』六九七頁「三〇二　年次不詳（元禄三年か）倉賀野河岸諸大名御城米宿覚」に基づいて、前掲註(11)の一七頁に第2表をまとめられているが、そこでは「払」の示す意味が、「地払い」ではない点を明確にされていなかった。しかし、この点は西上州における米穀市場形成の問題に艀下輸送の方法も絡んで重要な意味をもつものであり、「払」が艀下船からの積み下ろしを指している点について正しく把握しておく必要があるだろう。

(26)　前掲『群馬県史』の七二〇頁「三一一　寛保二年十一月　倉賀野河岸船積問屋上田藩廻米請負証文」。

(27)　ここで、「靭河岸」を利根川筋の靭負河岸のことであると考えたのでは史料の文意が通らない。これは、「両河岸」の誤りではないだろうか。それならば、両河岸が八町・川井両河岸を指すと考えて意味が通じる。

(28)　前掲『群馬県史』の七〇三頁「三〇六　元禄十年十月　倉賀野河岸御米廻船定書」。

(29)　前掲『群馬県史』の註(28)に同じ史料。

(30)　前掲『群馬県史』の七一八頁「三一〇　元文三年九月　倉賀野河岸荷物宿并廻船之定書差上写」。

(31)　前掲註(1)の川名登著、四〇三頁。

(32)　前掲『群馬県史』の七五七頁「三三〇　嘉永七年七月　倉賀野河岸外五ケ河岸荷物船積出入につき内済証文」。

第八章　利根川水運における小船の台頭

はじめに

近世中期以降、関東在方では商品流通の展開に促されて田船・耕作船による船稼ぎが活発化した。利根川上流域において、これらの小船は天明から寛政期にかけて集中的に登場する。それらは所働船と呼ばれ、船頭一人だけで操れる程度の文字通りの小船であった。本章では、これら所働船の運航形態と、これを用いて船稼ぎを開始した主たる階層について明らかにし、次に、これらの小船が新たな輸送業者として登場できた理由は何か、そしてまたその後どのような展開を遂げたのか、こうした点について検討してみたい。

小船の台頭に関しては、丹治健蔵氏による一連の研究が報告されている(1)。氏は幕府による川船の統制強化という視点を基軸に据えて、商品流通と幕府政策の両面から小船の台頭を論じられた。それによれば、まず川船奉行の職制が確立され、それを基にして元禄期の川船極印改め制によって川船の統制機構が整えられ、次いで享保期には同機構が改組されて幕府川船役所の組織が次第に整備されていくという。そしてその後、宝暦期に至って関東在方の農村小船が胎動し始めると、幕府はそれらの小船を徴税対象に組み入れるべく極印統制の強化をはかっていった、と一連の過程を整理されている。

そこでは、小船が登場してくる基本的な要因を次のように指摘されている。「宝暦から天明期になると江戸地廻り経済の進展に呼応して農村小船が胎動を見せ始めたのである。そこで幕府は勘定奉行石谷備後守清昌らの河岸支配体制の強化策と相まって農村小船の統制へと乗り出していくのである。」あるいは、「寛政期に入るに及んで上利根川筋沿岸では、江戸地廻り経済の発展とともに漁船・耕作船を利用する所働船の動きが活発になってくる。このような事態に対応して川船役所は寛政五年に鑑札制度や年貢の村請制度による増徴策に乗り出したのである。」とも述べられている。これによって明らかなように、丹治氏は小船が台頭してくる最も根本的な要因として江戸地廻り経済の発展を起点におかれていた。

しかし、ここに一つの疑問が生じる。江戸地廻り経済の展開が新たな小船の胎動をひき起したのであれば、それまで江戸への物資輸送に従事していた船はどうしたのか。旧来の水運機構はどのように変化したのだろうか。商品流通が展開し物資の輸送量が増大すれば、小船が台頭するだけでなく、旧来の船も大型化するとか運航回数が増えるとかした筈である。そしてそれに伴って幕府でも川船年貢や役銀を引き上げたりして、旧来の船に対しても何らかの政策的対応を取ったに違いない。ところが、享保期に極印改めの制度が改訂・整備されて以降、宝暦から天明期に至る時期に川船の課税制度が変更され、旧来から極印統制されていた川船に対してより一層の税負担を求めていくような事態を確認するのは難いのであった。川船役所の動きを見る限り、それまで把握されていた川船への増税策は認められず、もっぱらそれまで課税の対象外であった在方小船を新たに徴税対象に組み入れようとするものであった。したがって、幕府政策の側から、関東在方の小船が台頭していく時期に、同じく旧来の船もまた活躍の度合いを増していった、そのような状況を想定するのは難い。とすると何故、中後期にかけて商品流通が新たな展開を見せていく時期に在方小船だけが増大し発展を遂げていくのであろうか。実は、冒頭に述べたような商品流通の発展によって田船・耕作船による船稼ぎが活発化するというような単純な問題ではないのであった。この問題は、江戸地廻り経済という商品流通が発展していく側面からだけでは解明できない問題なのである。

丹治氏によれば、商品流通が展開するにつれて河岸議定に束縛された旧来の輸送機構を避け、より早くかつ安いルートと機構を新たに形成し、それに関連して在方小船の胎動が開始される、という見通しが示されているようである。しかし、そこでは運輸機構、とくに所働船の担った役割や上流域に特徴的な艀下輸送の形態などについて必ずしも十分に論究されてはいなかった。むしろ、小船の台頭してくるメカニズムは、水運の輸送機構との関連において説明する必要があるのではないだろうか。そもそも小船の台頭とは、新たな流通機構の形成と不可分に結びついたものであったのだろうか。この点をもう一度考え直してみたい。近世中期以降商品流通量が拡大傾向にあることを前提に、旧来の輸送機構の中から在方小船がどのように活躍の場を見い出していったのか、その具体像を以下に明らかにしていこう。

第一節　上流域の積み出し河岸と中継河岸

船の輸送機構を考える場合、同じ河川であってもそれぞれの流域の持つ運航特性を考慮しなければならない。上流と下流とでは水深に大きな差があったから、その影響を受けて使われる船の規模や構造、運航型態などに大きな違いが見られた。銚子や霞ヶ浦・北浦方面の利根川下流域では水深が大きく、様々な種類の船が運航されていたが、大型船が江戸へ就航する場合、下総の取手・小堀付近から境・関宿を経て江戸川の松戸に至る区間で特に水深が不足し、他の船に積荷の一部を分載輸送させないと、ここの通行は難しいときもあった(2)。また、鬼怒川を下って江戸へ至る船も同じく利根川を遡上する部分が最大の難所であった。したがって、これら鬼怒川・利根川・江戸川が交差する地域では河川水運の困難を克服するために、鬼怒川西岸で一旦、陸揚げして境河岸まで駄送したり、利根川右岸で荷揚げして江戸川東岸の船積み河岸まで駄送したりすることもあって、それは主に商人諸荷物の江戸出荷に採られた方法であった。これらの点については、第三章で分析した通りである。

上流域でも同様に水深の問題を抱えていた。関宿から江戸川を通って江戸の内川にまで乗り入れる船は大型なほど有利であった。これは積荷の量に応じてより多くの運賃を獲得できたし、小船に比べて水主の人数が相対的に少なくて済んだから、輸送量の割に人件費を低く押さえることができた。ところが、この大型船は上流部では荷物を満載しての航行が困難で、少ない水深に船底がつかえてしまい、自由に運航することができないという難点をかかえていたのである。利根川下流域から遡上してくる大型船であれば場合によっては途中で荷揚げして江戸川左岸まで駄送することも可能であったが、上流域はそうした流路条件にはなかった。陸上の輸送手段に頼るには、船の遡航終点を少し引き下げて、その間を駄送するより他に方法はなかった。しかしそれは、駄送費用が割高について現実的な方法ではなかった。これは、陸上の輸送手段に頼ることなく、水運機構の内部で解決しなければならない課題で、この問題は、大小複数の船を連動させることによって解消されたのであった。その具体例をあげると、利根川の支流烏川と神流川が合流する地点の北岸に位置した川井河岸が、次のように述べている。「当かし(6)平塚辺迄艀下ニ而艀下仕、本船積入申候。本船之儀も小船ニ御座候（宝暦七年）(3)」と。つまり、江戸へ就航する船を本船（元船）と呼び、これを川井河岸よりも下流の利根川と広瀬川が合流する地点、平塚河岸付近に配置しておく。この付近は広瀬川の流水を得て水深が増す地点にあたっていたから、川井河岸から江戸に諸物資を送り出すには、まず何艘かの「艀下船」に積み込んで平塚河岸まで下し、そこに係留してある本船にこれを積み移して江戸に向かわせたのであった（表24の第Ⅱ型）。そして、この本船自身、利根川の下流域で用いられたものに比べれば小型の船であったという。

このような上流域の艀下輸送については前章で検討したので、図8や表24を併せて参照されたい。それによれば、四〇〇俵積みほどの大型船の場合には関宿付近までの艀下輸送が必要だったが、二〇〇俵積みから二五〇俵積み程度の船であれば、広瀬川と合流する付近の平塚、中瀬両河岸を境にしてそれより下流域であれば自由に航行することができた。しかしこれより上流域では艀下船に依存しなければ円滑な運航は難しかった。ただし、本船が平塚河岸付近に係留されていたとは限らず、上流域でも艀下船を従えて航行する場合もあった。自船が通行できる程度の荷物を積み込んで平塚・中瀬両河岸付近にまで下り、そこで艀下船に分載していた荷物を積み移し、江戸への途に就くのであった（表24の第I型）。ここで仮に、艀下船・本船間の積み替え業務を担当した平塚河岸や中瀬河岸などを中継河岸、それより上流域の河岸を積み出し河岸と呼ぶと、江戸へ就航した本船が帰り荷を積み込んで利根川を遡上する場合にも同様の方式が採られていた。「高嶋・中瀬両川岸辺より上川筋川岸〳〵江者元船通船差支候場有之候ニ付、小船ニ而荷物船取候（天保三年）」[4]とあるように、これらの中継河岸で艀下船を雇ってそれに積荷を分載してから、より上流域へと遡上していくのであった。

このように上流域では水深の影響を強く受け、艀下輸送という独特な輸送方式が採用されていた。それぞれの船が単独で江戸へ就航していた訳ではなかったのである。小船の台頭を輸送機構の面から考えようとする理由がここにある。表30は、上州那波郡で前橋藩領であった川井・新両河岸に所属した船と船持の内容を示したものである。ここに所属する船は、本船・艀下船・小艀下という三種類の船で構成されており、本船と艀下船については前述の通りであるが、冬期減水期に流水量が一段と少なくなって、浅瀬の難所などでは艀下船さえも通行困難となって、そうした場合にはより小型の船が利用されて、これを小艀下とよんだらしい。おそらく船頭一人だけで操れるほどの小船ではなかったかと考えられる。

表30　川井・新両河岸所属の船と船持

		寛延3年		寛延4年		宝暦6年		宝暦10年		宝暦11年		寛政元年	
本船	問屋船	3	9艘	2	9	2	8	2	7	2	8	7	11
	町船	6		7		6		5		6		4	
艀下船	問屋船	8	24〃	8	18	4	16	4	12	4	19	0	11
	町船	16		10		12		8		15		11	
小艀下	問屋船	3	4〃	2	3	1	1	2	3	2	2	0	6
	町船	1		1		0		1		0		6	
計	問屋船	14艘	37艘	12	30	7	25	8	22	8	29	7	28
	町船	23艘		18		18		14		21		21	
船所持者	問屋船持	8人	31人	6	24	3	21	不明	不明	不明	不明	2	不明
	一般船持	23人		18		18		不明		不明		不明	

註　丹治健蔵著『関東河川水運史の研究』(「付録　関東河川水運史関係史料」)，および『群馬県史』資料編10より作成．

このように、上流域で水運を利用するには少ない水深を如何に克服するか、この点が最大の課題で、この問題は、本船と艀下船・小艀下という大小複数の船を連動させて解決されたのであった[5]。そして、その実現には積み出し河岸は中継河岸に艀下船・本船間の積替業務を依存しなければならず、この地域では積み出し河岸と中継河岸の連係が不可欠の要件となっていた。ここに上流域一四の河岸が結束して河岸組合を結成しなければならない理由があった。上流域の諸河岸はこれを利用して艀下輸送という独自の輸送機構を維持しようと務めていたのである。

安永四年（一七七五）一一月、利根川上流域一四の河岸は団結し、「河岸々一統申合連印為取替証文」という全一三ヵ条からなる河岸議定を締結している。それは、支流烏川の遡航終点河岸で中山道の宿場町、そして城下町高崎の外港でもあった倉賀野河岸から、藤野木・川井・新・五料・靭負・八斗島・八町・三友・山王堂・一本木・平塚・中瀬を経て高島に至る一四の河岸組合で、ほぼ利根川が広瀬川と合流する付近よりも上流域に位置していた(図8参照)。この時の河岸議定を以下、史料Aと呼んでおこう。これは、一四河岸の河岸問屋の連合体であったが、翌安永五年一

○月にはこれらの河岸問屋に倉賀野・藤野木・八町・三友・山王堂・平塚・中瀬の七河岸の船持惣代も加わって連名した「為取替証文之事」という全六ヵ条の河岸議定も締結されている。以下これを史料Bとしよう。史料A・Bは共に問屋と船持の双方を規定した内容で、これで一対をなすと考えることができる。(6)

両議定には、河岸問屋株の維持と独占の基調が貫かれており、幕府河岸改めを契機に組合が結成された様子が窺える。まず、一四の河岸とその河岸問屋を固定し、それ以外の新たな営業を禁止しようとしている。たとえば、Aの第二条(以下A—2と略す)では「御運上永一統差上候上者、於河岸々船問屋株無之もの、商売荷物手船たり共直積直揚ニ者為致間鋪候。少分之荷物江戸廻シ致候共、船問屋江引請船積可申事」と取り決めて、問屋の手を経ない直積み直揚げを禁じている。たとえ公認の河岸であっても問屋株を持たない者が船積みしたり、荷揚げしたりすることは一切許されなかった。船積みと船揚げの業務はすべて運上永を納める河岸問屋だけに限定され、とくに江戸への廻漕物資は監視の目がきつく、量の如何を問わず必ず問屋の手を経なければ船積みすることは許されなかった。公認を受けた河岸でさえこうであったから、新規の河岸場開設はさらに厳しかった。「向後河岸最寄ニ河岸場紛敷儀茂有之候ハヽ、近河岸ゟ拾四河岸江申合、猥成義差障可申候事」(B—2)として、新河岸らしい疑惑を発見した場合には最寄の河岸から訴えて一四河岸全体でこれに対処すべきことが取り決められている。

勿論、船持が勝手に船積みして輸送することも許されなかった。「船頭共直買荷物、并荷主江相廻り直相対荷物致船積候事、決而為致間敷候。何荷物ニ不寄問屋引請可申事」(A—3)とある。上流域では概して船の規模が小さく、また先にあげた川井・新河岸の例に見られるように問屋以外の船持が三艘以上を所持することもなかったようなので、ここでは一応、船持＝船頭と想定しておく。すると右の条文では、船持が自己資金で諸荷物を買い取って直積みすること、あるいは買取らないまでも在方の荷主に直接交渉して河岸問屋を経由せずに船積みしてしまうこと、この二点を禁じている。どんな荷物であっても必ず問屋が引請けて船積みすべきことを問屋・船持双方で申し合わせているのである。ということは、裏を返せばそれまで船頭が直積みして密かに江戸送りしてしまう事態が繰り返し行なわれてきたことの証明でもあった。上流域から江戸に就航したのは二〇〇俵積みから二五〇俵積み程度の比較的小振りな船が中心であったと考えられるので、他の荷物に混載する直積み荷物もわずかな量であったろう。江戸には、送り状もなしに、こうして船頭個人がもたらした諸物資を買い受けるような市場も成立していたのであろうか。ただ、船頭の資金力から言って、一艘分すべてを自分買い積み荷物で満たすことはできなかったし、それをすれば、艀下船の支援を受けることも、また、江戸で仕入れた商品を自らの河岸に持ち帰って売り捌くことも困難なのは明白であった。河岸問屋の船積み独占権は、在方荷主より諸物資の江戸送りを依頼された河岸問屋が江戸問屋宛に送り状を認める権利として具体化されていた。次にあげる史料は、山王堂河岸の船持で船頭であった十五郎が他の荷物に積み合わせて平塚河岸の問屋幾右衛門より大豆五〇俵を預かり江戸に運んだことを示している。これによって、関東在方より江戸に出荷された諸商品が、どのように目的の江戸問屋に届けられたのか、その具体例を知ることができる。

一、大豆　五拾俵　但四斗八升入
　此船賃金三分　銀弐匁八升入(マヽ)
是ハ午四月廿五日出船、江戸表同月廿七日江戸深川海辺大工町上州屋喜三郎方へ着船、佐久間町弐丁目吉田屋源蔵方へ水揚、右船賃請、艀賃五百文右喜三郎請取、仕切ハ幾右衛門請取候分、(後略)(7)

実はこの大豆は、右に記される通り平塚河岸問屋幾右衛門が在方荷主より預かって江戸に送ったものであったが、それを船頭十五郎が自分荷物と偽って江戸問屋に売り払おうとしたために問題が起っている。その不正が発覚し、取調べを受けた船頭十五郎が証言したのが右の部分であった。十五郎はまず、江戸でなじみの船宿・深川大工町にあった上州屋喜三郎方に着船した。すると、喜三郎は十五郎が幾右衛門より託されてきた送り状を見て、荷物の届け先が佐久間町二丁目の吉田屋源蔵であることを確認し、十五郎船より配下の艀下船に積み替えて吉田屋に送り届けたのであった。喜三郎は江戸の船宿と呼ばれ、江戸へ到着した本船が混載してきた諸荷物を送り先ごとに選別し、送り状の宛名ごとに艀下船で配送するのが主な業務であった。上州屋の屋号から考えて上州から江戸に出てくる船を主な顧客としていたものであろう。そして、右の例からは、江戸出し荷物の売買が届け先の江戸問屋に到着した時点で成立していることが判明する。つまり、吉田屋源蔵は、荷主の幾右衛門宛てに仕切書を発行して代金を支払い、それを預かった船頭十五郎は、まず自分が江戸までの廻漕運賃を受け取り、次に喜三郎に艀下賃を支払って、残りの代金を幾右衛門に届けるのが正規の手続きであった。

これによれば、在方荷主↓河岸問屋↓在方船↓江戸船宿↓艀下船↓江戸問屋という一連の流れにのって荷物と船が動いていることがわかる。そしてこの流れは、河岸問屋の発行する送り状に従ったものであった(8)。河岸問屋が船積みを独占するということの意味は、このような一連の廻漕機構に則って、在方荷主から預かった荷物を確実に江戸問屋へ送り届ける体制を維持しようとすることでもあった。こうした問屋から問屋への送り状に基づく物資輸送は、江戸からの帰り荷を積み登せる場合にも適用された。「登り荷物問屋付無之送状ニ而、積参り候ハヽ、船頭有之候ハヽ、右之船頭張紙ニいたし、連印之河岸々ニ而下り荷物積引致間鋪候事」(A―5)帰り荷の場合も同様に、船頭が自分の裁量で勝手に船積みしてくることは許されなかった。江戸の船積問屋から在方河岸問屋宛への送り状と一緒に荷物を受け取らなければならなかったのであった(9)。もしこれを守らずに、送り状なしに自分荷物を積み込むとか、河岸問屋を飛び越えて在方商人宛への送り状をもらうとかして、河岸問屋を経ずに在方商人に直接荷物を届けるようなことをして、それが発覚した場合には、一四河岸の仲間全員にその船頭名を公表し、その後一切江戸送り荷物を配分しないようにするという強い制裁措置がとられたのであった。

この河岸議定によって問屋側が船持側に要求したものは、河岸問屋の発行する送り状に従って確実に荷物を送り届けるなど忠実な輸送業者としての役割であったろう。その枠を越えた船持側の自由な活動を規制しようとした背景には、実際にそれを目論む船持たちの動きがあったからに違いない。しかし、船持側がそれを実現するには、江戸の船宿から江戸問屋へという既存の配送ルートにのらない独自ルートを開拓しなければならなかった。また逆に、江戸で自分仕入れの帰り荷物を入手できたとしても、その売却はさらに難しく、もし露見すれば廃業の危機にさらされたのであった。現存する河岸場争論を扱った史料から、そのような船持側の具体的な動きを見出すことはできない。したがって、水面下では小規模ながら密かにこうした自分荷物の取り扱いを繰り返しつつも、大局的には船持側もここでの河岸議定に従って、単純輸送業に専念していたと考えてよいであろう。

この河岸議定からもう一点を指摘しておきたい。それは、公認の河岸場を持たない村々に居住した船持に関しても、この議定で規定している点である。まず、利根川縁で平塚河岸のすぐ上手に位置した島村の船持については、「平塚河岸并河岸々ニ而渡世仕来候ニ付、此度一統申合之趣平塚河岸舟持同様ニ承知仕、猥成義仕間敷候」（B―6）として、平塚河岸の船持同様の扱いとしている。これは、それまでも島村の船持たちが平塚河岸を拠点に船稼ぎをしていたことに関係していた。また、この島村の西方に隣接する長沼村・仁手村の船持に関しても、「是迄之通上河岸当時渡世致候河岸ニ而取〆」（B―6）とあって、旧来から船稼ぎをしていた上流域の河岸においてこれを取締るべきことが申し合わされている。この河岸議定は、河岸問屋の営業が認められた村々以外にも船持が存在しているという事態を前提にし、それらをも含み込む形で、この上流域全体の水運機構を維持すべく締結されたものであった。それはまた、河岸問屋の存在しない村方にも一定の船積みと荷揚げを認めるものでもあった。広瀬川北岸で平塚河岸の西隣りに位置する中島村については、「享保十四年申年平塚与河岸場及出入、其節御裁許、地頭用村用荷物之外、他之荷物一向請払難成旨被仰付候。猶又此度先御裁許之通り急度相守可申」（A—12）として、商人荷物の取扱いを禁じる一方で、領主荷物および村用の公用荷物の船積みと荷揚げについては承認されている。

以上の検討をまとめるならば、上流域では少ない水深を克服するために、本船と艀下船の連動という独自の輸送機構を形成し、その実現のためには積み出し河岸と中継河岸の連係が不可欠であった。そこで中継河岸を基点とし、それより上流域の諸河岸が連合して河岸組合を結成したが、それは単に河岸問屋が連合したのではなく船持側も参加し、さらには河岸をもたない川縁村々の船持をも包摂したものであった。この河岸組合が求めた基本は、河岸と河岸問屋を固定すること、つまり幕府から株立を公認されたものだけに問屋の営業を限定し、それ以外の新河岸・新問屋を厳しく制限することにあった。それによって、船積みと荷揚げの業務を河岸問屋が独占する体制を構築しようとしたのである。このように一定のまとまりのある地域が相互に河岸議定を取り替わし、共通の輸送機構を成り立たせていたとき、船持たちがこの規制の網をかいくぐって自由な輸送業を開始しようにも、それの実現には非常な困難がつきまとったであろうことは容易に予測されるであろう。

第二節　浅瀬化の進行と所働船の活動

このようにこの地域には本船と複数の艀下船が連係してようやく円滑な物資輸送を実現できるという水運機構が形成されていたのであって、これを前提にして、特に天明期から寛政期にかけて集中的に小船が台頭してくるのであった。寛政五年（一七九三）、幕府川船役所は利根川上流域に台頭してきた小船＝所働船の掌握に乗り出し、一七ヶ村に

表31　上利根川方面の所働船

河岸・村名	船　数
倉賀野河岸	80
藤野木 〃	32
八　町 〃	16
五　料 〃	10
新 〃	8
三　友 〃	13
靭　負 〃	10
川　井 〃	1
新　町 〃	3
山王堂 〃	6
中　瀬 〃	13
中　島　村	24
平　塚 〃	2
上仁手 〃	10
下仁手 〃	14
角　淵 〃	11
忍　保 〃	3
合　計	256

註　川井河岸問屋清水家「寛政五年御用留帳」による（丹治健蔵著『関東河川水運史の研究』P. 253より引用）.

わたって二五六艘もの所働船を確認している。これをまとめたものが表31である。

本節ではこの問題を輸送システムとの関わりから検討してみたい。まずその前に、上流域の河岸の盛衰は河川状況そのものに大きく左右されたことを確認しておこう。

一本木□（河）岸場所御見分被成候処、前々与違河岸場悪敷罷成、船附ゟ問屋場迄道法五、七町茂隔り候故、荷主共年番不宜候間、自然与一本木河岸荷物減り候。[10]

（享保一五年）

一本木河岸では享保期に利根川の流路が変化し、河岸問屋の蔵から船積み地点まで五町から七町、つまり五〇〇メートル以上も遠ざかってしまい、その区間の運搬が不便になった。そのため自然と荷主から嫌われ、同河岸への荷物が徐々に減少してしまった。そして、史料の引用を控えたが、その荷物は主に秩父郡中から運び出された諸物資で、これ以降は一本木河岸を避けてその上下に位置した新井（三友）・山王堂・中瀬・高島の諸河岸に駄送されるようになり、そこから船積みされていったという。

このようなことはこの時の一本木河岸に限ったことではなかった。宝暦期の川井河岸についても同じことが言える。宝暦八年（一七五八）、「当河岸之儀年増ニ川遠ク罷成、当時河岸家業一切無御座大小共ニ至極困窮仕」という事態に陥っている。そして問屋蔵から川が遠のいてしまった原因は、「十七年以前戌満水之節、当河岸別而水入強、家財扶飯等ハ不及申上、居宅蔵等迄も過半流失仕、残り候分も大破仕候[11]」というほどの大規模な洪水のためであった。史料に戌年と見える寛保二年（一七四二）の大洪水以来、十数年の歳月が次第に川を遠ざけてしまったのである。洪水は流路を変えただけでなく、大量の土砂を一気に押し流したから、水がひいた後には流路のあちこちに浅瀬の障害を残していった。また、土砂の堆積量は洪水に限らず長い年月を経て次第に増大していく傾向にあって、船の通れない上流部の土砂が少しずつ押し流されて通船可能な地域に徐々に堆積していった。それがさらに流下して一八世紀の初頭には、利根川の中流域や江戸川の部分にまで浅瀬による深刻な減水障害が現われるようになっている。[12]これには、近世初頭の無理な河川改修も一つの遠因となって作用していたと考えられている。[13]そこに天明三年（一七八三）の浅間山噴火が、一層大きな影響を与えることになった。これによって浅瀬の障害が一挙に増大したことは言うまでもない。近世後期にしたがって利根川は流域のあちこちに浅瀬の難所を生み出していく傾向にあったのである。浅瀬の障害は、まず上流域で顕在化した。それでなくてもこの地域は、下流域に比べて水深が小さかったから、江戸へ乗り入れる船もここで荷物を満載することができず、艀下船へ分載輸送させなければならなかった。それがさらに浅瀬化の傾向が進み水深の足りない部分や区間が増えていけば、本船のみならず艀下船でさえ支障をきたす事態も生じたであろう。そうすると、それを補佐した小艀下の機能がますます重要度を増していく。それを示すかのように旧来の船の構成内容も変化していった。

表30により、寛政元年における川井・新両河岸所属の船の構成内容を宝暦期と比べてみると、いくつか相違する点に気付く。まず問屋船について、問屋側は艀下船・小艀下を一切持たなくなり本船だけを所持するようになっている。一方問屋以外の船持が所持した町船は、本船が四艘だけと過去最低になり、逆に小艀下を過去最高の六艘に増大させている。これは全二八艘の約二〇パーセントにあたり、それまでにない高い比率となっている。つまり、問屋側は本船所持に集中し、船持側では本船の比率を低め、代わって小艀下の数を増やしていくのであった。全体的に見ても小

艀下の比率が高まっている。ここからは、浅瀬化の進行に伴って小艀下の比率を高める方向に船の編成方式が変更されていく様子が見えてくる。小船が台頭してくる背景には、実はこのような上流域の浅瀬化と、それに伴う小艀下の役割増大という事態が進行していたのであった。

表31により、所働船の所在状況を確認してみよう。全一七ヶ村のうち一一ヶ村は安永四年（一七七五）、同五年の上利根川一四河岸組合に加盟した幕府公認の河岸を持つ村であった。ただし、河岸組合のうち八斗島・一本木・高島の三河岸についてはこの時、所働船の存在が確認されていない。一方、河岸組合以外の六ヶ村のうち新町については天明三年（一七八三）鏑川水運から烏川・利根川水運への中継を許されており、幕府公認を受けた河岸と言える。(14) 中島村は先に見た通り河岸として公認はされていないが、「地頭用村用荷物」の取扱いが許されており旧来から船持が存在していたと思われる。また仁手村についても、先の河岸議によって船持の存在が知られている。これに対して角淵・忍保の両村に河岸問屋はなく、また、船持の存在もそれまで確認されていなかった。両村はそれまでの河岸議定に全く現れず、水運史上に初めて登場する村であった。

これによれば、河岸問屋の公認されていた村々にはほぼ一様に所働船があって、中でも最上流の倉賀野河岸では八〇艘もの所働船を所持し、藤野木河岸と合わせると一一二艘となって全体の約四〇パーセント以上を占めるまでになっている。特徴として、所働船は上流部に偏在したと言って間違いないだろう。それは、上流部ほど浅瀬による障害が深刻だったからである。しかし、それよりも河岸問屋のいない五ヶ村でも合計で六二艘と全体の二四パーセントにあたる所働船が存在している点に注意したい。こうした動きはそれまでに例がなく、この時期に特徴的なできごとであった。(15) このように大量の小船が、この時期集中的に登場したのは何故だろうか。これらの所働船は如何なる実態でどのような役割を担っていたのであろうか。次にあげる史料は、天保三年（一八三二）幕府川船役所の役人が平塚河岸に出張して調査した折りに地元の者から聞き取った内容である。

寛政二戌年、上州倉賀の川岸ゟ中瀬川岸迄所働船御年貢長銭被仰付、［右所働舟御仕法書御渡被下候帳面別紙ニ有之候。是ハ天明三卯年浅間焼ニ而石砂押出し艜舟通舟難成義ニ而横渡舟ニて荷物積引致候処、通行弁利よく追々小舟ヲ以通舟致し、川舟御役所より御手代方在出ニ付御取調之上御年貢被仰付。此節新河岸善左衛門・八町川岸高橋六兵衛江取締方被仰付、小舟造立致シ候得ハ両人之奥印ヲ以御願申上候。其後ハ村請ニ相成申候。此節御年貢長銭五百文ツヽ定納致ス。其後弁利よろしく追々下川通、関宿境川岸迄舟越ニ付、文化十四、十一月役銀被仰付通舟致候。天保三（マヽ）寅年川船御役所ゟ御取調トシテ平塚川岸ニ出役御聞受候。(16)］

（［　］は本分割り註を示す）

これを史料Cとし、これによって、幕府川船役所が所働船に統制を加えていった変遷をたどることができる。それによれると、最初に対応策が講じられたのは寛政三年（一七九二）のことであった。天明三年の浅間山噴火で大量の土砂が押し出され、艜船の通行ができなくなってしまった。この艜船とは、一般に「上州ヒラタ」と呼ばれ五丈一、二尺より八丈ほどの規模をもつ大きな船で、本船として江戸へ就航していたし、場合によって小振りなものは艀下船としてその補助輸送にあたることもあった。(17)これらが荷物を満載しての航行ができなくなってしまったのである。そこで、「横渡舟」、これは渡し船に使われていた小船であろうか、これを利用して積み送った所、うまくいったので、それ以降、そうした小船の利用が増えたのだという。そこで、幕府は川船役所より手代を派遣しそれらの小船の掌握に務め、川船年貢を賦課してきたのであった。しかし、それらの小船がよほど活発に活動するようになったので、今度は、新河岸の善左衛門と八町河岸の六兵衛の両名を「取締方」に任命し、新規に小船を建造する段階で、彼ら両名にそれを把握させ、川船役所に通知するようにしたのであった。その範囲は、倉賀野河岸から中瀬河岸までの区間であったらしい。その後、幕府はこれを両取締方の管理から村請けの形に移し、一艘につき五〇〇文ずつの川船年貢を賦課することにしている。それがさらに活動の範囲を広げ、利根川中流の境・関宿河岸方面にまで下っていくようになったので、文化一四年（一八一七）には川船役銀も徴収するようになったという。

しかし、右の最初の寛政二年の調査は不徹底であったらしく、幕府は寛政五年、再度の調査を実施している。表31は、その結果を示したものであった。そして、川名登氏の研究によれば、八町河岸ではこの時、川船役所からの問い合わせに対して次のように返答していたという。[18]「去九月頃ゟ艜船ニ而者通船相成不申、荷物差支候ニ付猟船作小舟之類相雇、瀬取仕候。」つまり、浅瀬の障害がいよいよひどくなり、艜船は使えないのだという。したがって当然、小艀下の活躍が期待されていった。ところが。それまで使われてきた小艀下には数に限りがあったので、次第に物資輸送も滞るようになってしまった。そこで今度は先の「横渡舟」に加えて、「猟船」や「作小舟」などを雇って「瀬取」させたと言うのである。「作小舟」とは、別に「耕作船」あるいは「耕作通船」などと呼ばれることもあって、川辺の村々から耕地への移動に際し農具や収穫物を運搬するのに利用された小船であった。これらの漁船や耕作船・渡船などは、その本来の役割からいって、船頭一人でも操れるようなごく小さな船であったと思われる。また、「瀬取」とは、「瀬取艀下」などとも言われ、荷物を積み込んだ船が運航の途中浅瀬で立ち往生した場合、その浅瀬の区間だけを艀下輸送するような極めて短区間の艀下輸送を指していた。第一章で見たように下流域を航行した大型船であれば空荷の時には自船に積み込んでしまうほど小型の伝馬船を曳いており、これに瀬取り艀下させることもあったが、上流域を航行する本船にそれは望めなかった。したがって、通りがかりの船や付近の小船を随時雇ってそれに瀬取り艀下させるより他に方法はなかった。これによって考えれば、浅瀬化の進行に伴って「瀬取」をしてくれる小艀下が不足し、そのために急遽「猟船」や「作小舟」が雇い出されて小艀下に代わって利用されるようになったのである。

先に確認したように、上流域では河川の浅瀬化が進むにつれて小艜下の機能がより重要度を増していったから、船持たちはそれまでの船編成を変更し、全体に占める小艜下の比重を高めていたのであった。しかしそれでも小艜下は不足し、遂に耕作船などの非輸送用の小船までも利用してこれに小艜下の機能を代用させなければならない事態に立ち至っていたのである。この時、これらの小船はまず、浅瀬の障害が最も深刻な上流域で利用され、この範囲内で区間輸送に従事したから、本来の機能や船型に関係なく小艜下の機能を代用するものと理解され、一括して「所働船」と呼ばれるようになったのではないだろうか。

以上の検討により、天明期から寛政期に集中して登場する所働船は小艜下の機能を担っていたこと、およびその実態は輸送用に新たに建造されたものがない訳ではなかったろうが、多くは漁船や耕作船など川縁の農民たちが従来より所持していた小船を小艜下に転用したものであったこと、この二点が了解されたであろう。

第三節　所働船の稼働主体

これら所働船は、「猟船耕作船之儀ニ付、是迄御年貢等上納不仕」[19]とされ、それまで幕府川船役所へ川船年貢を上納する船ではなかった。その理由について、次にあげる史料から考えてみよう。

一、草苅渡船六艘　久世大和守知行所　戸頭村

（五ヶ村分略）

右之船壱ヶ村ニ壱艘宛数年所持仕候処、去戌ノ十一月中、川船方御役人中御改之節、草苅渡船計ニ用ひ申候段委細不申上候ニ付、外之運送にも仕候様ニ御疑敷被思召候而御極印可申請旨被仰付奉畏候段、証文差上申候得共、

此度御免之御訴訟申上御詮議之上、御直ニ申上候通外之運送船稼一切不仕、草芟馬渡船計ニ用申候段御聞訳被遊、御極印御免被成下難有仕合ニ奉存候。[20]（享保四年）

享保三年（一七一八）一一月、幕府川船役所では下総国相馬郡の利根川中流域の村々に役人を派遣し川船改めを実施した。その際に川船役所役人は「外之運送にも仕候様ニ御疑敷」と「草苅渡船」が物資輸送を行なって運賃稼ぎをすることがあるらしいと疑い、川船役所の極印を受けるよう申し付けている。これに対して村方では、再度願い出て「外之運送船稼一切不仕」ことを主張し、その結果、草苅船や渡船への極印打が免除されたのであった。ここからは、幕府川船役所が在方川船に極印を打って川船年貢を課す場合、それらが「運送船稼」をしているか否か、この点が重要な判断基準になっていたことが明らかであろう。[21]これを理由に、それまでは猟船や耕作船に川船年貢が課せられることはなかったのである。ところが、本来非輸送用の船であってもこれらが所働船として小艜下の機能を担うのであれば、それは「運送船稼」に他ならなかったから当然課税の対象とされなければならなかった。それ故に「上州倉賀の川岸ゟ中瀬川岸迄所働舟御年貢長銭被仰付」と、所働船にも川船年貢が課せられたのであった。

それでは、これら所働船の稼ぎ手は誰だったのか。耕作船や漁船などを輸送船に転用し、新たに輸送業を開始したのはどのような者たちであったのか。この点を検討してみよう。

烏川利根川通り船持惣代兼御願申候趣意左ニ申上候

明和年中迄者銭相場四貫文位立廻り候故、水主之者賃銭一ト上下壱貫五百文ニ而出船、江戸着両度ニ相渡候処、追年銭相場下直ニ順ひ増銭差出し相雇候処、天明三卯年山焼以来焼砂ニ而至而浅瀬ニ相成通船差支、御荷主方増船賃被下置、是迄渡世取続居難有儀ニ奉存候。其後迚も川瀬直り不申、上川筋者別而荷物船下差支、作船猟船江直入通船致候処、弁利ニ付常稼と相成、当時夥鋪出来、壮年之族者其日切銭取致而多ク、右故ニ此稼江趣キ（横）（赴）

年々水主之者払庭(底)ニ相成、船持共当時者糴合相頼候様ニ而、水主壱人前金弐両弐朱ゟ段々酒代増銭致頼請候始末、
(中略)右等ニ付此度各様方御出会御評定被下、夫々増方被成下候ハ、夏冬共諸荷物軽積ミ仕、出精相働可申候。
無謂増船賃貪候儀者曾而仕間鋪候[22]。

(文化五年六月)

これは、文化五年(一八〇八)、上流域一四河岸組合から川井・八斗島両河岸を除く一二の河岸と、伊勢崎・徳川・前島の三河岸を加えた合計一五の河岸の船持惣代たちが連名して、「河岸問屋衆中」に船賃の値上げを要求したものである。また、ここには河岸を持たない島村の船持からも船頭惣代二名が加わっている。船持たちの主張だけにこの要求書には運航の様子が具体的に描かれており、所働船を生み出した主体を明快に知ることができる。要求書からわかる点を要約すると次の通りである。

①船持たちが水主を雇う際には、その給金は出船の時と江戸着した時の二回に分けて支払っていた。先に見た平塚河岸問屋・幾右衛門から大豆五〇俵を江戸に廻漕した事例によると、船頭・十五郎は江戸問屋に荷物を送り届けた時点で船賃を受け取っていたので、出船時の水主給金前払い分は船持・船頭が自己資金で賄っていたと考えられる。

②明和年間(一七六四～七二)以降、銭相場が下落し相対的に水主給金が上昇した。また天明年間(一七八一～八九)以降には、河川の浅瀬化が急激に進み運航に支障をきたしており、これらを理由に「御荷主方増船賃被下置」と荷主方より増船賃が支払われてきたのであった。水運を利用して関東在方から諸商品が江戸市場へ送り出される場合、運送途中の荷の所有権は在方の荷主商人たちにあって、江戸問屋への売却は江戸着の時点で成立したと考えられる。したがって運送費用は在方商人の負担するところであり、船頭は江戸問屋が在方商人に支払う商品代金の中から船賃を受け取ったのである。ただし、江戸出荷の実際は河岸問屋から江戸問屋宛ての送り状に沿って廻漕されていたのであり、船賃は船積みの時点で決められ、送り状に記載されていた。したがって、荷主への船賃値上げ要求は、荷主から

輸送を依頼された「河岸々問屋衆中」を通してなされなければならなかった。この点は、第一節で検討した安永四年（一七七五）の河岸議定からも十分に了解されるであろう。

③その後も河川の運航条件は好転しなかった。ついに艀下船の運航まで差支えるほどになって、試みに「作船・猟船」を雇って小艀下の代用をさせてみた。それが予想以上に便利よろしく、やがて「常稼」ぎとなって、次第に船数も相当な数にのぼっていった。いわゆる所働船の活動が開始されたのである。

④この船稼ぎを主に担った階層は誰かというと、「壮年之族者其日切銭取致而多ク、右故ニ此稼江趣（赴）キ年々水主之者払庭（底）ニ相成」と述べられているように、働き盛りの水主たちであった。所働船は小艀下の機能を担って上流域で数多く利用されたが、当初の運航範囲は従来の小艀下のそれにしたがって主に平塚・中瀬両河岸付近よりも上流の部分であったと考えられる。所働船は本船の積み切れない分の荷物を分載し、この範囲内での区間輸送に従事したのであった。したがってその日一日で運航が終わったので、彼らはその度ごとに艀下賃を得ることができた。船持に雇われて水主稼ぎをしていた農民にしてみれば、この艀下賃の現金収入はきわめて魅力的なものであった。江戸上下数日間を要して水主給金を得るよりは、自ら所持していた耕作船や漁船を用いて、船持・船頭に雇われることなく自己の計画にしたがって艀下輸送を行ない、しかもその日の内に現金収入が得られたのである。水主働きに比べ所働船による稼ぎの方がはるかに魅力的であったと思われる。そのために次第に水主が払底し、船持・船頭側では給金をあげたり酒代と称して増銭を支払ったりしないと水主を雇えなくなってしまったのである。

⑤史料の引用を省略した部分だが、この事態に対応して船持側では、「登り下り重モ積ミ致」と過分の荷物を積み込むことによって運賃収入を増し、割高な水主給金を何とか相対化させようとしたらしい。しかしそれは、それまで以上に運航に手間取ったばかりか、過重な労働負担で怪我や破損の危険となって跳ね返り、決して望ましい方法では

ないことが明らかとなる。

⑥そこで船持たちは団結し、船賃を値上げするよう河岸問屋から荷主側に働きかけてくれるように要求したのであった。

以上が右の要求書のあらましである。

これによって、所働船を生み出した主体は、それまで船持層に雇われて水主働きをしていた農民たちであったことが判明する。彼らは経験に培われた技術を生かし、自ら所持する非輸送用の小船を転用して小艀下の機能を代行したのであった。これら所働船は当初臨時的な試みであったが、浅瀬化の進行という事態に適合し、やがて「常稼」ぎとなって恒常的な輸送業者へと発展していくのであった。しかもそれは、幕府川船役所の極印を受けて川船年貢を上納するという合法的な形で行なわれたのであった。(23)

これを実現した農民たちは、問屋手船に雇われていた水主たちに限らず、一般の農民船に雇用されていた水主たちも含めたより広い範囲の水主たちであったと考えられる。寛政五年の表31に現われた所働船の実態調査がこの様子を如実に示している。可岸問屋の営業が公認された村だけでなく、河岸を持たない村や、さらには船持の存在すら確認できなかった村々にも所働船が出現しているのはこのためである。河岸に限定されることなく、川沿いの村々から近隣の河岸に出向いて水主稼ぎをしていた農民たちが広く所働船を成立させていったと考えてよいであろう。

所働船は艀下輸送という上流域に特有な水運機構の中から登場し、小艀下の機能を代行したのであった。中期以降商品流通が展開する中で、浅瀬化の状況が進行したのだから所働船の需要が増大するのも当然であった。上流域では艀下輸送という共通の輸送機構を維持するために河岸組合が結成され、船持は問屋の発行する送り状にしたがって河岸問屋と江戸問屋を結ぶ忠実な輸送業者として期待されていた。その送り状に沿って河岸問屋↓江戸船宿↓江戸問屋という一連の輸送機構が形成されていたから、このルートを離れて小船が新たな輸送業者として江戸へ乗り入れるためには、単に船積みに際して河岸問屋の手を経ずに荷主から直接積み荷を請けるだけでは済まされず、江戸においても独自の荷揚げ・配送のルートを持たなければならなかった。そしてそれは、それほど簡単なことではなかった。このような水運機構を前提に、所働船が江戸への運航ではなく小艀下の不足を補完するものとして上流域での区間輸送に活躍の場を見出したのは、現実的できわめて有効な方法であったと言える。勿論、根底に江戸と関東在方を結ぶ商品流通の絶え間ない展開があったからこそ、こうした小船の活躍が可能となったことは言うまでもない。ただ、商品流通の展開も、この地域の河川状況に大きく規制されて川船全般に全面的な展開をもたらさなかったことも間違いない。この点を見誤ってはならないだろう。

この所働船は、問屋・船持など旧来の船所持者によって生み出されたのではなかった。彼らの下に編成されていた水主たちが、自ら所持する耕作船や漁船などを輸送船に転用することによって、新たに小艀下の営業を開始したのである。彼らが川船年貢を納める一人前の船持として独立したということは、船持層の量的増大であり、また、河岸を持つ村方以外の村々にまで広く船持層が拡散したことを意味していた。このような形で彼ら水主層が独立を遂げ、所働船が広範に台頭してくる働きに対して問屋・船持など旧来の船持層は、基本において反対の立場に立つことはなかった。それは、所働船をして小艀下の機能を代用させずには水運輸送そのものがどうにもならない程に浅瀬の障害が深刻になっていたからである。問屋・船持層は本船から艀下船・小艀下への比重を移しただけでなく、彼らの下に編成されていた水主層を所働船の主体として独立させ、それによって艀下輸送による旧来の水運機構を維持しようとしたのである。したがって所働船の台頭は、当面新たな輸送機構の構築を目指したものではなかった。それは、上流域の艀下輸送という水運体制の内部にあって小艀下の機能が重要視されていく動きの中から生み出されたのであった。

おわりに

最後に、このようにして寛政期に集中して出現した所働船は、その後も順調に展開していく点を確認しておきたい。先にあげた史料Cによれは、所働船の川船年貢が村請制に移された後、「其後便利よろしく追々下川通、関宿・境川岸迄舟越ニ付、文化十四、十一月役銀被仰付通舟致候」とされている。つまり、成立当初には上流域の範囲内で運航され、川船年貢だけの負担であったものが、文化一四年（一八一七）にはそれに加えて役銀まで上納し、その代わりに関宿付近にまで運航距離を伸ばしているのである。

差上申御鑑札証文之事

一、新規艀船壱艘　但敷　長　弐丈五尺
　　　　　　　　　　　　横　弐尺七寸
　　　　　　　　　　　　深　壱尺六寸

右者只今迄持来出水用心船ニ御座候所、向後御年貢御役銀上納仕、利根川烏川通栗橋河岸迄艀稼仕度段奉願上候処、願之通被仰付、(24)

（文政一三年一〇月）

これは、藤野木河岸の久右衛門が「出水用心船」を用いて新たに艀下稼ぎを始めようと川船役所に願い出たものである。ここでもやはり川船年貢と役銀を上納する代わりに、栗橋河岸までの運航が許されており、所働船が運航の範囲を拡大している様子が窺える。しかし、所働船とは天明期から寛政期にかけて上流域の範囲内で小艀下の機能を代行した小船を指す用語であった。同じく非輸送船であったとはいえこのように中流域までの艀下輸送に転用される小船が出現するようになると、もはや所働船の名称は使われなくなり、ここでは明確に「新規艀船」と呼ばれるようになっている。

そして、寛政期に水主から独立した新船持層は、運航範囲を広げただけでなく、その後も活発な輸送業を展開していった。文政九年（一八二六）には、安永の河岸議定で平塚河岸船持同様と規定された島村の船持の中に、「大勢之船頭故、中ニハ我儘稼致候者茂有之」と自分勝手な営業をする者が現われてきた。そこで一四河岸組合では次のような四ヵ条からなる河岸議定を再度取り替わし、組合の結束強化を計らなければならなかった。

議定一札之事

一河岸場ニ無之所ニ而荷物積方決而致間鋪候事。但シ最寄船問屋ニ而送状いたし口銭可受取事。

一上り下り荷物問屋名宛無之送状持参致し申間鋪事。

一町々在々荷主へ相廻り書付貰請荷物糴積決而致間鋪事。

一下り荷物附船宿之儀、河岸相定之方江相付ケ船頭私ニ致申間敷事。(25)

（文政九年四月）

第三条は、船持の中に在方荷主と直接交渉し、河岸問屋を経ないで直接自船に船積みする者が相変わらずいることを示している。また第二条によれば、その者たちは問屋から問屋への正規の送り状を持たずに自分自身の裁量で運送していたらしい。第四条は江戸の船宿について規定した条文で、それによれば、船持・船頭たちは必ず積み出し河岸の問屋が指定した船宿に着船し、その指示にしたがって江戸の配送業務を行なうべきことが定められている。船持たちの「我儘稼」とは、このように河岸問屋を経ずに町方・在方の荷主と直接交渉して勝手に自船に船積みしたり、あるいは、河岸問屋が指定した以外の船宿に着船したりする事態を指していたと考えられる。この動きに対して河岸組合では、第一条において船積みを河岸問屋に限定し、荷物には必ず問屋の送り状を添えるべきことを再確認して従来通りの水運体制を維持しようと努めたのであった。上流域の船持たちの中には、船積河岸の統制を逃れ、密かに直積みする者が後を絶たなかった。そうした動きが、江戸からの積み登ぼせ荷物に船積問屋を宛名にしない送り状が添えられてくる動きにもつながっていったと思われる。所働船から新規艀船へと展開していく新船持層の背景として、このような本船の働きについて押えておく必要があるだろう。この河岸議定には、根底に各種船持たちの新しい動きに対応して、積み出し河岸の問屋たちが旧来通りの結束を求めていくという基本構図があったのである。

　天保期になるとこのような船持の動きが益々活発化していく。河岸を持たない村々でもわざわざ艀下輸送用の小船を新造する者が現われている。「河岸〳〵外之川附村々ニ而近年追々小船造立仕候艀稼かたいたし候もの多分有之故、自然と勝（手脱）儘成義相働候儀者歴然[26]」（天保三年、一八三二）とある。これによれば、川縁りの村々では当時小船を新造して船稼ぎを始める者が多くなり、彼らによる「勝手儘成義」の運航が増えていると指摘されている。その内容は、たとえば河岸以外の自分の村で荷主から直接荷物を預り、これを中継河岸へ艀下輸送してしまうなど、河岸問屋の支配を逃れる行為にあったのではないだろうか。それ故にこそ翌天保四年、再び一四河岸による河岸議定が取り替わされ、水運体制の維持・強化が計られねばならなかったと考えられる。[27]

　以上により、所働船の新規船持層が登場して以後、従来の輸送機構に真っ向から対立するのではなく、その体制内部において河岸問屋の規制を離れた運航を散発的に繰り返したり、あるいは次第に運航の範囲を拡大したりして着実に成長を遂げていった様子が理解できたであろう。利根川の上流域を対象にして、中期以降商品流通が展開していく中でこの地域の船が等しく総体として活躍の度合いを増していった訳ではなかった。天明から寛政期にかけて所働船と呼ばれた小船が急増したのは何故なのか。この疑問から出発して、上流域に特有な艀下輸送機構の中から所働船の機能と実態を解明した。所働船成立の要因を考えるならば、展開する商品流通におされて新たな輸送機構を形成すべく登場したのではなく、旧来の機構の中から浅瀬化の状況に適応した小艜下の不足を補うべく現れたのであった。しかも、それが旧来の船持層によってではなく、彼らの下に編成されていた水主たちによって実現されたのである。それは決して新しい輸送機構を展望したものではなかった。しかし、水主稼ぎをしていた川付村々の農民たちが自ら所持した耕作船や漁船を小艜下に転用させることによって、既製の水運機構の内部から独立を達成した点は正当に評価してよいであろう。しかも彼らは独立してから以後も、隙あらは問屋の支配を逃れて荷主相対による船積みを目論み、しばしばこれを実行に移しているのである。こうした水主・新船持たちの動きの中に、粘り強くしたたかに自己を成長させてゆく農民の姿を見い出すことができるであろう。

註

（1）丹治健蔵著『関東河川水運史の研究』（法政大学出版局、一九八四年）。同書巻末には「付録　関東河川水運史関係史料」として、中瀬・平塚・五料・川井の四河岸の史料六七点が収録されている。丹治氏はこれを商品流通の側面と幕府川船役所による川船の統制強化という視点から分析されている。本章も多くを同史料に依拠し、これに輸送機構の観点から考察を加えてみた。

（2）北原糸子「利根川舟運転換期に於ける一河岸の動向―近世中後期の小堀河岸を中心として―」（『海事史研究』一八号）。この論文では、利根川中流域の小堀河岸から関宿を経て江戸川の松戸河岸に至る区間で利用された艜下船も小船であるかのように想定されている。しかし、この区間に利用された艜下船は本章にみる上流域の艜下船とは異なって二〇〇俵積みから二五〇俵積みほどの規模を持つ高瀬船であった。この点、本書第二章参照。

（3）前掲丹治著　付録史料「51　宝暦七年九月十七日　前橋藩廻米江戸納め方につき願書」。

（4）前掲丹治著　付録史料「20　天保三年十二月　新規河岸場企て出入り一件追願書」。

（5）奥田久著『内陸水路の歴史地理学的研究』（一九七七年、大明堂）。これによれば、利根川に限らず鬼怒川・渡良瀬川・巴波川・那珂川の諸河川においても、上川船から下川船への積み替え輸送が必要であったことが明らかにされている。しかし、そこでは積み替えを行なう中請積替河岸の立地条件が中心的検討課題とされており、上流域でも艜下船（奥田氏の言う上川船）に支援されて本船（同、下川船）が運航されていた点についてなど、船の運航型態、輸送機構については十全ではなかった。

（6）『群馬県史』資料編10「三一六　安永四年十一月、安永五年十月、上利根十四ヶ河岸組合船問屋規定証文」。

（7）前掲丹治著　付録史料「27　天保六年七月　山王堂村百姓・船乗り渡世十五郎大豆運送始末書」。

（8）前掲註（4）の史料によれば次の通りである。「一躰私共組合拾四ケ川岸稼方之義者、安永之度船問屋株式御定被下置候以来、川縁村々船持并船頭とも多分有之候ニ付、勝手儘之義不仕様登り下り諸荷物聊ニ而も送り状相添、川岸場より川岸場へ引受、馬附ニ而荷主へ相送り、都而船問屋無之場所ハ手船たりとも直積直揚等決而不仕筈」。また、江戸の船宿については、『佐原市史　資料編別編一　部冊帳　前巻』（伊能忠敬記念館所蔵・伊能家文書　佐原市史編纂委員会編、一九九六年）により、下総国佐原村の船宿佐原屋の事例を知ることができる。

（9）江戸の奥川船積問屋については、前掲丹治著第五章および田中康雄「奥川船積問屋と佐原商人仲間」（『史学』四三巻一・二号）。

（10）前掲丹治著　付録史料「1　享保十五年六月二十五日　河岸運送稼ぎ出入り裁許証文」。

（11）前掲丹治著　付録史料「54　宝暦八年河岸祝金五ヶ年間御免願」。

（12）茨城県取手市、寺田忠三家文書。『柏市史』資料編六。『野田市史料集』第二集。『流山市史料集』第三集。本書第二章参照。

（13）利根川の改修については、大熊孝著『利根川治水の変遷と水害』（東大出版会、一九八一年）に詳しい。

（14）前掲丹治著　付録史料「18　天明三年六月　新町河岸取り立て吟味につき答弁書」。

（15）千葉県佐原市、伊能康之助家文書の安永二年の史料によれば、

差上申御極印証文之事

一、耕作船　壱艘

右者持来候耕作通船ニ御座候所、農業之間近郷川稼仕度奉存候ニ付、

とあって、農民が耕作船を輸送船に転用して船稼ぎを始めるのは、必ずしも寛政期の利根川上流城に限らないことがわかる。しかし、その運航形態を考えるならば、これら下流域の小船は、右にも「近郷川稼」と記される通り、主に単独で水郷地帯の地域間輸送に活躍の場を見い出していくのであり、本章で検討する本船の運航を助けてその分載輸送にあたる所働船とは同一に論じられないことが理解されよう。

（16）『新編埼玉県史』資料編15「一八八　中瀬河岸船問屋業躰御裁許状并申伝書」。

(17)　本書第七章参照。
(18)　川名登著『近世日本水運史の研究』（雄山閣、一九八四年）第五章第二節の註(10)。
(19)　前掲註(18)に同じ。
(20)　前掲『柏市史』二六頁「享保四年　草苅船極印御免願」。
(21)　これによって、関東在方の非輸送用の小船であろうとも、それらが物資輸送による運賃稼ぎを開始するならば、これに川船年貢を課すという政策がすでに享保期に確立されていたことがわかる。丹治氏の言われるように、宝暦・天明期になって農村小船が胎動を開始してから幕府がこれの統制に乗り出したのではないのであった。
(22)　前掲丹治著　第五章　一五八頁〈史料2〉（平塚河岸問屋　北爪清家文書）。
(23)　川名登氏は前掲著第五章第二節において、小船持の成立について検討されている。それによれば、小船持の成立には田船・耕作船や漁船が農間に艀下稼ぎなどの船稼ぎをし、それが定稼ぎ＝専業化していくコースと、問屋手船などの雇船頭より船を建造し、あるいは買い受けて独立していくコースの二つがあり、後者がより主要なものであって、そのピークは文化末より文政期にかけての時期であると主張されている。しかし、本章の表31に現れる所働船の合計二五六艘という数は正当に評価されなければならないだろう。本章では、むしろ寛政期における前者のコースを重視し、後者のコースはその展開型として把握できるのではないかと考える。
(24)　前掲丹治著　第八章第三節の註(11)（高崎市上和田町九二　故本田夏彦氏所蔵武州藤ノ木河岸小榑家文書）。
(25)　前掲丹治著　第五章　一五六頁〈史料1〉前掲註(24)と同じ出典。
(26)　前掲註(4)に同じ。
(27)　前掲『群馬県史』「三二二　天保四年二月　岩鼻村船稼ぎにつき利根川十四ケ河岸問屋出入済口証文并議定」。

あとがき

本書には近世の利根川水運機構に関する八篇を収録した。すべて既発表の論文だが、一書を編むにあたり、論旨を統一し、文体を揃える意味でほぼ全面的に書き改めた。

本書は、直接出版費の一部として日本学術振興会平成十三年度科学研究費補助金「研究成果公開促進費」の交付を受けている。学術書をめぐる出版状況の厳しい中、吉川弘文館には本書の刊行をお引き受けいただき、また個人的には論文相互の関係を明確にし、旧稿を書き改める機会を得られたことに感謝したい。

河川を運河と捉え、出帆から廻着に至る全航程について考えてみたい、これが本書のねらいであった。私は、下野国の旧幕領で鬼怒川縁の新田村に生まれた。かつて、入会の河川敷には葭が茂り、村人はこれを江戸に船積みして恵みとした。対岸には二宮尊徳の桜町陣屋がある。日光の御用林から伐り出された材木が川を下り、これをめがけて投げる子供たちの無邪気な川原石が筏師たちを困らせたという。時は移って砂利取り船が河床を鋭くえぐっていた時代、私たちはゴムタイヤで筏をつくり、小船で遊び、泳いだ。

この川に沿って、上流から河口まで何度か走ったことがある。思川・巴波川・渡良瀬川・利根川・烏川・小貝川・那珂川・久慈川、霞ヶ浦・北浦から水郷地帯、銚子の河口、そして江戸川から隅田川へと愛車を走らせた。いつしか、川面を行き交う船頭たちの視線に近づいていった。「衣川は一面石川にて」と、石ころだらけで船を操るのが難しいと指摘された鬼怒川も、利根川と合流するころにはゆったりした流れへと表情を変えていく。流域による河川状況の違い、佐原・潮来の水郷地帯から銚子へ向かう雄大さは何とも言い難くいい。空が広い。近代の大改修を受けた後の川々からも、史料に残された船乗りたちの息づかいが聞こえてくるようだ。いまも川筋ごとに違う方言は、川が流れをとおして文化を共有し、同じ経済圏を形づくっていたことの証だろう。

最初の章で川船の運航実態を確認し、続く第二章から六章までの五篇では利根川下流域から江戸へ至る水運の輸送機構を解析し、七・八章では上流域に的を絞って分析している。全篇を自然河川の減水障害と、それを克服する水運機構の形成という視点で貫いている。上流域での継船制については多くの河川に見られ、研究の蓄積もあるが、中流域で見られた高瀬船が別の高瀬船の艀下船となって数日間の分載輸送を担当するという独特の輸送方式については他に例がなく、その機構解明に一定の意義があるだろう。また、一概に河岸あるいは河岸問屋といっても実態は様々で、その地域の特性に応じて各種各様に機能が分化していたのであった。こうした点もこれまであまり顧みられることはなかった。そして、水戸藩を例に藩領域を越えた水系に専用の水運機構を営んでいた点についても、明らかになったであろう。

同時にまた、本書の限界についても承知している。ここで解明した利根川水系の運輸機構が、近世の流通史上に果たした意義についてはほとんど展望できていない。本研究は、近世の利根川水運が東廻海運の形成・発展と密接な関係をもって成り立っており、そしてその廻着地であった江戸市場が、上方市場と関東・東北地方をつなぐ結節点としての役割を果たしていたこと、それらを視野に入れてまとめた学位論文の半分をここに上梓するものである。東廻海運は近世を通じて利根川水運への接続を期待していたのであり、例年莫大な量の年貢廻米がここを積み上せられて行った。そして、東北地方の城下町商業が日本海の海運を介して上方市場に連なっていた時代から、江戸市場に力点を移していく事態を考えるとき、利根川水運の果たした役割の大きさが見えてくるだろう。
私には三人の恩師がいる。栃木高校の日向野徳久先生、茨城大学の河内八郎先生、大学院でご指導いただいた東北大学の渡辺信夫先生。揃って鬼籍に入られてしまった。悲しい。生前に本書をお読みいただけなかった怠慢を反省し、ここに謹んで献呈申し上げたい。そしてまた、この習作が総括ではなく、あくまでも研究の出発点であることを誓ってひとまず筆を擱きたい。

二〇〇一年一一月

新居にて
著　者

初出論文一覧

第一章　利根川、江戸川の航法（原題「幕末川船船頭の航行日記から」丸山雍成編『近世交通の史的研究』文献出版、一九九八年）

第二章　利根川中流域の艀下輸送（原題「利根川舟運の艀下機構―下総国相馬郡小堀河岸を中心にして―」『歴史』六七輯、一九八六年）

第三章　利根川水運中流域の地域構造（原題「利根川舟運の地域構造―利根川中流域を対象にして―」『日本文化研究所研究報告』別巻二四集、一九八七年）

第四章　利根川水運の艀下河岸（原題「利根川舟運における艀下河岸の構造―下総国相馬郡小堀河岸の場合―」『秋大史学』三七号、一九九一年）

第五章　艀下河岸の問屋経営と利根川水運転換期の様相（原題「水戸藩輸送機構における小堀御穀宿」『茨城県史研究』六六号、一九九一年）

第六章　水戸藩の藩船と農民船（原題「利根川舟運における水戸藩の川船」渡辺信夫編『近世日本の都市と交通』河出書房新社、一九九二年）

第七章　上流域の艀下輸送（原題「利根川舟運の輸送機構―上流域の艀下輸送について―」『日本文化研究所研究報告』別巻二二集、一九八五年）

第八章　利根川水運における小船の台頭（原題「利根川舟運における小船の台頭―上流域を中心にして―」地方史研究協議会編『流域の地方史』雄山閣、一九八五年）

Digital Publishing

近世利根川水運史の研究（オンデマンド版）

2019年9月1日　発行

著　者　渡《わた》辺《なべ》英《ひで》夫《お》

発行者　吉川道郎

発行所　株式会社 吉川弘文館

〒113-0033 東京都文京区本郷7丁目2番8号

TEL 03(3813)9151(代表)

URL http://www.yoshikawa-k.co.jp/

印刷･製本　株式会社 デジタルパブリッシングサービス

URL http://www.d-pub.co.jp/

渡辺英夫（1956～）

ISBN978-4-642-73373-1

著者略歴
一九五六年　栃木県に生まれる
一九八六年　東北大学大学院文学研究科博士後期課程単位取得退学
現　　在　秋田大学教育文化学部助教授
博士(文学)

〔主要編著書〕
『米沢市史近世編1』(共著、山形県米沢市、一九九一年)
『秋田県の歴史』(共著、山川出版社、二〇〇一年)
「地域史の研究と文書館」(『記録と史料』八号、一九九七年)

近世利根川水運史の研究

二〇〇二年(平成十四)一月二十日　第一刷発行

著　者　渡《わた》辺《なべ》英《ひで》夫《お》

発行者　林　英　男

発行所　株式会社　吉川弘文館
郵便番号一一三─〇〇三三
東京都文京区本郷七丁目二番八号
電話〇三─三八一三─九一五一〈代〉
振替口座〇〇一〇〇─五─二四四

印刷＝精興社　製本＝誠製本

(装幀＝山崎　登)

索　　引

あ

い

う

え

お

か

け

こ

さ

し

す

せ

そ

た

ち

つ

て

と

な

に

ぬ

の

は

ひ

ふ

へ

ほ

ま

み

む

め